A HEROÍNA DE 1001 FACES

Dante Gabriel Rossetti, *Proserpina*, 1874.

Maria Tatar

A HEROÍNA DE 1001 FACES

O Resgate do Protagonismo Feminino na Narrativa Exclusivamente Masculina da Jornada do Herói

Tradução
Sandra Trabucco Valenzuela

Editora
Cultrix
SÃO PAULO

Título do original: *The Heroine with 1001 Faces.*

Copyright © 2021 Maria Tatar.

Publicado originalmente por W. W. Norton & Company, Inc., 15 Carlisle Street, London W1D 3BS.

Copyright da edição brasileira © 2022 Editora Pensamento-Cultrix Ltda.

1ª edição 2022.

Todos os direitos reservados. Nenhuma parte desta obra pode ser reproduzida ou usada de qualquer forma ou por qualquer meio, eletrônico ou mecânico, inclusive fotocópias, gravações ou sistema de armazenamento em banco de dados, sem permissão por escrito, exceto nos casos de trechos curtos citados em resenhas críticas ou artigos de revistas.

A Editora Cultrix não se responsabiliza por eventuais mudanças ocorridas nos endereços convencionais ou eletrônicos citados neste livro.

Obs.: Com raras exceções, todos os trechos de livros, citações etc. ao longo do texto são versões traduzidas literalmente pela tradutora para a presente edição.

Editor: Adilson Silva Ramachandra
Gerente editorial: Roseli de S. Ferraz
Gerente de produção editorial: Indiara Faria Kayo
Preparação de originais: Alessandra Miranda de Sá
Editoração eletrônica: Join Bureau
Revisão: Luciane H. Gomide

Dados Internacionais de Catalogação na Publicação (CIP)
(Câmara Brasileira do Livro, SP, Brasil)

Tatar, Maria
  A heroína de 1001 faces: o resgate do protagonismo feminino na narrativa exclusivamente masculina da jornada do herói / Maria Tatar; tradução Sandra Trabucco Valenzuela. – 1. ed. – São Paulo: Editora Cultrix, 2022.

  Título original: The heroine with 1001 faces
  ISBN 978-65-5736-194-8

  1. Heroínas na literatura I. Título.

22-113873   CDD-809.93352

Índices para catálogo sistemático:
1. Anti-heróis na literatura: História e crítica 809.93352
Cibele Maria Dias – Bibliotecária – CRB-8/9427

Direitos de tradução para o Brasil adquiridos com exclusividade
pela EDITORA PENSAMENTO-CULTRIX LTDA., que se reserva a
propriedade literária desta tradução.
Rua Dr. Mário Vicente, 368 — 04270-000 — São Paulo, SP — Fone: (11) 2066-9000
http://www.editoracultrix.com.br
E-mail: atendimento@editoracultrix.com.br
Foi feito o depósito legal.

Para alguns dos 1001 heróis e heroínas da minha vida –

Elizabeth Demeter Tatar
Joseph Tatar
Julius Martinez
Nick Tatar
Liza Tatar
Laura T. Courtney
Rebecca Tatar
Steven Tatar
Lauren Blum
Daniel Schuker
Jason Blum
Giselle Barcia
Roxy Blum
Booker T. Blum
Isabel Barcia-Schuker
Bette Sue Blum
Lucas Adrian Barcia-Schuker
Anna, John e Steve

"Infeliz a nação que não tem heróis."
— Bertolt Brecht, *A Vida de Galileu*[1]

"Infeliz é a terra que precisa de um herói, ou que ignora que já tem muitos e como são eles."
— Rebecca Solnit, *De Quem é Esta História?: Feminismos para os Tempos Atuais*[2]

"Mas o efeito do seu ser sobre aqueles que a cercavam era incalculavelmente difuso: pois o bem crescente do mundo depende, em boa medida, de atos não históricos. E se as coisas entre nós não estão tão mal como poderiam, deve-se, em parte, ao número de pessoas que viveram fielmente uma vida anônima e que descansam em tumbas nunca visitadas."
— George Eliot, *Middlemarch*

---

[1] *Life of Galileo*, no original. (N. da T.)
[2] *Whose Story Is This?*, no original. (N. da T.)

Sumário

Introdução 11

CAPÍTULO 1: "CANTA, Ó MUSA"
A Jornada do Herói e a Missão da Heroína................... 31

CAPÍTULO 2: SILÊNCIO E DISCURSO
Do Mito Ao #MeToo.. 105

CAPÍTULO 3: RESISTÊNCIA E REVELAÇÃO
Contação de Histórias e as Heroínas Não Cantadas dos Contos de Fadas.... 175

CAPÍTULO 4: MENINAS-MARAVILHA
Escritoras Curiosas e Detetives Atenciosas 239

CAPÍTULO 5: TRABALHO DE DETETIVE
De Nancy Drew para a Mulher-Maravilha...................... 301

CAPÍTULO 6: O SENTIMENTO DE DUPLO DEVER
Tricksters e Outras Garotas em Chamas 355

Epílogo 409

Decolagem ....

Lista das Ilustrações 431

Sobre a Autora 433

INTRODUÇÃO

"Comece essa viagem com carinho, paciência, amor, risos
e com uma curiosidade apaixonada."

– Madam Secretary

"O poder é atualizado [...] quando as palavras não são vazias e os atos não são brutais, onde as palavras não são usadas para velar intenções, mas para revelar realidades, e os atos não são usados para violar e destruir, mas para estabelecer relações e criar novas realidades."

– Hannah Arendt, *A Condição Humana*[1]

Joseph Campbell escreveu *The Hero with Thousand Faces*[2] no período em que lecionava no Sarah Lawrence College, em Nova York. Suas aulas de mitologia comparativa na então escola para mulheres eram tão solicitadas, que ele foi obrigado a limitar as matrículas às estudantes de cursos mais avançados. Durante seu último ano de

---

[1] *The Human Condition*, no original. (N. da T.)
[2] Joseph Campbell. *The Hero with a Thousand Faces*. Nova York: Bollingen Foundation, 1949. [*O Herói de Mil Faces*. São Paulo, Cultrix, 1989.] (N. da T.)

permanência na instituição, uma dessas alunas veteranas foi até sua sala, sentou-se e disse: "Bem, sr. Campbell, você vem falando sobre o herói. Mas e quanto às mulheres?". O professor assustado ergueu as sobrancelhas e respondeu: "A mulher é a mãe do herói; ela é o objetivo do herói; ela é a protetora do herói; ela é isso, ela é aquilo. O que mais você quer?". "Eu quero ser a heroína", rebateu ela.[3]

"E quanto às mulheres?" Este livro tenta responder à pergunta feita pela aluna de Campbell de uma maneira diferente, mostrando que as mulheres da mitologia e do imaginário literário universal têm sido mais do que mães e protetoras. Elas também estão presentes em missões, mas têm alçado voos abaixo dos radares, realizando operações furtivas e, silenciosamente, buscando por justiça, corrigindo erros, reparando as bordas desgastadas do tecido social ou simplesmente lutando para sobreviver, em vez de retornarem para casa com o que Campbell chama de bênçãos e elixires. Elas se revestem da curiosidade como sendo um distintivo de honra em vez de uma marca de vergonha; veremos como a conexão das mulheres com o conhecimento, geralmente relacionada ao pecado e à transgressão e com frequência censurada como intromissão, na maioria das vezes constitui, na verdade, um sintoma de empatia, cuidado e preocupação. Desde Eva e Pandora, nossa cultura tem considerado as mulheres curiosas como portadoras de uma curiosidade desobediente, que relacionam o seu desejo por mais conhecimento com anseios obscuros e proibidos.

Mesmo antes de Bill Moyers apresentar Joseph Campbell a um público mais amplo por meio da série da PBS intitulada *O Poder do Mito (Joseph Campbell and the Power of Myth)*, em 1988, catapultando o professor para o *status* de celebridade, *O Herói de Mil Faces* já marcava presença nos círculos de Hollywood, tornando-se logo leitura obrigatória entre os executivos dos estúdios cinematográficos. Para eles, não havia

---

[3] Phil Cousineau (org.). *The Hero's Journey: Joseph Campbell on His Life and Work.* Novato, CA: New World Library, 2003. pp. 109-10.

a necessidade de trabalhar todo o denso volume que inclui as incursões de Campbell aos escritos sagrados do Oriente e do Ocidente. Em vez disso, eles podiam se remeter a uma versão convenientemente abreviada do livro: um memorando de sete páginas, amplamente distribuído como "Um Guia Prático para O Herói de Mil Faces",[4] escrito por Christopher Vogler, que passou a lecionar em escolas de cinema, difundindo o trabalho de Campbell, através da publicação do *best-seller A Jornada do Escritor: Estrutura Mítica para Escritores* (*The Writer's Journey: Mythic Structure for Writers*, 1992). O guia prático de Vogler acabou se tornando uma importante ferramenta para aqueles que trabalham na indústria cinematográfica, pois aqui estava, finalmente, o ingrediente secreto que teria transformado em sucesso de bilheteria de filmes que iam de *Spartacus* a *Star Wars*. Joseph Campbell transformou-se não apenas em um guia erudito para o universo mitológico, mas também em um consultor levado muito a sério pelos dirigentes da Indústria de Sonhos hollywoodiana. Não importa que, por exibir um charme encantador e por permitir um amplo aprendizado, tenha se tornado um guru, para quem os americanos se voltaram em busca de crescimento pessoal e espiritual.

Campbell nunca se aborreceu de verdade com o fato de que o mundo acadêmico não tenha levado a sério os seus trabalhos. Em meus muitos anos de faculdade, no Programa de Folclore e Mitologia da Harvard University, nunca vi o nome de Campbell citado num conteúdo programático. Estava claro que Campbell era *persona non grata*, não só porque seu lema "Persiga sua felicidade" parecia brega e banal, além de trazer uma remanescente cultura *hippie* dos anos 1970, com sua fé no *Flower Power*. No entanto, devido à filosofia junguiana e ao estudo dos arquétipos aos quais Campbell aderiu e que, há muito tempo, tinham sido esquecidos, foram deixadas de lado verdades universais eternas e atemporais. Por sua vez, o mundo acadêmico eliminou

---

[4] "A Practical Guide to The Hero with a Thousand Faces", no original. (N. da T.)

Joseph Campbell
Cortesia de Photofest

essas verdades eternas em favor dos construtos culturais e da indeterminação pós-estruturalista.

Em nenhum outro lugar a rigidez do pensamento arquetípico emerge mais claramente do que no modelo binário do princípio masculino e feminino, tal como surgiu no estudo das mitologias mundiais de Campbell. A função biológica da mulher é "dar vida e nutrição", entoou Campbell em um trabalho após o outro. O que as mulheres representam na mitologia? A resposta é simples: o "princípio da natureza", pois "nascemos fisicamente dela". O masculino, por outro lado, representa "o princípio social e os papéis sociais", nos diz Campbell em sua meditação sobre as deusas. "O pai é o iniciador na sociedade e no sentido da vida, ao passo que a mãe representa o princípio da própria vida." Em outras palavras, a anatomia é o destino. Mas toda a conversa sobre a mulher como fonte de vida e nutrição é logo retomada, pois a Mulher é também a "mãe da morte", bem como o "sono noturno" para o qual retornamos.[5]

Ler sobre as deusas e as mulheres de Campbell foi revelador, porque sondar o que está por baixo desse seu bendito fruto nada mais era do que a face da morte. De repente, nas noites escuras de uma pandemia global, eu entendi a raiva de uma de minhas alunas de graduação, que descreveu sua jornada ao mundo do folclore e da mitologia como uma cruzada contra Campbell, para quem o papel da mulher em todas as culturas estava fundamentado em cultos de fertilidade e de morte. No momento em que a aluna teve sua explosão de ira, pareceu-me que Campbell estava fazendo um pouco mais do que apenas capturar os mundos simbólicos de nossos antepassados e revelar suas divisões de trabalho sexuadas, em vez de solidificar crenças culturais ultrapassadas.

Quando percebi que Campbell considerava as deusas (e as mulheres) não apenas como divindades da fertilidade, mas também como musas, que comecei a me questionar sobre sua leitura de mitologias distantes e próximas. "Ela é a inspiradora da poesia", observou Campbell sobre as mulheres. Essa musa tem três funções: "a primeira, para nos dar vida; a segunda, para ser aquela que nos recebe na morte; a terceira, para inspirar nossa realização espiritual e poética".[6] *Nossa*: quando li essa palavra, sabia exatamente o que ela significava. A autoatualização através da linguagem é reservada aos homens. As Mulheres, como as musas de Homero, Dante e Yeats, estavam lá para fazer pouco, a não ser inspirar. Por que as mulheres não podiam também levantar a voz

---

[5] Joseph Campbell. *Goddesses: Mysteries of the Feminine Divine*. Safron Rossi (org.). Novato, CA: New World Library, 2013, p. 11.
[6] Campbell. *Goddesses*, p. 36.

ou compartilhar o impulso criativo tão reverenciado por Campbell? Essas preocupações sobre a mensagem de Campbell coincidiram com minha leitura de "O Riso da Medusa",[7] um ensaio da crítica francesa Hélène Cixous sobre como as mulheres devem começar a se libertar da armadilha do silêncio e resistir a aceitar um lugar à margem ou "no harém", como ela sustenta. A escrita – e a criatividade em geral – tem sido o domínio de "grandes homens" e ali permaneceriam até que as mulheres invadissem a arena, usando as palavras como armas.[8]

Madeline Miller é uma das muitas autoras contemporâneas que responderam tardiamente ao manifesto de Cixous e ao chamado de outras escritoras, não apenas escrevendo, mas também dotando as mulheres de tempos passados com vozes. Em *Circe*, um romance contado pela feiticeira grega que transformou homens em porcos, ouvimos a voz da deusa e ouvimos seu lado de uma história familiar, descobrindo que ela tinha boas razões para recorrer à magia.[9] Aprendemos também como Circe processa as histórias contadas a ela por Odisseu – relatos vivos em primeira pessoa do que Homero havia descrito em *A Odisseia*.[10] Algo estranho acontece quando ela reconta essas mesmas histórias a seu filho Telégono: "Suas brutalidades brilharam" e "o que eu havia interpretado como uma aventura, agora parecia sangrento e feio".[11] Inclusive Odisseu se transforma nos seus relatos dessas aventuras,

---

[7] Ensaio publicado originalmente em francês, *Le Rire de la Méduse*, 1975, e publicado em inglês em: Hélène Cixous, Keith Cohen e Paula Cohen. "The Laugh of the Medusa", *in*: *Signs*, v. 1, nº 4 (verão, 1976), pp. 875-93. Disponível em: https://artandobjecthood.files.wordpress.com/2012/06/cixous_the_laugh_of_the_medusa.pdf. (N. da T.)

[8] Hélène Cixous. "The Laugh of the Medusa". *In*: *Signs*, 1976, pp. 875-93.

[9] Como Sady Doyle afirma, "Mágica é a voz dos marginalizados respondendo à sua opressão". Ver: *Dead Blondes and Bad Mothers: Monstrosity, Patriarchy, and the Fear of Female Power*. Brooklyn, NY: Melville House, 2019, p. 220.

[10] *The Odyssey*, no original. (N. da T.)

[11] Madeline Miller. *Circe*. Nova York: Little, Brown, 2018, p. 260.

passando de um homem de coragem e astúcia para um ser "insensível" e menos admirável. De repente, nos é dada uma perspectiva diferente, e descobrimos que as histórias operam com um dinamismo caleidoscópico, mudando de forma draconiana quando ocorre uma pequena reviravolta. O que veremos nas páginas que seguem é que, quando as mulheres começam a escrever, a história se transforma.

Nesta obra, observarei como as histórias, particularmente as que se passam em tempos de guerra, conflitos, crises e sofrimento, mudam de sentido ao longo do tempo, dependendo de quem as conta. Também voltarei meu olhar para as novas narrativas que surgiram nos últimos séculos, ouvindo, primeiro, as vozes que contavam histórias da carochinha e, depois, para o que Nathaniel Hawthorne chamou de "a maldita turba de mulheres rabiscando" e para V. S. Naipaul quem, mais recentemente, se referiu às "tolices femininas".[12] Assim, uma vez que as mulheres pegaram a caneta, como elas redefiniram os arquétipos que Joseph Campbell identificou na mitologia mundial? Como elas reinventaram o heroísmo e que novas formas de heroísmo emergiram quando se sentaram diante de suas mesas e rabiscaram?

Há um arco claro que nos leva do movimento #MeToo de volta aos tempos antigos e até mesmo aos contos da carochinha, que agora rejeitamos como sendo contos de fadas. O que fez Filomela depois de ter sido brutalmente estuprada e ter a língua cortada? Ela teceu uma tapeçaria revelando os crimes de seu cunhado, Tereu. Aracne reagiu com coragem contra as agressões sexuais de Zeus e de outros deuses, ao exibir a tapeçaria que ela teceu durante a competição contra Atena. Nos contos da carochinha de antigamente, as mulheres relatavam suas histórias como testemunhas – vêm logo à memória o britânico "Sr. Fox",

---

[12] Hawthorne. *In*: Frank L. Mott. *Golden Multitudes*, Nova York: Macmillan, 1947, p. 122. Sobre a afirmação de Naipaul, ver Amy Fallon, "V. S. Naipaul Finds no Woman Writer His Literary Match – Not Even Jane Austen", *The Guardian* (1º jun. 2011).

o armênio "Nourie Hadig" e o alemão "O Noivo Salteador" – resgatando a si mesmas, expondo, muitas vezes em meio a festas de casamento, os delitos e agressões que haviam sofrido. Elas escapam do abuso doméstico e da violência ao narrar suas histórias. Raramente empunham a espada, porém, muitas vezes, impedidas de usar uma caneta, valem-se da produção doméstica de artesanato e seus análogos verbais – contos de fiação, tramas de tecelagem e fios de costura – para acertar as coisas, não apenas se vingando, mas também assegurando uma justiça social.

Há quase duas décadas atrás, Clarissa Pinkola Estés incentivou os leitores de *Mulheres que Correm com os Lobos: Mitos e Histórias do Arquétipo da Mulher Selvagem* a abraçar o arquétipo presente em seu subtítulo e descobrir as profundezas escondidas da alma feminina.[13] Esse estudo também explora uma gama de possibilidades heroicas, contudo, está menos empenhado em encontrar no passado qualquer ferramenta terapêutica do que em entender como aqueles que eram socialmente marginalizados, economicamente explorados e sexualmente subjugados encontraram maneiras não apenas de sobreviver, mas também de dotar a vida de sentido.

Hoje, estamos reemoldurando muitas narrativas, bem como as histórias de tempos passados, reconhecendo que as mulheres também eram capazes de realizar atos sobre-humanos, muitas vezes sem nunca sair (ou poder sair) de casa. Suas missões podem não ter tomado a forma de jornadas, mas exigiam atos de coragem e de desafio. Esse é o caso de Penélope, em *A Odisseia*, ou de Sherazade, em *As Mil e Uma Noites*:[14] ambas usaram seu ofício de contar histórias dentro de casa ou se valeram de artes relacionadas à produção têxtil para consertar coisas, oferecer instruções e revelar ofensas, tudo a serviço da mudança da

---

[13] Clarissa Pinkola Estés. *Women Who Run with the Wolves: Myths and Stories of the Wild Woman Archetype*. Nova York: Ballantine Books, 1992.

[14] *The Thousand and One Nights*, no original. (N. da T.)

cultura em que viviam. Elas estão se levantando agora para tomar seus lugares em um novo panteão que está reformulando a nossa noção do que constitui o heroísmo. Isso requer não apenas inteligência e coragem, mas também cuidado e compaixão: tudo o que é preciso para ser uma verdadeira heroína.

Vivemos no que o psicólogo evolucionista Steven Pinker chamou de uma era de empatia, com dezenas de livros sobre o porquê da empatia, sobre a neurociência da empatia, sobre a falta de empatia e assim por diante. Se você pesquisar no *site* da Amazon, descobrirá centenas de livros – entre eles estudos psicológicos, guias de autoajuda e manuais direcionados aos pais – com o termo "empatia" presente em seus títulos ou subtítulos. Curiosamente, a "empatia" não fazia parte de nosso léxico comum até o início do século XX, e a frequência de seu uso só aumentou nas duas primeiras décadas do século XXI, quando se tornou um de nossos valores culturais mais queridos. Não é surpresa que o forte aumento no uso da palavra coincide com a rápida entrada das mulheres na força de trabalho nas últimas décadas. Alguns psicólogos, mais notadamente o britânico Simon Baron-Cohen, destaca que a empatia está afinada especialmente no cérebro das mulheres, enquanto a hipersistemização, traço que impulsiona a invenção, tem maior probabilidade de ser encontrada no cérebro masculino. Entretanto, Baron-Cohen admite (condescendentemente, talvez) que "a empatia em si é o *recurso mais valioso* em nosso mundo", e por isso ele se preocupa com o fato de a empatia "raramente ser, se é que alguma vez" foi, abordada na agenda da educação, da política, dos negócios ou dos tribunais. Desde 2011, ano em que Baron-Cohen publicou *The Science of Evil: On Empathy and the Origins of Cruelty*, a empatia tornou-se quase uma obsessão nacional, figurando de forma importante em todos os âmbitos assinalados.

Ganhou fama o ensinamento de Barack Obama a respeito de uma grande falha em nosso mundo social, e o que é senão um "déficit de empatia"? O economista Jeremy Rifkin nos incitou, em seu livro chamado *The Empathic Civilization*, a dar o salto para a "consciência empática global". Por sua vez, no livro intitulado *Longe da Árvore – Pais, Filhos e a Busca da Identidade*,[15] o psicólogo Andrew Solomon escreveu sobre as crianças que são radicalmente diferentes de seus pais e sobre como elas lidam com a questão durante esses tempos marcados por uma "crise de empatia". Com certeza, houve certo reposicionamento. Em um estudo psicológico com o título provocativo *Against Empathy* [Contra a Empatia], Paul Bloom valida a "empatia cognitiva" (definida por ele como a capacidade de compreender a dor dos outros) inclusive quando sua preocupação é com a "empatia emocional", um instinto que evidencia uma dor que, para muitos e com frequência, nos leva a concentrar o foco naqueles que são como nós.

"Não pergunto ao ferido como ele se sente. Eu mesmo me torno esse ser ferido",[16] escreveu Walt Whitman, o famoso autor de *Folhas de Relva*.[17] Ponderar essas palavras nos faz ponderar se não há algo inerentemente problemático na raiz da "empatia emocional", ou no que eu prefiro chamar de identificação empática. O que emergirá nas páginas que seguem é uma compreensão do heroísmo, que é impulsionada menos pela empatia do que pelo cuidado atento, efeito este desencadeado pela abertura ao mundo, seguido pela curiosidade e preocupação com aqueles que o habitam. A falta de curiosidade torna-se, então, o maior pecado, a falta de reconhecimento da presença dos outros e de cuidado com as circunstâncias e condições de vida. Seria possível pensar que nossa nova atenção ao valor da empatia tenha sido alimentada pelo heroísmo das mulheres de tempos passados, mulheres que foram marginalizadas e destituídas de seus direitos, mas que ainda se preocupavam

---

[15] *Far From the Tree: Parents, Children and the Search for Identity*, no original. (N. da T.)
[16] "I do not ask the wounded person how he feels. I myself become the wounded person", no original. (N. da T.)
[17] *Leaves of Grass*, no original. (N. da T.)

de modo profundo com aquelas que já haviam sido esmagadas e escravizadas, espancadas e levadas pelos calcanhares?

Como definimos hoje o que são os heróis e por que há tão poucas heroínas? No primeiro capítulo deste livro, explorarei a associação de figuras heroicas com conflitos e ações militares, interrogando nossa compreensão cultural sobre o que significa ser um herói. Muitas vezes, os heróis são guerreiros, mas também podem ser santos e salvadores, homens que se valem de reservas de força espiritual para derrotar monstros.[18] Joseph Campbell observou que as mulheres tinham "muito o que fazer" para perder seu tempo com histórias (uma declaração extraordinária vinda de alguém com a mais profunda reverência pelo poder de construção da cultura de contar histórias). Ele reconheceu a existência de "heróis femininos" e uma "perspectiva diferente" nos contos de fadas, os contos da carochinha que circulavam em tempos passados. Esses contos apresentavam mulheres intrépidas que enfrentavam inúmeros desafios; entretanto, quando os contos de fadas relatados diante das fogueiras migraram para os berçários, essas mulheres foram, em grande parte, apagadas, pois tocavam temas tabus sobre dinâmicas familiares, rituais de namoro e costumes matrimoniais. Quando esses contos desapareceram do repertório, muitos modelos de comportamento heroico também se perderam.

Poucos duvidarão que o herói de mil faces tenha predominado no imaginário ocidental, e meu primeiro capítulo explorará o trabalho de Campbell e suas implicações para a leitura de épicos como *A Odisseia*. As mulheres podem aparecer nas histórias de feitos triunfais e realizações de um herói, mas muitas vezes elas são estranhamente invisíveis, carentes de ação, de voz e de presença na vida pública. Vemos Odisseu em ação, nos regozijamos com suas vitórias, sentimos sua tristeza e nos alegramos quando ele encontra seu caminho de volta para casa.

---

[18] A esse respeito, ver Robert S. Ellwood. *Introducing Religion: Religious Studies for the Twenty-First Century*, 5ª ed. Nova York: Routledge, 2020. pp. 48-54.

Penélope, pelo contrário, como suas demais correspondentes na épica e nos mitos, está confinada à arena doméstica, com pouco a dizer por si mesma. Contudo, tanto ela como suas primas míticas, está em uma missão, para a qual, finalmente, hoje voltamos a nossa atenção, pois ela vai muito além do que apenas ter paciência e fidelidade.

O Capítulo 2 explorará contos de "sequestro", começando com Perséfone e Europa, e observará como as tecelãs Filomela e Aracne se tornam artesãs e artistas em uma missão social. Também investigará a mutilação – o corte de línguas – e examinará como essa forma de tortura foi usada na ficção e na vida real para silenciar as mulheres, para fazer delas exemplos e para privá-las da única arma que possuíam. Contos sobre a Pedra da Paciência da mitologia persa constituem um conjunto relacionado de histórias, cujo caráter revelador está em sua ênfase no valor do testemunho, ao contar sua história (às vezes, na forma de reclamações contra rivais traidores) mesmo quando seu interlocutor não é nada mais que um objeto inanimado. Essa Pedra, que pode ser encontrada em contos de fadas de muitas culturas, torna-se uma ouvinte paciente, tão comovida por um relato de abuso que, embora incapaz de irromper em lágrimas, explode em um ato de identificação empática.

Ao longo dos séculos, os contos de fadas e os mitos têm demonstrado notável resiliência, sobrevivência no enfrentamento da censura, da rejeição e da proibição, além de uma miríade de formas de colonização para integrar um arquivo cultural que é constantemente renovado e revigorado, mesmo quando preserva histórias do passado. O Capítulo 3 verificará como os contos de fadas, associados à fala das mulheres – bate-papo, fofoca e rumores –, foram desacreditados, mesmo quando a mitologia greco-romana era considerada "sagrada" e vista como o repositório de verdades atemporais e universais. Rebecca Solnit nos lembra do que está em jogo quando se menospreza os contos de fadas. O que temos feito, como cultura, é consagrar histórias sobre heróis e poder (que muitas vezes se traduz no poder de ferir ou prejudicar alguém), descartando histórias sobre provações que exigem resiliência, persistência e a formação de alianças. "Por baixo de todas as armadilhas de animais falantes, objetos mágicos e fadas madrinhas", escreve Solnit, "estão histórias pesadas sobre pessoas marginalizadas, negligenciadas, empobrecidas, subvalorizadas e isoladas, e sua luta para encontrar seu lugar e seu povo".[19] Narrativas que nos chegam através da tradição oral revelam como mulheres silenciadas realizavam tarefas impossíveis ou recrutavam ajudantes enquanto escalavam montanhas de cristal, separavam pilhas de grãos ou transformavam palha em ouro. Quais estratégias as mulheres usavam para falar, criar solidariedade, sobreviver e vencer? Um olhar sobre alguns dos contos de fadas que não chegaram ao cânone contemporâneo será revelador. Como sempre, embora contraditório, são os iconoclastas que se responsabilizaram por preservar a história de nossa cultura, terminando por destruí-las, mas também reinventando-as para as próximas gerações. O capítulo termina tecendo considerações sobre como Anne Sexton, Angela Carter, Margaret Atwood e Toni Morrison recuperaram o cânone do conto de fadas, desmistificando e redirecionando, assim, as histórias nele contidas.

A história do termo em inglês "curiosity" – curiosidade – está repleta de surpresas, com mudanças inesperadas de significado ao longo dos séculos. A curiosidade se prendeu a certo tipo de caráter feminino (não necessariamente a uma heroína no sentido tradicional do conceito). O Capítulo 4 abordará os múltiplos significados da curiosidade, em especial, esclarecendo o motivo pelo qual ele se bifurca em dois sentidos: um, já obsoleto, significando "prestar cuidados ou dores", e o outro, como empregado hoje, define-se como "desejoso de ver ou saber; ansioso por aprender; inquisitivo". A curiosidade das mulheres e o espírito de investigação apaixonada encontraram adesão em muitos locais, mas a segunda definição encontrou sintomas profundos relacionados a

---

[19] Rebecca Solnit. "On Letting Goof Certainty in a Story That Never Ends". *In*: *Literary Hub* (23 abr. 2020).

problemas de gênero. Inicialmente, existia o romance de adultério (geralmente escrito por homens), pois a infidelidade era uma das poucas formas de liberdade disponíveis para as mulheres nos séculos passados. Em segundo, havia o gênero inventado por Louisa May Alcott, que mostrava as meninas – e as meninas sozinhas – como ousadas, atrevidas e aventureiras, pelo menos em seus mundos imaginários, mas nem sempre na vida real.

Todos os desejos, paixões e apetites que transformam mulheres adultas em monstros podem ser experimentados e expressos com segurança na infância. O manto protetor da inocência infantil permitiu que as mulheres atualizassem a si mesmas, escrevendo sobre meninas, desenvolvendo também, por meio de sua escrita, modos de mostrar cuidado e preocupação. Com a personagem Jo March, Louisa May Alcott preparou o palco para o ingresso de uma série de outras aspirantes a artistas e a escritoras, abrindo espaço para um elenco de personagens que se estende desde *Anne of Green Gables* (*Anne of Green Gables*) até Carrie Bradshaw, da série *Sex and the City*, da HBO, e para Hannah Horvath da série *Girls*, também da HBO. O culto à menina como autora leva quase diretamente à obra *Mulherzinhas* (*Little Women*), isto é, da ficção direcionada às meninas para as fantasias explicitadas nas telas sobre a escrita como um trabalho profissional.

O Capítulo 5 desloca sua atenção das escritoras curiosas para as garotas-detetives e investigadoras solteironas para mostrar como essas personagens, impulsionadas pela energia investigativa, também se tornam agentes de justiça social, assumindo todas as qualidades alegóricas do Nêmesis: Nancy Drew, personagem criada por Carolyn Keene, que dirige seu carro conversível azul; Agatha Christie e sua Miss Marple, tricotando em sua cadeira de balanço. Esses parecem ser os dois tipos dominantes da detetive: a primeira, impetuosa, ávida, atraente e financeiramente bem estabelecida; a segunda, é marginalizada, isolada, supérflua e quase invisível. Um olhar sobre a *Mulher-Maravilha* (*Wonder Woman*), de William Moulton Marston, mostrará como – graças a Afrodite! – as mulheres estão para sempre destinadas a uma dupla tarefa: a conseguir sobreviver às investidas contra a sua identidade como mulher e proteger os inocentes do mal.

O último capítulo do livro nos leva a Hollywood, para ver como os filmes de hoje reciclam exércitos míticos e histórias de heroísmo de tempos passados. Será que não estamos assistindo nada além de recriações nostálgicas da carochinha (*Branca de Neve e os Sete Anões* e *Cinderela*, ambos da Disney) ou são adaptações significativas (como é o caso dos filmes *Menina Má.Com* (*Hard Candy*), de David Slade, e *Hanna*, de Joe Wright, para citar apenas dois exemplos) e que fazem parte do novo cálculo cinematográfico? Hollywood trabalhou duro para inventar uma nova heroína, uma versão feminina do mítico *trickster* (divindade enganadora). Ela realiza suas próprias operações sub-reptícias, agindo de forma furtiva como uma *hacker* antissocial ou uma estranha agente disfarçada, que cobre seus rastros para garantir que seus poderes permaneçam indetectados. As personagens Lisbeth Salander do filme *Millennium: Os Homens que Não Amavam as Mulheres* (*The Girl with the Dragon Tattoo*) e Mildred Hayes de *Três Anúncios para um Crime* (*Three Billboards Outside Ebbing, Missouri*) são *tricksters* ou trapaceiras que fazem mais do que flexionar os músculos e superar as autoridades. Elas também atuam como parte de um sistema extrajudicial projetado para neutralizar e reparar as falhas do sistema legal. Elas formam um forte contraste com as novas e ameaçadoras Evas e os esquemas duplicados apresentados na cultura cinematográfica atual, com filmes como *Ex Machina*, de Alex Garland, e *Corra!* (*Get Out*), de Jordan Peele. À medida que as heroínas emergem com novas faces e características, e que começam a se posicionar com destaque, elas inevitavelmente retornam num formato de anti-heroínas, espectros que nos assombram, assumindo características palpáveis e atuais presentes na paisagem cultural, lembrando-nos de que a moda de produzir novas heroínas é ofuscada pelo projeto de criar novos vilões.

Já se tornou um lugar-comum para os autores afirmar que escreveram determinado livro ao longo de toda a vida. Este é um volume que faz o balanço de uma experiência de leitura que se estende por muitas décadas, desde os anos 1950 até o presente. Foi preciso uma pandemia global, uma promessa de limitar a uma hora por dia a assistência ao *streaming* e a loucura dos chamados anos dourados para invocar a coragem de retomar um assunto que me exigia a restauração da voracidade com a qual eu lia durante a minha infância. Este projeto começou como um balanço sobre o que me perturbou quando comecei a ler meus primeiros livros divididos em capítulos (*O Diário de Anne Frank*, de Anne Frank, e *Jane Eyre*, de Charlotte Brontë), me perturbou quando adolescente (*Menina Má*, de William March, e *Senhor das Moscas*, de William Golding), me agitou como estudante (*A Letra Escarlate*, de Nathaniel Hawthorne, e *Nada de Novo no Front*,[20] de Erich Maria Remarque), e me inspirou em meus anos de docência na Harvard University (de lá, há muito que contar).

Comecei a dar aulas nos anos 1970, uma época em que, como o próprio Campbell admitiu, as mulheres estavam se mudando para arenas outrora dominadas quase completamente por homens e para as quais não existem "modelos mitológicos femininos"[21] – "Dessexualize-me!" — isso era o que Campbell acreditava ser o grito de mobilização de muitas das novas combatentes na "selva masculina", algo que, na minha opinião, nada mais era do que uma projeção repulsiva proferida numa época de mudanças sociais. Ainda assim, eu observava como, nas reuniões de professores, meus colegas falavam sobre "o melhor homem para o trabalho" e como, durante anos, os convites para as reuniões de professores de Harvard, vindos diretamente do Gabinete do Presidente, começavam com as palavras "Prezado Senhor". Foi então

---

[20] Respectivamente, *The Diary of a Young Girl*, *The Bad Seed*, *Lord of Flyes*, *The Scarlet Letter* e *All Quiet on the Western Front*, no original. (N. da T.)

[21] Campbell, *Goddesses*, *op. cit.*, p. xiii.

que comecei a prestar atenção, não apenas às mulheres autoras, mas à maneira como as mulheres eram representadas nos textos que eu estava lecionando. E minhas alunas continuaram atrás de mim, ano após ano, me incitando a pensar mais e mais sobre gênero, seja lendo *A Volta do Parafuso*,[22] de Henry James, assistindo ao filme *Metrópolis*, de Fritz Lang, ou virando as páginas de *Lolita*, de Vladimir Nabokov.

Como alunos de pós-graduação estudando literatura na Universidade de Princeton, todos sabíamos que havia a esposa de um membro da faculdade que tinha uma sala de estudo perto do salão dos seminários onde nossas aulas eram ministradas. Ela estava trabalhando em um livro sobre mulheres escritoras, e seu nome era Elaine Showalter. "Que estranho", pensávamos, e nos perguntávamos se ela era uma acadêmica de verdade ou apenas era a "esposa da faculdade"[23] (essa era a designação comum naqueles dias para as esposas de nossos professores universitários masculinos). Afinal, ela estava trabalhando num tema que não era de real interesse para nenhum de nós, que estávamos de joelhos diante de Nietzsche, Tolstoy e Kafka. Lemos *A Genealogia da Moral*[24] sem considerar como nossas próprias perspectivas eram limitadas e tendenciosas, analisamos *Anna Karenina* sem nos preocupar com as mulheres e o suicídio, e entramos no labirinto da *Metamorfose* sem perceber a forma estranha como as mulheres eram marginalizadas, embora simbolicamente centrais.

Minha memória mais viva da pós-graduação, no entanto, continua sendo minha defesa de tese, aquele *sprint* final de uma maratona de quatro anos rumo ao doutorado. Há algum tempo, a atriz Natalie Portman descreveu o quanto ela havia tolerado certas considerações feitas por homens poderosos de Hollywood. "Deixei de pensar que não tinha uma história para contar: 'Oh, espere, tenho uma centena dessas

---

[22] *The Turn of the Screw*, no original. (N. da T.)
[23] No original, a expressão é *"faculty wife"*. (N. da T.)
[24] *The Genealogy of Morals*, no original. (N. da T.)

histórias'."[25] Foi então que ela começou a denunciar incidentes, não tanto de agressão sexual, mas de comportamentos predatórios. Suas palavras me levaram a perceber que todas nós tínhamos um estoque de histórias, as quais, na época em que ocorreram, não clamavam para serem contadas. Como tantas outras, eu também me calei.

Quando minha defesa de tese foi adiada por uma hora, enquanto os docentes deliberavam em nossa sala de seminários, comecei a ficar tensa, mas não em demasia. Mesmo assim, fui ficando cada vez mais cautelosa durante a defesa, sentindo que algo não estava muito certo. Somente após o evento, quando meu orientador, Theodore Ziolkowski – para sempre um herói em meu livro –, pediu para conversar comigo, depois que o trabalho já estava provisoriamente aceito, é que tomei conhecimento do esforço determinado por parte de um membro do corpo docente do departamento para impedir minha aprovação. Um ano antes, eu havia fugido de seu escritório quando ele tentou me encurralar. Ainda posso ouvi-lo declarando sua paixão por mulheres ruivas do Leste Europeu, quando agarrei a maçaneta da porta de sua sala, aliviada ao perceber que não estava trancada.

Cito esses dois incidentes – o desprezo pelo trabalho feito por uma mulher e a supressão de uma história de comportamento predatório – porque eles poderiam ter um desenlace diferente se eu tivesse compreendido plenamente o valor da curiosidade e do cuidado, assim como a importância de falar e contar a própria história. Esse é o ponto de partida deste livro. Ali estava eu, compartilhando um espaço de pesquisa com a mulher que estava trabalhando na tese que seria publicada com o título *A Literature of Their Own: British Women Novelists from Brontë to Lessing* (1977). O livro de Elaine Showalter iria transformar o campo dos estudos literários, abrindo uma linha de pesquisa inteiramente nova, no entanto, sua obra, sem mencionar a sua própria pessoa,

---

[25] "Have Hundred Stories: Natalie Portman on Sexual Harassment". *In*: *News 18* (21 nov. 2017).

que naquela época era marginalizada de formas que hoje me confundem. Por que eu não me interessei mais por sua obra e por sua presença? Por que não tive palavras para contar o que tinha acontecido comigo no escritório do professor? Quando meu orientador me perguntou se havia alguma história entre mim e o professor, tudo o que eu consegui dizer foi: "Não seria antiético e pouco profissional falar sobre relações pessoais?". Antiético? Pouco profissional? Por que eu achava tão impossível falar e contar a história do embaraçoso encontro ("traumático" não fazia parte de nosso vocabulário naqueles dias) em seu escritório? Como imigrante nos Estados Unidos e bolsista de uma instituição que eu venerava, a ideia de desafiar e fazer frente à autoridade era impensável.

A Heroína de 1001 Faces é um olhar profundamente pessoal sobre uma vida inteira de leituras, de leituras equivocadas e de releitura de mitos, épicos, contos de fadas, ficção literária e filmes. Numa época em que estamos além das divisões de heroísmo de gênero, nosso passado continua a pesar sobre nós, nos assombrando e nos convidando a refletir sobre a evolução dos valores embutidos nas histórias que contamos, escrevemos e reencontramos. O que era necessário para ser um herói ou uma heroína antes e o que é preciso hoje? Este volume pode não ser exatamente a resposta certa para aquela aluna de Joseph Campbell que insistiu que ela própria queria ser a heroína, mas minha esperança é de que este livro sirva como um ponto de orientação e marque o início das jornadas rumo à autocompreensão e ao fortalecimento através das histórias que contamos e que nossos ancestrais contaram uma vez.

Às vezes, eu me sentia como se estivesse voando às cegas sobre um território que eu pensava ser totalmente familiar. E eu não conhecia praticamente de cor *A Odisseia*, depois de lê-la no colegial, nas aulas da faculdade, durante a pós-graduação e com meus filhos? E eu não entendia exatamente o que estava em jogo nos contos de fadas depois de dar aula sobre eles durante décadas? E não adormeci quando criança com *O Diário de Anne Frank* sob meu travesseiro? E eu não reverenciei Thomas Mann e James Joyce como estudante universitária, tive uma *overdose* de Proust e Camus na pós-graduação e revelei os prazeres de ensinar grandes livros aos meus alunos? A familiaridade nunca gerou desprezo, mas fechou meus olhos para muita coisa que se tornou evidente quando comecei a seguir as mulheres com a jornada do herói em mente. Minha esperança é de que *A Heroína de 1001 Faces* revele a importância de manter-se aberta e curiosa sobre quem habita nosso mundo, bem como permanecer de pé, usando nossa voz mesmo quando aquelas que vieram antes de nós foram silenciadas. Com as mulheres agora melhor representadas no local de trabalho – como médicas, pilotas, bombeiras, pregadoras e juízas –, é quase impossível lamentar o mundo que perdemos. As mulheres agora oferecem modelos (tanto imaginários, como reais) em abundância, mudando os mitos com os quais vivemos e reconstruindo o mundo humano de maneiras que prometem fazer deste um mundo de fato mais humano.

PREFÁCIO À EDIÇÃO BRASILEIRA

As mulheres vivenciam hoje um processo de reconstrução de suas narrativas, através do autoconhecimento e da legitimização de seu valor e de suas contribuições para a sociedade, na história, na cultura, na vida cotidiana e no imaginário popular. E já não era sem tempo. Nesse cenário, entre outros desafios que se interpõem, revela-se a necessidade de deslocar o ponto de vista focado quase exclusivamente no masculino para um mais inclusivo, que permita a reflexão sobre o significado das escolhas e das histórias de vida das mulheres.

É nessa perspectiva que a folclorista Maria Tatar nos oferece, em seu livro *A Heroína de 1001 Faces*, uma desconstrução das chamadas verdades universais atemporais, presentes em contos, mitos e narrativas ficcionais e não ficcionais, a partir de sua experiência e conhecimento adquirido ao longo de décadas de estudos.

De forma instigante e atual, Maria Tatar desafia os modelos canônicos do herói guerreiro, reconstruindo seu arco narrativo, mas agora por meio de uma ótica feminina, quebrando a tradicional versão que exalta a violência e banaliza o rebaixamento e a humilhação da mulher nas mais diversas situações. Essa alternância de ponto de vista constitui uma grande provocação, que consegue redefinir as experiências heroicas femininas, numa jornada que diverge daquelas consagradas por Joseph Campbell, em seu livro *O Herói de Mil Faces*. Amplamente aclamado, o trabalho de Campbell ultrapassou as fronteiras dos estudos sobre mitos, psicologia e culturas, fincando suas bandeiras entre escritores, roteiristas e os poderosos produtores do cinema hollywoodiano.

Docente e pesquisadora de Folclore e Mitologia na Harvard University, Maria Tatar nasceu em 1945, na Alemanha, transferindo-se logo depois, em 1952, para os Estados Unidos, onde se estabeleceu. Reconhecida como Folclorista de renome internacional, Tatar é também autora de muitos livros na área de estudos alemães e literatura infantil.

Nesta obra seminal, Tatar se vale de suas pesquisas anteriores para expor alternativas ao caminho trilhado pelo modelo de herói e aos passos de sua jornada mítica. Em *A Heroína de 1001 Faces*, Tatar questiona como o monomito limita o foco do heroísmo às ações empreendidas por arquétipos masculinos que conquistam, tanto pela violência como pelo poder da voz, um espaço privilegiado dentro das narrativas míticas, em detrimento de mulheres, cujas ações são vilipendiadas, desprezadas, desacreditadas e, muitas vezes, descartadas.

Certo dia, ao ser questionado por uma aluna sobre as mulheres e a jornada mítica, Joseph Campbell argumentou: "A mulher é a mãe do herói; ela é o objetivo do herói; ela é a protetora do herói [...]. O que mais você quer?". A contrapartida da estudante foi reveladora: "Eu quero ser a heroína". Reside aí um dos embates que alimentam as reflexões de Tatar: a mulher como heroína não é uma coadjuvante, uma sombra do herói ou uma figura apática que surge e desaparece, simplesmente, de uma narrativa mítica ou ficcional, mesmo que inspirada na realidade. A heroína assume características "classicamente femininas", porém, ao ostentar valores negligenciados pela cultura androcêntrica, ela é posta de lado, excluída e apagada. Cabe, então, à heroína lutar para conquistar uma voz que seja ouvida, obter um instrumento de escrita ou ter à mão o seu trabalho manual para conseguir denunciar práticas de barbárie, pleitear direitos e garantir justiça e cuidados.

Oferecer ajuda e proteção constituem apenas alguns aspectos do heroísmo feminino. De modo silencioso, mulheres têm sobrevivido ao encarar um tecido social que reprime a curiosidade e a expressão feminina, relacionando-a ao pecado, à intromissão, à maldade. Afinal, segundo o mito clássico, Pandora é a causa de todo o infortúnio humano, pois, recriminada por sua curiosidade e desobediência, foi seu desejo de saber que trouxe ao mundo androcêntrico as enfermidades, as guerras, as pragas e todo o mal que assola a humanidade. Por sua vez, Eva compartilha com Pandora esse mesmo traço de curiosidade e comete a ousadia de provar do fruto proibido da árvore do conhecimento, assim como tantas outras mulheres que buscam sabedoria e verdade e que estão presentes em outras narrativas mitológicas.

Nos termos de Tatar, a rigidez do pensamento arquetípico evidenciado no modelo binário do princípio masculino e feminino, desenvolvido por Campbell em seus estudos das diversas mitologias, foi lido e assimilado não apenas por estudiosos voltados para a análise das sociedades e seus mitos fundadores, mas também pelos executivos da indústria do cinema e da TV, que optaram pela promoção e continuidade da propositura da jornada do herói por meio de um relato centrado no masculino. Desse modo, as mulheres permaneceram afastadas do modelo de protagonismo heroico dentro das narrativas hollywoodianas, já que continuaram a ser vistas como musas, inspiração poética ou como deidades da fertilidade. Essa questão é ainda mais intrigante ao contextualizarmos a presença de mulheres fortes que emergem da realidade, desempenhando atos de heroísmo, e se unem em torno de causas justas.

Maria Tatar defende uma nova leitura da jornada feminina, restabelecendo o papel da mulher como uma tecelã de narrativas que se guia pela curiosidade, entendida como atributo *positivo*, que abre as portas ao conhecimento, à beleza e à justiça e à criação nos mais diversos âmbitos. Nessa empreitada, Eva, Cassandra, Sherazade, Mulher-Maravilha, Nancy Drew, entre outras, tornam-se exemplos desse desfile de figuras heroicas alinhadas com o movimento #MeToo, que legitima — finalmente! — o impulso criativo feminino e a premência de seu discurso.

A cada capítulo, a autora nos guia através de mitos, lendas, contos da carochinha, narrativas da vida real, ficção contemporânea e produção audiovisual, para encontrar mulheres com histórias surpreendentes, que acabaram silenciadas pelo patriarcado, misoginia e pela consolidação de preconceitos e valores masculinos que as menosprezam e que foram banalizados e aceitos sem questionamento.

O heroísmo feminino define-se não pela vitória pura simples numa guerra, que deixa um rastro de violência e destruição de toda espécie; a heroína é regida e impulsionada pelo cuidado, pela generosidade, pelo respeito à vida, à dignidade e à justiça.

Além da fala e da escrita, muitas personagens femininas recorrem a habilidades manuais, como artesanato, fiação e tecelagem, para denunciar seus malfeitores, tornando-se heroínas não de espada e escudo, mas através da arte da palavra, do tear, do bordado e da construção narrativa.

Se no passado o espaço feminino era a vida doméstica, então, a cena heroica dava-se também nesse lugar de luta e sobrevivência, ao enfrentar e oferecer proteção contra a injustiça e a violência. Penélope e Sherazade são duas mulheres que conseguiram sobreviver em um mundo hostil e, tomando decisões corajosas dentro do espaço doméstico, recorreram às suas únicas armas: tecer e narrar histórias. Sherazade conseguiu, com suas 1.001 histórias, permanecer viva e dar um fim ao massacre de jovens mulheres que se casavam e eram mortas pelo rei Shariar, enquanto Penélope logrou manter-se distante dos muitos pretendentes que a assediavam.

A Odisseia de Penélope, de Margaret Atwood, *A Thousand Ships*, de Natalie Haynes, e *O Silêncio das Mulheres*, de Pat Barker, obras que dão voz a Penélope, Helena, Briseida e a Circe, entre outras figuras mitológicas femininas, são analisadas, ainda no primeiro capítulo, como um contraponto aos heróis convencionais de *A Ilíada* e de *A Odisseia* de Homero.

O elenco de escritoras citadas por Maria Tatar é imenso, o que proporciona um leque literário que esquadrinha autoras de diversos períodos. Hélène Cixous e Madeline Miller são exemplos de escritoras contemporâneas que abordam a urgência de libertar-se da armadilha do silêncio, resistindo a aceitar um lugar à margem da "literatura", dominada pelos "homens da escrita literária", o que priva as mulheres da possibilidade de usar as palavras da mesma forma que os heróis empunham suas armas.

O segundo capítulo discute narrativas de sequestro, estupro e castidade. A violência a que foram submetidas Perséfone, Europa, Dânae, Leda, Filomela e Aracne recebe uma releitura: o silêncio lhes é imposto, mas Filomela — que teve a língua cortada para não revelar quem era seu estuprador — conseguiu externar o que aconteceu através de sua habilidade de tecer.

Em *A Cor Púrpura*, de Alice Walker, assim como no conto persa da Pedra da Paciência, também estão presentes recursos de silenciamento e apagamento feminino, o que evidencia o uso universal da violência como estratégia para desproteger, escravizar e marginalizar mulheres através dos tempos e em todas as partes do mundo.

Os contos de fada, da carochinha e contação de histórias por mulheres constituem o tema central do terceiro capítulo. Quem eram as mulheres contadoras de histórias: apenas senhoras idosas que cuidavam das tarefas domésticas? Maria Tatar encontra em Marina Warner e Angela Carter as referências necessárias para revelar como as histórias da carochinha e suas narradoras têm sido negligenciadas, sendo muitas vezes despojadas de seu valor como integrantes da tradição literária. No entanto, ressalta-se que tais narrativas compõem o universo literário desde que registradas através da pena e do ponto de vista masculino — como é o caso dos Irmãos Grimm, Charles Perrault, Joseph Jacobs e Alexander Afanasev —, com a liberdade de calar e manipular qualquer discurso de personagens femininas que possam incomodar, questionar ou subverter convenções sociais. Em geral, nessas narrativas e em autores como Straparola e Basile, mulheres determinadas e que denunciam delitos são desacreditadas e caracterizadas como loucas, velhas rabugentas ou bruxas.

Por outro lado, em "Pele de Asno", o "Barba-Azul", "Bela Adormecida", "Branca de Neve", "A Moça sem Mãos" e a história egípcia "A Princesa com a Roupa de Couro", por exemplo, evidenciam-se experiências de abuso, confinamento, mutilação e crueldade impingidas contra mulheres. A esse respeito, Tatar aponta como autoras contemporâneas — entre elas Toni Morrison, Rebecca Solnit, Anne Sexton e Ursula Le Guin — renovam o mito e o cânone do conto de fadas, formulando imagens heroicas femininas diversas do estereótipo tradicional.

O capítulo 4 pondera sobre o significado da "curiosidade" e como essa noção, quando associada ao feminino, ganha contornos negativos, ao invés de ser interpretada dentro do paradigma relativo à busca e obtenção de conhecimento. Nesse ponto, Maria Tatar destaca a criação de Louisa May Alcott, que introduziu, pela primeira vez na literatura, meninas ousadas e aventureiras, ainda que em mundos imaginários, em seu livro *Mulherzinhas*. A obra inaugurou um novo estilo que ofereceu às mulheres a possibilidade de escrever sobre protagonistas que enfrentam suas adversidades, como as que seriam vistas posteriormente em obras como *Anne de Green Gables*, de Lucy Maud Montgomery, em *Uma árvore cresce no Brooklin*, de Betty Smith, e até mesmo em relatos não ficcionais, como no *Diário de Anne Frank*, além de outros livros, filmes e séries de televisão. Ainda nesse capítulo, a autora sublinha com precisão a importância da escrita de mulheres negras ao longo da história e especialmente no momento atual, ao relacionar, por exemplo, a obra de Angie Thomas, *O Ódio que Você Semeia* (*The Hate U Give*), com a realidade e com os movimentos #BlackLivesMatter e #SayTheirNames.

No capítulo seguinte, detetives e investigadoras compõem as personagens que fazem da "curiosidade" o seu meio de sobrevivência, como é o caso da jovem Nancy Drew. Por sua vez, Agatha Christie e sua detetive

Miss Marple — que tricota em sua cadeira de balanço — constituem uma junção entre investigação e bisbilhotice, ao articular o fio — tecido e contado — de uma boa história. Ainda, se Miss Marple é uma heroína que desvenda crimes, mas também uma senhora quase invisível aos olhos da sociedade, temos, por outro lado, a super-heroína Mulher-Maravilha, descendente de Afrodite, que carrega consigo o poder das deusas da mitologia e a capacidade de cuidar e proteger a humanidade. Porém, ao contrário dos deuses da antiguidade, a Mulher-Maravilha em nenhum momento se deixa levar pela potência de seus poderes ou comete qualquer ato de injustiça ou violência, pois, antes de mais nada, sua busca é focada na restauração da ordem e da justiça.

Adiante, no sexto capítulo, desponta a figura da *trickster* — trapaceira feminina — como personagem ambígua e complexa: inserem-se nesse segmento aquelas mulheres fortes que, à margem da sociedade e do sistema, buscam justiça, mas não necessariamente pelas vias legais. Assumindo, muitas vezes, a *performance* do anti-herói (ou melhor, da anti-heroína), personagens como Lisbeth Salander (de *Millenium: Os Homens que não Amavam as Mulheres*) e Mildred Hayes (de *Três Anúncios para um Crime*) nunca desistem de seu objetivo, empenhando todos os seus esforços, talento e persistência para alcançar o bem e a justiça.

Dentro desse quadro de heroínas provocativas, está Katniss Everdeen, da trilogia *Jogos Vorazes*, uma jovem mulher que desafia o sistema com sua inteligência e habilidade para a caça, enfrenta e engana o comando estabelecido, conquistando, a cada etapa de sua jornada, respeito e admiração daqueles que, como ela, são explorados, inferiorizados e apagados.

A Heroína de 1001 Faces é resultado de toda uma vida de estudos, leituras e ensino por parte de Maria Tatar, abordando mitos, narrativas épicas, contos da carochinha, contos de fadas, ficção, não ficção, assim como filmes e séries de TV. A obra rompe com a celebração cultural da jornada masculina como o único caminho para o heroísmo, iluminando e dando visibilidade aos atos heroicos femininos, sejam eles grandes, sejam pequenos.

Ao propor um olhar conectado com a realidade contemporânea e engajado com movimentos como o #MeToo, Maria Tatar nos faz trilhar um itinerário diferente na leitura e interpretação dos percursos e experiências femininas. Enquanto os antigos heróis masculinos buscavam a glória e a imortalidade através de ações épicas, as mulheres sempre se serviram da palavra, do relato, de tecer uma trama e estendê-la, corajosamente, aos olhos do mundo.

Relevante e urgente em sua mensagem, *A Heroína de 1001 Faces*, de Maria Tatar, é um hino à força das mulheres que, embora silenciadas, ainda foram capazes de encontrar maneiras de agir e reagir.

A Heroína de 1001 Faces é uma obra que se consolida, por fim, para identificar as trajetórias heroicas femininas, dialogando com o cotidiano, com o passado e o presente, e revelando como as mulheres se expressam e usam a própria voz para promover conquistas, mudanças e justiça social.

SANDRA TRABUCCO VALENZUELA,
Doutora em Literatura pela
Universidade de São Paulo (FFLCH/USP);
Pós-Doutora em Literatura Comparada pela
Universidade de São Paulo (FFLCH/USP).

CAPÍTULO 1

"CANTA, Ó MUSA"

A Jornada do Herói e a Missão da Heroína

"Não quero alterar uma hierarquia para instituir outra [...]. Mais interessante é o que torna possível o domínio intelectual; como o conhecimento se transforma de invasão e conquista em revelação e escolha."
— Toni Morrison, *Playing in the Dark*

"Não há heróis de ação, apenas heróis de renúncia e sofrimento."
— Albert Sschweitzer, *Out of My Life and Thought*

O conceito de uma heroína 1.001 faces enfrenta riscos que parecem menos uma resposta ao livro *O Herói de Mil Faces* (1949), de Joseph Campbell, do que um esforço para lhe fazer um melhor. Entretanto, as 1.001 heroínas deste volume não estão competindo, em suas várias facetas, com os mil heróis de Campbell. O número arábico 1.001 designa uma medida vasta e o dígito final "um" nesse número vai além de mil, sugerindo uma guinada para algo sem limites. O número presente em meu título destina-se a apontar possibilidades sem limites, bem como a magnitude da bravura do comportamento heroico.

Em muitos aspectos, os heróis e heroínas resistem com alegria a uma definição e a classificações, e não tem sido fácil evitar cair na armadilha de reduzir as heroínas a um modelo que faz apenas um pouco mais do que imitar o arquétipo de Campbell com as suas doze etapas da jornada do herói. Assim, tanto as críticas como as sequências propostas correm o risco de repetir e reforçar os modelos que buscam desafiar. Mas, como enfatiza Campbell, os heróis estão sempre nos surpreendendo com sua imprevisibilidade espirituosa e com um inquietante desafio às regras, normas e aos regulamentos. Na verdade, não importa o quanto o comportamento heroico possa parecer grotesco: a figura do Wakdjunkaga, pertencente aos mitos dos indígenas norte-americanos Winnebago, que devora seus próprios intestinos; o guerreiro grego Aquiles que profana o cadáver de Heitor, arrastando-o pela cidade de Troia; o irlandês Cúchulainn é um herói que está sujeito a convulsões que o transformam em um monstro perverso.

Alguns heróis podem, inclusive, agir como bandidos, mas isso não os impede de se tornarem nossos modelos culturais, e nós continuamos a reverenciá-los, enfatizando sua coragem, valor e sabedoria. Esses heróis retornam da batalha, assim como de missões solitárias, cobertos de "glória", mantendo-nos sob seu domínio quando somos jovens, bem como na medida em que envelhecemos. Nós continuamos a admirá-los, celebrando suas "jornadas" e suas "buscas", como afirma Campbell, e ignoramos seus defeitos, trágicos e cômicos.

Joseph Campbell se propôs a contar uma história "maravilhosamente constante" sobre heróis. Em seu favor, podemos dizer que ele lançou uma ampla rede, explorando muitos cantos de nossos universos simbólicos, desde a sabedoria dos nativos norte-americanos até os mitos gregos, ousando aventurar-se nas tradições religiosas tanto do Oriente como do Ocidente. Seu objetivo manifesto era identificar as características distintivas do arquétipo do herói e traçar as etapas de uma jornada que o transporta, muitas vezes, de um lar humilde como ponto de partida através de um limiar para aventuras escritas em grande escala, seguidas por um retorno triunfante para casa, portanto um elixir curativo. A certeza de Campbell sobre o que é preciso para ser um herói é impressionante, igualada apenas à sua convicção de que as mulheres não têm lugar no seu panteão de heróis.

Na gramática da mitologia, Campbell argumentou que a mulher representa "a totalidade do que pode ser conhecido". Ele intuiu corretamente que a imaginação mítica liga as mulheres ao conhecimento, muitas vezes de forma insidiosa. O herói, acrescentou ele, de modo astuto e enimático, é "aquele que aprende". Em outras palavras, as mulheres nunca precisam sair de casa. Elas são "modelos de beleza" e "a resposta a todos os desejos". Como "mãe, irmã, amante e noiva", elas são o "objetivo da bem-aventurança" da busca do herói. E ele ainda enfatiza que as mulheres estariam em seu melhor momento quando se encontram sem vida e inertes: Campbell consagrou a Bela Adormecida como o modelo mais bem-acabado de todas elas. Ela é a "encarnação da promessa de perfeição".[1]

Por que Campbell apresenta *O Herói de Mil Faces* com um conto de fadas, com uma história sobre uma princesa rebelde? Uma análise de "O Rei Sapo", primeira narrativa presente no livro *Contos Maravilhosos Infantis e Domésticos* (*Children's Stories ans Household Tales*) dos Irmãos Grimm (1812), ocupa uma boa parte do primeiro capítulo de Campbell. O título desse capítulo? "A Partida", e está lá para esclarecer os primeiros passos da aventura do herói. Campbell reconta a história dos Irmãos Grimm sobre uma princesa que perde a sua bola dourada nas águas profundas de uma fonte e depois faz uma barganha odiosa com um sapo, que está disposto a recuperar o brinquedo da princesa em troca de um conjunto de exigências para que a jovem lhe proporcionasse

---

[1] Joseph Campbell. *The Hero with a Thousand Faces*. Nova York: BollingenFoundation, 1949, p. 92. [*O Herói de Mil Faces*. São Paulo, Cultrix, 1989, pp. 112, 117.]

companhia. Um pequeno erro – falhar no momento de pegar uma bola depois de atirá-la para cima – e um universo inteiro se abre, trazendo consigo o poder iluminador da aventura, da transformação e da redenção. Nesse caso, tanto o pobre sapo quanto a bem-nascida princesa se entrelaçam no áureo mito do renascimento.

Se a jornada do herói mapeia uma narrativa de busca, marcada por um aventureiro destemido que sai pelo mundo, a missão da heroína é algo muito diferente. No caso de "O Rei Sapo", o anfíbio se transforma (e é sua jornada que interessa a Campbell), contudo, é a princesa (que nunca sai de casa) que lança o sapo eroticamente ambicioso contra a parede e... *splat*! Ele se transforma em príncipe. De

Sra. Percy Dearmer, *O Rei Sapo*, 1897.

repente vemos que o comportamento das meninas é impulsionado por formas inesperadas de insubordinação e oposição. Mas esse detalhe não interessa a Campbell. Em vez disso, ele chama a atenção para o contraste entre as meninas dos contos de fadas, cuja expectativa pode alcançar pouco além do que cruzar o limiar entre a infância e a vida adulta, e os verdadeiros heróis, que lutam pelo seu caminho para a glória e alguma forma de significado transcendente. Da minha parte, eu precisava saber mais sobre o ato de rebeldia da princesa e a sua ação libertadora. Essa também era a parte da história com a qual os meus alunos se preocupavam. O quê? Nenhum beijo redentor? Não era bem assim que eles tinham ouvido essa história.

Campbell admite que existem de fato algumas heroínas que empreendem missões e realizam tarefas difíceis, e cita o caso de Psiquê, descartando sua história como um tipo em que os "papéis principais são invertidos". Para ele, essa história é uma anomalia. Entretanto, a narrativa latina em prosa "Cupido e Psiquê", escrita por Apuleio de Madaura (atual M'Daourouch, na Argélia) no século II, revela que uma mulher ao empreender sua busca é conduzida de maneiras que divergem radicalmente da motivação dos heróis em suas jornadas. Psiquê exibe todos os traços que definem o comportamento heroico das mulheres míticas: curiosidade, cuidado e determinação. Em uma missão para ter de volta Cupido – a curiosidade de Psiquê sobre a criatura que se deita com ela escondida pela escuridão da noite despertou rumores de que ele seria um monstro –, ela realiza uma série de tarefas impossíveis. Psiquê ordena grãos, recolhe lã de ovelhas douradas e recupera água da nascente dos rios Estige e Cócitus. No final, ela sucumbe mais uma vez à curiosidade (assim como Pandora, Eva e uma série de outras heroínas em busca de conhecimento) numa missão que demonstra um compromisso de cuidar dos outros.

Campbell posicionou a conhecida jornada do herói no centro da sua análise, enfatizando uma movimentação de cruzada que exigia audácia e determinação, força e mobilidade. Embora as heroínas possuam os dois primeiros atributos em abundância, muitas vezes, há uma carência quando se trata dos dois últimos, pois são retratadas como seres que não dispõem da musculatura e da agilidade dos heróis.

Durante muitos meses, imaginei que o título deste livro seria parecido com "A Jornada do Herói e o Calvário da Heroína". Confinadas dentro de casa, escravizadas, exiladas ou presas, as heroínas apresentam a desvantagem de serem mais julgadas do que encaradas por suas jornadas. Porém, há algo errado na divisão do heroísmo por gêneros: de um lado, está a ação e, do outro, o sofrimento. Será que as mulheres de tempos passados estavam destinadas a sofrer silenciosamente e simplesmente suportar? E que dizer de heróis como Aquiles, Teseu ou Hércules? Não sofrem e suportam a dor? E a vida deles não é também uma longa provação?

Foi então que me deparei com a história romena "O Porco Encantado", uma variante de "Cupido e Psiquê", de Apuleio. Nela e em todas as variantes da história, as quais trabalharei mais adiante, a princesa heroína comete o erro de tentar quebrar o feitiço mágico que transformou o marido em um animal durante o dia. Quando ela falha, seu marido se vê obrigado a abandoná-la. "Não nos encontraremos novamente", disse ele, "até que você tenha desgastado três pares de sapatos de ferro e um bastão de aço ao buscar por mim."[2] A jovem mulher caminhou sem parar até que seu último par de sapatos despedaçou e seu bastão se embotou. Não é à toa que Kelly Link observa num conto inspirado em "A Rainha da Neve", de Hans Christian Andersen: "Senhoras, já vos ocorreu que os contos de fadas não são fáceis de entender?"[3] Um último ato de sacrifício e a futura princesa estará

---

[2] Andrew Lang (org.). *The Red Fairy Book*. Londres: Longmans, Green, 1890. pp. 104-15.

[3] Kelly Link, *Stranger Things Happen*. Easthampton, MA: Small Beer Press, 2001, p. 100. Ver também Theodora Goss. *The Fairytale Heroine's Journey* (*blog*). Disponível em: https://fairytaleheroinesjourney.com/into-the-dark-forest-the-fairy-tale-heroines-journey/.

reunida com o seu marido na sua forma humana. Os sapatos de ferro desgastados são uma marca presente em muitos contos de fadas e um poderoso lembrete de que escalar montanhas de cristal e atravessar extensões congeladas podem constituir uma resposta importante aos desafios enfrentados pelas heroínas. Mais do que isso, o impulso que motiva a princesa é altruísta e, quando ela viaja, está em uma missão, determinada a encontrar o seu "felizes para sempre"; no entanto, ela está mais focada em resgatar e transformar seu amado do que em simplesmente se unir novamente a ele.

As heroínas encontradas nos contos chamados pelos folcloristas de "A Busca pelo Marido Perdido" raramente buscam ampliar seu poder. Em vez disso, elas se erguem para estar à altura dos desafios impostos por forças superiores, costurando camisas com flores em forma de estrela ou cozinhando e limpando para madrastas, bruxas e anões. E estabelecem alianças com criaturas que se tornam seus ajudantes: raposas e pombas, peixes com olhos dourados e enxames de formigas e abelhas.

As heroínas partilham do espírito dos cruzados, e os objetivos das suas missões (na maioria das vezes, mais conjugal do que guerreiro) empalidecem em comparação com a glória brilhante conferida aos heróis. Ainda assim, a rebeldia e sua motivação estão muitas vezes ali, à vista de todos, embora não necessariamente onde a ação heroica se posicione tradicionalmente. Enquanto escrevia este livro, fui percebendo que as heroínas estavam habitualmente inclinadas para missões sociais, tentando resgatar, restaurar ou consertar as coisas, tendo as palavras como suas únicas armas. Os heróis, pelo contrário, estão armados e prontos para a batalha. Eles embarcam em missões e jornadas que têm como objetivo mais do que um retorno para casa. Em busca da glória numa disputa, muitas vezes militar e belicosa, eles perseguem a imortalidade mais do que qualquer outra coisa, assegurando a fama duradoura por meio de um processo que pode ser descrito, simples e claramente, como autovalorização e automitologização. Não é de admirar que, ao fazer uma lista com exemplos de heróis, rapidamente recitamos os nomes de homens e de deuses. É preciso um pouco mais de tempo para se chegar aos nomes das heroínas.

Palavras e Ações

O que é um herói? Esta é uma pergunta que nos é reiterada frequentemente. Ela nos absorve desde os tempos de escola, quando nos pedem para definir os nossos próprios valores culturais e aspirações, dimensionando a vida de figuras de tempos passados: o brilhante Aquiles, o astuto Odisseu, o descarado Anansi ou o indomável Sun Wukong, o Rei Macaco. Nosso arquivo coletivo de contos – rico em histórias, mitos, parábolas, lendas e muito mais – oferece inúmeros exemplos de comportamento heroico e nós recorremos a esses reservatórios tão bem abastecidos com modelos de conduta. O mundo acadêmico nos supriu com definições em abundância e eu, como estudante, tomei notas criteriosas a respeito de heróis hercúleos, figuras cuja grandeza tinha menos a ver com bondade do que com o que era chamado de "a energia transformadora da centelha divina". Um desses acadêmicos considerado uma autoridade sobre a questão do herói afirmou que se tratava de uma combinação inquietante de "beneficência e crime", de "missões fabulosas e traições vergonhosas" e de "triunfo sobre inimigos cruéis e massacre insensato de inocentes".[4] Recordo que a frase sobre o massacre de inocentes me fez dar uma pausa, mas, em seguida, continuei anotando.

Com intensidade calculada, nos fazemos essa mesma pergunta – o que é um herói? – quando lemos manchetes ou ponderamos histórias do aqui e agora sobre aqueles que agiram de formas que inspiram admiração, encanto e apreço. "Bombeiros de Nova York salvam enfermeira de

---

[4] Eugene M. Waith. *The Herculean Hero in Marlowe, Chapman, Shakespeare and Dryden*. Nova York: Columbia University Press, 1962, p. 16.

edifício em chamas." "Guarda florestal resgata caminhante desidratado na Trilha Treacherous." "Homem corre e puxa motorista após a explosão de tanque de combustível." Peguei essas manchetes ao acaso na sessão de notícias, mas também podia citar o nome "Sully", e quem não se lembraria do piloto que salvou a vida dos passageiros depois que uma colisão com pássaros desativou os dois motores do voo 1549 da US Airways? Os heróis não são apenas modelos, eles também são protetores. Com uma autoridade reconfortante, eles nos dão a certeza de que o mundo pode se tornar menos frágil, mais seguro e mais generoso, graças a seus atos de bondade. Com a ajuda de homens fortes e destemidos, o mundo evoluirá para ser um lugar melhor.

Nossa palavra "herói" deriva do grego e foi impressa pela primeira vez em língua inglesa em 1522.[5] O *Oxford English Dictionary (OED)*, nossa fonte de autoridade sobre o uso da língua, oferece várias definições, sendo a primeira das quais a seguinte: "Um homem (ou ocasionalmente uma mulher) de força sobre-humana, coragem ou habilidade, favorecido pelos deuses". Cerca de sessenta anos depois é que a palavra "heroína" surge pela primeira vez em um documento da Igreja e, em 1609, o dramaturgo britânico Ben Jonson utiliza o termo para descrever mulheres caracterizadas por "uma fortaleza invencível e inquebrantável".[6] O *OED* define "heroína" como "uma mulher que se distingue pelo desempenho de ações corajosas ou nobres; uma mulher geralmente admirada ou aclamada por suas grandes qualidades ou

---

[5] Etimologia do termo "herói": o termo foi grafado pela primeira vez em língua portuguesa no século XV. Do grego, "*hérōs,ōos* no sentido de 'chefe, nobre; semideus; herói, mortal elevado à classe dos semideuses', pelo lat. *hēros,ōis* no sentido de 'herói, semideus, filho de um deus ou de uma deusa; homem célebre'; ver hero(i)- ". Dicionário Houaiss, disponível em: https://houaiss.uol.com.br/corporativo/apps/uol_www/v6-0/html/index.php#1. (N. da T.)

[6] Ben Jonson. *The Complete Masques*. Stephen Orgel (org.). New Haven, CT: Yale University Press, 1969, p. 543.

realizações". É impossível imaginar a inserção de "ou ocasionalmente de um homem" nessa definição.

Assim, enquanto os heróis são sobre-humanos, as heroínas se distinguem e são admiradas. Essas definições sugerem que tomamos uma sábia decisão ao abandonar o termo "heroína" e transformar a palavra "herói" num elemento neutro em termos de gênero. Mas talvez não. Como *A Heroína de 1001 Faces* demonstrará, há diferenças importantes entre heróis e heroínas, sendo que as características que as tornam recomendáveis ou louváveis se modificam ao longo do tempo. Heróis e heroínas empregaram diferentes estratégias para conquistar méritos – na maioria dos casos, uma incrivelmente percussiva; e outra, estereotipada porém, ainda assim, silenciosamente criativa e profundamente inspiradora. Hoje podemos estar expandindo nossa compreensão sobre gênero com novas identidades não binárias, identidades de gênero-fluido, mas esse fato torna ainda mais importante a compreensão das *performances* culturalmente roteirizadas e dos códigos binários inflexíveis fixados através dos mitos, lendas e contos de fadas de tempos passados.

Em *Heroes*, publicado originalmente em 2018, o ator e escritor Stephen Fry reconta histórias do que ele chama de "Idade dos Heróis". Com isso, ele quer dizer apenas tempos antigos. Ele nos lembra de que seus súditos são "homens e mulheres que alcançam seus destinos, usando suas qualidades humanas de coragem, astúcia, ambição, velocidade e força para realizar feitos admiráveis, como vencer monstros terríveis e estabelecer grandes culturas e linhagens que mudam o mundo".[7] (Ele

---

[7] Stephen Fry. *Heroes*. Londres: Michael Joseph, 2018, p. 1. Em um estudo sobre a mulher nos contos de fadas, Jonathan Gottschall determinou que é "muito menos provável" que as mulheres protagonistas sejam definidas como fisicamente heroicas ou detentoras de coragem. "A descoberta", conclui ele, "deixa aberta a possibilidade de que as personagens femininas expressem heroísmo de modo a não vincular força física ou riscos". Ver seu texto "The Heroine with a Thousand Faces: Universal Trends in the Characterization of Female Folk Tale Protagonists". *In*: *Evolutionary Psychology* 3, nº 1 (2005), pp. 85-103.

poderia ter acrescentado o brilhante "e ocasionalmente algumas mulheres", pois a maioria de suas histórias apresenta homens e deuses masculinos.) Ler o volume de Fry me levou a pensar o que as mulheres estavam fazendo enquanto os homens andavam matando monstros. A ênfase implacável na conquista através da força bruta acionou um alerta e me levou a perguntar se existiam outras formas de heroísmo em nossos mitos e tradições.

Quero destacar aqui o uso que Fry fez da expressão "feitos admiráveis", em parte porque as mulheres foram por tanto tempo excluídas das esferas de ação pública, ao permanecerem em casa enquanto os homens iam para o trabalho e para a guerra, para os lugares onde as façanhas ousadas podiam ser realizadas, tornando-se feitos comemorados posteriormente como uma herança coletiva. A filósofa judia-alemã Hannah Arendt nos diz que os atos em particular – frágeis e efêmeros – estão sujeitos ao esquecimento, existindo apenas no momento da *performance*. No entanto, é através das histórias que tais feitos são preservados na memória cultural, transformando-se em fontes de incentivo para as gerações futuras, exemplos aos quais todos aspiramos. A memória tanto venera como também preserva. Por essa razão, os gregos valorizavam a poesia e a história, porque estas conferiam imortalidade aos heróis e resgatavam os feitos heroicos do esquecimento.[8] Afinal, foi Homero o responsável por garantir que conheceríamos os nomes de Aquiles, Heitor e Pátroclo.

Palavras e ações: a ligação proposta por Arendt entre linguagem e ação nos faz refletir muito sobre o motivo pelo qual os heróis, em sua vocação redentora, são lembrados por realizarem "ações surpreendentes" com muito mais frequência do que por seus grandes discursos.

---

[8] Para Arendt, a *polis*, ou o reino público das aparências, constitui-se diretamente do "compartilhamento de palavras e ações". "Ação e discurso criam um espaço entre os participantes que podem encontrar seu próprio espaço a qualquer momento e em qualquer lugar." Ver: *The Human Condition*. Chicago: University of Chicago Press, 1958, p. 198.

Quando se trata de heróis, palavras encantadoras parecem importar menos do que seus feitos épicos. É possível, então, que na divisão de gênero do trabalho heroico, os homens adquiram glória e sejam lembrados pelo que *fazem*, e as mulheres pelo que dizem, contam ou relatam? A submissão paradoxal entre as palavras e os atos chama nossa atenção para a divisão desconcertante entre o falar e o agir, quando se trata de comportamento heroico, pois, aos heróis, cabe toda a ação, enquanto as heroínas devem, muitas vezes, limitar-se apenas à linguagem, com as palavras expressas mais na privacidade do lar e menos em espaços públicos.

Quem melhor para defender o encantamento das palavras (e como as mulheres fazem uso dessa magia) do que Sherazade, a heroína de *As Mil e Uma Noites* (*Alf Laylah wa-Laylah*), uma coleção de contos folclóricos provenientes de muitas fontes – árabe, persa, indiana e turca, para citar algumas – e recolhidos na Idade de Ouro Islâmica. As histórias, também conhecidas como *As Noites Árabes* ou *Entretenimento das Noites Árabes*, foram traduzidas muitos séculos depois para o inglês, com a primeira compilação britânica aparecendo em 1706. Mais adiante, neste volume, comentarei muito mais sobre Sherazade, mas no momento analisarei a declaração heroica que ela faz à sua irmã Duniazade. Sherazade se ofereceu para desposar Shariar, um tirano que, enlouquecido pela infidelidade de sua esposa, decidiu matá-la, junto com toda sua comitiva libidinosa. Para aliviar a sua humilhação, Shariar elaborou um plano espetacularmente descomedido, que requer uma crueldade levada ao extremo. A cada dia, ele tomará uma nova esposa e, na manhã seguinte, ele a decapitará ritualmente. Sherazade, por sua vez, armou o seu próprio plano de sobrevivência. "Vou começar com uma história", diz ela à sua irmã e aliada, "e isso fará com que o rei dê um fim à sua prática, me deixe viver e volte a governar seu povo."[9] As palavras são a sua arma e ela planeja criar narrativas (será preciso

---

[9] Muhsin Mahdi (org.). *The Arabian Nights*. Trad. De Husain Haddawy. Nova York: W. W. Norton, 1990, p. 16.

1.001 neste caso, não um número infinito) que lhe permitirão escapar da morte e transformar a cultura em que ela vive. Shariar, ao que parece, morde a isca, termina seu reinado de violência e os dois se casam, vivendo "felizes para sempre", ao lado dos três filhos que tiveram juntos. Como uma criativa contadora de histórias e parceira procriadora, Sherazade refaz o mundo e assegura a possibilidade de redenção, transformação e sucessão ordenada.

Sherazade contrabandeia histórias para dentro do quarto e usa narrativa para conquistar o rei. Ela o convence de que as decapitações não vão aplacar sua raiva nem saciar sua sede de vingança. Hoje, as mulheres também têm usado a narrativa de outras formas, apoiando-se menos em ficções imaginativas, que divertem e informam, do que em relatos da vida real, que são convincentes no seu inventário de agravos e ofensas. Como as manchetes dos últimos anos revelam e como o movimento #MeToo tem mostrado, as histórias são uma arma poderosa para combater formas de injustiça social, corrigindo os tipos de arbitrariedades que Sherazade procurou eliminar.

Não há como negar o poder da narrativa como testemunho para acusar, indiciar e condenar na sala de audiências da opinião pública, sendo que a arena extrajudicial pode operar de forma influente, impondo punições que podem exceder o que está no código penal de uma cultura. Contar a

Edmund Dulac, ilustração de As Mil e Uma Noites, 1907.

sua história – as feridas reveladoras e os danos causados – tem-se investido de um peso sem precedentes, trazendo consigo o mesmo sentido da missão social que levou Sherazade a arriscar a vida para salvar a de outras mulheres. As mulheres nos contos de fadas fizeram repetidamente uso dessa estratégia em narrativas de denúncia que podem ser encontradas não só no folclore anglo-americano e europeu, mas no repertório de histórias existente em todo o mundo. São justamente estes os contos da carochinha que foram descartados e desacreditados como sendo nada mais do que contos de fadas.

Quando questionado sobre a jornada heroica da mulher e se era igual "à de um homem", Joseph Campbell fez uma pausa para refletir. "Todas as grandes mitologias e grande parte das histórias míticas do mundo são do ponto de vista masculino", reconheceu ele. Enquanto escrevia *O Herói de Mil Faces*, ele queria incluir "heróis femininos", mas descobriu que precisava recorrer aos contos de fadas para encontrá-los. "Sabe, estes eram contados às crianças pelas mulheres, e você tem uma perspectiva diferente."[10] Nos contos de fadas, temos não só a perspectiva das mulheres, mas também as suas vozes. As mulheres podem ter sido silenciadas nos mitos contados e recontados por bardos, contudo, usaram a sua voz para falar em narrativas contadas por mulheres tanto para crianças como também para todas aquelas que fizeram círculos de costura, se reuniram em salas de fiação, prepararam refeições no lar, lavaram roupas e se envolveram no que tem sido tradicionalmente conhecido como trabalho de mulheres.

Os contos de fadas muitas vezes se concentram no poder das palavras e das histórias. A conversa pode colocar você em apuros, mas também há momentos em que ela pode salvar de uma situação difícil. No conto de fadas britânico "Mr. Fox" (traduzido para a língua portuguesa como "Sr. Fox" ou, ainda, "Sr. Raposo"), uma mulher chamada

---

[10] Joseph Campbell. *Pathways to Bliss: Mythology and Personal Transformation*. Novato, CA: New World Library, 2004, p. 145.

John Batten, ilustração para "Mr. Fox", 1890.

Lady Mary recorre ao poder revelador da narrativa e conta a sua história como forma de exposição dos fatos. A construção do conto é um tutorial sobre como usar histórias como instrumentos para garantir a justiça social. O belo e rico Sr. Fox corteja uma jovem chamada Lady Mary, que decide visitar o castelo onde reside o seu pretendente. Com suas altas paredes e fosso profundo, o castelo do Sr. Fox parece impenetrável, mas Lady Mary, "uma corajosa", entra nele e explora seus ambientes. Sobre uma porta está escrito: "Tenha coragem, tenha coragem, mas não muita coragem/Para que o sangue do seu coração não esfrie". No entanto, Lady Mary é muito corajosa e o sangue em seu coração arrefece ao descobrir uma Câmara Sangrenta no castelo. "O que você acha que ela viu? Ora, corpos e esqueletos de belas jovens senhoras todos manchados de sangue." Nesse momento, surge o Sr. Fox, arrastando uma jovem atrás dele. Lady Mary se esconde atrás de um barril de vinho e testemunha o momento em que ele corta a mão da moça para retirar-lhe um anel. A mão cai no colo de Lady Mary, propiciando-lhe a prova de que precisa para indiciar seu noivo, um homem que num instante se transformou de parceiro em adversário.[11]

Eis como termina uma versão do conto:

> Acontece que, no dia seguinte, o contrato de casamento entre Lady Mary e o Sr. Fox seria firmado, mas antes disso haveria um esplêndido café da manhã. Quando o Sr. Fox estava sentado à mesa diante de Lady Mary, ele a olhou e disse: "Como estás pálida esta manhã, minha querida". "Sim", respondeu ela, "ontem tive uma péssima noite de descanso. Tive sonhos horríveis." "Os sonhos acontecem ao contrário," retrucou o Sr. Fox. "Mas conte-nos o seu sonho e a sua doce voz fará passar o tempo até chegar a hora feliz."
>
> "Sonhei", disse Lady Mary, "que fui de manhã ao vosso castelo e ele fica no bosque, cercado por muros altos e um fosso profundo, e acima do portão estava escrito":
>
> *Tenha Coragem.*
>
> "Mas não é assim, nem foi assim", disse o Sr. Fox.
> "E quando cheguei à porta, sobre ela estava escrito":
>
> *Tenha coragem, tenha coragem, mas não muita coragem.*
>
> "Não é assim, nem era assim", disse o Sr. Fox.

---

[11] Joseph Jacobs. "Mr. Fox". In: *English Fairy Tales*. Londres: David Nutt, 1890, pp. 148-51.

"E então subi e cheguei até uma galeria. No final dela havia uma porta, na qual estava escrito":

*Tenha coragem, tenha coragem, mas não muita coragem,
para que o sangue do seu coração não se esfrie.*

"Não é assim, nem era assim", disse o Sr. Fox.

"E então... E então abri a porta e a sala estava cheia de corpos e esqueletos de pobres mulheres mortas, todas manchadas com seu próprio sangue."

"Não é assim, nem era assim. E Deus nos livre que assim seja", disse o Sr. Fox.

"Sonhei então que descia correndo pela galeria e, enquanto descia as escadas, vi o Sr. Fox subindo até a porta do corredor, arrastando atrás de si uma pobre jovem, rica e bonita."

"Não é assim, nem era assim. E Deus nos livre que assim seja", disse o Sr. Fox.

"Desci as escadas correndo, a tempo de me esconder atrás de um barril, quando você, Sr. Fox, entrou arrastando a jovem pelo braço. E, ao passar por mim, Sr. Fox, pensei tê-lo visto tentando tirar o anel de diamante do dedo dela e, quando não conseguiu, Sr. Fox, pareceu-me no meu sonho que desembainhou sua espada e cortou a mão da pobre moça para conseguir o anel."

"Não é assim, nem era assim. E Deus nos livre que assim seja", disse o Sr. Fox e ia dizer outra coisa quando se levantou do seu lugar, e Lady Mary gritou:

"Mas é assim, e foi assim. Aqui está a mão e o anel que preciso mostrar", e arrancou a mão da senhora do seu vestido, apontando-a diretamente para o Sr. Fox.

Imediatamente os irmãos e amigos de Lady Mary desembainharam as suas espadas e cortaram o Sr. Fox em mil pedaços.[12]

---

[12] Traduzido literalmente da versão de "Mr. Fox". (N. da T.)

Ao produzir provas, Lady Mary tem o que precisa para recrutar seus parentes e amigos para matar o Sr. Fox. O espaço seguro da narrativa de um sonho, contada numa ocasião festiva, permite-lhe falar e, rodeada de ouvintes complacentes, ela pode ter a garantia de resgate e alívio. Ao filtrar a verdade através do sonho, que normalmente não é real, Lady Mary ganha coragem para revelar os fatos, enquanto narra os horrores ocorridos no castelo do Sr. Fox, produzindo depois provas físicas com base num pequeno troféu horripilante que prova que o sonho não é mera fantasia, mas corresponde a uma realidade sombria. Essa história pode ser lida quase como um livro de normas de tempos passados para vítimas de agressões sexuais e casamentos arranjados com o tipo errado de noivo. Como exercício de justiça social, funciona também como lembrete de que pode ser preciso apresentar provas físicas para sustentar suas argumentações.

Os heróis de Campbell, tirados do mito e da religião, embarcam em aventuras e regressam com elixires curativos. As heroínas dos contos de fadas são mais modestas em suas ambições. Elas perseguem a justiça sem ter armas nas mãos, e sim contando histórias para denunciar delitos e levar os foras da lei à justiça. Após um olhar mais atento sobre os heróis míticos de Campbell, vou recorrer a um dos textos fundamentais do mundo ocidental, a *Odisseia* de Homero. Nela, Odisseu, um viajante astuto, e Penélope, a mãe que permanece em casa, revelam muito sobre as distorções de gênero em nosso entendimento de heroísmo: o herói está numa jornada e a heroína, numa missão. Delinear essa distinção aguda, por mais rude que seja, é um primeiro passo para compreender a força motriz por trás dos protagonistas dos contos que consagramos como "clássicos". Os textos clássicos são as histórias que encontraram um lugar na sala de aula, nos currículos nacionais que são fundamentais, destinados a construir valores culturais.

Poucos professores fizeram o que Philip Pullman, autor da série para jovens adultos *Fronteiras do Universo* (*His Dark Materials*), enquanto trabalhava como professor na Bishop Kirk Middle School, em Oxford.

Três vezes por semana, o premiado autor improvisava, contando suas versões de *A Ilíada* e *A Odisseia*. Não se tratava de repetição, mas de reconto. A maioria dos outros docentes confiou na escrita e não no espírito do poema, tomando as palavras da página e usando as imagens criadas por Homero de Odisseu e Penélope para educar seus alunos e animar as discussões em suas salas de aula. Somente por essa razão, considerando a forma como abordamos os temas épicos de Homero, já se levanta um coro de vozes sobre as inquietações políticas, sexuais e dinâmicas de gênero em mitos, épicos e histórias de tempos passados. Eu agrego minha voz a esse coro e espero aqui identificar como aqueles que foram silenciados, suprimidos e marginalizados nessas narrativas ainda conseguem encontrar estratégias para ações heroicas, sejam elas grandes, sejam pequenas. Os escritores atuais, como ficará evidente mais adiante neste capítulo, ressuscitaram mulheres marginalizadas de tempos passados e lhes deram voz, afirmando a sua desenvoltura e, assim, dotando-as de ação. *A Odisseia de Penélope*,[13] de Margaret Atwood, *A Thousand Ships*, de Natalie Haynes, e *O Silêncio das Mulheres*,[14] de Pat Barker estão entre os volumes que nos dão novas perspectivas sobre *A Ilíada* e *A Odisseia*, lembrando-nos de que há sempre um outro lado de uma história e revelando também que o silêncio não exclui possibilidades de ação heroica.[15]

Toni Morrison foi rápida em entender que ela e outros escritores não estavam apenas reanimando figuras do passado, mas criando algo novo. Ela insistiu que ela não estava repetindo, mas resignificando, modelando sua própria versão de arquétipos em obras como *Amada*[16] e *Tar Baby*. Em *Circe*, Madeline Miller recria a personagem título deste

---

[13] *The Penelopiad*, no original. (N. da T.)

[14] *The Silence of the Girls*, no original. (N. da T.)

[15] "No contexto literário, as mitologias estão em andamento e se desenvolvendo, até mesmo evoluindo", como afirma Kathryn Hume, em *The Metamorphoses of Myth in Fiction since 1960*. Nova York: Bloomsbury Academic, 2020, p. 6.

[16] *Beloved*, no original. (N. da T.)

romance de 2018, desfazendo sua vilania presente em *A Odisseia* e nos permitindo entender a natureza defensiva de sua magia. A heroína de *Oreo*, de Fran Ross (1974), traz a filha mestiça de uma mãe negra e de um pai judeu, que toma de empréstimo elementos da cultura em que vive para atravessar as fronteiras raciais, numa busca que se assemelha muito à jornada de Teseu para o Labirinto. Esses autores permitem-nos ver que as possibilidades de palavras e atos heroicos são ilimitadas, e as heroínas, do mesmo modo como os heróis, têm características que são infinitamente flexíveis e interminavelmente maleáveis. Porém, concentremos primeiro a nossa atenção nos heróis, para entender como Joseph Campbell identificou os traços reiterados e duradouros em suas mil faces.

O Herói de Mil Faces

Ocupando um espaço limiar entre homens e deuses, os heróis dos tempos antigos eram muitas vezes associados ao valor militar ou aos feitos de força hercúlea. Quando Joseph Campbell se propôs a desenvolver uma compreensão do arquétipo heroico, descobriu um drama que se desenrolou numa série de encontros combativos, com conflitos e provações que exigiam atos assombrosamente arriscados e que terminavam com uma vitória triunfal e o regresso ao lar. A ideia norteadora da análise de Campbell se volta para os homens de ação e as jornadas redentoras que eles empreendem para garantir alguma forma de salvação para todos nós.

Nascido em 1904, em Nova York, Joseph Campbell estudou na Faculdade de Dartmouth e na Universidade de Columbia, graduando-se em Literatura Inglesa em 1925. Após um trabalho de pós-graduação em Línguas Românicas e estudos de sânscrito em universidades de Paris e Munique, Campbell retirou-se do programa de doutorado da Universidade de Columbia e passou cinco anos vivendo no que ele descreveu como um casebre de baixo custo, no norte de Nova York, lendo nove horas por dia e contemplando seu futuro. Em 1934, ele aceitou um cargo na Sarah Lawrence College, naquela época, uma faculdade destinada a mulheres, e ministrou diversas disciplinas sobre literatura e mitos durante trinta e oito anos, sempre com salas lotadas.

Campbell permaneceu em Sarah Lawrence até o final da Guerra. Posicionou-se de forma crítica ante a história de conquista colonial da Inglaterra e ao tratamento deplorável que os Estados Unidos davam aos seus nativos; nem mesmo Hitler e seus exércitos invasores conseguiram, no início, retirar Campbell de uma posição de pacifismo. Ele considerou, inclusive, registrar-se como objetor de consciência, mas, depois de ler no *Bhagavad Gita* sobre o dever de lutar de Arjuna, Campbell decidiu que, se fosse convocado, ele lutaria do mesmo modo como Arjuna lutou. Quando a Junta de Seleção anunciou que seria composto apenas por homens com idade inferior a 38 anos, Campbell deu um enorme suspiro de alívio, pois não tinha interesse em se unir às fileiras do que ele chamou de "guerreiros gritadores", os homens que haviam se incorporado ao "império anglo-saxão de máquinas e mentiras oportunistas".

É difícil imaginar que o estudo de Campbell de 1949 sobre o herói não tenha sido influenciado, ao menos de maneira subliminar, pela bravura dos combatentes ou *GIs* norte-americanos, muitos dos quais voltavam para casa tendo vencido de modo triunfal as provações do combate militar, sendo celebrados como heróis de guerra. Com certeza, os anos de guerra também testemunharam o crescente interesse de Campbell pelas religiões do sul da Ásia e pelos mitos do leste asiático, com seus exercícios de autoabnegação. Campbell, por sua vez, tinha se declarado não no campo dos guerreiros e comerciantes, mas, sim, inserido num "terceiro campo", aquele habitado por pessoas que escreviam livros, pintavam quadros e tocavam instrumentos musicais. Era dever deles, e dele também, é claro, "descobrir e representar sem comprometer os ideais de Verdade, Bondade e Beleza".[17] Ainda, *GI*

---

[17] Stephen Larsen e Robin Larsen. *Joseph Campbell: A Fire in the Mind* (Rochester, VT: Inner Traditions, 2002, p. 310.

Joe[18] era certamente uma referência, se não um ideal heroico alardeado, enquanto Campbell trabalhava arduamente num projeto que incluía o relato de provações colossais, conflitos sangrentos, conquistas duramente alcançadas e o retorno triunfante para casa.

Pouco depois de sua publicação, o livro de Campbell capturou a imaginação de escritores, artistas e cineastas do século XX. Seu apelo popular foi ampliado pelas conversas de Bill Moyers com o mitógrafo e contador de histórias em *O Poder do Mito*,[19] uma série de entrevistas filmadas no Rancho Skywalker, de George Lucas, em 1988. Descrita como "uma das séries mais populares da história da televisão pública", continua ainda hoje a atrair o interesse da audiência.[20] Como muitos outros cineastas, o criador da franquia de filmes *Star Wars* encontrou na obra de Campbell um projeto para a produção de mitos. De forma radicalmente criativa, Lucas valeu-se dos motivos clássicos da jornada mítica, mas de uma forma inovadora capaz de criar a mágica narrativa da trilogia original de *Guerra das Estrelas*. "Se não tivesse sido por [Campbell]", afirmou certa vez, "é possível que eu ainda hoje estivesse tentando escrever *Guerra nas Estrelas*".[21]

De forma intuitiva, Campbell entendeu que todas as figuras heroicas – Jesus, Buda, Moisés, Krishna, Jasão, Davi, Perseu, Rei Artur – que

---

[18] "GI" era uma sigla que inicialmente significava "ferro galvanizado" (*"galvanized iron"*), pois estava presente em todos os materiais do exército elaborados com esse material. Mais tarde, durante a Segunda Guerra, "GI" passou a designar os soldados norte-americanos. A partir de 1942, o cartunista Dave Breger passou a publicar na revista semanal do exército, a *Yank*, uma tirinha intitulada GI Joe. O sucesso fez com que uma empresa de brinquedos, em 1964, produzisse uma linha de bonecos de ação, conhecidos também como GI Joe. (N. da T.)

[19] *The Power of Myth*, no original. (N. da T.)

[20] "Podcast: Joseph Campbell and 'The Message of the Myth'", Moyers em Democracy.

[21] Wolfgang Saxon. "Joseph Campbell, Writer Known for His Scholarship on Mythology". *iI*: *The New York Times*, 2 nov. 1987.

povoam seus muitos volumes sobre o poder do mito não são diferentes das personagens principais que passeiam pelo universo dos contos de fadas, sempre também em busca da Terra Prometida, de um Lugar Melhor, de Cocaigne (a terra do leite e do mel) ou algum outro Ideal Utópico (sucintamente resumido nos contos de fadas com a expressão "Felizes para Sempre"). O que ele escreveu em *O Herói de Mil Faces* se manteve verdadeiro para todas as histórias: "A magia é eficaz no mais simples conto de fadas infantil, pois o sabor do oceano está contido numa única gota".[22]

Campbell começa o seu estudo do herói de mil faces expondo o conceito do que ele chama de "monomito" (termo que ele toma emprestado de James Joyce, o escritor que foi objeto da sua tese de doutoramento e autor do eloquente *Ulisses*). Para ele, as histórias sobre os heróis exploram um poço profundo de criatividade humana, impulsionada pela necessidade de enfrentar os nossos medos sobre a morte. Cada cultura modela "espontaneamente" seus próprios mitos, mas com uma disciplina estrita que ordena e controla o fluxo da história produzida localmente. "Por que a mitologia é a mesma em toda parte, mesmo sob as tantas variedades de trajes?" – perguntou Campbell. Os índios Lakota podem chamar seu deus *trickster* (trapaceiro) de Iktomi, mas essa divindade não opera de forma diferente do Anansi, da África Ocidental, do Hermes grego ou do Quetzalcoatl mesoamericano. E, mesmo que paremos para ouvir os cantos dos feiticeiros no Congo, para ler os sonetos de Lao-tzu ou captar as palavras de um conto de fadas esquimó, acrescentou ele, a história nunca muda. Campbell enumera com impressionante confiança os doze blocos de construção usados para criar uma história interligada, uma arquitetura que estrutura a história com impressionante uniformidade mesmo nos cantos mais remotos do mundo.

---

[22] Larsen e Larsen. *Joseph Campbell*, p. 327.

1. Mundo Comum
2. Chamado da Aventura
3. Recusa do Chamado
4. Encontro com o Mentor
5. Travessia do Limiar
6. Teste, Aliados e Inimigos
7. A Aproximação
8. A Provação
9. Recompensa/Renascimento
10. Caminho de Volta
11. Ressurreição
12. Retorno com Elixir

A "história maravilhosamente constante" de Campbell segue a trajetória do herói desde o proverbial ventre até o túmulo (simbólico), seguido pela ressurreição de uma forma ou de outra. Partida, Iniciação e Retorno: essa foi a fórmula básica como o professor a resumiu para o seu público. A Iniciação é, ao que parece, algo como uma Provação, mas também é um pouco mais que um trampolim para recompensas, ressurreição e retorno para casa; Campbell descreve-a com um termo abstrato, um termo drenado por dor e sofrimento.

As narrativas de missões nos dão algo primordial: figuras heroicas banidas de casa, desarraigadas de um mundo familiar que se tornou tóxico e em busca de um novo lugar para se estabelecer. Muito antes do monomito de Campbell, havia o que os estudiosos chamavam de "mitótipo" Rank-Raglan. O psicanalista alemão Otto Rank, colega e colaborador de confiança de Freud por quase duas décadas, identificou doze traços transculturais de mitos heroicos em seu volume de 1909, *O Mito do Nascimento do Herói*.[23] Podemos pensar aqui em Moisés, Rei Artur, ou em inúmeras outras figuras que transcendem suas humildes

---

[23] *The Myth of the Birth of the Hero*, no original. (N. da T.)

origens e realizam atos que lhes permitem alcançar nobreza e estatura heroica. Como disse Rank, "quase todas as proeminentes nações civilizadas" (referindo-se especificamente aos babilônios, egípcios, hebreus, índios, persas, gregos e romanos e povos germânicos) deixaram uma literatura repleta de histórias poéticas que glorificavam figuras nacionais: "príncipes e reis míticos, assim como fundadores de religiões, dinastias, impérios e cidades".[24] As histórias da origem desses super-homens, como Rank os chamava, revelam uma "similaridade desconcertante", a qual ele detalhou apontando as características desses mitos da seguinte forma:

1. Filho de pais ilustres
2. O pai é um rei
3. Dificuldade na concepção
4. Profecia que alerta contra o nascimento
5. O Herói abandonado na água, dentro de uma caixa
6. Salvo por animais ou pessoas humildes
7. Amamentado pela fêmea de um animal ou por uma mulher humilde
8. O Herói cresce
9. O Herói encontra pais destacados
10. O Herói vinga-se do pai
11. Reconhecido pelas pessoas
12. Conquista posição e honrarias

No livro *The Hero: A Study in Tradition, Myth and Drama*, Lord Raglan (1936) apostou no modelo de Rank, enfatizando, mais uma vez, menos lutas heroicas do que conflitos familiares (estamos de volta ao domínio das *provações e não das* aventuras), sempre baseado num padrão problemático e

---

[24] Otto Rank. "The Myth of the Birth of the Hero". *In*: *In Quest of the Hero*. Princeton, NJ: Princeton University Press, 1991, p. 3.

preocupante de desenvolvimento masculino, que logo pode se tornar emblemático do que hoje, valendo-se de profunda ironia, já não aclamamos como celebridade, e sim chamamos de masculinidade tóxica. Afirma-se que os mitos se traduzem em desejos reprimidos e têm uma dimensão profundamente antissocial; daí o profundo paradoxo de consagrar como heróis culturais homens que são encarnações vivas de patologias sociais.[25]

As personagens sobre-humanas de Campbell podem conhecer a tragédia e morrer como mártires, mas também adquirem uma glória transcendente e um patamar de renome que se aproxima da imortalidade. Como é que essas figuras morrem? Ou é melhor questionar: como elas vivem? "Ele renasceu", esclarece-nos Campbell a respeito do herói e "sua segunda e solene tarefa e façanha é, por conseguinte... retornar ao nosso meio, transfigurado, e ensinar a lição de vida renovada que aprendeu."[26] O super-herói, limpo de todo pecado e purificado das ofensas, torna-se tanto redentor quanto professor, embora não esteja inteiramente claro que ele tenha lições reais a transmitir, além da singularidade de sua própria trajetória de vida.

Sem querer ser reducionista demais, porém, todas as narrativas heroicas analisadas por esses especialistas em psicologia, antropologia e religião parecem profundamente motivadas por um desejo de afastar o frio da morte e de trazer uma mensagem reconfortante sobre redenção e renovação. As características da vida familiar parecem sinalizar, mais do que qualquer outra coisa, que o herói começa a vida como uma vítima indefesa, que se elevará acima das adversidades das circunstâncias sociais e das dificuldades da angústia doméstica para trazer sabedoria e consolo à sua cultura. Autônomo e incontrolável, ele

---

[25] Alan Dundes. "Madnessin Method, Plus a Plea for Projective Inversion in Myth". *In*: *Myth and Method*. Laurie L. Patton e Wendy Doniger (orgs.). Charlottesville: University of Virginia Press, 1996, pp. 147-59.

[26] Campbell. *The Hero with a Thousand Faces*, p. 20. [*O Herói de Mil Faces*. São Paulo, Cultrix, 1989, p. 28.]

constrói seu próprio nome, através de uma história ancestral contada da perspectiva de uma nova formação tribal, unidade de parentesco ou ordem religiosa.

Nossa paixão coletiva pela jornada mítica de Campbell, mesmo muitas décadas depois de sua publicação, evidencia-se pela enxurrada de "manuais de como fazer" disponíveis sobre o tema, e cada um deles projetado para ajudar os escritores a realizar o sonho de produzir um roteiro de Hollywood para um filme *blockbuster*. Christopher Vogler, em seu guia de autoajuda para escritores, recorreu ao trabalho de Campbell para identificar "um conjunto de princípios que regem a conduta da vida e o mundo da narrativa e da forma como a física e a química governam o mundo físico".[27] Syd Field usa o "modelo clássico 'herói' de Campbell ao longo do mito e da literatura" para explicar o sucesso cinematográfico de filmes como *Casablanca*, que apresentam heróis atuais que "morrem" e renascem, sacrificando a vida "por um bem maior".[28] Blake Snyder, em seu manual de roteiro mais vendido intitulado *Save the Cat!* [Salve o Gato!], considera que seu trabalho é tanto ciência como arte: "É quantificável". Existem "Leis Imutáveis da Física do Roteiro" e essas regras são "constantes, e em alguns casos eternas (ver Joseph Campbell)".[29]

Alguns escritores têm resistido a jogar pelas regras ou, ao menos, não estão interessados em modelos, esquemas ou narrativas mestras de qualquer tipo. Em uma entrevista, Neil Gaiman, um escritor que está completamente à vontade no mundo da mitologia, transitando livremente por ele, foi questionado se Joseph Campbell havia influenciado sua maneira de contar uma história. "Acho que cheguei até a metade

---

[27] Christopher Vogler. *The Writer's Journey: Mythic Structure for Writers*. Studio City, CA: Michael Wiese, 1998, p. xiii.

[28] Syd Field. *Screenplay: The Foundations of Screenwriting*. Nova York: Dell, 1984, p. 161.

[29] Blake Snyder. *Save the Cat! The Last Book on Screenwriting You'll Ever Need*. Studio City, CA: Michael Wiese, 2005, p. 119.

de *O Herói de Mil Faces*", respondeu ele, "e me vi pensando: se isso é verdade, não quero saber". Eu realmente prefiro não saber essas coisas". Prefiro fazer porque é verdade e porque eu acidentalmente acabo criando algo que cai nesse padrão, do que ser informado qual é o padrão.[30] Para Gaiman e outros escritores criativos, excentricidade e falta de previsibilidade é primordial, e eles não têm nenhum interesse em tirar o pé do acelerador para considerar se eles estão seguindo as regras da estrada. Em vez disso, pretendem chocar e assustar os leitores em cada curva da faixa narrativa, atingindo-nos de forma radical para criar algo sem precedentes.

A devoção fanática à jornada do herói ou ao monomito é evidente não só no mundo dos roteiros audiovisuais, mas também em contextos terapêuticos, tendo o crescimento espiritual e psicológico como objetivo final do tratamento. Seria uma surpresa pensar que o chamado movimento mitopoético masculino dos anos 1990, surgido como reação ao que era visto como os excessos do feminismo da segunda onda, tenha aproveitado a popularidade de *O Herói de Mil Faces* para destilar uma linguagem de história universal para uso em seus *workshops*? Por vezes, referido como um movimento dos homens da Nova Era, estava menos interessado na defesa social do que na organização de retiros que incluíam tocar tambores, cantar e reunir-se em cabanas ritualísticas. A exemplo de Campbell, os líderes se basearam nos escritos do psicólogo suíço Carl Jung e sua teoria dos arquétipos para navegar pelo que entendiam como uma crise de subjetividade masculina e encontrar seu caminho de volta, buscando uma identidade masculina profundamente espiritual.

---

[30] "Myth, Magic, and the Mind of Neil Gaiman", entrevista com Tim E. Ogline, *Wild River Review*, 13 abr. 2007. Acesso em: https://www.wildriverreview.com/columns/pen-world-voices/myth-magic-and-the-mind-of-neil-gaiman/ (*site* descontinuado).

Sessões dirigidas pelo carismático Robert Bly, autor de *João de Ferro. Um Livro sobre Homens* (*Iron John: A Book about Men,* 1990) e coeditor de *The Rag and Bone Shop of the Heart: Poems for Men* (1992), foram concebidos para permitir aos participantes representar as várias fases da jornada do herói e curar a si próprios, libertando os seus "animais-masculinos". Nos rituais de iniciação, sob a bandeira da "Grande Mãe" e do "Novo Pai" (conferências de nove dias são realizadas anualmente no Maine), os participantes participam de uma atividade de imersão em grupos de discussão e retornam com uma renovada consciência afirmativa de sua identidade masculina. Eles são encorajados a descobrir arquétipos semelhantes (Rei, Guerreiro, Mago, Amante e Homem Selvagem) que podem ser recrutados como modelos para a vida diária. Em *João de Ferro,* Bly inseriu um conto de fadas com esse mesmo título, recolhido originalmente pelos Irmãos Grimm, para criar um argumento forte, capaz de abraçar o homem selvagem interno, um arquétipo heroico, para guiar os homens à sabedoria e à autoatualização.

O Círculo Cultural da Jornada do Herói

A leitura do resumo conciso de Campbell da Jornada do Herói nos alerta para o reconhecimento rápido das distorções de gênero no monomito: "Um herói vindo do mundo cotidiano se aventura numa região de prodígios sobrenaturais; ali encontra fabulosas forças e obtém uma vitória decisiva; o herói retorna de sua misteriosa aventura como poder de trazer benefícios aos seus semelhantes".[31] Impulsionado pelo conflito e pela conquista, esta narrativa falha completamente como modelo de experiência feminina.[32] Como explicou Campbell a Maureen

---

[31] Joseph Campbell. *The Hero with a Thousand Faces*, p. 30. [*O Herói de Mil Faces*. São Paulo, Cultrix, 1989, p. 36.]

[32] Segundo Mary G. Mason, "A estrutura dramática da conversão [...] onde a própria é apresentada como o palco para uma batalha de forças opostas e onde uma vitória culminante para uma força – o espírito derrotando a carne –

Murdock, autora de *A Jornada da Heroína*[33] (*The Heroine's Journey*, 1990), "As mulheres não precisam empreender a jornada. Em toda tradição mitológica, a mulher está *lá*. Tudo o que ela tem de fazer é perceber que ela é o lugar aonde as pessoas estão tentando chegar".[34] "Quando uma mulher percebe qual é o seu caráter maravilhoso", acrescentou de uma forma que só pode produzir exasperação hoje em dia, "ela não vai ficar confusa com a noção de ser pseudo-homem". A assinatura de Campbell, com seu estilo despreocupado – muitas vezes com um coração bondoso e vitorioso –, ao falar de assuntos de grande alcance também pode mascarar uma forma inconsciente de misoginia condescendente. As mulheres nunca podem aspirar a empreender a jornada: as reservas são restritas apenas aos homens. Além disso, quem no mundo quer ser um pseudo-homem, seja lá o que isso signifique?

Para Campbell, a dádiva e o elixir são os verdadeiros objetivos da missão do herói, no entanto, as mulheres também retornam para casa, esperando pacientemente pelo regresso do herói. Antes de Campbell, o folclorista russo Vladimir Propp escreveu, nos anos 1920, sobre como todos os contos de fadas são iguais em relação à sua estrutura, Campbell nos dá um "era uma vez" que começa com a partida do herói de casa e termina quando "o herói se casa e ascende ao trono", ao lado da princesa ou "procurado por alguém". Ao longo do caminho, pode haver tentações, como é o caso de Circe (sim, tentações quase sempre

---

completa o drama do eu, simplesmente não está de acordo com as realidades mais profundas da experiência feminina e, portanto, é inadequada como um modelo de escrita feminina". Ver: "The Other Voice: Autobiographies of Women Writers". In: *Life/Lines: Theorizing Women's Autobiography*. Bella Brodzki e Celeste Schenk (orgs.). Ithaca, NY: Cornell University Press, 1988, p. 210.

[33] Maureen Murdock. *A Jornada da Heroína*. Trad. e prefácio: Sandra Trabucco Valenzuela. Rio de Janeiro: Sextante, 2022. (N. da T.)

[34] Maureen Murdock, "The Heroine's Journey", Maureen Murdock (*website*), disponível em: https://www.maureenmurdock.com/articles/articles-the-heroines journey/.

femininas) que procuram fazer descarrilar o herói no caminho para um novo lar, mas podem ser postas de lado, sacrificadas e abandonadas em nome de um "casamento místico", uma união que representa o "domínio total da vida" do herói. E num toque final, descobrimos que "a mulher é vida e o herói, seu conhecedor e mestre".[35] Por baixo dessa trama está não apenas a necessidade de "dominar" a vida (e as mulheres), mas também um profundo desejo de enganar a morte e ganhar a imortalidade.

Essas afirmações soam tão pitorescas e antiquadas que é difícil trabalhar qualquer desprezo real pela retórica do domínio narcisista e da masculinidade contida nelas. Ainda assim, de qualquer modo, é inusitado que não tenha havido uma tempestade de protestos quando o livro de Campbell foi publicado. *O Herói de Mil Faces* apareceu em 1949, época em que a prosperidade do pós-guerra estava apenas começando, com automóveis do tamanho de barcos, com ornamentos vistosos no capô, e televisores em preto e branco, encaixados em ultrapassados consoles de madeira, cujo número de aparelhos aumentava rapidamente. A peça musical da Broadway, *South Pacific*, de Rodgers e Hammerstein, atraía multidões, com seu coro de marinheiros tristonhos cantando sobre como não há nada melhor que uma dama, trazendo seu esforço ingênuo e sentimental em explorar o preconceito racial, com seu herói encontrando o verdadeiro amor, como sugere a letra de sua canção "Some Enchanted Evening". E o livro *1984*, de George Orwell, uma distopia arrepiante, na qual o Grande Irmão ouve tudo o tempo todo, estava prestes a se tornar leitura obrigatória no liceu. Temores sobre a ascensão do Comunismo e a ameaça de aniquilação nuclear ganhavam espaço e preocupavam as mentes. Porém, com a mesma importância, os Estados Unidos começavam apenas a sentir os tremores do que se transformaria numa mudança sísmica a participação das mulheres na força de trabalho. A Segunda Guerra Mundial

---

[35] Joseph Campbell. *The Hero with a Thousand Faces*, p. 101. [*O Herói de Mil Faces*. São Paulo, Cultrix, 1989, p. 121.]

tinha elevado drasticamente, embora de forma temporária, o trabalho das mulheres fora de casa. O número de mulheres na força de trabalho aumentou de 18 milhões em 1950, para 66 milhões em 2000, a uma taxa de crescimento anual de 2,6%. Em 1950, as mulheres representavam 30% da força de trabalho; no ano 2000, esse número tinha aumentado para 47%.

O ano de 1949 foi também marcado, no outro lado do Atlântico, na França, pela publicação de *O Segundo Sexo* (*The Second Sex*), de Simone de Beauvoir. Traduzido para o inglês em 1953, tornou-se um dos textos fundamentais do feminismo da segunda onda nos Estados Unidos, a fase em que a igualdade jurídica e os direitos reprodutivos se tornaram primordiais. O que a filósofa francesa fez foi revelar como as mulheres, "livres e autônomas" por um lado, vivem paradoxalmente em um mundo que as obriga a assumir "o *status* de Outro". Como – perguntou De Beauvoir – a diferença cultural entre homens e mulheres tinha sido definida historicamente? Em uma palavra, os homens eram conquistadores, com as mulheres como suas escravas cativas. Os homens inventam, criam, investigam e exploram, enquanto as mulheres ficam em casa e procriam.

Simone de Beauvoir levou a sério os contos de fadas e os mitos que fizeram parte da sua infância e da sua educação na França. Ela os via como reveladores. O repertório narrativo de há muito tempo atrás, assumidamente espelhava as verdades rudes das divisões de gênero no mundo social. "A mulher é a Bela Adormecida, Pele de Asno, Cinderela, Branca de Neve, aquela que recebe e suporta. Em canções e contos, o jovem parte em busca da mulher, luta contra os dragões, combate gigantes; ela está trancada numa torre, num palácio, num jardim, numa caverna, acorrentada a uma rocha, cativa, adormecida: ela permanece à espera."[36] As mulheres, em outras palavras, não são talhadas para ação ou realização, muito menos para conquistas ou vitória.

---

[36] Simone de Beauvoir. *The Second Sex*. Nova York: Vintage, 2011, p. 305.

Recordem as mulheres da mitologia grega, com figuras como Dânae, Europa e Leda, todas receberam a visita de Zeus e engravidaram, enquanto ele estava disfarçado em forma de uma chuva de ouro, de um touro branco e de um cisne. Depois do que só podem ter sido terríveis encontros sexuais (por sorte, nunca saberemos os detalhes), elas deram à luz filhos poderosos e aventureiros. Há também o episódio de Andrômeda, castigada porque sua mãe se vangloriava de sua beleza, após o que ela é condenada a definhar acorrentada a uma pedra até que o heroico Perseu a encontra e a liberta. Ou Aracne, que foi alvo da ira de uma deusa por se vangloriar de que suas tapeçarias eram mais belas que as de Atena. Essas mulheres sofredoras superam em muito o número de deusas poderosas como a sábia Atena, a raivosa Ártemis e a bela Afrodite, todas divindades que incorporam conceitos abstratos, que estão isentas de qualquer reprovação e — felizmente para elas — em geral, mas nem sempre, isentas de qualquer aproximação.

Há dois poderosos enredos de gênero na nossa cultura. F. Scott Fitzgerald captou-os em sua declaração de que "as duas histórias básicas de todos os tempos são *Cinderela* e *Jack, o Matador de Gigantes*:[37] o encanto das mulheres e a coragem dos homens".[38] "Encanto" é um termo repleto de significados, implicando todo tipo de possibilidades, que vão da graça agradável à magia poderosa, mas o autor de *O Grande Gatsby*[39] não se valeu de nuances ao elaborar uma distinção nítida entre inocentes e perseguidas heroínas e assassinos de gigantes. Em vez disso, ele solidificou um contraste que tem assombrado o imaginário ocidental, tornando-se sua opção de narrativa padrão. Por um lado, há o herói masculino autônomo buscando a autorrealização por meio da aventura e da conquista (Jay Gatsby vem logo à mente); de outro lado,

---

[37] Respectivamente, *Cinderella* e *Jack the Giant Killer*, no original. (N. da T.)
[38] F. Scott Fitzgerald. *The Complete Short Stories and Essays*. Nova York: Scribner's, 2004. v. II, p. 1176.
[39] *The Great Gatsby*, no original. (N. da T.)

está a heroína paciente, sofredora e autorreflexiva – o que um crítico chama de "tropo da mulher aflita".[40]

A jornada do herói, como aponta Jia Tolentino num estudo sobre as "heroínas puras" e o seu comportamento autodestrutivo, oferece a gramática da história para obras literárias, que remonta ao século XIX, com *Um Conto de Duas Cidades*,[41] de Charles Dickens, e nos levam até o século XXI, até *A Minha Luta*,[42] de Karl Ove Knausgaard.[43] Quando nos lembramos dos títulos de uma série de romances do século XIX, em que as mulheres se destacam – todos com presença fixa nos currículos das universidades durante o século XX – identificamos títulos que vão desde *Anna Karenina*, de Tolstoi, *A Letra Escarlate*, de Hawthorne, *Madame Bovary*, de Flaubert, e a *A Casa da Alegria*,[44] de Wharton, todas essas obras evocam fartamente heroínas sofredoras, intoleráveis situações domésticas e uma vulnerabilidade sinistra.

Há exceções à regra de que as mulheres são exclusivamente as vítimas do sofrimento prolongado nas nossas parcelas míticas e literárias? É claro que sim. O exemplo espetacular do personagem bíblico Jó, que perde os filhos, a riqueza e a saúde, tendo sua fé posta à prova pelo que parecem ser castigos não merecidos. Ao mesmo tempo, há também exceções femininas (principalmente históricas ou lendárias) que, mais do que qualquer outra coisa, provam a regra de que o combate é domínio dos homens. A francesa Joana D'Arc bloqueia o cerco inglês a Orléans; a mulher guerreira Scáthach treina o herói irlandês

---

[40] Leslie Jamison. "Cult of the Literary Sad Woman", *New York Times*, 7 nov. 2019. Para comparação com a perspectiva da psicologia, ver: Mary M. Gergen, "Life Stories: Pieces of a Dream". In: *Toward a New Psychology of Gender*. Mary M. Gergen e Sara N. Davis (orgs.). Nova York: Routledge, 1997, p. 203.

[41] *A Tale of Two Cities*, no original. (N. da T.)

[42] *My Struggle*, no original. (N. da T.)

[43] Jia Tolentino. *Trick Mirror: Reflections on Self-Delusion*. Nova York: Random House, 2019, p. 118.

[44] *House of Mirth*, no original. (N. da T.)

Cúchulainn na arte do combate; a bela viúva Judith, da tradição bíblica, decapta o invasor militar Holofernes. E depois há também as Amazonas. Entretanto, essas mulheres castas (muitas vezes, de gênero fluido ou virgens) lembram-nos de como o comportamento heroico está predominantemente no DNA dos homens. Há algo *não natural* nelas, pois essas mulheres lendárias, ao contrário dos seus homólogos masculinos, têm um toque do outro mundo ou do grotesco. Em alguns aspectos, elas representam uma perversão do feminino, usurpando o poder do heroico.[45] O valor militar tem, acima de tudo, servido como marca do campo discursivo que define o herói e, para muitos, a imagem mental de um herói ainda é a de um guerreiro *masculino* com um elmo. Virgílio começa seu poema épico, *A Eneida*, declarando que vai cantar "armas e o homem". Como já foi dito, o gênero épico ou o mito nacional, que nos deu e conferiu o conceito de herói no seu sentido mais convencional, gira em torno do conflito e da guerra: *A Ilíada*, da Grécia antiga; *A Canção de Rolando*,[46] da França; *Beowulf*, da Inglaterra; *El Cid*, da Espanha, e o *Mahabharata*, da Índia.

Ainda hoje nos referimos ao culto ao herói e à adoração do herói quando desejamos designar a nossa admiração por aqueles que lideram pelo exemplo, geralmente em termos militares, embora às vezes também em termos espirituais. O culto aos heróis nasceu na Grécia antiga para celebrar aqueles que tinham morrido em batalha e para invocar o seu poder protetor sobre os vivos. Mais do que a adoração dos antepassados ao nível local, os rituais de homenagem aos heróis ofereciam uma forma reconfortante de devoção simples e direta, sem a

---

[45] As Amazonas são mais do que uma invenção da imaginação da Grécia antiga, e Adrienne Mayor explora a realidade sobre as mulheres guerreiras que está por trás das histórias contadas pelas culturas ancestrais. Ver: *The Amazons: Lives and Legends of Warrior Women across the Ancient World*. Princeton, NJ: Princeton University Press, 2013.

[46] *La chanson de Roland*, no original. (N. da T.)

complicação dada por detalhes completos de suas vidas históricas. Embora dedicados principalmente aos guerreiros, o culto dos heróis ocasionalmente encontravam expressão por parte de devotos que incluíam grupos formados por membros da família.[47]

O brilhante Aquiles, o esperto Odisseu – lembremos que esses heróis, quase sempre descritos com epítetos enobrecedores, emergiram da história e do canto, numa época em que a palavra falada era o único meio de transmissão. Os heróis tinham de ser de relevância descomunal, com traços estereotipados que facilitavam o aprendizado de suas histórias de cor. Esses seres sobre-humanos resolveram um problema numa situação especial, pois não eram apenas eles próprios excepcionais, era também *toda a ação* ocorrida, de tal forma a permitir que suas histórias circulassem com facilidade, se replicassem e perdurassem em culturas orais-auditivas. Com a introdução da escrita e da impressão, os personagens começaram a levar vidas mais complexas, sutis e cheias de nuances em termos psicológicos, sendo que sua interioridade tornou-se a marca registrada da grande ficção.[48] Com a narrativa interiorizada, captamos, de repente, mais do que um rápido vislumbre do que se passa na mente dos personagens presentes na arena narrativa. Personagens planas, como nos disse E. M. Forster, tornam-se personagens redondas e plenamente construídas. Podemos ver o que está na mente de David Copperfield, de Dickens, e de Elizabeth Bennet, de Jane Austen, e entender o que eles pensam. Aquiles e Cassandra, por outro lado, raramente nos convidam a entrar, embora possamos muitas vezes inferir suas emoções e motivações a partir de suas ações e reações.

---

[47] Sobre o culto do herói e o heroísmo, ver especialmente: Gregory Nagy. *The Ancient Greek Hero in 24 Hours*. Cambridge, MA: Belknap Press of Harvard University Press, 2013, p. 11.

[48] Walter J. Ong. *Orality and Literacy*. Nova York: Methuen, 1982, pp. 204-05.

Odisseu Numa Jornada e Penélope em Casa

Poucos duvidarão de que o herói de mil faces tenha dominado o imaginário ocidental, impedindo-nos de ver como as mulheres foram representadas nas ficções que transformamos em expressões culturais atemporais e universais. As mulheres podem até aparecer nessas ficções, mas muitas vezes falta-lhes voz e ação, além de presença na vida pública. Vemos Odisseu em ação, sustentado pelo engenho de suas artimanhas e a coragem de seus atos. Sentimos sua dor quando ele se separa de Calipso, estremecemos com ele na caverna de Polifemo e nos alegramos quando ele encontra seu caminho de volta para Penélope e Telêmaco. Como um herói da Antiguidade clássica, ele realiza "feitos maravilhosos", que constituem a marca registrada dos homens que buscam a glória daqueles tempos.[49] Penélope, pelo contrário, como outras mulheres em épicos e na mitologia, está confinada à arena doméstica, com pouco a dizer por si mesma. Em épicos nacionais, que vão do *Kalevala* finlandês ao épico francês *A Canção de Rolando* e em obras que vão do drama *Fausto*, de Goethe, à ópera de Richard Wagner, *O Holandês Voador*,[50] as mulheres giram a roda e tecem calmamente, cozinham, limpam, bordam, dão à luz seus filhos, curam e organizam tudo, abrindo o caminho para a salvação do herói ou, pelo menos, não interferindo no caminho dele.

Consideremos agora *A Odisseia*, de Homero. Para avaliar o seu impacto cultural, imagine quantos jovens em suas provas e redatores de ensaios nos Estados Unidos foram solicitados a descrever os traços de caráter de seu protagonista. Podemos tomar a medida dessa pergunta sobre Odisseu levantando amostras de respostas disponíveis em uma pesquisa no Google com os termos em inglês "*Odysseus*" e "*hero*". O

---

[49] Devo a Gregory Nagy as elucidações textuais contidas em *The Ancient Greek Heroin 24 Hours*. Ele se refere a "ações destinadas a despertar um sentimento de admiração ou maravilha" (9).

[50] *The Flying Dutchman*, no original. (N. da T.)

resultado, ao que parece, é gigantesco. Aqui está a primeira entrada em uma pesquisa realizada em janeiro de 2020: "Odisseu é corajoso, leal, inteligente, por vezes arrogante, sábio, forte, astuto, ardiloso, majestoso". Aqui está o resultado do *site Spark Notes*: "Odisseu tem os traços característicos de um líder homérico: força, coragem, nobreza, sede de glória e confiança na sua autoridade. Sua característica mais marcante, no entanto, é seu intelecto aguçado". No *site CliffsNotes*, por sua vez, lemos que Odisseu "vive pelas suas artimanhas assim como pela sua coragem" e acrescenta que ele é "um intelectual".

E quanto aos outros heróis da *Odisseia*? Aquiles também ganha "uma espécie de imortalidade" através de "valor e intensa e honesta dedicação a uma causa". Ele é *o* herói da Guerra de Troia e o "maior" de todos os guerreiros gregos. Possuidor de "força sobre-humana", ele também tem "algumas falhas de caráter" (seu mau humor prolongado, bem como a sua ameaça de cortar o corpo de Heitor em pedaços e comer sua carne crua, podem contar como falhas). Essas imperfeições de caráter, infelizmente, o impedem de agir com "nobreza e integridade", mas ainda lhe permitem cumprir a missão de ganhar a imortalidade, e ele o faz por meio do poema conhecido como *A Ilíada*.

Quanto a Penélope, na primeira entrada do Google para as suas características, descobrimos que ela é definida não por direito próprio, mas pelo seu papel doméstico como "esposa de Odisseu" e "mãe de Telêmaco". "As qualidades mais proeminentes de Penélope são a passividade, a lealdade e a paciência (junto com beleza e destreza no tear) – as velhas virtudes femininas", aprendemos. Depois vem o golpe de misericórdia: "Ela faz muito pouco, além de deitar-se na cama e chorar". O comentário encontrado no *site* LitCharts admite que ela tem algumas "qualidades escondidas", entre elas "astúcia e esperteza". O *site* eNotes também a vê como "pragmática" e "astuta", mas ressalta o fato de que "fidelidade" ainda é uma de suas "características mais significativas", entretanto, a falta de fidelidade de seu marido não recebe sequer uma menção. Em outro *site* chamado *The Psychology of Penelope*

[A Psicologia de Penélope], aprendemos que Penélope é "renomada" porque ela mistura "a fidelidade que todo homem espera de sua esposa, mas também exala o desejo sexual que deseja de um amante". É certo que algumas dessas afirmações podem ser descartadas como bobagens da internet, contudo, elas foram otimizadas pelos mecanismos de busca, o que sugere que elas tiveram um papel que não pode ser negligenciado na formação do pensamento estudantil e na redação de ensaios sobre *A Odisseia*. Elas refletem a sabedoria curricular padrão de um tempo muito anterior ao da internet se tornar uma ferramenta de pesquisa. Os jovens são ensinados cedo e rapidamente sobre as diferenças de gênero – o que é preciso para ser um herói e o que é preciso para manter o seu homem.

A Odisseia nos oferece personagens femininas que fazem mais do que se aproximar ao estereótipo: elas são os estereótipos fundamentais. De um lado, está a atraente Helena, uma sedutora mulher fatal que representa uma ameaça à civilização humana porque é irresistível aos homens, conquistando o coração deles (note-se a ironia de culpá-la pela vulnerabilidade masculina à beleza). Depois, está Penélope, a esposa virtuosa, casta e fiel, que permanece em casa enquanto o marido se expõe às atrações sedutoras de feiticeiras e sereias. Helena é responsabilizada por mortes e destruição, por ter uma beleza deslumbrante e pelo envio de mil navios (de guerra), enquanto Penélope tece uma mortalha, mesmo quando executa tarefas domésticas, e se defende de forma inteligente de seus pretendentes bajuladores. E então, fechando o trio, há a assassina Clitemnestra, que conspira com seu amante para matar seu marido Agamenon (um homem disposto a sacrificar a filha para receber os ventos certos para levá-lo a Troia), jogando um manto sobre ele e apunhalando-o até a morte. Ela é uma lembrança de que nem todas as mulheres são tão castas, fiéis e exageradamente belas como as duas outras figuras femininas em destaque na epopeia. Os estudantes foram ensinados a aceitar essas histórias como canônicas, de autoridade e normativas e, raramente, se é que alguma vez ocorreu, foram encorajados a questionar o silêncio ou a desafiar os estereótipos de gênero. Isso, até agora.

A Odisseia surgiu na Grécia a partir de uma cultura de narrativa oral e foi composta, na forma que a conhecemos hoje, no século VIII a.C. Uma vez escritos, os épicos transmitidos oralmente perderam a energia improvisada que impulsionava o contar e recontar. Transformadas em textos sagrados, imutáveis e incontestáveis, tornaram-se parte de um registro histórico-literário, histórias que já não desafiavam os ouvintes a ponderar, responder e reformular seus termos e valores, como ocorria no caso das *performances* orais. Os contos tradicionais, tal como definidos pelos folcloristas, mudam a cada novo relato, incorporando as contribuições criativas dos ouvintes, mesmo quando capturam e conservam o que foi transmitido pelos narradores, bardos e antigos rapsodos. Mas uma vez escritos, mesmo quando reinterpretados para o público anglo-americano através de novas traduções, historicamente, seus valores contingentes e crenças enrijeceram verdades atemporais e universais. Como veremos, porém, a narração de histórias e mitos de tempos passados pode ser, e tem sido, contestada, complicada e reimaginada.

Heroínas míticas remodeladas

Mnemosine: esse é o nome da mãe das musas. Ela é a deusa da memória e, sem a sua descendência, canto, música, dança e as histórias não existiriam. Mnemosine é a deusa a quem as mulheres escritoras apelaram nas últimas décadas. Elas parecem estar nos dizendo que é hora de lembrar não apenas dos heróis do mundo antigo, mas também das heroínas. Por meio de atos tardios de mitopoese, as escritoras dos dias de hoje fazem o que os autores de mitos sempre fizeram extremamente bem. A partir de histórias reais, lendas e contos concorrentes e conflituosas, elas criam novos relatos. E, como por magia, relembram as mulheres dos tempos antigos, trazendo-as de volta à vida.

"Que tal uma experiência?", perguntou certa vez a escritora alemã Christa Wolf. "O que aconteceria se os grandes heróis masculinos da literatura mundial fossem substituídos por mulheres? Aquiles, Hércules, Odisseu, Édipo, Agamenon, Jesus, Rei Lear, Fausto, Julien Sorel, Wilhelm Meister." Hoje essa experiência está sendo realizada por mulheres escritoras pertencentes a muitas culturas diferentes, e elas estão menos focadas em Fausto ou Julien Sorel, do que em Aquiles e Odisseu. Elas reconhecem os desafios de enfrentar os antigos (e é nesse ponto onde a ação tem-se concentrado), reescrevendo Homero em vez de Shakespeare, embora o Bardo tenha recebido a sua parte nesse desafio. De que maneira escritoras como Margaret Atwood, Christa Wolf e Pat Barker têm abordado os textos sagrados de tempos passados? A maioria não pretende mudar a história, mas sim mostrar-nos a perspectiva das mulheres a partir do fronte doméstico, a partir das observadoras vulneráveis mantidas à margem e que têm sido, até agora, espectadoras silenciosas – ou silenciadas –, privadas de qualquer ação real.

Dante Gabriel Rosseti, *Mnemosine*, 1881.

Homero e outros bardos deram sentido à fantasmagoria da guerra, concentrando-se em poucas figuras idealizadas e comprimindo a ação de suas narrativas em cenas de drama intenso e vívido. As mulheres escritoras têm usado uma série de estratégias para "reformular" (é o termo[51] que elas invocam repetidamente) o passado. De que modo elas nos permitem vislumbrar as coisas com um novo olhar? A tática dominante tem sido a de nos levar para dentro da mente das mulheres para que possamos, assim, vivenciar a sua perspectiva da história. A Guerra de Troia, a invasão da Rússia por Napoleão, a Restauração dos Bourbon, tudo parece diferente quando visto de um novo ângulo e descrito por uma narradora "tagarela", ansiosa para fornecer todos os detalhes e para nos deixar saber *como era* estar à margem de conflitos sangrentos e disputas travadas por heróis.

A Odisseia de Penélope, de Margaret Atwood, é relatada por Penélope e pelas doze "criadas" (na realidade, mulheres escravizadas) que lutaram contra os pretendentes, com ou sem sucesso. *Cassandra*, de Christa Wolf, é um relato em primeira pessoa da personagem título no dia da sua morte. Em *O Silêncio das Mulheres*,[52] de Pat Barker, podemos ouvir a voz de Briseida, uma mulher escravizada, oferecida como prêmio de guerra a Aquiles. Essas "correções" para *A Odisseia* e *A Ilíada* são todos relatos em primeira pessoa, por vezes divagantes, prolixos e verbosos em excesso. Mas são também relatos pessoais e confessionais daquelas que foram vitimadas, escravizadas e violentamente subjugadas por aqueles que estão no poder. Elas se movem em uma série de formas, que vão da queixa e acusação à autojustificativa e também à autoincriminação. Elas viram a mesa de modo radical e, de repente, os heróis recebem novos atributos e epítetos. "Aquiles, o animal" – é assim que Cassandra, de Wolf, descreve o guerreiro grego repetidas vezes até que a reputação do herói brilhante de Homero é finalmente destruída.

Os escritores que assumiram a causa das mulheres do mundo antigo poderiam ser descritos como Contadores de Histórias de Justiça Social, não fosse o termo "Guerreiro da Justiça Social" ter sido apropriado por alianças políticas de direita e transformado em um insulto.

---

[51] O termo utilizado no original é "reenvision". (N. da T.)

[52] *The Silence of the Girls*, no original. (N. da T.)

Este último termo foi acrescentado ao *Oxford English Dictionary* em 2015, e foi definido como um substantivo depreciativo para descrever "uma pessoa que expressa ou promove visões socialmente progressistas". A definição foi aplicada a ativistas com uma agenda impulsionada pelo politicamente correto e pela política de identidade, com o objetivo de corrigir injustiças sociais. Antes de 2008, o termo era usado para descrever os apoiadores dos esquecidos econômica e socialmente, dos desprivilegiados e daqueles que são explorados como mão de obra. Porém, logo depois da controvérsia "Gamergate", de 2014 (uma reviravolta da direita que colocou aqueles que acusavam a indústria do jogo de oprimir e assediar mulheres contra aqueles que partiram em defesa da cultura do jogo), "Guerreiro da Justiça Social" tornou-se um insulto lançado àqueles que começaram a defender as vítimas de assédio, muitas das quais, por sua vez, se tornaram alvos da atividade perniciosa dos "troladores", recebendo inúmeras ameaças de morte.

Contadores de Histórias de Justiça Social: esse descritor, por todas as suas implicações, ainda define o que as mulheres escritoras do século passado e do nosso próprio século têm sido. Em uma missão de tornar visíveis o rosto daquelas que foram marginalizadas e de nos deixar ouvir a voz delas, elas contam histórias que nos obrigam a reavaliar como as mulheres viveram em tempos passados e a descobrir que estratégias usaram para sobreviver. Essas autoras documentam atos heroicos de compaixão, assim como as táticas artísticas utilizadas em tempos passados para transmitir as queixas e provocar mudanças.

Margaret Atwood e seu livro *A Odisseia de Penélope* e o #MeToo: As Vítimas Falam Mais Alto

Estamos em 2005 e Margaret Atwood está tomando o café da manhã com o editor Jamie Byng, pertencente a uma pequena editora em ascensão e que lança a ideia de reescrever um mito da Antiguidade clássica. Conforme confessou mais tarde a autora de *O Conto da Aia*,[53] o café da manhã é sua "hora de maior fraqueza do dia", e foi numa explosão de boa vontade que ela assinou um contrato – e depois acaba enfrentando um poderoso caso de bloqueio de escrita. Quando ela está prestes a descartar o projeto e devolver o adiantamento pago pela editora, a Musa toca-lhe o ombro, e Atwood começa a escrever *A Odisseia de Penélope*. O que irritou Atwood em *A Odisseia* e a inspirou a repensar o épico grego foi, surpreendentemente, não tanto a marginalização de Penélope, mas o enforcamento das doze criadas, pois lhe pareceu "injusto na primeira leitura, e tão paralisante".[54]

A Odisseia, ao que parece, tornou-se algo como uma rampa de lançamento para reescrever o cânone literário, um desafio assumido por várias escritoras no final do século XX e nas primeiras décadas deste século.[55] Reescrever o épico da perspectiva de Penélope não é uma escolha óbvia, e certamente não foi assim em 1928, quando Dorothy Parker escreveu um poema chamado "Penélope" com a *punchline* ou frase de impacto: "They will call him brave" ["Eles o chamarão de

---

[53] *The Handmaid's Tale*, no original. (N. da T.)
[54] Margaret Atwood. "The Myth Series and Me: Rewriting a Classic Is Its Own Epic Journey". *In*: *Publishers Weekly*, 28 nov. 2005.
[55] Em um ensaio clássico, publicado em 1957, intitulado "What Was Penelope Unweaving?", a crítica feminista Carolyn Heilbrun descreve Penélope como uma mulher sem um enredo, sem uma narrativa para guiá-la. Ela tece e desteceu dia após dia, ano após ano, ocupando seu tempo até o momento de organizar uma nova história. Ver sua publicação: *Hamlet's Mother and Other Women*. Nova York: Columbia University Press, 1990, pp. 103-11. Essa nova história veio antes, na forma de poemas como os de Hilda Doolittle e seu "At Ithaca", Edna St. Vincent Millay e o seu "An Ancient Gesture", e Louise Glück e seu "Penelope's Song"; a seguir romances como *Odysseus and Penelope: An Ordinary Marriage* (2000), da escritora austríaca Inge Merkel, e *Ithaka*, da norte-americana Adèle Geras (2007). Para mais informações sobre os poemas, ver: Emily Hauser. "'There Is Another Story': Writing after the Odyssey in Margaret Atwood's *The Penelopiad*". *In*: *Classical Receptions Journal* 10 (2018), pp. 109-26.

valente"]. A sua Penélope senta-se em casa, faz chá (um anacronismo perfeito!) e corta fios, enquanto Odisseu cavalga "os mares de prata". Não ocorreu a Parker ir além do sarcasmo, e muitas décadas mais se passaram para ver Penélope como uma mulher que se viu restrita a esperar, tecer e marcar o tempo.

A Penélope de Atwood está sempre à beira das lágrimas. Quanto a Odisseu, "lá estava ele fazendo um discurso inspirador, lá estava ele unindo as facções em disputa, lá estava ele inventando uma mentira surpreendente, lá estava ele dando conselhos sábios, lá estava ele se

John Roddam Spencer Stanhope, *Penélope*, 1849.

disfarçando de escravo fugitivo e se infiltrando em Troia".[56] Penélope, ao contrário, está confinada à trama do casamento, sem acesso ao mundo das façanhas e da ação.

Há razões para que Atwood tenha ficado perplexa com a tarefa de reescrever um mito. Kathryn Rabuzzi capta com precisão o desafio de reescrever o poema épico de Homero a partir da perspectiva de Penélope: "Encontrar vozes autênticas para a experiência das mulheres é terrivelmente difícil", afirma ela. "Não só as línguas e os conceitos que temos [...] são orientados para os homens, mas historicamente as experiências das mulheres têm sido interpretadas para nós por homens e por meio de normas masculinas."[57] O próprio título da epopeia de Homero ressalta, por si só, o apagamento da experiência feminina. A esposa de Odisseu é justamente isso, marginalizada socialmente e subordinada domesticamente. É famoso o momento em que até o seu filho Telêmaco lhe diz para se calar e voltar para a sua tecelagem. O que sabemos de Penélope e de outras mulheres da Antiguidade clássica tem sido sempre mediado por vozes masculinas, o que torna impossível entender o que significava de fato para as mulheres daquela época. O desafio era encontrar palavras, não só para Penélope, mas também para as doze criadas, apontadas como espiãs por Penélope e, sob o seu olhar, submetidas pelos pretendentes a agressões sexuais.

Em 2006, um ano após a publicação de *A Odisseia de Penélope*, a ativista social Tarana Burke usou a frase "Eu também" ("Me Too") no *Myspace* (uma plataforma de mídia social já extinta) como um grito de mobilização para vítimas de assédio sexual e agressão. Mais de uma década depois, em 15 de outubro de 2017, a atriz americana Alyssa Milano recebeu um *print* de tela da frase da amiga e a "tweetou",

---

[56] Margaret Atwood. *The Penelopiad*. Edinburgh: Canongate Books, 2005, p. 82. Demais citações: pp. 39, 1, 2-3.

[57] Kathryn Allen Rabuzzi. *Motherself: A Mythic Analysis of Motherhood*. Bloomington: Indiana University Press, 1988, p. 12.

acrescentando: "Se todas as mulheres que foram assediadas ou agredidas sexualmente escrevessem 'Eu também' ('Me Too') como *status*, poderíamos dar às pessoas uma noção da magnitude do problema".[58] Na manhã seguinte, ela acordou para encontrar mais de 30 mil pessoas que tinham assinado o #MeToo. De repente, as mulheres se viram capacitadas a usar palavras e histórias para transformar segredos manchados de vergonha em uma forma de solidariedade que baniu a vulnerabilidade e a culpa.

Mesmo antes de as mulheres da vida real começarem a contar suas histórias tanto em plataformas de mídia social, como para jornalistas e equipes jurídicas, as escritoras (Atwood estava entre as primeiras) já tinham ouvido o ainda distante rumor das batidas desse tambor e estavam explorando contos de tempos passados, esperando conseguir um outro lado das histórias e uma perspectiva diferente sobre épicos e mitos que elevamos ao *status* clássico. De repente, Penélope foi capaz de voltar dos mortos e falar aos vivos. Homero pode não ter permitido que ela falasse muito, mas Margaret Atwood poderia dar-lhe voz. E a experiência de Penélope estava madura para revisão. Estava na hora de reencontrar a vida dela. E se hoje ela nos parece menos vítima do que sobrevivente de assédio sexual e agressão, vale a pena lembrar que a vida de Penélope começou com um ato de crueldade indescritível, quando seu pai Icário, que queria ter um filho homem, jogou a recém-nascida no mar. Penélope foi salva por alguns patos e Icário, então, mudou de ideia e lhe deu o nome da palavra grega para pato. Não conhecemos as circunstâncias do nascimento de Penélope em *A Odisseia*, mas a personagem de Atwood começa sua narrativa relatando esse evento e depois passa para o casamento arranjado aos 15 anos com um homem que a

---

[58] Stephanie Zacharek, Eliana Dockterman e Haley Sweetland Edwards, "The Silence Breakers: The Voices That Launched a Movement". *In*: *Time*, 18 dez. 2017. Disponível em: https://time.com/time-person-of-the-year-2017-silence-breakers/.

ganha (roubando) numa competição encenada por seu pai. "Fui entregue a Odisseu, como um pacote de carne", ela nos conta. E não esqueçamos que, em *A Odisseia de Penélope*, finalmente ouvimos também as vozes das vítimas de múltiplas agressões sexuais, as criadas assassinadas.

"Você gostaria de ler a mente das pessoas? Pense de novo", nos adverte Penélope nas primeiras páginas de *A Odisseia de Penélope*. Temos acesso não só aos seus pensamentos, mas também às vozes das doze criadas. "Agora que estou morta, sei tudo", declara a Penélope de Atwood em uma *performance* solo, destinada a afirmar sua autoridade narrativa onisciente. Depois, ouvimos as criadas, que entoam: "Nós somos as criadas/aquelas que mataste/aquelas com quem falhaste". As doze têm finalmente o seu dia no tribunal, perto do final de *A Odisseia de Penélope*, com um juiz que consulta a *Odisseia* de Homero e confirma que "os pretendentes as violaram" e "ninguém os impediu de o fazer". O monólogo de Penélope torna-se um exercício de autoincriminação, ao revelar que tanto ela como Odisseu usaram as suas posições para se aproveitarem das mulheres escravizadas, sem prestar-lhe proteção. Mas é apenas no relato de Penélope que encontramos essa impressionante revelação, pois essa não foi uma preocupação para Homero.

Como é que Atwood cria espaço para o heroísmo? Seu Odisseu é reduzido ao tamanho humano e também Penélope não se sai muito melhor. É possível encontrar heroísmo na paciência e na fidelidade de uma mulher no fronte doméstico?[59] Para entender a diferença entre Telêmaco e Odisseu, por um lado, e Penélope, por outro, Joseph Campbell observou que *A Odisseia* rastreou três jornadas: "Uma é a de Telêmaco, o filho que vai em busca do pai. A segunda é a do pai, Odisseu, reconciliando-se e relacionando-se com o princípio feminino [...]. E a

---

[59] "Penélope tornou-se uma heroína virtuosa para as gerações posteriores, a personificação da bondade e castidade, contrastando com a falta de fé da assassina Clitemnestra, esposa de Agamenon; entretanto, 'heróis' não são do sexo feminino na época dos heróis", conta-nos M. I. Finley, em *The World of Odysseus* (1954). Nova York: New York Review Books Classics, 2002, p. 25.

terceira é a própria Penélope, cuja jornada é [...] resistência [...]. Duas jornadas pelo espaço e uma através do tempo".[60]

A criatividade de Penélope perante a adversidade e o seu engenho em evitar a agressão lembram-nos de que ela também é uma agente ativa no seu destino. Mais do que paciente, submissa e obstinadamente fiel, ela é tão sagaz e astuta como o "homem das voltas e reviravoltas". A excelência de sua tecelagem, tanto no âmbito literal como no metafórico – o seu trabalho manual especializado, assim como a sua habilidade em conspirar e enganar – lembra-nos de que a sua dita jornada através do tempo tem o seu próprio valor como história. O relato de Penélope revela-se igualmente convincente e sedutor quando expresso por uma poeta moderna, disposta a explorar – com distanciamento irônico e uma relação de empatia – o coração e a mente de personagens de um tempo muito distante, de um espaço remoto.

Aborrecida, solitária e chorosa, Penélope senta-se em casa, rodeada de pretendentes, tecendo uma mortalha para Laerte, e recusando-se a casar até que essa peça esteja completa. A cada dia, ela trabalha no tear, tecendo "delicados, / os fios sem fim" e, a cada noite, ela desfaz o trabalho do dia.[61] Em *A Condição Humana* (*The Human Condition*, 1958),[62] Hannah Arendt descreveu três componentes da *vita activa*, ou engajamento ativo com e no mundo. O primeiro, Trabalho, é o que é necessário para sustentar a vida humana, e é realizado por *animal laborans*, uma criatura ligada às necessidades biológicas da vida e presa a ciclos intermináveis de consumo e reprodução. Em contrapartida, o *homo faber* é o expoente do Trabalho, o arquiteto, inventor ou legislador, encarregado de construir edifícios, instituições e leis, todos eles dividindo o mundo humano do mundo natural. Finalmente, há o *zoon politikon*,

---

[60] Campbell. *Pathways to Bliss*, p. 159.
[61] Homero. *The Odyssey*. Trad. Robert Fagles. Nova York: Penguin, 1996, p. 96.
[62] Foi utilizada aqui a edição brasileira. ARENDT, Hanna. *A Condição Humana*. (Trad. Roberto Raposo) 10ª ed. Rio de Janeiro: Forense Universitária, 2007, p. 31-2. (N. da T.)

um ser social e político que cria e assegura espaços de liberdade ao se tornar ator ou agente na esfera pública. Penélope está claramente condenada a habitar no domínio dos *animal laborans*, envolvendo-se em uma atividade que não deixa nenhum rastro atrás de si, enquanto seu marido, o homem das voltas e reviravoltas, empreende uma jornada tortuosa que o eleva à categoria de herói, celebrada em canções e histórias. Conduzido menos por uma missão política do que por um apetite literal de automitologização, Odisseu transcende os limites do humano, tornando-se um exemplo do herói cultural: autônomo, aventureiro e ambicioso na busca da fama.

Será que há algo mais na história de Penélope além do que parece ser uma atividade totalmente inútil? A sua tecelagem parece ser ainda menos eficaz do que os esforços dos *animal laborans*, na medida em que os trabalhos do dia são desfeitos à noite. Com certeza, a desfiguração é estratégica, mas não assegura nada de valor real no mundo. A Penélope de Atwood rejeita qualquer fama, recusando o papel de "lenda edificante". "O que é que eu fiz?", pergunta Penélope. "Uma chibata para bater em outras mulheres. Por que não podiam ser tão atentas, confiáveis e sofredoras como eu? Isso é o que entoavam os cantores e cantoras na fiação. *Não sigam meu exemplo*, eu quero gritar nos vossos ouvidos".[63]

Dirigindo-se aos leitores como um júri silencioso, Penélope faz o que um crítico descreve como "contar uma história para nomear e culpar um malfeitor".[64] Ao mesmo tempo, o coro das criadas conta uma história diferente, indiciando Penélope por falhas que ela tenta refutar, culpando os outros ou se libertar porque estava "desesperada"

---

[63] O trecho citado foi traduzido literalmente. (N. da T.)
[64] K. F. Stein, "Talking Back to Bluebeard: Atwood's Fictional Storytellers". *In*: *Margaret Atwood's Textual Assassinations: Recent Poetry and Fiction*. S. R. Wilson (org.). Columbus: Ohio State University Press, 2003, p. 158. Ver também Kiley Kapuscinski. "Ways of Sentencing: Female Violence and Narrative Justice in Margaret Atwood's *The Penelopiad*", disponível em: http://projects.essex.ac.uk/ehrr/V4N2/kapuscinski.pdf.

ou "correndo contra o tempo". O relato de Penélope nos recorda de que, sob o princípio abstrato da justiça, escondem-se desigualdades sociais e relações de poder assimétricas, além de disputas e vinganças pessoais. As criadas são os nêmesis de Penélope, mas são também reminiscências de como os contadores de histórias, por mais apaixonados que sejam por contar a verdade e por chegar ao fundo das coisas, podem nos dar apenas uma perspectiva, sem conseguir contar toda a história ou resolver a questão da culpabilidade moral. Ou será possível que a autora de *A Odisseia de Penélope* escape a essa acusação e consiga ser "a mais justa de todos", dando-nos múltiplas perspectivas? Será Margaret Atwood, então, a nossa nova heroína cultural, que diz a verdade ao poder?

Em vez de heróis genéricos, movidos por conflitos e disputas e conhecidos por suas ações (Gilgamesh, Beowulf, Hércules), surgiu uma nova heroína tipográfica, conhecida pelos seus poderes intelectuais e proezas literárias. Thomas Carlyle, em 1841, em palestras sobre heróis, adoração de heróis e o heroísmo na história, celebrou um novo arquétipo, o "Homem de Letras", uma figura singular que se envolve na "maravilhosa arte da *Escrita*, ou da Escrita Pronta à qual chamamos *Impressão*".[65] Herdeiro dos profetas, poetas e videntes de tempos passados, esse herói conjura com as palavras. Afinal, acrescenta Carlyle, "os grandes feitos de heróis como Aquiles, Enéas ou Régulo nada seriam sem os trabalhos literários de Homero, Virgílio ou Horácio". Essa forma de heroísmo torna-se a marca registrada de algumas das nossas heroínas tanto do século passado, como do presente.

Cassandra e Calíope revelam seus pensamentos

Hoje podemos falar sem hesitar de heroínas de 1.001 faces e as escritoras podem estar no topo dessa lista. Para elas, o apelo à aventura pode

---

[65] Thomas Carlyle. "The Hero as a Man of Letters". *In: Heroes, Hero Worship and the Heroic in History.* Londres: Chapman and Hall, 1896-1899, p. 154.

tomar a forma de uma epifania, um reconhecimento de que a velha história não é mais verdadeira e que uma nova orientação ideológica pode transformar o modo como a narrativa foi contada um dia. Mas que estratégias específicas as autoras utilizam para identificar entre tantas as outras mil heroínas? Hoje, muitas mulheres escritoras parecem estar olhando para trás, ressuscitando personagens de tempos passados para revelar que, mesmo aquelas socialmente marginalizadas não eram tão fracas e impotentes como podem parecer no início. Ao encontrar dignidade, valor e significado na vida daquelas que foram marginalizadas de uma forma ou de outra, essas escritoras nos oferecem novos ângulos, novas perspectivas e novas histórias.[66] E se conseguíssemos ouvir as vozes de Europa, Aracne, Hécuba, Psiquê e de outras tantas personagens femininas? O efeito é promover o estranhamento com relação a histórias que circulam amplamente em nossa cultura, questionando essas mesmas antigas histórias, com desvelado instinto crítico, e refletir sobre o velho *versus* o novo. Mas, além disso, essas narrativas nos desafiam a fazer um esforço para corrigir nossas histórias, reconhecendo que nenhum protagonista tem uma linha direta para a verdade, e a entender como a justiça é um bem social duramente conquistado que exige que escutemos mais de uma voz e que estejamos abertas a ouvir tanto o testemunho individual quanto os coros de lamentações e reclamações.

O mundo antigo raramente deixa as mulheres dizer o que pensam, e o mesmo ocorre também na vida real, no mito, nos enredos da ficção e na história real. Há, claro, exceções, como é o caso de Eurípides, que permite a Hécuba atacar verbalmente Ulisses, ao entender que seria sua escrava: "Meu destino é servir / O homem mais imundo / Vivo,

---

[66] Como destaca Linda Hutcheon, sempre há o risco de você não poder "privilegiar a margem sem conhecer o poder do que está no centro". Ver: *Splitting Images: Contemporary Canadian Ironies.* Don Mills, Ontario: Oxford University Press Canada, 1991, p. 12.

traidor abominável, / Inimigo da justiça, / Cobra nascida no inferno / Cuja língua terrível / Tudo distorce / Para nada, torce / Amor ao ódio, / E ódio ao amor". Mas também é Eurípedes que nos expõe uma linha, atribuindo a responsabilidade por toda a Guerra de Troia a "uma mulher e o seu péssimo casamento".[67]

Margaret Atwood descobriu que as mulheres do mundo antigo podiam ser ressuscitadas e ganhar vozes. No entanto, mesmo antes de *A Odisseia de Penélope*, Christa Wolf descobriu um espírito afim numa mulher grega, cuja voz permanecera calada, mas precisava ser ouvida. "Para falar com a minha voz, a definitiva", nos diz Cassandra, personagem que dá título ao romance de Wolf, de 1983. Em *Cassandra*, Wolf descobre um *alter* ego, um duplo capaz de olhar para o futuro, porque ela tem "a coragem de ver as coisas como elas realmente são no presente".

Será que Christa Wolf teria lido Simone Weil e seu ensaio sobre *A Ilíada*, em que a considera um "poema de força"? O verdadeiro herói do épico de Homero, conforme argumenta a filósofa e ativista política francesa, era a *força*, um vetor que escraviza ao transformar qualquer pessoa que se submeta a ela em determinado aspecto. Inseridas em volumosas notas, na forma de quatro documentos que acompanham o romance e descrevem sua gênese, Wolf explica por que ela escolheu canalizar a voz de Cassandra. O destino de Cassandra prefigura o que seria o destino das mulheres em geral para os próximos três mil anos: "ser transformada em um objeto".[68]

"A quem posso dizer que *A Ilíada* me cansa?", Wolf pergunta em um momento de franqueza intransigente. Atordoada com a honestidade grosseira dessa pergunta, quando a li, refleti sobre como há muito não tinha conseguido me conectar completa e apaixonadamente com

---

[67] Simone Weil. "The Iliad, or the Poem of Force". *In*: *Politics* (nov. 1945), pp. 321-31; Euripides. *The Trojan Women*. Trad. Alan Shapiro. Nova York: Oxford, 2009, pp. 40, 58.

[68] Christa Wolf. *Cassandra: A Novel and Four Essays*. Nova York: Farrar, Strausand Giroux, 1984, p. 4. Citações adicionais pp. 26, 227, 238, 239.

Frederick Sandys, *Helena e Cassandra*, 1866.

A Ilíada, com minha mente resistente ordenando todos os detalhes militares, comprimindo-os em minha memória. Por que eu estava sempre misturando guerreiros gregos com seus pares de Troia (de que lado está Ajax?) e incapaz de manter suas linhas de história intactas? Não foi porque eu não consegui "me identificar" com Aquiles ou Heitor ou Príamo, mas porque Homero nos deu uma história, cuja coesão é mantida pela raiva, guerra, violência, homicídio, carnificina e atos "heroicos". As mulheres, nos diz Wolf, experimentam "uma realidade diferente", e o mundo da *Ilíada*, quando visto através da consciência de Cassandra, sacerdotisa e vidente, pode ganhar vida e envolver os leitores de maneiras novas. De repente, Aquiles recebe um novo epíteto: "Aquiles, o animal" (*das Vieh Aquilles*, no alemão original). A busca heroica da "glória" e da imortalidade se curva de repente para uma busca diferente: o esforço para evitar a destruição de uma cidade e de seu povo – um *Untergang*, a aniquilação total.

A ameaça de aniquilação – nesse caso nuclear – é a força motriz por trás de *Cassandra*. Em 1980, Christa Wolf, que vivia na época na Alemanha Oriental, viajou para a Grécia com seu marido Gerhard. Dois anos mais tarde, ela deu cinco "Palestras sobre Poética", quatro delas em suas viagens à Grécia e a quinta, um rascunho do romance *Cassandra*. As quatro palestras introdutórias foram publicadas separadamente como *Condições de uma Narrativa*[69] e nos levam ao mundo do turismo e da história antiga, da poesia e da política.

O que motivou Wolf a voltar sua atenção para Cassandra além do desejo de capturar algo sobre uma mulher que, como a autora do romance, traficava em palavras? Para Wolf, a aposta era alta, pois ela queria oferecer nada menos que uma tomada da lógica autodestrutiva do mundo ocidental, o impulso de morte que levou à aniquilação de uma cidade, ao massacre de homens e à escravidão de mulheres. Para ela, a ameaça de obliteração nuclear tornou-se o momento necessário para escrever sobre uma civilização antiga que seguiu um caminho que levou à sua própria destruição. Cassandra, cujas palavras e profecias não foram consideradas, torna-se uma procuradora da escritora nos tempos de Wolf, procurando desesperadamente advertir e dissuadir ("Aquele que atacar primeiro morrerá em segundo lugar"), mas falhando completamente na execução de um plano de resistência eficaz.

Em *A Thousand Ships* (2019), Natalie Haynes, escritora britânica formada em Literatura Clássica pela Universidade de Cambridge, assume o desafio de orquestrar um coro polifônico, permitindo-nos ouvir as vozes dos muitos silenciados por Homero. Quem canaliza essas vozes senão Calíope, a Musa da Poesia Épica? E o que é que ela canta?

---

[69] *Contitions of a Narrative*, no original. (N. da T.)

> Eu cantei sobre as mulheres, as mulheres na sombra. Eu cantei sobre as esquecidas, sobre as ignoradas e as preteridas. Tomei as velhas histórias e as sacudi até as mulheres escondidas aparecerem à vista de todos. Celebrei-as em canções porque elas já esperaram tempo suficiente. Como prometi, esta nunca foi a história de uma ou duas mulheres. É a história de todas elas. Uma guerra não ignora metade das pessoas, cujas vidas ela toca.[70]

Calíope, em sua visão, presta homenagem a Mnemosine, que ajuda a trazer de volta e tornar memoráveis as proezas das mulheres de tempos passados. Ouvimos vozes de um desfile de mulheres troianas, incluindo Hécuba, Polixena e outras, mas também ouvimos mulheres gregas que vão desde Ifigênia até Penélope. Homero, por sua vez, contou-nos apenas metade da história, e a metade silenciada é marcada por atos de heroísmo que excedem o que Haynes chama de "um dos grandes textos fundamentais sobre guerra e guerreiros, homens e masculinidade". Quem pode esquecer as palavras de Polixena enquanto ela marcha em direção à sua execução: "Eles não seriam capazes de chamá-la de covarde". "Será Oenone menos heroica do que Menelau?", pergunta Calíope. "Ele perde a sua mulher e, por isso, convoca um exército para trazê-la de volta para ele, custando inúmeras vidas, gerando inúmeras viúvas, órfãos e escravos. Oenone perde o marido e ela cria sozinha seu filho. Qual é o ato mais heroico?" "Ninguém canta a coragem necessária daqueles que eram como nós, mas foram deixados para trás", escreve Penélope.

A mulher de Odisseu escreve uma série de missivas para o seu marido, todas repletas de sarcasmo. "Você está casado com a fama, mais do que está casado comigo", redige ela. "E certamente, a sua relação

---

[70] Natalie Haynes. *A Thousand Ships*. Londres: Pan Macmillan, 2019, p. 339. Citações adicionais: pp. 109, 185, 241, 255.

com sua própria glória tem sido incessante", acrescenta, enquanto pondera todas as razões do atraso de Odisseu em voltar para casa, para sua esposa e seu filho. Em outras palavras, o verdadeiro heroísmo não está situado naqueles que lutam pela glória e imortalidade, mas nas mulheres destemidas que procuram preservar a vida – às vezes apenas para sobreviver – do que se envolver em atos insensatos de aniquilação.

A certa altura, Calíope sussurra no ouvido do Homero: "Ela [Creusa] não é uma nota de rodapé, ela é uma pessoa. E ela – e todas as mulheres de Troia – deveriam ser lembradas tanto quanto qualquer outra pessoa. Isso vale também para as suas homólogas gregas". Haynes tornou-se a nova poeta, inspirada por uma musa que estava farta de Homero e que decidiu consagrar uma nova poeta para contar a história da Guerra de Troia. Como Homero, através da ação da Musa, Natalie Haynes empreende a tarefa de memorializar, dessa vez recordando e conferindo imortalidade àquelas que uma vez foram deixadas para morrer, enterradas e esquecidas. Tanto as mulheres gregas como as troianas ganham vida, falando-nos, assombrando-nos com uma nova compreensão da coragem e do cuidado que foi necessário para sobreviver e se tornarem as nossas novas heroínas.

Revogando o silêncio

Como vimos, os homens dos mitos se saíram muito melhor do que as mulheres, pois, muitas vezes, ouvimos falar das paixões que os inflamam – raiva, vingança ou romance e muito mais. *Lavínia* (2008) é um romance de Ursula K. Le Guin que se inicia com uma queixa. "A vida que ele [Virgílio] me deu em seu poema é tão monótona, exceto pelo momento em que meus cabelos pegam fogo – falta cor, exceto quando minhas bochechas de donzela coram como marfim manchado com tinta carmesim – tão convencional, que eu não aguento mais". Lavínia quer ser ouvida: "Tenho de me libertar e falar. Ele não me deixou dizer uma palavra. Preciso tomar a palavra dele. Ele me deu uma vida longa, mas pequena. Eu preciso de espaço. Preciso de ar".[71]

Ursula Le Guin, que se autodenominava uma "caçadora de gêneros", uma vez escreveu que seus "jogos" eram "transformação e invenção". A ficção especulativa — mito, fantasia, ficção científica — permitiu-lhe usar a imaginação não só para subverter e desafiar o *status quo*, mas também para explorar a alteridade e o gênero. "Tudo o que eu mudei foi o ponto de vista", disse ela em uma entrevista e, com essa mudança de perspectiva, conseguimos observar um mundo inteiro "do ponto de vista dos impotentes". Escrever ficção permitiu a Le Guin entrar em outras mentes e explorar a consciência de outros seres. Em *Lavinia*, descobrimos uma voz que Virgílio nunca nos deixou ouvir. Le Guin, que passou anos "lutando para aprender a escrever como mulher", decidiu a certa altura que não "competiria" com o *establishment* literário, "com todos estes sujeitos e seus impérios e domínios".[72]

Em um discurso de formatura, proferido no Bryn Mawr College, em 1986, Le Guin falou aos formandos sobre os diferentes registros linguísticos, sobre uma Língua Paterna, que é a voz do poder e da razão, e de uma Língua Materna, que é a linguagem das histórias, conversas e relacionamentos. Nessa dicotomia ideológica, a Língua Materna é desvalorizada como "imprecisa, pouco clara, grosseira, limitada, trivial, banal". "É repetitivo", acrescentou ela, "mais e mais do mesmo, repetidamente, assim como o trabalho chamado trabalho de mulher". Ela exortou os formandos, a exemplo do que fez Campbell, quando abordou o poder dos artistas, incitando-os a levantar a voz numa terceira língua, a voz do canto, da poesia e da literatura. "Estou

---

[71] Ursula K. Le Guin. *Lavinia*. Nova York: Mariner, 2008, p. 4
[72] "Ursula K. Le Guin Film Reveals Her Struggle to Write Women into Fantasy". *In*: *Guardian*, 30 maio 2018.

farta do silêncio das mulheres. Quero ouvir vocês falarem [...]. Há muitas coisas sobre as quais eu quero ouvir o que vocês têm a dizer".[73]

Em 2018, a romancista britânica Pat Barker respondeu a Le Guin escrevendo *O Silêncio das Mulheres*, que começa por criticar o comportamento heroico em *A Ilíada*: "Grande Aquiles; o brilhante Aquiles; Aquiles é como um Deus [...]. Como os epítetos se acumulam. Nós nunca o chamamos de nenhuma dessas coisas, nós o chamamos de "o açougueiro".[74] *O Silêncio das Mulheres* dá voz não só a Briseida, rainha de um dos reinos vizinhos de Troia e escrava cativa de Aquiles, mas a todos aqueles que sofreram durante o cerco a Troia. O que nos foi transmitido? "Sua história, a *dele*, não a minha" – temos as palavras e as obras de Aquiles, mas não as de Briseida. "O que fizeram de nós, do povo daqueles tempos inimaginavelmente distantes?", pergunta ela. "Uma coisa eu sei: eles não vão querer a realidade brutal da conquista e da escravidão. Não vão querer ser informados sobre os massacres de homens e rapazes, da escravização de mulheres e jovens. Não vão querer saber que estávamos vivendo num espaço de estupros. Não, eles irão para algo totalmente mais suave." É quase como se Pat Barker tivesse recrutado Briseida para o movimento #MeToo para se inscrever na história, encontrando sua voz e recuperando sua humanidade através do ato da escrita. "Agora a minha própria história pode começar", é como termina sua descrição.

De certa forma, quando Briseida ganha sua narrativa e a sua história, torna-se tão heroica quanto a de Aquiles – se não mais do que o "herói" grego que a escravizou e garantiu que seríamos mantidos no escuro a respeito dela. O canto e o relato começam a ganhar importância na medida em que aprendemos sobre o que interessa quando se

---

[73] Ursula K. Le Guin. "Bryn Mawr Commencement Address". *In: Dancing at the Edge of the World: Thoughts on Words, Women, Places.* Nova York: Grove, 1989, pp. 147-60.

[74] Pat Barker. *The Silence of the Girls.* Nova York: Doubleday, 2018, p. 3. Citações adicionais pp. 49, 97, 266, 291.

Aquiles entrega Briseida a Agamenon, afresco do século I d.C., na cidade de Pompeia.

trata de uma vida literária após a morte, conferindo "imortalidade" a uma personagem. No início, Aquiles é aquele que se volta para sua lira, para cantar "sobre a glória mas sem morte, sobre heróis morrendo no campo de batalha ou (com menos frequência) voltando triunfantes para casa". Enquanto Briseida desenvolve sua história, percebe-se que as simples canções de ninar cantadas pelas mulheres troianas para bebês gregos (na Língua Materna) garantem que os troianos também se mantenham vivos: "*Nós vamos sobreviver – as nossas canções, as nossas histórias. Eles nunca serão capazes de nos esquecer [...]. Seus filhos se lembrarão das canções que suas mães troianas cantaram para eles*".

Em muitos aspectos, o romance de Barker invoca o tropo do "Talking Book" (Livro Dialogante),[75] uma frase oximorônica cunhada por Henry Louis Gates Jr. no seu livro de crítica literária, de 1988, *The Signifying Monkey: A Theory of African American Literary Criticism*. Gates usa o termo para ilustrar como a tensão entre o oral e o vernáculo tem sido representada na tradição literária negra, que privilegia a voz e o vernáculo sobre a palavra escrita, privilegiando a autobiografia em detrimento da narrativa em terceira pessoa. Aqui é importante lembrar que Briseida, assim como os afro-americanos no Sul, no período anterior à Guerra Civil norte-americana, não recebia o *status* de pessoa. Uma escrava era considerada um objeto, "uma 'coisa', uma posse a ser valorizada, trocada, cobiçada ou deixada de lado. A sua identidade e humanidade foram apagadas".[76]

A certa altura, Briseida ouve por acaso uma discussão entre Aquiles e Nestor. Mas ela deixa de ouvir as "grandes palavras que são ditas" – honra, coragem e lealdade. Por que ela se desliga do fato? Porque ela percebe que, quando os dois falam sobre ela, se referem a ela não como "Briseida", mas como *"isso"*. "Para mim, havia apenas uma única palavra, uma palavra muito pequena: *'isso'*. *'Isso'* não lhe pertence, ele não merece ter *isso*." Reduzida ao *status* de "coisa" que circula nas transações e trocas, também lhe é negado o poder da palavra falada, o direito de interromper e de afirmar a sua humanidade.

Como Penélope na nova epopeia de Atwood, Briseida volta dos mortos para falar conosco. Ao contrário de Penélope, Briseida fala como

---

[75] "The black tradition is double-voiced. The trope of the Talking Book, of double-voiced texts that talk to other texts, is the unifying metaphor within this book." Extraído de: GATES JR., Henry Louis. *The Signifying Monkey: A Theory of African-American Literary Criticism*. Oxford: Oxford University Press, 2014, p. xxv (II). O tropo do "livro dialogante" (*Talking Book*), textos de duas vozes que dialogam com outros textos, é a metáfora unificadora deste livro. (N. da T.)

[76] Darragh McManus. "Feminist Retelling of Homer's Classic Breaks the Silence of Troy's Women". *In*: *Independent.ie*, 2 set. 2018.

um ser vivo e sensível, não como uma mulher transmitindo do Mundo Inferior. Briseida usa o vernáculo em um relato autobiográfico para revelar os vícios e falhas do relato de Homero, bem como para inscrever-se na história. "Será que eles contarão a sua história?" – essa frase do musical *Hamilton*, da Broadway, é um lembrete de quão constante e voluntariamente o lado feminino tem sido negligenciado, mesmo quando essas pessoas estão repletas de palavras e ações que medem e, em muitos casos, excedem às dos "heróis" de uma cultura. É improvável que "eles" contem a sua história, e é por isso que *você* tem de contá-la, e é essa a conclusão. Como Eliza em *Hamilton*, embora como protagonista e não apenas fazendo um ponta, Briseida se coloca "de volta na narrativa" e ganha, por meio de sua voz, o tipo de imortalidade literária outorgada a homens como Aquiles.

Mitos e contos de fadas convidam-nos a pressionar o botão "carregar", oxigenando assim as personagens, preenchendo as lacunas do enredo e realizando novas versões. Não podemos esquecer que eles foram improvisados em espaços sociais como uma forma precoce de barganha coletiva, através de chamado e resposta, dar e receber, e de uma tagarelice que muitas vezes ganhava forma na expressão "Não foi bem assim que eu ouvi". As personagens femininas dos mitos dominados pelos homens estão agora prontas para a ação, e as escritoras contemporâneas revelaram que a mente dessas personagens pode ser tão profunda, rica e complexa quanto a das personagens dos romances que lemos hoje. Inseridas no centro da ação como personagens redondas, estas tornaram-se plenamente realizadas, capazes de falar com sinceridade, prontas para mudar as histórias que outros contaram sobre elas ou para se inserirem mais ativamente na história, modificando as narrativas que elas produzem, como você pode descobrir ao analisar os títulos dos romances do século XXI inspirados nos mitos. Basta um breve esforço para identificar as mais de duzentas narrativas publicadas hoje com releituras da história de Hades e Perséfone, que incluem os livros de Emily Whitman, *Radiant Darkness*, Brodi Ashton e seu *Everneath*, Sasha Summers e seu *For the Love of Hades* e Tellulah Darling e seu livro *My Ex from Hell*.

Em *Circe*, Madeline Miller transforma a filha de Hélio de uma bruxa infame, capaz de transformar homens em porcos, em uma mulher com poderosos instintos maternais, poderes mágicos de cura e um impulso para desfazer a crueldade que herdou dos deuses, substituindo-a por compaixão. Circe tem sua história, e tomamos conhecimento sobre um amor não correspondido por um mortal (um pescador chamado Glauco), sobre como ela purificou Jasão e Medeia de seus crimes, e sobre o papel desempenhado por ela na história do Minotauro. Quando Odisseu chega à ilha de Aiaia, sabemos que há uma razão pela qual ela lança feitiços sobre os marinheiros: também ela é sobrevivente de múltiplas agressões sexuais e está se defendendo dos predadores. Ao contrário dos deuses, com sua paleta emocional limitada, Circe começa a evoluir, passando da justiça imutável e da despreocupação fria dos deuses para uma forma de cuidado compassivo que a humaniza. Quando ela propõe a Telêmaco que ele poderia ser conhecido como "o Justo", ele responde dizendo: "É assim que eles te chamam se você for tão chato, que eles não conseguem pensar em nada melhor".

De muitas maneiras, Miller, como Margaret Atwood antes dela, torna-se a verdadeira feiticeira, conjurando Circe e trazendo-a à vida com um domínio do mundo antigo, tanto dos deuses como dos mortais, que é de tirar o fôlego. Quando Circe contempla sua nova vulnerabilidade e se deita preocupada com a mortalidade de seus filhos e do marido, ela se levanta de repente e vai até suas ervas. "Eu crio algo. Eu transformo algo", ela nos diz. Sentindo que sua bruxaria é "tão forte como sempre, e mais forte", ela é grata pelo "poder, pelo ócio e pela proteção" que ela possui. Como uma personagem duplamente astuta, Miller cria uma narrativa autorreferencial, um texto sobre a magia tanto das palavras como das poções. Ela lança um feitiço sobre nós ao entrarmos no mundo dos antigos, descobrindo a rica vida interior das figuras que outrora foram inescrutáveis, mas agora têm uma história que ressoa com relatos que lemos em obras escritas por autores masculinos.[77]

Barker salva Briseida e Miller faz o mesmo com Circe, memorializando suas vidas e resgatando-as do esquecimento. Vale recordar como Hannah Arendt nos contou sobre a importância de contar histórias. Homero era conhecido como o "educador dos infernos" porque ele tornou os guerreiros imortais ao memorializar os seus feitos. Agora chegou a hora de novas vozes assumirem o papel de educar os jovens, mantendo os clássicos vivos com contranarrativas e vidas reimaginadas. Os contadores de histórias podem agora canalizar narrativas de heróis e heroínas, criando comunidades de memória que mantenham vivas as palavras e os feitos daqueles que vieram antes de nós e ganharam não só glória, mas também dignidade e humanidade.

Aranhas, contadores de histórias e teias

Durante muitos anos, quando eu estava dando aulas sobre o livro *A Teia de Charlotte*,[78] de E. B. White, num curso da Harvard University intitulado "Contos de Fadas, Mitos e Literatura de Fantasia", eu sempre ficava sem resposta quando eventualmente um estudante perguntava por que havia, nesse livro, um personagem chamado Homero. Parecia forçado relacionar Homero Zuckerman, o tio pouco interessante de Fern, o fazendeiro que exibe o porco Wilbur na feira, com a rapsódia grega. Entretanto, com o tempo, comecei a me perguntar se White tinha colocado inteligentemente o que os cinéfilos chamam de "*Easter Egg*" em sua narrativa sobre uma aranha chamada Charlotte. Afinal, Charlotte não é uma aranha comum: ela é um aracnídeo que

---

[77] Madeline Miller. *Circe*. Nova York: Back Bay Books, 2018, pp. 341, 384.
[78] *Charlotte's Web*, no original. (N. da T.)

sabe fazer as coisas com palavras. E é também uma especialista na arte da memorialização.

White começou o livro *A Teia de Charlotte* com a pergunta que ficou muito famosa: "Aonde vai o papai com esse machado?" – o que não é exatamente o que se esperaria de um livro para jovens leitores.[79] O romance nos leva do resgate de Wilbur da morte, graças à menina chamada Fern, a uma segunda libertação da ameaça de morte, quando Charlotte faz mágica em sua teia, descrevendo Wilbur como, entre outras coisas, "Fantástico", "Radiante" e "Humilde". Em um capítulo chamado "O Milagre", vemos (e E. B. White se esforça muito para nos instruir sobre como visualizar) uma teia que é tudo, menos uma armadilha mortal: "Nas manhãs de nevoeiro, a teia de Charlotte era realmente uma beleza. Esta manhã, cada fino fio era decorado com dezenas de pequenas gotinhas de água. A teia brilhava na luz e fazia um desenho de encanto e mistério, como um véu delicado". E na teia estavam escritas as palavras: "Um Porco Qualquer".

Que melhor maneira de descrever um escritor trabalhando do que esta: "Bem tarde da noite, enquanto as outras criaturas dormiam, Charlotte trabalhava na sua teia". A aranha de E. B. White não é apenas uma humilde descendente de Aracne, a orgulhosa tecelã de belas tapeçarias, mas também uma criatura que sabe fazer magia com as palavras. Ela revitaliza a linguagem (algumas de suas palavras são recuperadas da lixeira da cidade) e exerce sua autoridade de modo a transformar Wilbur e enobrecê-lo. Além disso, ela ensina Wilbur a usar palavras para que, após a morte dela, ele possa prestar homenagem à sua memória enquanto suas filhas são levadas pela brisa quente da primavera. "Eu adorava a mãe de vocês. Devo a minha própria vida a ela. Ela foi brilhante, bela e leal até o fim. Sempre cultuarei a memória

---

[79] E. B. White. *Charlotte's Web*. Nova York: Harper & Row, 1952, p. 1. Citações adicionais, pp. 177, 186.

de Charlotte." *A Teia de Charlotte* apresenta acordes completos e descobrimos, num capítulo adiante, como o trabalho das mulheres – girar, tecer e fabricar – está ligado ao contar histórias, como uma forma de resistência e revelação, um esforço para acabar com o silêncio. Mas primeiro, vejamos o trabalho de silenciar.

CAPÍTULO 2

SILÊNCIO E DISCURSO

Do Mito Ao Nº MeToo

"Existe a narrativa de Júpiter, que se deita com Dânae transformado numa chuva de ouro; uma história que, como a entendemos, significa a violação da castidade de uma mulher dada pelo ouro. Quem inventou tais histórias...
Presume-se que há no coração dos homens um grau de maldade tal que é impossível de descrever, pois acreditava-se que os homens poderiam tolerar essas mentiras com resignação. E os homens as abraçaram, de fato, com alegria."
— Santo Agostinho, *A Cidade de Deus*.[1]

"Como leitor, reivindico o direito de acreditar no sentido de um relato para além dos elementos particulares da narrativa, sem jurar pela existência de uma fada-madrinha ou de um lobo malvado. Não é preciso que Cinderela e Chapeuzinho Vermelho sejam pessoas reais para que eu acredite em suas verdades."
— Alberto Manguel, *Uma História Natural da Curiosidade*.[2]

---

[1] *The City of God*, no original. (N. da T.)
[2] *Curiosity*, no original. (N. da T.)

Perséfone, Europa e Dânae: seduzidas e silenciadas

Muitos dos nossos mitos gregos mais conhecidos – relatos sobre Leda, Dânae ou Europa – circulam com tanta energia violenta que parecem resistentes a qualquer tipo de mensagem social. Alguns educadores têm defendido a sua proibição para os jovens nas salas de aula ou, pelo menos, sugerindo o acréscimo de alertas de gatilho. Não se trata de tragédias de desafio heroico ou de fracassos humanos, mas de histórias de assalto e rapto, ferimentos e traumas. Por muitas décadas eles não produziram praticamente nenhum pânico moral por parte daqueles que redirecionam os mitos para os jovens, em grande parte porque vivemos em uma época que reverencia a cultura antiga por sua beleza atemporal, sabedoria e verdade. Em geral, evitamos julgar os deuses, especialmente quando se trata dos gregos ou romanos.

Onde a história de Perséfone e de seu sequestro por Hades se situa no sumário de Edith Hamilton, em seu *best-seller* intitulado *Mitologia* (há décadas fixado como componente curricular do ensino médio norte-americano)? Na seção intitulada "Mitos Florais: Narciso, Jacinto, Adônis". E que tipo de história é essa? Não se fala de deuses libidinosos no sentido jurídico. Em vez disso, um irmão chamado Zeus é descrito como generosamente "ajudando" outro chamado Hades. Zeus modela engenhosamente a delicada beleza do narciso como uma estratégia para atrair Perséfone para longe de seus amigos, permitindo assim a Hades "levar a donzela por quem se apaixonou".[3] Não há sequer uma palavra sobre a conquista compulsiva de mulheres por parte de ambos os Titãs; não há também qualquer empatia pela situação da jovem, que é alvo de um "rapto" ou "violação". Hades precisa de uma rainha, e quem na Terra, além da mãe de Perséfone, se oporia ao rapto?

---

[3] Edith Hamilton. *Mythology: Timeless Tales of Gods and Heroes*. (1942). Nova York: Grand Central Publishing, 1976, p. 113.

Perséfone é, no mínimo, uma noiva relutante. Ela grita por seu pai e, uma vez no mundo inferior, ela anseia rever a mãe novamente. Somente em deferência à ordem dada por Zeus é que Hades permite que Perséfone volte para casa. E, mesmo assim, é apenas por um período limitado, os meses de primavera e verão de cada ano, pois Hades enganou sua noiva raptada, fazendo-a ingerir uma semente de romã (uma versão diabolicamente inteligente de uma droga para o estupro), que a forçará a retornar para a escuridão do mundo inferior: "Ele colocou secretamente a semente em minha boca, um pedaço doce, e me forçou a comê-la contra a minha vontade", contou Perséfone à mãe.[4] Força física superior e feitiçaria conspiram para manter Perséfone cativa, longe da luz e longe das delícias da vida terrena.

Edith Hamilton, modelo de erudição mitológica em seu tempo, não teve nenhum problema, incluindo uma ilustração de página inteira intitulada "O Estupro de Europa"[5] na edição de seu livro *Mitologia*. A imagem mostra o momento da captura de Europa como um momento de arrebatamento, uma brincadeira em alto-mar, completada pela presença de golfinhos, sereias e com a figura de Poseidon, todos alegremente participando do pomposo cerimonial aquático. Europa, de acordo com o texto, foi "extremamente afortunada": "Exceto por alguns momentos de terror, enquanto ela cruzava as profundezas do mar, levada sobre as costas de um touro, no entanto, ela nada sofreu". E quanto ao touro, afirma o texto, ele é "tão gentil e amável, que as jovens não se assustaram com a sua chegada, e sim reuniram-se em torno dele para acariciá-lo e inspirar o perfume celestial que dele provinha".[6]

Note-se que a *Mitologia*, de Edith Hamilton, promete, em subtítulo em inglês, "*timeless* tales of *gods* and *heroes*" ["contos *atemporais* de *deuses*

---

[4] Mary Lefkowitz. *Women in Greek Myth*. 2ª ed. (1986). Baltimore: Johns Hopkins University Press, 2007, p. 64.

[5] *The Rape of Europe*, no original. (N. da T.)

[6] Hamilton, *Mythology*, pp. 100, 103.

Frederic Leighton,
O Retorno de Perséfone, 1891.

e *heróis*"]. As heroínas em muitos desses contos são eminentemente esquecidas, eclipsadas e apagadas em seu *status* de vítimas. Embora sejam aptas a procriar, elas são impedidas de participar das diversões mais criativas realizadas pelo panteão dos heróis gregos, exemplos brilhantes daqueles que testam os limites da inteligência humana, a astúcia, a determinação e o comportamento criminoso. Dédalo desenha o Labirinto. Prometeu rouba o fogo divino. Jasão recupera o Tosão de Ouro. Perseu mata a Medusa.

Muitos anos depois de Ovídio descrever Europa montada em um touro, olhando para trás, em pânico, e do poeta grego Mosco, do século II a.C., oferecer um relato do rapto de Europa, muitos artistas europeus estranhamente desfrutaram da oportunidade de exibir um touro fugindo com uma garota em suas costas. Zeus e Europa encontram-se em pinturas, gravuras, arcas de casamento italianas conhecidas como *cassoni*, caixinhas de rapé esmaltadas, e muito mais. "O Rapto de Europa" ou "O Estupro de Europa", como às vezes também é chamado, tornou-se tema de pinturas de inúmeros artistas ao longo dos séculos. Rembrandt, em 1632, nos deu uma Europa voltando seu olhar para trás (aterrorizada, espantada ou apenas desnorteada?) para a orla desvanecida, onde seus amigos permanecem espantados, sem oferecer qualquer ajuda, diante da visão do touro branco, de aparência feroz e cauda em serpentina, que foge com sua vítima. Um historiador de arte insiste que "não há

Rembrandt, *O Rapto da Europa*, 1632.
Imagem digital, cortesia do Programa de Conteúdo Aberto do Getty.

qualquer questão de violência ou estupro", mas a expressão no rosto de Europa em muitas obras de arte refuta claramente essa afirmação.[7]

A reação dos críticos a essa agressão? Aqui está uma voz representativa: "Mestre dos efeitos visuais, Rembrandt teve o prazer de revelar diferentes texturas nos trajes suntuosos e brilhantes, com destaques dourados na carruagem e nos vestidos".[8] Um compromisso inabalável com a estética e com a fé no poder da arte capaz de transcender seu

---

[7] Charles FitzRoy. *The Rape of Europa: The Intriguing History of Titian's Masterpiece*. Londres: Bloomsbury, 2015, p. 49.

[8] Rembrandt van Rijn. *The Abduction of Europa*. J. Paul Getty Museum. Disponível em: http://www.getty.edu/art/collection/objects/882/rembrandt-harmensz-van-rijn-the-abduction-of-europa-dutch-1632/.

tema, por mais sórdido que seja, cegou de alguma forma os críticos para a violência do evento retratado. Com certeza, os historiadores de arte do século XX estavam mais engajados em questões de forma e estilo do que no conteúdo, entretanto, parece estranho que, até o século XXI, não houvesse praticamente nenhuma discussão sobre a mulher que surge consternada nas cenas retratadas, particularmente considerando o ultraje envolvido no assunto.[9]

De valor inestimável, a obra de Ticiano, *O Rapto de Europa*, pintada na década de 1560, está em exposição no Museu Isabella Stewart Gardner, de Boston; nela, o deus que toma a jovem é descrito como "travesso". O comentário nos alerta ainda para o prazer extasiante de Gardner sobre a aquisição da obra: "Estou de volta aqui esta noite [...] depois de uma orgia de dois dias. A orgia foi beber até me embriagar com Europa e depois ficar sentada, por horas a fio no meu Jardim Italiano em Brookline, pensando e sonhando com ela".[10] A euforia espiritual é aqui equiparada, sem restrições, a uma êxtase corporal. A observação de Gardner nos lembra de que, em Inglês, *"rape"* (estupro) e *"rapture"* (êxtase)[11] não são apenas termos etimologicamente relacionados: *rapture*, num uso já obsoleto, pode significar "o ato de levar uma mulher à força", de acordo com o *Oxford English Dictionary*. Inscrita nessas pinturas e

---

[9] Um exemplo convincente de atenção voltada às pinceladas, superfície e texturas pode ser encontrado na obra de Nathaniel Silver, *"The Rape of Europa", in Titian: Love, Desire, Death*. New Haven, CT: Yale University Press, 2020, pp. 167-78.

[10] Ticiano. *O Rapto de Europa (The Rape of Europa)*, Isabella Stewart Gardner Museum, https://www.gardnermuseum.org/experience/collection/10978.

[11] Em língua portuguesa, "rapto" apresenta as seguintes entradas: "1 retirada de pessoa, de local em que se encontra para outro, mediante o uso da violência, ameaça, fraude ou engano; 1.1 crime que consiste na subtração de mulher honesta, de um local para outro, tendo em vista fins libidinosos, utilizando violência ou grave ameaça; 2 apossamento de coisas pela força ou violência; 3 fig. êxtase espiritual; exaltação dos sentidos; enlevo, arroubo". Sua etimologia, vem do Latim "*raptus,a,um* no sentido de 'tomado, arrebatado'; ver *rap-*; f. hist. sXV rapto, sXV rauto". *Dicionário Houaiss*. Verbete: "rapto". (N. da T.)

Ticiano, *O Rapto de Europa*, 1562.

em seus títulos sobre o estupro de Europa está a noção de que o rapto da jovem mulher é menos uma agressão sexual do que uma elevação eufórica do espírito e, perversamente, também do espectador.

Eis o comentário histórico e artístico, datado de 1716, sobre *O Rapto de Europa*: "Esta deliciosa pintura de Jean-François de Troy [...] retrata o momento culminante da história de Ovídio, em *Metamorfoses* [...] Júpiter transformou-se num belo touro para atrair a bela princesa Europa, colocá-la sobre as costas e levá-la para Creta, onde ela daria à luz três filhos dele".[12] Um *belo* touro? Que características transformam uma besta feroz

---

[12] Jean François de Troy. *The Abduction of Europa*, National Gallery of Art. Disponível em: https://www.nga.gov/collection/art-object-page.154233.html.

em uma bela criatura? Não importa que o raptor seja um touro. E isso é tudo o que é preciso para atrair uma bela princesa para ser carregada para as águas? E como é que uma cena de captura forçada, entendida hoje na linguagem moderna como estupro, pode ser descrita como "encantadora"?

Os títulos das infinidades de pinturas europeias tendo Zeus e Europa como protagonistas referem-se em geral à cena eufemisticamente como um rapto em vez de um "sequestro" ou "violação". Afinal, trata-se de deuses habituados a ter o seu caminho repleto de mortais, e o manto protetor do arrebatamento ajuda a esconder o que era, mais provavelmente, a realidade da agressão sexual. Há muitos inclusive que resistem à ideia de que a captura implica violência. É o caso de um estudioso dos clássicos que insistiu, há alguns anos, que: "Devemos falar de sequestro ou sedução em vez de estupro, porque os deuses cuidam para que a experiência, por mais transitória que seja, seja agradável para os mortais. Além disso, as uniões costumam trazer glória, como consequência, às famílias dos mortais envolvidos, apesar e, inclusive, devido ao sofrimento que os membros da família podem individualmente sofrer".[13] Até mesmo esse crítico, que se refere a uma "união" em vez de um estupro e insiste em isentar os deuses, afirmando que lhes era permitido praticar comportamentos que seriam "repreensíveis" se cometidos por mortais, registra algumas dúvidas ao reconhecer o "sofrimento" que pode estar presente na experiência "agradável". Europa raramente fala nos relatos que chegaram até nós, porém, ela profere "algumas palavras" em *Kéres*, de Ésquilo. Seu relato é conciso, aludindo apenas fugazmente ao "truque" de Zeus de usar um "campo de flores" para atraí-la, concentrando-se com mais ênfase em seus poderes procriadores: na fertilidade, no "trabalho" de parto e em sua descendência.

---

[13] Lefkowitz. *Women in Greek Myth*, p. 54.

Quando John Keats, um visitante frequente do Museu Britânico, olhou para as urnas gregas ou estudou esboços que mostravam touros perseguindo jovens mulheres, ele estava perturbado o bastante para escrever em sua famosa ode: "Que homens ou deuses são estes? Que donzelas são estas? / Que louca perseguição? Que luta para escapar?".[14] Ao contrário de muitos críticos e comentaristas contemporâneos diante dos raptos expostos nas galerias de arte, o poeta britânico do início do século XIX entendeu que as donzelas retratadas não desejavam necessariamente consentir os desejos dos touros e de outras bestas. Ainda assim, ele também escreveu sobre o "êxtase selvagem", mesmo quando reverenciava a "ainda desafortunada noiva da quietude", que é a urna em que os raptos estão retratados. Um objeto que é a "criança adotada pelo silêncio", a urna está emudecida, mas também o "historiador silvestre" que conta histórias. O poema de Keats retoma e, de modo ousado, também reinterpreta de forma crítica os tropos de vítimas silenciadas e imagens falantes que assombram a história cultural da era clássica.

Há aqui outra consideração que liga a violação de Europa às preocupações geopolíticas ao nível mais fundamental, mesmo que não seja totalmente claro que exista uma ligação direta entre a Europa (continente) e a Europa (mítica). Consideremos a Europa como um continente e a União Europeia como uma entidade maior que reivindica a Europa vítima de um sequestro, como a Europa como homônimo. Há uma ironia perturbadora no título de um livro de Lynn H. Nicholas sobre o saque nazista da arte: *Europa Saqueada: O Destino dos Tesouros Artísticos Europeus no Terceiro Reich e na Segunda Guerra Mundial* (*The Rape of Europa: The Fate of Europe's Treasures in the Third Reich and the Second World War*, 1994). Benita Ferrero-Waldner, Comissária Europeia representante da Áustria, compreendeu como era estanho que o Continente

---

[14] Tim Chamberlain. "The Elusive Urn", *in*: *British Museum Magazine*, nº 52 (verão 2005).

Europeu se orgulhasse de sua ligação com um mito sobre um rapto, ficou ainda pior com a sugestão de que o homônimo Europa referia-se a uma jovem *promíscua*. "Claro que você poderia ser perdoada pela analogia do mito", disse ela. "Nosso próprio nome tem suas raízes na mitologia – Europa era uma bela donzela que foi levada pelo deus Zeus, quando este estava disfarçado de touro. Mas a Europa de hoje, por mais bonita que seja, já não é esse tipo de mulher."[15] Não é de admirar que a maioria dos legisladores e políticos europeus raramente estabeleça uma ligação entre o continente onde vivem e a mulher sequestrada por Zeus, entretanto, o edifício onde se localiza o Conselho da União Europeia em Bruxelas exibe uma estátua tendo Europa montada num touro, enquanto este salta triunfantemente para a frente.

Mary Beard nos lembra de que o primeiro exemplo documentado de um homem silenciando uma mulher – dizendo-lhe que é indecoroso para as mulheres falar em público – aparece na *Odisseia* de Homero. Eis o que consta numa cena que começa com Penélope saindo dos seus aposentos e entrando no grande salão do palácio, onde um bardo canta os desafios enfrentados pelos heróis gregos em suas jornadas de volta para casa. Penélope solicita um relato encorajador, mas é recebida com uma poderosa reprimenda. Seu filho Telêmaco lhe ordena que volte aos seus aposentos e que "retome o seu próprio trabalho, o tear e a roca [...]. Discurso é um assunto de homens, de todos os homens, e meu acima de tudo".[16] Essa humilhante reprimenda, realizada de filho para mãe, pode não refletir necessariamente a visão de mundo de Homero, contudo, muito nos diz sobre como as mulheres na Antiguidade grega e romana podem ter tido voz, mas não tinham autorização para expressar-se em nenhum espaço semelhante à esfera pública, mesmo quando se tratava

---

[15] Benita Ferrero-Waldner, "EU Foreign Policy: Myth or Reality?", palestra, Sydney Institute, Sydney, SPEECH/07/422, Jun. 26, 2007. Disponível em: https://www.europa-nu.nl/id/vhlxfod2pxzx/nieuws/toespraak_benita_ferrero_waldner_eu.

[16] Mary Beard. *Women & Power: A Manifesto*. Nova York: Liveright, 2017, p. 4.

Léon de Pas, *Europa Montando o Touro*, 1997, na entrada da sede do Conselho de Ministros da União Europeia, Justus Lipsius, em Bruxelas.

de uma manifestação dentro de sua casa. E qual era o trabalho delas? Fiar, tecer e desempenhar outras formas de trabalho manual.

Já no século XVIII, o erudito Samuel Johnson dizia ao seu biógrafo Boswell: "Senhor, a pregação de uma mulher é como o andar de um cão apoiado em suas patas traseiras. Embora não seja o correto, você se surpreenderá pelo simples fato de ter sido realizado".[17] As mulheres podem não ter sido oficialmente proibidas de falar em público, porém, quando o fizeram, o resultado foi recebido como cômico, pois

---

[17] James Boswell. *The Life of Samuel Johnson*. LL.D. Nova York: Alexander V. Blake, 1844, pp. 205-06.

evidentemente não está na sua composição genética fazer o que vem tão naturalmente aos homens.

Todas essas mulheres míticas raptadas, privadas tanto do acesso à linguagem, como de qualquer forma de protesto, são também apresentadas como sem voz e também como alienadas, pois aqueles responsáveis por contar as histórias evitam que vejamos como as vítimas de agressão processam o que lhes acontece. Tomemos a história de como Zeus gerou Perseu ao engravidar a bela Dânae, um relato escrito no século I ou II d.C., numa obra mitográfica conhecida como a *Bibliotheca*, ou *The Library*. Acrísio, pai de Dânae, é informado pelo oráculo que sua filha está destinada a dar à luz um filho que vai matá-lo: "Temeroso do fato, Acrísio construiu uma câmara de bronze debaixo da terra e manteve Dânae prisioneira dentro dela. No entanto, segundo alguns, ela foi seduzida por Preto [seu tio], enquanto, segundo outros, Zeus manteve relações sexuais com ela, transformando-se em uma chuva de ouro e derramando-se pelo telhado no colo de Dânae".[18] Como destaca Edith Hamilton, nunca nos é dito como foi revelado a Dânae que foi Zeus quem a visitou, nem sabemos nada a respeito de sua experiência daquela visita.[19] Encarcerada sem qualquer culpa, Dânae engravidou sem dar o seu consentimento e foi posta para flutuar com o filho em mar aberto: repetidamente, Dânae é vítima da autoridade patriarcal, tanto na submissão ao seu próprio pai biológico, como também ao pai dos deuses. E mesmo assim, nada conhecemos sobre sua vida interior. Em uma obra enciclopédica de grande valor, recentemente publicada, intitulada *The Classical Tradition*, sua identidade é capturada com a frase: a "amante de Zeus".[20]

---

[18] Apollodorus. *The Library of Greek Mythology*. Trad. Robin Hard. Oxford: Oxford University Press, 1997, p. 65.

[19] Hamilton. *Mythology*, p. 197.

[20] Luba Freedman. "Danaë". *In: The Classical Tradition*. Anthony Grafton, Glenn W. Most e Salvatore Settis (orgs.). Cambridge, MA: Harvard University Press, 2010, p. 250.

Artemísia Gentileschi, Dânae, 1612.

No Ocidente pós-clássico, a história de Dânae desfrutou de uma rica e provocante sobrevida. Por um lado, Dânae era vista como um símbolo de modéstia, e a câmara subterrânea (muitas vezes transmutada em torre) que a "protegia", tornou-se uma representação alegórica da Castidade. Não obstante, em 1388, as coisas começaram a tomar um rumo diferente, quando um clérigo dominicano chamado Franciscus de Retza escreveu: "Se Dânae concebeu de Júpiter através de uma chuva de ouro, por que a Virgem não deveria dar à luz quando grávida do Espírito Santo?".[21] Em outras palavras, Dânae é, como o renomado historiador de arte Irwin Panofsky argumentou, uma prefiguração pagã da Virgem Maria, outra forma de sugerir uma estranha compulsão de

---

[21] Citado por Thomas Puttfarken. *In: Titian and Tragic Painting: Aristotle's Poetics and the Rise of the Modern Artist.* New Haven, CT: Yale University Press, 2005, p. 141.

repetição cultural. Ao enfatizar a concepção, mesmo que imaculada em pelo menos um dos casos, o monge abriu a porta para a curiosidade sobre a forma incomum de união sexual na história bíblica.

Em *Genealogia Deorum Gentilium* (*The Genealogy of the Gods* – A Genealogia dos Deuses), escrito no final do século XIV, Boccaccio deu impulso a uma guinada, no período medieval, que passou da castidade para a licenciosidade na história de Dânae, ao repetir rumores escolásticos de que a donzela grega tinha sido corrompida pelo ouro ou que, de forma pragmática, havia subornado Zeus para ajudá-la a sair daquela prisão. Ela teria efetuado um acordo com Zeus, e "o preço foi ter relações sexuais com ele".[22] Com um só golpe, é mais fácil entender o que estava por trás de um retrato pintado em 1799 pela artista francesa Anne-Louis Girodet. Para se vingar de uma famosa atriz, que se recusou a pagar por um retrato anterior, Girodet optou por uma retaliação, pintando-a dessa vez como Dânae, pegando (presumivelmente de seus amantes) moedas de ouro em seu colo. Assim, o que temos na recepção da história de Dânae é uma encenação quase literal da dicotomia Madonna/prostituta, com a mulher grega privada de qualquer voz na narrativa, bem como na forma como foi lida ao longo dos séculos.

Filomela tece uma história

Voltemos a Ovídio, para um incidente ainda mais chocante de silêncio, ao ler sua história sobre Tereu, Procne e Filomela, uma vez referida como o "*Urtext*[23] para mulheres sem língua".[24] Durante o caminho a

---

[22] Madlyn Millner Kahr. "Danaë: Virtuous, Voluptuous, Venal Woman". *In*: *Art-Bulletin*, 60 (1978), p. 44.

[23] "*Urtext*": comumente escrito com maiúscula, é um termo de origem alemã que define, na música clássica, a versão impressa mais próxima ao original escrita pelo autor. (N. da T.)

[24] Johanna King-Slutzky. "After Philomela: A History of Women Whose Tongues Have Been Ripped Out". *Hairpin* (*blog*), Medium, 10 mar. 2014.

Atenas para visitar sua irmã Procne, Filomela é violentada por seu cunhado, Tereu. Ele a arrasta para uma cabana isolada no meio da floresta e a estupra. Filomela ameaça o cunhado com uma vingança na forma de uma denúncia pública. "De uma forma ou de outra, vou castigá-lo", anuncia ela. Embora aprisionada, sua voz "preencherá as árvores / e com grandes soluços de dor comoverá até as insensíveis rochas".[25] Note aqui a determinação de Filomela de deixar de lado o decoro e *falar*. Ela usará sua voz de maneiras que não só moverão outros, mas também evocarão a dor de objetos inanimados, mesmo das pedras que mais tarde veremos como ouvintes "pacientes" nas invenções folclóricas.

E como é que Tereu responde às ameaças? Com violência selvagem, ao estilo de uma cena de um filme de terror: ele usa uma tenaz para agarrar a língua de Filomela e cortá-la, enquanto ela ainda está lutando para falar. Sem poupar detalhes, Ovídio nos diz: "O coto palpita em sua boca, enquanto a língua em si / cai sobre a terra negra tremendo e murmurando, / e contorcendo-se enquanto se atira". Mesmo depois de seu terrível ato, Tereu continua ("dizem") a violar o corpo mutilado de Filomela. Neste momento de total desolação, "dizem" que se ilumina um farol de esperança, sinalizando que alguns estão finalmente contando a história de Filomela e enchendo a floresta de denúncias.

"O que Filomela pode fazer?" – pergunta Ovídio. "Grandes problemas" inspiram engenhosidade, e a Princesa de Atenas, privada de sua voz, revela o crime de Tereu tecendo a sua encenação num pano entregue à sua irmã. "Indignada com a revelação do estupro de Filomela na tapeçaria, Procne convida Tereu para um banquete. Lá, ele "enche a pança", alimentando-se da carne e do sangue de seu próprio filho, o menino Ítis, a quem Procne matou. "Deverias ter pensado / que os atenienses estavam em posição com as asas prontas: e assim

---

[25] Ovidio, *Metamorphoses*. Trad. Charles Martin. Nova York: W. W. Norton, 2004, p. 212.

Edward Coley Burne-Jones, *Filomela*, 1864.

estavam eles!" Essa frase introduz uma série de metamorfoses ovidianas que põem um fim aos horrores. Procne é transformada num rouxinol, condenada, como a fêmea da espécie, a nunca cantar; Filomela, por sua vez, é transformada em andorinha. Tereu, uma figura imponente de pecado e depravação, torna-se também um pássaro, o colorido poupa. Essa é uma metamorfose que nada muda, pois o conflito termina devolvendo os protagonistas à natureza, sem qualquer esperança de encontrar justiça no mundo real. E a história expõe um exemplo de horror tão monumental que somos levados a considerar Procne tão criminalmente culpada quanto Tereu.[26]

A história de Filomela continua viva em diversas obras, em especial em *Tito Andrônico* (c. 1588-1593), de Shakespeare, uma peça (fictícia e não histórica) na qual Lavínia, filha do herói epônimo, é estuprada por homens que lhe cortam a língua, mas também lhe cortam as mãos, impedindo-a assim de falar, escrever ou tecer. Mais tarde, Lavínia coloca um pedaço de pau em sua boca e escreve os nomes de seus

---

[26] Helen Morales destaca que "os mitos antigos dramatizam a violência sexual uma e outra vez". É possível ainda olhar para o céu noturno e ver as luas de Júpiter com o nome de suas vítimas: Io, Europa, Ganímedes e Calisto. Ver sua obra: *Antigone Rising: The Subversive Power of the Ancient Myths*. Nova York: Bold Type Books, 2020, p. 66. Patricia Klindienst, "The Voice of the Shuttle Is Ours". Ago. 1996. Disponível em: http://oldsite.english.ucsb.edu/faculty/ayliu/research/klindienst.html.

agressores no chão, sobre a sujeira, lembrando-nos de que novas tecnologias de denúncia surgem com o tempo.

Muitas características se destacam no relato de Ovídio, mas o estupro de Filomela e o corte de sua língua; o assassinato, cometido por Procne, de seu filho Ítis e a preparação do banquete macabro incitam diferentes e poderosas formas de pavor. O corte de línguas tem uma longa história de tortura, assim como a mutilação dos corpos das mulheres. O corte da língua foi um suplício instigado por aqueles que se dedicavam à perseguição religiosa (em particular, como forma de punição por blasfêmia), sendo que tanto homens como mulheres sofreram igualmente as dores da mutilação. Em 484 d.C., Hunerico, um conquistador e rei dos vândalos, cortou a língua e a mão direita de sessenta cristãos mauritanos. Depois há Santa Cristina, filha de um patrício romano que viveu no século III d.C., que foi trancada numa torre, espancada, queimada e torturada na roda. Depois disso, sua língua foi cortada, mas ela continuou a falar, sendo submetida, então, a novas formas de tortura.

No panteão folclórico, há muitos exemplos de mulheres submetidas a mutilações corporais, entre elas podemos citar a "Menina sem Mãos", uma personagem que precisou alimentar-se de forragem para sobreviver na mata. Os exemplos abundam também em obras literárias. Em "Os Sapatinhos Vermelhos",[27] de Hans Christian Andersen, os pés dançantes de uma menina são amputados por um homem vestido de vermelho, como castigo por amar a beleza. A mutilação do órgão da fala vive como uma forma de silenciamento em sua forma mais devastadora no conto "A Pequena Sereia"[28] de Andersen. A língua da personagem título é cortada quando ela troca sua voz por um par de pernas, as quais lhe permitem levar adiante seu propósito de alcançar não apenas o príncipe, mas também receber uma alma humana. Em

---

[27] "The Red Shoes", no original. (N. da T.)
[28] "The Little Mermaid", no original. (N. da T.)

um clima literário diferente, há o estranho caso da personagem Ellen James, no romance *O Mundo Segundo Garp* (*The World According to Garp*), de John Irving, de 1978. Sua língua é cortada por estupradores, e ela se torna a inspiração para o grupo feminista chamado Ellen Jamesiana, um culto cuja orientação equivocada leva as integrantes a cortarem a língua, como uma forma de solidariedade com a vítima de 11 anos.

Amputar uma língua assegura, naturalmente, que as vítimas não poderão declarar violações corporais através da fala. Elas ficam restritas aos movimentos corporais, com gestos que podem parecer grotescos ao serem provocados por seu desespero. Em espaços onde o analfabetismo é a regra, também não podem identificar os autores, inserindo-as, assim, na categoria especial de pessoas feridas. Como defende um historiador cultural, o simples ato físico de cortar uma língua corresponde também à violação coletiva e à falta de voz – uma representação simbólica de como as mulheres têm sido silenciadas ao longo dos tempos. O tropo de uma língua mutilada torna-se poderoso tanto em termos simbólicos, como em termos reais.[29]

Mulheres silenciadas têm outras ferramentas, e Filomela nos lembra de que o chamado "trabalho feminino" – tecer, costurar e laborar com panos – proporciona uma oportunidade não só de criar, mas também de comunicar. Tapeçarias, tramas e bordados: todos podem contar histórias. Eis como Edith Hamilton descreve a situação de Filomela e a sua solução engenhosa: "Ela estava calada; ela não podia falar; naqueles dias não havia escrita. No entanto, embora as pessoas não soubessem escrever, elas podiam contar uma história sem falar, porque eram artesãs maravilhosas [...]. Filomela se voltou para o seu tear. O motivo que ela tinha para esclarecer a história que teceu era maior do

---

[29] Sara R. Horowitz. "The Wounded Tongue: Engendering Jewish Memory". *In*: *Shaping Losses: Cultural Memory and the Holocaust*. Julia Epstein e Lori Hope Lefkovitz (orgs.). Champaign: University of Illinois Press, 2001, p. 110.

que qualquer artista jamais teve".[30] A linguagem da produção têxtil está estreitamente correlacionada com a criação de histórias e seu poder revelador nos diz muito sobre o ofício silencioso das mulheres nas culturas pré-letradas.[31]

Como é estranho e, ao mesmo tempo, lógico que tantas das nossas metáforas para contar histórias sejam advindas do campo discursivo da produção têxtil. Nós tecemos tramas, enovelamos histórias, compomos contos ou entrelaçamos os fios — uma lembrança de como o trabalho das nossas mãos produziu espaços sociais que promoveram o intercâmbio de histórias, primeiro, talvez, sob a forma de conversa fiada, fofocas e notícias, depois sob a forma de narrativas e outras pepitas de ouro carregadas de sabedoria divertida, transmitida de geração em geração. Curiosamente, a fabricação também implica uma adulteração. Embora as histórias possam ser fruto da imaginação, elas também podem ser verdadeiras no sentido de apresentarem uma sabedoria de ordem superior. É possível observar como deturpações e mentiras atuam por via indireta no folclore para revelar os detalhes horripilantes de crimes violentos. Contos de fadas, como o conto britânico "Sr. Fox", coloca em cena a possibilidade de criar ficções sobre danos e feridas que não podem ser expressas verbalmente, valendo-se de uma suposta simulação ou contrafactual para divulgar o que ocorreu na realidade.

Atena silencia Aracne com uma lançadeira

Os gregos nos deram muitos mestres tecelões, destacando-se a figura de Penélope, que, como vimos, montou um grande tear em seu palácio

---

[30] Edith Hamilton. *Mythology*, pp. 395-96.
[31] Karen E. Rowe escreve: "O truque de Filomela reflete a 'truculência' do ato de tecer, sua capacidade misteriosa de dar sentido à matéria inarticulada, de fazer o material silencioso falar". Ver: "To Spin a Yarn: The Female Voice in Folklore and Fairy Tale". *In*: *Fairy Tales and Society: Illusion, Allusion, and Paradigm*. Ruth B. Bottigheimer (org.). Filadélfia: University of Pennsylvania Press, 1989, p. 56.

para tecer um sudário para Laerte e, à noite, desfazer o seu trabalho. Há também as Moiras[32] ou Fata: Cloto, que gira o fuso, tecendo o fio; Láquesis, que mede o fio, e Átropos, que o corta. Pairando sobre os humanos, elas parecem controlar os seus destinos. E depois há Aracne, inventora do tecido de linho, cujo filho Closter introduziu o fuso para a fabricação de lã. Aracne desafia Atena (utilizarei os nomes gregos, embora a nossa fonte para a história seja Ovídio) para um concurso de tecelagem – ambas usaram meadas de belos fios coloridos como o arco-íris e filamentos de ouro e prata –, e a deusa, adorada como a protetora das oliveiras, dos navios e da tecelagem, aceita o desafio. O que Atena retrata? Sua tapeçaria mostra os deuses, sentados no alto, em toda sua glória, participando de um concurso no qual a própria deusa derrota Poseidon. Como sutil advertência para a audaciosa donzela com quem compete, Atena inclui nos cantos da tapeçaria quatro cenas de mortais sendo punidos por ousarem desafiar os deuses.[33]

Em contrapartida, Aracne usa o concurso como uma oportunidade para mostrar as falhas dos deuses, tecendo cenas de violenta agressão sexual em sua "bela" tapeçaria. Uma cena retrata Zeus "enganando" Europa, ao transformar-se em um touro e raptando-a. Logo, vemos Astéria, mãe de Hécate, perseguida pelo mesmo deus, que agora se disfarça de águia. Leda se encolhe sob a asa de um cisne. Mais uma vez, trata-se de Zeus camuflado como criatura aviária. A seguir, vemos novamente o deus fazendo-se passar por Anfitrião, para enganar Alcmena, que acredita ser seu marido. E subitamente, ele se afasta dessa

---

[32] Do grego, *"moîra,as* no sentido de 'parte destinada a cada um; sorte, destino'." (*Dicionário Houaiss on-line*.) (N. da T.)

[33] Em um excelente estudo sobre as "coisas mais suaves" que impulsionaram o desenvolvimento tecnológico, Virginia Postrel nos diz que "os antigos gregos adoravam Atenas como a deusa da *técnica*: habilidade e conhecimento produtivo, o artifício da civilização". Ver: *The Fabric of Civilization: How Textiles Made the World*. Nova York: Basic Books, 2020, p. 5.

cena de cruel engano para tomar a forma de um banho de ouro, mas também de uma chama, de um pastor e de uma serpente multicolorida para outras sucessivas conquistas. Poseidon entra também nessa galeria de velhacos, primeiro como um touro tentando seduzir Cânace, depois como um carneiro para enganar Teófane, e finalmente, em cenas adicionais, como um cavalo, um pássaro e um golfinho. E isso não acaba por aí. Vemos também Apolo, fazendo seu trabalho de "sedução" como um pastor, depois equipado com penas e, mais tarde, vestindo uma pele de leão. A representação dessas orgias de "má conduta celestial" (que é o termo de um tradutor) enfurece Atena, que também se sente indignada com a habilidade de Aracne como tecelã. A deusa rasga a obra tecida e atinge a cabeça de Aracne com um fuso. Mortificada, Aracne enforca-se para escapar de espancamentos adicionais. Porém, após a sua morte, ela é convenientemente transformada em aranha, sendo condenada para sempre a tecer teias, que logo se tornariam novas metáforas para o ato de contar histórias.

Vale recordar que Atena é a deusa que nasceu da cabeça de Zeus, surgindo crescida e sem mãe, vestida com uma armadura. Como uma favorita de Zeus e uma deusa guerreira, ela se ressente dos desafios de Aracne à autoridade, recusando-se a abraçar a humildade e a obediência. Rasgar uma tapeçaria que dá voz às violações, transformar a lançadeira num instrumento de silêncio e não de revelação, e conduzir uma mulher de volta à natureza: tudo isso são táticas que falam muito e parecem ganhar apoio para a causa de Aracne. No entanto, tradutores e educadores, há décadas, defendem o lado de Atena. Aqui está a história de Aracne, numa reedição representativa, encontrada em *Old Greek Folk Stories* (1897), de Josephine Preston Peabody. Nela, como em muitas versões modernas da história, a vaidade e a tolice de Aracne a levam à sua queda. Eu a cito aqui na íntegra para capturar o horror do castigo de Aracne e como cada reconto de uma história também constitui uma interpretação dela.

René-Antoine Houasse, Minerva e Aracne, 1706.

 Era uma vez, uma donzela da região da Lídia, de nome Aracne, famosa em todo o país por sua habilidade como tecelã. Ela era tão ágil com os dedos como Calipso, aquela ninfa que manteve Odisseu por sete anos em sua ilha encantada. Ela era tão incansável como Penélope, a esposa do herói, que tecia dia após dia, enquanto aguardava o seu regresso. Dia sim, dia não, Aracne também tecia. As próprias ninfas se reuniam em torno de seu tear, as naiades da água e dríades das árvores.

"Donzela", diziam elas, sacudindo as folhas ou a espuma dos seus cabelos, em espanto, "Palas Atena deve ter-te ensinado!"

Mas isso não agradou Aracne. Ela não reconheceria a si mesma como devedora, nem mesmo da deusa que protegia todas as artes domésticas e, por cuja graça concedida por ela, é que uma pessoa tinha alguma habilidade.

"Eu não aprendi com Atena", disse ela. "Se ela consegue tecer melhor, deixa-a vir e tentar."

As ninfas estremeceram ao ouvir isso. Uma mulher idosa, que tudo observava, virou-se para Aracne:

"Sê mais atenta às tuas palavras, minha filha", disse ela. "A Deusa pode perdoar-te se pedires perdão, mas não te esforces por obter honras com os imortais."

Aracne rompeu o fio dela, e a lançadeira parou de cantarolar. "Guarda o teu conselho", disse ela. "Não temo Atena e nem qualquer outro."

Ao franzir a sobrancelha para a velha, ela se surpreendeu ao vê-la se transformar de forma repentina na alta, majestosa e bela donzela de olhos cinzentos e cabelos dourados, coroada com um elmo de ouro. Era a própria Atena.

As espectadoras se encolheram de medo e em reverência; apenas Aracne foi inconsequente, agarrando-se ao seu tolo orgulho.

Em silêncio, as duas começaram a tecer, e as ninfas se aproximaram, persuadidas pelo som das lançadeiras, que pareciam cantarolar com deleite sobre as duas teias, para trás e para a frente, como abelhas.

Os espectadores olharam o tear onde a deusa estava de pé fazendo seu labor, e viram formas e imagens desabrochando com cores maravilhosas como as nuvens do pôr do sol, que parecem crescer, tornando-se criaturas vivas quando os observamos. E eles viram que a deusa, ainda misericordiosa, estava tecendo, como um aviso para Aracne, as imagens de sua própria vitória sobre a imprudência de deuses e mortais.

Em um canto do tecido, ela fez a história de sua conquista sobre o deus do mar, Poseidon. O primeiro rei de Atenas tinha prometido dedicar a cidade àquele deus que lhe oferecesse o presente mais útil. Poseidon deu o cavalo. Mas Atena deu a oliva – um meio de sustento, símbolo de paz e prosperidade – e a cidade foi

> chamada pelo seu nome. Novamente ela imaginou uma vã mulher de Troia, que foi transformada em um pássaro por disputar a palma da beleza com uma deusa. Outros cantos do tecido tinham imagens semelhantes, e o todo brilhava como um arco-íris.
>
> Enquanto isso, Aracne, cuja cabeça estava bastante virada com vaidade, bordou sua teia com histórias contra os deuses, com destaques para o próprio Zeus e Apolo, retratando-os como pássaros e bestas. No entanto, ela teceu com habilidade maravilhosa; as criaturas pareciam respirar e falar, e tudo estava tão perfeito quanto uma teia de aranha que se encontra na grama antes da chuva.
>
> A própria Atena ficou espantada. Nem mesmo a sua ira contra a insolência da jovem conseguiu superar totalmente a sua admiração. Por um instante, ela ficou extasiada; depois rasgou a tela e por três vezes tocou a testa de Aracne com o seu fuso.
>
> "Continua a viver, Aracne", disse ela. "E como é tua glória tecer, tu e a tua glória devem tecer para sempre." Dizendo isso, Atena lançou sobre a donzela uma poção mágica.
>
> A beleza de Aracne foi dissipada; em seguida, a sua forma humana encolheu para transformar-se numa aranha, e assim permaneceu. Como uma aranha, ela passou todos os seus dias tecendo e tecendo, e você pode ver um pouco do trabalho de Aracne qualquer dia desses, posicionado entre traves.

Aracne tece um tecido com criaturas que ganham vida, que parecem "respirar e falar". Esse dom criativo é tão poderoso que rivaliza com o dos deuses, e a disputa entre a deusa e a mortal encontrada na mitologia grega pode ser vista, repetida e reconfigurada em histórias espalhadas por todo o mundo. Os Lenape ou índios Delaware (tribo indígena que habitava originalmente na região Nordeste dos Estados Unidos e Canadá) têm uma história sobre "Como a Aranha passou a existir". Diz-se que deriva do conto de Aracne, porém, o mais provável é que tenha surgido de modo independente, como uma fábula sobre a rivalidade entre um "Criador" e uma "hábil tecelã". Nela, a mulher, que acaba por ser declarada a *segunda* melhor tecedeira de toda a Criação", é castigada por seu "orgulho" diante de sua tecelagem. O Criador transforma-a numa aranha.[34] A mulher pode procriar e criar, mas é um ato de arrogância competir com os poderes dos seres divinos. O que vemos no conto de Aracne e na fábula Lenape sobre a origem das aranhas é uma percepção clara da necessidade angustiante de estabelecer limites à criatividade das mulheres, pois seu poder de procriar e produzir mais do que a mera aparência da vida já as coloca em um patamar de competição com as divindades supremas (masculinas). Como contadoras de histórias e provedoras de verdades cruéis, as tecedeiras representam ameaças poderosas ao *status quo*, e diminuí-las até o tamanho de aranhas, obrigadas a tecer suas teias em cantos escuros ou bem no alto, entre as vigas, significa que seu trabalho pode ser ignorado ou passará despercebido.

Há muito mais a ser dito sobre as tradições relativas às aranhas e, considerando as ligações entre teias, tecelagem, fiação e narrativa, vem-me à mente uma figura como Ananse, de tradição africana. Deus patrono da linguagem e da narração de histórias, Ananse passou a ser conhecido no Caribe e no Sul dos Estados Unidos como Tia Nancy ou Nancy ou, ainda, "Miss Nancy" (Senhorita Nancy). Essas aranhas contadoras de histórias podem ser sinistras e benevolentes. Os congêneres de Ananse desafiam constantemente as regras da ordem social e também revelam os escândalos que fazem parte do *status quo*. Antes de considerarmos como as mulheres desenvolveram novas estratégias – verbais mais do que visuais – para expor a má conduta e indiciar

---

[34] "How the Spider Came to Be" ["Como a Aranha Passou a Existir"] de acordo com o que foi contado a Tèmakamoxkomëhèt por sua amiga Michelle Little Cat Singing, Native American Embassy, acesso em 10 out. 2020. Disponível em: http://www.nativeamericanembassy.net/www.lenni-lenape.com/www/html/LenapeArchives/LenapeSet-01/spider.html.

aqueles que se envolveram em ações condenáveis, vamos olhar para a sobrevivência da história de Filomela para ver como ela ainda hoje repercute em nós.

Escrevendo cartas e costurando calças: A Cor Púrpura, de Alice Walker

Alice Walker tinha em mente o trabalho manual das mulheres quando refletiu sobre como queria "fazer algo como uma colcha maluca" e escrever uma história que pode "saltar no tempo, trabalhar em muitos níveis diferentes e que pode incluir o mito".[35] Walker nunca menciona explicitamente as *Metamorfoses* de Ovídio em relação à sua história sobre como uma jovem mulher negra chamada Celie que decide agir e constrói sua identidade escrevendo cartas e cosendo peças de vestuário. Entretanto, se nos lembrarmos de que Filomela "tinha um tear para trabalhar, e com a cor púrpura / Sobre um fundo branco, teceu a sua história", é quase impossível imaginar que Walker não pensou na ligação entre um conto ambientado na Geórgia rural dos anos 1930 a uma história da Grécia antiga.

A Cor Púrpura[36] começa com uma carta dirigida a Deus. Celie foi silenciada, incapaz de se comunicar com alguém que não fosse um ser superior, depois de ser estuprada por um homem que ela acredita ser seu pai, e ele decretou: "*É melhor você nunca contar a ninguém além de Deus. Isso mataria sua mãe*".[37] Deus Pai permanece seu interlocutor até o momento em que ela descobre cartas de sua irmã Nettie. Essa correspondência foi escondida de Celie por seu marido, Albert, um homem com suas próprias maneiras de silenciar as mulheres, por meio de força

---

[35] "Alice Walker". In: *Black Women Writers at Work*. Claudia Tate (org.). Nova York: Continuum, 1983. p. 176.
[36] *The Color Purple*, no original. (N. da T.)
[37] Alice Walker. *The Color Purple*. Nova York: Harcourt Brace Jovanovich, 1970.

física bruta e dissimulada. "Eu não escrevo mais a Deus. Eu escrevo para você", declara Celie, ao descobrir as cartas de Nettie.[38]

Como Walker renova a história de Filomela e Procne, apontando em direção a algo que vai além de um ciclo que começa com a violência e é seguido pela vingança que repete e perpetua a ferocidade do ato inicial? Celie emerge do silêncio que lhe é imposto pela dupla violação. Ela luta para encontrar sua voz, contar sua história e criar uma identidade. Sua irmã Nettie, que escapou por pouco da violação nas mãos de "Pa" e de Albert, marido de Celie, torna-se (como Procne para Filomela) seu público ao passar da incapacidade de dizer "eu sou", para se tornar proprietária de uma empresa que vende peças costuradas em tecido: "Calças Populares, Ilimitada".[39]

Contar sua história em palavras escritas é apenas uma estratégia usada por Celie para reconstituir sua individualidade. Deixando para trás a aniquilação da sua identidade ("Você é preta, é pobre, é feia, você é mulher. Maldição [...] você é nada", diz Albert a Celie), voltando-se para algo construtivo. Celie se volta para a costura de calças, uma atividade que mistura o feminino com o masculino, usando o artesanato da costura para criar peças de vestuário tradicionalmente usadas pelos homens. Uma escolha estranha à primeira vista, mas costurar torna-se a atividade que reconcilia Celie com Albert, permitindo que ela fale com ele de um modo que antes pareceria imaginável: "A gente custura, eu falei. Conversamos besteira".[40] Celie encontra uma alternativa para o ciclo destrutivo de violência iniciado pela violação que a silenciou: "E todo dia nós vamos ler as cartas da Nettie e costurar. Uma agulha em vez de navalha na minha mão, eu pensei".[41]

---

[38] Walker. *The Color Purple*, p. 192.
[39] Alice Walker. *A Cor Púrpura*. Trad. B. Machado, M. J. Silveira, P. Bodelson. Rio de Janeiro: José Olympio, 2016, p. 215. (N. da T.)
[40] Extraído de: Walker, 2016, p. 287. *Op. cit.* (N. da T.)
[41] Walker. *The Colour Purple*, pp. 137, 206, 284. [Extraído de: Walker, 2016, p. 146. *Op. cit.*]

A imaginação mítica se orgulha do exagero e da amplificação. Oferece-nos o prato cru e não o cozido, pondo-nos em contato com o lado obscuro da natureza humana, com vícios tão terríveis, que até os filósofos recuam ao falar deles, porque estão para além do pensamento racional. As histórias, em sua forma primordial, nos conectam de maneira única com o irracional, fazendo-nos lembrar de nossa natureza animal.[42] O conto de Filomela e Tereu é o material exato do mito, porque nos leva ao proverbial coração das trevas, decretando o inimaginável e desafiando-nos a pensar e a falar de emoções obscuras que nos tiram de nossas zonas de conforto. Quando Alice Walker nos revela a história de Celie, ela está criando uma narrativa que *ressoa com* em vez de reinventar o relato de Ovídio sobre Filomela. Celie e Filomela são personagens inseridas em um campo literário superpovoado, em vez de reinvenções fictícias que apenas desfilam de forma linear através dos tempos, desde Ovídio até nós.

Um crítico aponta que a caneta e a agulha de Celie revisitam, revisam e reescrevem a história do estupro de Filomela, assim como a narrativa dominante da subordinação feminina nas culturas patriarcais.[43] Entretanto, talvez faça sentido desafiar a noção de influência grega na ficção moderna, como fez Toni Morrison em 1989: "Encontrar ou impor influências ocidentais na ou sobre a literatura afro-americana tem o seu valor, porém, quando seu único propósito é *depositar* valor somente onde essa influência está localizada, então isso se torna pernicioso".[44] Os gregos não inventaram o filicídio, contudo, "Medeia" constitui quase que uma sigla para indicar uma mãe que assassina o próprio filho. O antigo mundo dos gregos é creditado (gostemos ou

---

[42] Judith N. Shklar. *Ordinary Vices*. Cambridge, MA: Harvard University Press, 1985, p. 6.

[43] Martha J. Cutter. "Philomela Speaks: Alice Walker's Revisioning of Rape Archetypes *in The Color Purple*". *In Melus* 25 (2000), p. 161-80.

[44] Toni Morrison. "Unspeakable Things Unspoken: The Afro-American Presence in American Literature". *In: Michigan Quarterly Review* 28 (1989), p. 1-34.

não) por ter produzido o texto fundamental sobre esse assunto, resultando, assim, em que o romance *Amada*,[45] de Toni Morrison, ganha o contorno de uma adaptação da *Medeia*, de Eurípides, deixando de lado o que ela é: um elo numa rede global de ouro, responsável por conectar todas as histórias.

O estilo de Alice Walker compõe um contradiscurso às narrativas sobre mulheres silenciosas e silenciadas. Seu trabalho é como um texto liminar, que se baseia no legado do passado mítico que resgata as mulheres silenciadas, envolvidas com suas artes manuais, mas que também anseiam por um tempo em que a fala, a narrativa, a escrita e a revelação se transformem em poderosos instrumentos para as mulheres. Sherazade, uma mulher cujo nome se tornou sinônimo de contar histórias, nos guiará, mais uma vez, ao entrarmos no universo das mulheres que usam as palavras para transmitir histórias, por meio de relatos sobre contar contos e sobre o poder de descobrir e valer-se de sua própria voz.

Sherazade: narração de histórias, sobrevivência e mudança social

Sherazade sempre foi um mistério, e não sabemos exatamente como ela se tornou um ponto de referência para um vasto conjunto de textos que vão do Oriente Médio ao Extremo Oriente. Primeiro, ela se materializa no conto emoldurado de *As Mil e Uma Noites*, cuja trajetória parte de manuscritos persas a manuscritos árabes, durante a segunda metade do século VIII d.C., migrando mais tarde para culturas em todo o mundo.[46] Como Europa, Perséfone, Dânae e Aracne, Sherazade é o produto de uma imaginação coletiva moldada em grande parte por

---

[45] *Beloved*, no original. (N. da T.)
[46] Paulo Horta. *Marvellous Thieves: Secret Authors of the Arabian Nights*. Cambridge, MA: Harvard University Press, 2017, p. 3.

homens de letras. Porém, ao contrário das figuras da mitologia grega, ela tem uma voz, um instrumento poderoso que assegura a sua sobrevivência, modificando também a sua cultura. A seguir, passarei das mulheres mudas e emudecidas presentes na mitologia grega – das quais os esforços para relatar delitos são severamente limitados –, para criações folclóricas que equipam as mulheres com vozes. Sherazade, uma solitária entre todas as personagens femininas, está à frente de uma procissão de mulheres que começam a desenvolver narrativas de forma estratégica, usando-as para se proteger do perigo, para falar a verdade a quem tem poder, e para transformar os seus mundos sociais.

Se você leu *As Mil e Uma Noites* durante a infância, você provavelmente não teve acesso a uma versão não expurgada. Eu ainda posso ver, em minha memória, as magníficas lombadas com relevos dourados dos diversos volumes de *Arabian Nights* no vestíbulo da casa de um amigo de infância. Esses volumes estavam entre os poucos livros proibidos por seu conteúdo picante (o livro *Les Contes Drolatiques*, de Balzac estava nessa mesma prateleira), permanecendo fora dos limites para os adolescentes da casa. É claro que todos os adolescentes da família tentaram, com diferentes graus de sucesso, ver o que havia dentro deles. O que é mais saboroso do que um fruto proibido? As edições de *As Mil e Uma Noites* destinadas às crianças não só omitem e censuram alguns contos, como também eliminam os detalhes chocantes da narrativa moldura, retirando relatos de mulheres lascivas, intrigas sexuais e orgias realizadas no pátio.[47]

---

[47] Em 1838, o editor britânico Charles Knight publicou um anúncio divulgando uma nova tradução das *Noites Árabes*, prometendo que as histórias, direcionadas inicialmente para os jovens, seria de fato uma diversão para o público adulto. "Um dos principais objetivos do tradutor é tornar essas ficções encantadoras tão interessantes para pessoas de idade madura e educação como têm sido até agora para os jovens", Knight anunciou. Ver: Malcolm C. Lyons e Ursula Lyons (tradutores), *The Arabian Nights: Tales of 1001 Nights*. Robert Irwin (org.) 3 vols. Londres: Penguin, 2008. v. I:4. Edward Lane, o tradutor escolhido para os

Sherazade pode ser celebrada como uma heroína cultural, mas em suas histórias as mulheres em geral são apresentadas como dissipadas e enganosas. As narrativas moldura da coleção podem ser tudo, menos recomendáveis para crianças, permanecendo como um lembrete de que aquilo que concebemos como contos de fadas para os jovens era, de fato, o que John Updike corretamente chamou de "a televisão e a pornografia dos tempos passados".[48] *As Mil e Uma Noites* tem início com os relatos de Shazaman e de Shariar e seus casamentos espetacularmente fracassados. A promiscuidade das mulheres, como dizem, não conhece limites. Em uma cultura que colocou restrições rígidas à mobilidade das mulheres e restringiu sua conduta social de forma severa, encontramos esposas que são corajosamente lascivas e que rotineiramente se envolvem em maldades sexuais.

Shazaman de Samarcanda anunciou seu plano de visitar seu irmão Shariar, no entanto, voltou para casa na metade da viagem, para buscar um presente, e acabou flagrando sua esposa. Lá estava ela, "deitada num sofá nos braços de um escravo negro" (as histórias foram acusadas tanto de racismo como de misoginia) e, com raiva, ele mata a mulher "contraventora" e seu amante. Quando Shazaman chega ao palácio do seu irmão, não compartilha imediatamente a história da "traição" de sua mulher, e seu péssimo humor acabou impedindo-o de sair para caçar com o irmão. Ao chorar no palácio, ele testemunha um

---

contos, foi menos tímido do que seu editor em cumprir a promessa de excitação sexual. Ele também insistiu que as histórias, com conteúdo gráfico, não eram apenas inventadas, mas refletiam os costumes e valores sociais do Oriente: "Algumas das intrigas presentes nas histórias das mulheres em *As Mil e Uma Noites* apresentaram imagens fiéis de ocorrências não pouco frequentes na metrópole moderna do Egito". Mulheres e intriga: essa foi uma combinação vencedora para Lane, que conquistou a atenção para suas notas sobre a "perversidade" feminina, observando que "o sexo mais forte entre os árabes" superou os homens no que se refere à libido. Ver: Horta, *Marvellous Thieves*, p. 177.

[48] John Updike. "FiabeItaliane", in: *Hugging the Shore: Essays and Criticism*. Nova York: Knopf, 1983, p. 662.

exemplo ainda mais flagrante de comportamento impróprio no jardim do palácio: "Enquanto Shazaman olhava, uma porta abriu-se e saíram vinte escravos e vinte escravas, entre as quais estava a belíssima esposa de Shariar. Todos chegaram a uma fonte e ali se despiram e as mulheres se sentaram com os homens. 'Mas'ud' – chamou a rainha. Um escravo negro se aproximou dela e, depois de se abraçarem, ele deitou-se com ela, enquanto os outros escravos se deitaram com as escravas e passaram o tempo se beijando, se abraçando, fornicando e bebendo vinho até o fim do dia".[49]

A infelicidade adora companhia, e Shazaman, por fim, conta a todos e, a seguir, os dois irmãos traídos deixam o reino em busca de outras vítimas da traição de mulheres. Sua primeira parada é com um gênio, que mantém "uma jovem esbelta e radiante como o sol", presa em um cofre. Enquanto o gênio dormia, a jovem acena aos irmãos e lhes diz que devem "satisfazê-la" ou ela os denunciará ao gênio: "Peguem-me o mais forte que puderem ou então eu o acordarei". Relutantemente, os irmãos concordam, "revezando-se com ela". Como sinal final da sua depravação, ela exige adicionar os anéis de Shazaman e de Shariar à sua coleção, cujos números variam dos 98 aos 570, segundo a tradução de Edward Lane e a tradução posterior de Richard Burton.[50] Na parte final do episódio, lição de sabedoria é extraída do conto com os seguintes versos:

> *Não confies nas mulheres*
> *Ou acredites em suas juras*
> *Elas fazem uma falsa demonstração de amor,*
> *mas as suas roupas estão repletas de traição.*

---

[49] Lyons and Lyons. *The Arabian Nights*, I:4.
[50] Horta. *Marvellous Thieves*, p. 177.

Aprende uma lição do conto de José,
E encontrareis alguns dos seus truques.
Não vês que o teu pai, Adão,
Foi expulso do Éden graças a elas?

As mulheres não são apenas falsas, traiçoeiras, enganosas e não confiáveis, mas também são responsáveis pela Queda. Não importa a duplicidade do gênio que raptou a jovem mulher quando ela estava noiva de outro, e agora ele a mantém trancada e com chave, exceto por alguns momentos em que ela ganha liberdade, quando ele está dormindo.[51] Eva também cedeu à tentação. (Não há menção ao fato de que Eva nada mais fez do que cometer o "pecado" de comer o fruto da Árvore do Conhecimento e oferecer parte desse fruto a Adão.) E mais ainda, em um adendo irritante, ficamos sabendo que um poeta escreveu o seguinte:

Eu sou um amante, mas o que eu tenho feito é
apenas o que os homens fizeram nos velhos tempos, antes de mim.
Um verdadeiro motivo de admiração seria um homem
que nunca tenha ficado preso ao encanto das mulheres.[52]

Em outras palavras, os homens têm se apegado ao comportamento que as mulheres apresentam, bem como à perpetuação da ideia de sucumbir à tentação. No entanto, nunca é de fato culpa deles, pois eles estão constantemente "aprisionados" por mulheres sedutoras. De certa maneira, o comportamento da jovem cativa destina-se a lembrar aos dois irmãos – bem como ao público que ouve a sua história – sobre a

---

[51] Marilyn Jurich nos mostra a sua posição diante do tema *Scheherazade's Sisters: Trickster Heroines and Their Stories in World Literature*. Westport, CT: Greenwood, 1998. p. xvi.

[52] Lyons e Lyons. *The Arabian Nights*, I:6. A versão para o inglês foi editada para melhor entendimento.

dualidade daquele padrão vergonhoso, que encara como depravação comportamentos que não são sancionados ou censurados quando são os homens que estão envolvidos neles.

E Sherazade? Ela entra em cena três anos depois de Shazaman e Shariar terem voltado para casa, quando ambos encontraram um homem que sofreu um destino pior do que o deles. O primeiro ato de Shariar ao chegar ao seu palácio foi decapitar a rainha que o traiu antes de suas aventuras com Shazaman começarem. Depois, ele mata todos os escravos que se tornaram os favoritos dela. Por fim, como já foi dito, ele elabora um plano com consequências terríveis. A cada noite, Shariar toma para si uma nova noiva e, após uma noite de prazer, segue-se uma execução. A prática começa naquela noite e prossegue por três anos, até o momento em que já "não restam meninas núbiles" na cidade. É então que Sherazade se oferece como voluntária.

Quem é Sherazade? Primeiro, ela é a filha do homem encarregado de conseguir noivas para Shariar, bem como de despachá-las. O pai de Sherazade estava bem familiarizado com o ritual diário estabelecido pelo rei; na verdade, ele toma parte dos seus aspectos mais horripilantes. Estranhamente, Sherazade, por toda sua sabedoria, parece desconhecer a missão diária de seu pai e sua conexão com as virgens desaparecidas em sua cidade. Sem se abalar pela fúria vingativa de Shariar, ela insiste em se casar com ele: "Ou viverei, ou serei uma expiação pelas crianças muçulmanas, e salvá-las-ei dele".[53] Dotada tanto de pensamento estratégico como de idealismo compassivo, ela é uma mulher pronta para a ação ou para o autossacrifício.

Como Sherazade se tornou uma mestra contadora de histórias? A resposta pode ter menos a ver com a imersão em uma cultura de narrativas orais do que com a paixão pela leitura. Sherazade é, na verdade, uma leitora voraz: "Ela tinha lido livros e histórias, relatos de reis do passado e histórias de povos antigos, tendo recolhido, segundo foi

---

[53] Lyons e Lyons, I:7.

dito, mil volumes destes, cobrindo povos, reis e poetas". Como aponta um crítico, ela era reverenciada como leitora e estudiosa, uma heroína "livreira", cujo *habitat* natural é a biblioteca e não a cama do rei. Dessa maneira, ela combina os dois aspectos, "transformando a cama do rei num lugar de contar histórias".[54] E que tipo de histórias ela conta? Há histórias de demônios e monstros, ladrões e prostitutas, moralidade e depravação, piratas e animais, aventuras e enigmas, todo o tipo de contos, como seria de esperar num volume daquele tamanho. Através da contação de histórias, Sherazade não só salva a própria vida como também a de Shariar, ao transformá-lo de um déspota tirano em um governante iluminado e compassivo. Os ganchos que ela cria "educam" o rei, pois o expõe a todo o espectro do comportamento humano, despertando seu desejo de saber não apenas "o que vem depois?", mas também "Por quê?". Sherazade conta histórias, mas também cria uma parceria, na qual há muito para falar, tanto que o rei, presumivelmente, chega a uma melhor compreensão de como governar.

Sherazade não é apenas um mistério, ela é também um paradoxo. Seu objetivo é curar o rei da sua misoginia. Mas ela lhe conta histórias que parecem concebidas para fortalecer sua convicção de que as mulheres são lascivas, astutas e ardilosas. Vejamos o conto "O Carregador e as Jovens Mulheres",[55] no qual três irmãs ricas convidam um carregador que contrataram para se juntar a elas na cidade de Bagdá para um dia de farra. Depois de terem tomado vinho e jantado, o carregador e as irmãs se despem, e cada uma se senta no colo do carregador e, apontando para as suas partes íntimas, perguntam: "O que é isto?". O carregador joga o mesmo jogo maroto, pedindo que as irmãs deem um nome à sua contraparte anatômica. Ou consideremos a história "O

---

[54] Martin Puchner. *The Written World: The Power of Stories to Shape People, History, and Civilization.* Nova York: Random House, 2017, p. 130.

[55] "The Porter and the Three Ladies", no original. (N. da T.)

Marido Ciumento e o Papagaio",[56] na qual um papagaio é assassinado por falar a verdade sobre "uma mulher de perfeita beleza e graça", que se envolve em um duplo engano. Depois, temos o príncipe semipetrificado, na "História do Jovem Rei das Ilhas Negras",[57] em que uma feiticeira casada com um príncipe tem um envolvimento sexual com um dos escravos da casa. Quando o marido descobre o adultério, ela lança um feitiço sobre ele, transformando a metade inferior de seu corpo em mármore, seu reino em um lago e seus antigos habitantes em peixes.

Quando o romancista turco Orhan Pamuk refletiu sobre sua leitura de *As Mil e Uma Noites*, ele recordou como havia ficado impressionado, na infância, com suas "mentiras, truques e enganos; com os amantes e traidores; com os disfarces, reviravoltas e surpresas".[58] Porém, ao lê-las novamente por volta de seus vinte anos, as histórias o deixaram bastante "perturbado". "Homens e mulheres estavam em guerra permanente", observou ele. "Eu me irritava com os seus jogos intermináveis, artimanhas, trapaças e provocações." E o mais importante, o livro deixou-me a mensagem de que "nenhuma mulher é confiável – que não se pode acreditar em nada do que elas dizem –; elas não fazem nada além de enganar os homens com seus joguinhos e estratagemas". *As Mil e Uma Noites*, concluiu ele, era o produto de uma cultura em que os homens temiam as mulheres e o poder dos seus "encantos sexuais".[59] Só mais tarde, no decorrer da vida, é que ele passou a considerar o livro

---

[56] "Tale of the Husband and the Parrot", no original. (N. da T.)

[57] "History of the Young King of the Black Isles", no original. (N. da T.)

[58] Orhan Pamuk. "Love, Death and Storytelling", *New Statesman*, 18 dez. 2006, pp. 34-6.

[59] Paulo Horta demonstrou como tradutores adulteraram o espírito de *As Mil e Uma Noites*, reescrevendo narrativas de modo a dar outro peso aos ardis femininos e à fraqueza moral feminina e, ao mesmo tempo, minimizando as travessuras sexuais masculinas e justificando a violência contra as mulheres. É importante dizer que ele mostra como Edward Lane, que publicou uma tradução em três volumes de *As Mil e Uma Noites* em 1840, reduziu o papel de Sherazade, muitas vezes omitindo suas repetidas aparições como contadora de histórias em contos

uma "arca do tesouro", uma obra que nos mostra "do que a vida é feita". Suas memórias são reveladoras, pois nos fazem lembrar de que a sabedoria de Sherazade pode se voltar menos para converter Shariar a um novo sistema de valores do que para recrutá-lo como um parceiro de diálogo nos interstícios das histórias, lacunas que não conhecemos, mas que preenchemos enquanto lemos. Histórias como *As Mil e Uma Noites* nos entusiasma e exigem um processamento por meio de conversas sobre as mensagens que elas enviam.

Como Filomela, nas *Metamorfoses* de Ovídio, Sherazade tem uma dupla missão. Ela não é só uma "sobrevivente inteligente", mas também uma "agente transformadora".[60] Filomela tece a história de seu estupro em uma tapeçaria não apenas para se vingar, e sim para criar formas de transmitir o que foi silenciado por uma cultura. Tanto Filomela como Sherazade começam como vítimas, contudo, o arco narrativo de suas histórias as leva a uma posição que lhes permite falar por si mesmas e comunicar a uma cultura de tal forma que a sua sobrevivência persista como história e canção.

A ilustração da artista dinamarquesa Kay Nielsen para o conto que emoldura *As Mil e Uma Noites* lembra-nos de que Sherazade, apesar de toda a sua vitalidade heroica, é pequena e fraca. Sentada diante do rei, ela está nua, exposta literal e figurativamente, sendo alvo tanto do seu olhar, como de seu régio poder. Feito para parecer sobre-humano, com seu turbante superdimensionado e suas fluidas vestes reais fluindo na imagem de Nielsen, Shariar pode cair sob o feitiço das histórias de Sherazade, porém, ele permanece no comando. Assim, Sherazade se parece mais com Héstia, a deusa do lar, do que com Afrodite ou Atena. Ao contemplar a representação de Nielsen da relação entre os dois,

---

sucessivos, e também reduzindo o número de personagens femininas que, como Sherazade, são corajosas, educadas e inteligentes.

[60] Tomei emprestadas as frases de Deldon Anne McNeely. *Mercury Rising: Women, Evil, and the Trickster Gods.* Sheridan, WY: Fisher King Press, 2011, p. 125.

haverá alguém que discorde do fato de que Sherazade se mostra como uma figura ligada à ideia de submissão e domesticidade?[61] Sua voz e seu corpo estão colocados a serviço do rei.

Sherazade pode não ter a mobilidade e o apetite dos heróis culturais masculinos, mas transcende o estreito espaço doméstico do quarto através do seu alcance narrativo expansivo e abraça o desafio ousado enquanto se propõe a refazer os valores da cultura que habita, usando apenas as palavras. Ela não só desperta curiosidade, mas também se transforma em uma máquina de transvalorização narrativa, pois ela entende no nível mais profundo que as palavras podem transformar uma pessoa. Por trás de sua arte regeneradora, esconde-se o ardil dos desvalidos, e Sherazade, apesar das restrições físicas que lhe são impostas, usa a linguagem de modo a revelar o que o filósofo John Langshaw Austin chamava de seu poder "perlocucionário", sua capacidade de persuadir, ensinar ou inspirar. Sherazade opera em um nível que é culturalmente produtivo e biologicamente reprodutivo. Criativa e procriadora, ela concebe filhos com Shariar e também prepara o cenário de maneira poderosa para a progênie literária que brota de sua história – as muitas mulheres contadoras de histórias que encontraremos nos capítulos subsequentes.

Sherazade sempre permanecerá como um mistério, um paradoxo produtivo em seu poder de gerar uma regressão infinita a espaços de diálogo. Cada vez que lemos *As Mil e Uma Noites*, descobrimos novas facetas da sua identidade, características que nos desafiam a repensar a forma como outrora a víamos. Assim como Orhan Pamuk reviu sua compreensão de *As Mil e Uma Noites*, através de sucessivas leituras, do mesmo modo nós modificamos, ajustamos e afinamos nossa apreciação

---

[61] Segundo ressaltou James Hillman, numa era de "Hipertrofia de Hermes", com "*modems*, CD-Roms, celulares, satélites, 300 canais de TV a cabo, chamadas em espera, realidade virtual", mais do que nunca, precisamos nos "centrar na circulação da força de Héstia". Citado por McNeely, *Mercury Rising*, p. 116.

por uma mestra contadora de histórias que continua nos fazendo aguardar, sem fôlego, pelo próximo episódio de seus encantos.

A compulsão de confessar: vítimas e pedras da paciência

Em uma versão da história sobre Filomela, Procne e Tereu, Filomela não perde o poder da fala. Em vez disso, ela usa sua voz para contar sua história, mas na forma de um lamento e não de uma comunicação. Quando um bisbilhoteiro a ouve, a história de seu estupro se espalha. Antes de investigar o discurso das mulheres – junto com rumores, fofocas e contação de histórias – no próximo capítulo, quero explorar uma narrativa que revela como é o assassinato (ou outras formas chocantes de comportamento criminoso) se dará. A compulsão de confessar e contar tudo afeta não apenas o malfeitor, mas também a vítima, como nos dizem contos populares de todo o mundo.

Durante séculos, as mulheres nos contos de fadas têm feito uso de discursos velados e de ardis inteligentes enquanto permanecem à margem do mundo da narrativa dessas histórias. Elas têm se engajado na prática que uma especialista chama de "idionarração", ao falar tanto para si mesmas quanto para os outros, usando palavras para fazer sua história "sair por aí", mesmo quando – ou talvez especialmente quando – ninguém parece estar prestando atenção.[62] Assim como as crianças nos contos de fadas, as mulheres são muitas vezes silenciadas, pelos pais, irmãos e outros parentes masculinos e, em alguns casos, inclusive por criaturas excepcionalmente baixas na cadeia alimentar, mas muitas vezes também pelo alto escalão das hierarquias divinas.

Primeiro, me concentrarei em algumas histórias de uma coleção publicada pelos Irmãos Grimm, dois estudiosos e estadistas alemães

---

[62] Marjorie Bard usa o termo *"idionarration"* ("idionarração"). Ver o livro: *Organizationaland Community Responses to Domestic Abuse and Homelessness*. Abingdon, Oxfordshire: Taylor and Francis, 2016.

determinados a usar o folclore como forma de consolidar a identidade cultural, numa época em que seu país havia sido ocupado por forças francesas. O que começou como um projeto com aspirações nacionalistas se transformou na criação de um repertório de contos que se globalizou, criando um corpo de folclore compartilhado com um fator de reconhecimento que foi muito além dos sonhos mais empolgantes de sucesso dos próprios Grimm. Os contos foram traduzidos para o inglês logo após a publicação dos dois volumes, em 1812 e 1815, e rapidamente se disseminaram na Inglaterra e Estados Unidos, onde se tornaram *best-sellers* e começaram a rivalizar com as narrativas do folclore nacional. Mais tarde, Walt Disney desenhou os contos de fadas dos Grimm para fazer o primeiro longa-metragem animado, *Branca de Neve e os Sete Anões*. Quando o filme foi lançado em 1937 (e posteriormente exibido em 46 países), o jornal *The New York Times* o consagrou como "filme folclórico", obra que marcou o início de um novo cânone transnacional de folclore: "Como os contos folclóricos foram passados de tribo em tribo e de nação em nação, poucas sociedades carecem de algo parecido com a história de Cinderela ou de Aladim, assim, podemos ter filmes folclóricos". Sem qualquer desconfiança sobre o lado sinistro dessa aquisição corporativa de uma herança folclórica heterogênea, o repórter aplaudiu o processo de padronização e comercialização.

Ainda assim, as histórias que sofreram apropriação pela Walt Disney Company dificilmente tiveram contratempos, e um olhar sobre alguns dos contos da coleção dos Grimm revela que as narrativas ali preservadas ressoam com outras de diferentes lugares do mundo, lembrando-nos de que as histórias nunca deixarão de se replicar no que Darwin chamou de "uma quantidade infinita de belas e admiráveis formas". Em nenhum lugar isso é mais verdadeiro do que em contos sobre mulheres silenciadas e dotadas do poder de falar e contar suas histórias.

Nos *Contos Maravilhosos Infantis e Domésticos*, dos Irmãos Grimm, abundam exemplos de meninas silenciadas. Em "O Rei Sapo", a primeira e muito conhecida história da coleção (lembre-se de Campbell a usou como história introdutória para *O Herói de Mil Faces*), a personagem título, com um instinto de autoridade, diz a uma princesa que está em lágrimas por uma bola de ouro perdida: "Cala-te e deixa de chorar". "Não chores, Gretel" e "Cala-te" – são também as falas de Hansel à sua irmã,[63] enquanto ambos estão perdidos no bosque, incapazes de encontrar o caminho de volta para casa. E a menina da história dos Grimm, "A Protegida de Maria", perde o poder da fala quando se recusa a admitir que abriu uma porta proibida. Constantemente privadas da fala, essas personagens de conto de fadas ficam indefesas e vulneráveis: reclamar continua a ser tabu para elas.

"A Pastora de Gansos",[64] uma história incluída na coleção dos Grimm de 1815, revela as formas complexas em que o silêncio e a fala operam em conjunto para produzir narrativas autorreflexivas que aludem ao poder das histórias para fazer as coisas certas – em outras palavras, para encontrar a justiça. Nesse caso, porém, uma rival feminina, em vez de um homem predador, inflige sofrimento à heroína, lembrando-nos de que a vilania pode vir de qualquer lado. O socorro vem na forma de um ouvinte paciente, que se desdobra em pretendente e salvador.

Uma princesa que viaja para terras estrangeiras para seu casamento é traída por uma ambiciosa camareira que usurpa sua posição. Forçada a cuidar de gansos no reino que deveria governar, ela não pode revelar sua verdadeira identidade, sob pena de morte. Enquanto conserva poderes mágicos, invocando os ventos para desviar as atenções dos pretendentes indesejáveis ou comunicando através da cabeça do seu amado cavalo, uma criatura decapitada pela camareira. Se a fala na sua forma mais urgente lhe é negada, ela ainda encontra uma maneira – como é o caso de "Cinderela", "Branca de Neve", "Mil Peles"[65]

---

[63] No Brasil, a história de "Hansel e Gretel" é conhecida também por "João e Maria". (N. da T.)

[64] "The Goose Girl", no original. (N. da T.)

[65] O título original desse conto dos Grimm é *Allerleirauh*; em língua portuguesa, recebeu diversas traduções: *Mil Peles*, *Pele de Bicho* e *Pele de Asno*, sendo que este

e uma série de outras heroínas de contos de fadas da coleção dos Grimm, que oferece certo consolo para seu poder de dialogar e se sentir em casa no mundo natural.

É o pai do príncipe que, depois de ter ouvido as intrigas e traições ditas pela cabeça do cavalo falante, que propõe que a menina que pastoreia os gansos conte seus problemas a um velho fogão de ferro. Quando ele se afasta, a princesa vai até o fogão de ferro e começa a "chorar e a se lamentar". "Ela abriu seu coração e disse: 'Aqui estou eu sentada, abandonada pelo mundo inteiro, apesar de ser filha de um rei. Uma falsa criada obrigou-me a tirar as minhas roupas reais e agora ela tomou o meu lugar com o meu noivo. E aqui estou eu, forçada a fazer trabalho doméstico como uma pastora de gansos. Se minha mãe soubesse disso, seu coração se partiria em dois.'"[66] Muito astuto, o rei não tinha se afastado muito do lugar onde a princesa estava, incitando-a a ir para o fogão, ouvindo assim cada palavra da queixa da menina dos gansos. A verdade torna-se pública graças ao bisbilhoteiro real, um simpático ouvinte que é também um intermediário masculino com autoridade para validar e expor os fatos, mesmo quando, ou talvez especialmente quando, eles são calorosamente negados. Contar a sua história, encontrando o poder do discurso – mesmo quando pareça tomar a forma de um mero suspiro ao vento – liberta e repara os erros.

A coleção de histórias italianas do século XVII de Giambattista Basile, conhecida como *Pentameron*, contém um conto que se assemelha à versão dos Grimm de "Branca de Neve". Mas há uma diferença crucial: nela uma tia desempenha o papel de cruel perseguidora. Um dia, a menina maltratada pede ao tio que lhe traga uma boneca, uma faca e uma pedra-pomes como presente de suas viagens. O que faz Lisa –

  último faz referência à primeira versão do conto, publicada por Charles Perrault, em 1694. (N. da T.)

[66] "The Goose Girl". *In*: *The Annotated Brothers Grimm*. Trad. e edição de Maria Tatar, 2ª ed. Nova York: W. W. Norton, 2012, p. 320.

que é o nome da menina – quando a boneca chega? Ela se posiciona diante dela e começa a chorar, contando "toda a história de seus problemas para aquele amontoado de panos, como se fosse uma pessoa real". E para que serve a faca e a pedra-pomes? Como a boneca não respondia, Lisa ameaçou afiar a faca na pedra e apunhalar-se com ela. "Muito bem", a boneca declarou rapidamente: "Eu entendi. Eu não sou surda!".[67]

A boneca pode ser animada, mas não substitui um interlocutor da vida real. Um dia, o pai de Lisa escutou à porta. Ele ouviu a menina chorar e falar com intensa tristeza:

> [O Barão] ouviu Lisa contar à boneca tudo sobre o salto da sua mãe sobre a folha de rosa, como ela engoliu a pétala, sobre o seu próprio nascimento, o feitiço, a maldição da última fada, como o pente foi deixado em seu cabelo, sua morte, como ela foi trancada em sete caixões e colocada naquela sala, a morte de sua mãe, a chave confiada ao irmão, sua partida para a caça, o ciúme da esposa, como ela abriu o quarto contra as ordens do marido, como cortou seu cabelo e a tratou como uma escrava, e os muitos, muitos tormentos que ela lhe infligiu. E todo o tempo ela chorou, dizendo: "Responde-me, boneca, ou eu vou me matar com esta faca". E afiando-a na pedra-pomes, ela teria enfiado a faca dentro de si caso o Barão não tivesse arrombado a porta e arrancado a faca da sua mão.

Como um segundo "eu", a boneca torna-se uma parceira de diálogo, e se ela não é humana, ela também "não é surda". Ela está disposta a ouvir a história dos infortúnios de Lisa sem provocar o medo de retaliação da tia por ter "contado". O Barão pede à sobrinha um

---

[67] Giambattista Basile. "The Young Slave". *In*: *Classic Fairy Tales*, 2ª ed., Maria Tatar (org.). Nova York: W. W. Norton, 2017, pp. 92-5.

relato completo e depois organiza um banquete, no qual a estimula a "contar a história das dificuldades que ela sofreu e da crueldade da mulher". Esse é um conto que faz "todos os convidados chorarem". Relatar suas tristezas a um objeto inanimado, que, neste caso, é uma espécie de talismã pessoal, cria a oportunidade para um ouvinte empático escutá-la, o que por sua vez prepara o caminho para uma apresentação pública, uma cena de narrativa que desperta simpatia pela vítima e leva a um castigo para o perseguidor: "Depois ele expulsou a mulher, mandando-a de volta para os pais". A justiça é servida, talvez não inteiramente fria, no banquete do Barão.

Há muitos contos de fadas que tomam como tema a mutilação autoimposta ou o silêncio imposto, seguido de revelações de abusos. A história portuguesa "A Menina com a Rosa na Testa"[68] mostra-nos uma heroína que pede ao tio um talismã. O que faz ela senão levar o artefato feito de pedra para o seu quarto e colocá-lo na sua cama:

> Como o príncipe estava curioso para saber o que ela faria com a pedra, ele se escondeu debaixo da cama. A menina começou a contar sua história à pedra, dizendo: "Oh! talismã, sou filha de uma princesa, irmã do príncipe meu tio, que vive neste palácio e é casado. Mas ele não sabe que eu sou sobrinha dele, pois fui mantida enfeitiçada numa arca de ferro; e a mulher dele e a sua mãe queimaram minha pele por toda parte com um ferro quente".[69]

Neste caso, o parentesco foi suprimido e é finalmente revelado por intermédio do testemunho da menina proferido a um objeto inanimado, e este é ouvido pelo príncipe. Ele restaura a jovem ao seu posto real

---

[68] O texto original do conto português pode ser encontrado em: Consiglieri Pedroso. Contos Populares Portugueses. (1910) Fieosole: Edições Vercial/Torrossa, 2010. Conto n. XV. (N. da T.)

[69] Consiglieri Pedroso (org.). *Portuguese Folk-Tales*. Trad. Miss Henriqueta Monteiro. Londres: Folklore Society, 1882, pp. 63-6.

e afasta sua mulher e sogra, queimando-lhes a pele e colocando-as dentro de um muro.

Ocasionalmente, histórias sobre traição e abuso apresentam os homens como vítimas, como em "The Lord of Lorn and the False Steward" ("O Senhor de Lorn e o Falso Mordomo"), uma balada coletada na Grã-Bretanha do século XIX, por Francis James Child.[70] O mordomo nessa história, semelhante à heroína de "A Pastora de Gansos" dos Grimm, é forçado a trocar de lugar com um criado. Sua verdadeira identidade é revelada quando ele conta sua história, não à dama da casa diretamente, mas a um cavalo que o chutou. Como em "The Golden Bracelet" ("O Bracelete de Ouro"), recolhido no Kentucky e que aparece em uma coleção chamada *Tales from the Cloud Walking Country* (1958), em vez de um objeto inanimado, é um animal que se torna o público para um conto de infortúnio, relatado dessa vez por uma "verdadeira noiva".[71] "[Ela] tinha deixado seu cãozinho segui-la até a Espanha", nos informa esse conto sulista, "e foi muitíssimo agradável para ela falar com ele todas as noites e contar como perdeu o bracelete de ouro, que era sua proteção contra o mal. Ela cumpriu sua promessa de não contar sua história a nenhuma pessoa humana. Porém, a serviçal do velho rei ouviu tudo, e ela contou a ele". Embora às vezes nessas histórias haja homens jovens injustiçados, as mulheres ainda superam em muito e, pode-se dizer, que sofrem tanto nas mãos de mães, irmãs, tias e servas como nas mãos de pais, maridos, irmãos e tios.

No início dos anos 1940, Susie Hoogasian Villa decidiu coletar contos folclóricos de informantes de uma comunidade armênia localizada em Delray, na região sudoeste de Detroit. Usando a taquigrafia Gregg, ela escreveu várias centenas de contos, entre eles "Nourie

---

[70] Francis James Child (org.). *The English and Scottish Popular Ballads*. Nova York: Houghton Mifflin, 1894, V, p. 42-58.

[71] Marie Campbell. *Tales from the Cloud Walking Country*. Atenas: University of Georgia Press, 2000, pp. 45-7.

Hadig", uma história contada a ela pela sra. Akabi Mooradian. Como apêndice da coletânea intitulada *100 Armenian Tales*, como destaque em seu extenso arquivo, ela acrescentou notas sobre uma dúzia de contos semelhantes relatados em regiões vizinhas da Armênia, apontando para a ampla disseminação da história.

"Nourie Hadig", como a pastora de gansos dos Grimm e a personagem Lisa, de Basile, ela também é vítima de uma rival que faz tudo o que está ao seu alcance para trocar de lugar. Neste caso, Nourie Hadig ficou cuidando de um príncipe adormecido e, quando finalmente desperta após sete anos, ele acredita que uma falsa criada esteve a cargo da sua recuperação. "Nenhuma das duas disse ao príncipe a verdade sobre o arranjo" – o orgulho de Nourie Hadig e a paixão da serviçal se interpõem no caminho de contar a verdade ao príncipe, dissuadindo-o de seu erro. Antes do casamento, o príncipe planeja uma viagem de compras, e ele pergunta a Nourie Hadig o que ela gostaria. "Uma Pedra da Paciência" é a resposta. O príncipe vai a um cortador de pedras, que lhe dá o objeto necessário, junto com um discurso sobre seus poderes:

> Se alguém tem grandes problemas e os diz à Pedra da Paciência, algumas mudanças ocorrerão. Se os problemas são grandes, tão grandes que a Pedra da Paciência não possa suportar a tristeza, ela inchará e estourará. Se, por outro lado, forem apenas pequenos agravos, a Pedra da Paciência não vai inchar, mas o orador vai. E se não houver ninguém lá para salvar essa pessoa, ela vai estourar. Portanto, escute do lado de fora da porta de sua serva. Nem todos conhecem a Pedra da Paciência, e a sua serva, que é uma pessoa muito incomum, deve ter uma história valiosa para contar.[72]

---

[72] "Nourie Hadig". *In: 100 Armenian Tales and Their Folkloristic Relevance*. Susie Hoogasian Villa (org.). Detroit: Wayne State University Press, 1966, pp. 84-91.

O que é menos vivo e sensível do que uma pedra? A ideia de uma pedra de paciência, uma pedra que pode ouvir as dores humanas tão intensas a ponto de sentir empatia, inchar, pondendo até estourar, é um toque de gênio. Como era de se esperar, Nourie Hadig conta seus sofrimentos à pedra, e encontramos na narrativa popular uma versão resumida dos acontecimentos, mas agora narrados do ponto de vista da heroína:

"Pedra de Paciência", começou ela, "Eu era a única filha de uma família abastada. Minha mãe era muito bonita, mas foi minha infelicidade ser ainda mais bonita do que ela. A cada lua nova, minha mãe perguntava quem era a mais bela do mundo, e a lua nova respondia sempre que a minha mãe era a mais bela. Um dia, minha mãe perguntou novamente, e a lua lhe disse que Nourie Hadig era a mais bela de todo o mundo. Minha mãe ficou com muito ciúmes e disse a meu pai que me levasse para algum lugar e lá me matasse, e lhe trouxesse minha camisa ensanguentada. Meu pai não podia fazer isso, então ele permitiu que eu fugisse em liberdade", disse Nourie Hadig. "Diz-me, Pedra da Paciência, sou mais paciente, ou és tu?"

A Pedra da Paciência começou a inchar.

A menina prosseguiu: "Quando meu pai me deixou, eu andei até ver essa casa ao longe. Caminhei em direção a ela, e quando toquei a porta, ela se abriu magicamente sozinha. Uma vez lá dentro, a porta se fechou atrás de mim e nunca mais se abriu até sete anos mais tarde. Dentro dela, eu encontrei um belo jovem. Uma voz disse-me para lhe preparar a comida e tomar conta dele. Fiz isso durante quatro anos, dia após dia, noite após noite, vivendo sozinha num lugar estranho, sem ninguém para ouvir a minha voz. Pedra de Paciência diz-me, sou mais paciente, ou és tu?"

A Pedra da Paciência inchou um pouco mais.

"Um dia, um grupo de ciganos acampou bem debaixo da minha janela. Como eu tinha estado sozinha todos estes anos, comprei uma cigana e puxei-a com uma corda para o lugar onde eu estava confinada. Agora, ela e eu nos revezamos para servir o jovem rapaz que estava sob um feitiço mágico. Um dia ela cozinhava para ele e, no dia seguinte, eu cozinhava para ele. Um dia, três anos mais tarde, enquanto a cigana o abanava, o jovem acordou e a viu. Ele pensou que ela o tinha servido durante todos aqueles anos e levou-a como sua noiva. E a cigana, que eu tinha comprado e considerado minha amiga, não lhe disse uma palavra a meu respeito. Pedra de Paciência, diz-me, sou mais paciente, ou és tu?"

A história dentro da história espelha a narrativa maior, mas também oferece uma nova perspectiva e um novo público, com a Pedra da Paciência desempanhando um comportamento empático, lembrando aos ouvintes que as histórias podem ser ternas e, ao mesmo tempo, emocionalmente carregadas. Mais do que exercícios intelectuais no mapeamento de cenários "E se?", a história também contém uma dose de magia, com sua pedra que incha de piedade. Ao contar uma história, é possível comunicar dor, sofrimento e injustiça. E o príncipe, que escuta a cena de contar histórias, aceita de bom grado os perigos do conhecimento parcial dos fatos: "Eu não conhecia a história toda". E com isso, a cigana é enviada de volta à servidão (criando a oportunidade para uma nova história de injustiça), e Nourie Hadig se casa com o príncipe.

Pedras de Paciência são uma raridade no folclore europeu e anglo-americano, embora um ditado alemão sobre algo ser capaz de levar uma pedra às lágrimas ou provocar empatia numa pedra (*etwas könnte einen Stein erbarmen*) sugira algum tipo de abismo profundo que separa o silêncio frio e mudo de uma superfície dura como uma rocha e o calor efusivo da compaixão humana. O folclore persa tem um conto chamado "Sang-e Sabur" ("Pedra da Paciência"), e a Pedra da Paciência do título representa o ouvinte mais empático que se pode imaginar. Reunindo toda a compaixão que tem sido desperdiçada no mundo, ela absorve o sofrimento enquanto escuta as tribulações daqueles que devem suportar um fardo intolerável de angústia. A Pedra da Paciência se sacrifica e, de bom grado, se desfaz em pedaços, assumindo o que de outra forma esmagaria seu interlocutor humano.

A Pedra da Paciência entrou na Armênia e, de maneira misteriosa, outros tropos e motivos do conto persa sobre uma jovem sofredora também migraram para a tradição europeia. Em 1966, Hafizullah Baghban coletou uma história chamada "The Seventy-Year-Old Corpse" ("O Cadáver de 70 Anos"), de uma dona de casa de 30 anos chamada Hayã, que vivia na cidade de Herat, no Afeganistão.[73] Na década seguinte Baghban registrou duas versões adicionais do conto, fato que sugere uma ampla disseminação de histórias sobre Pedras da Paciência. Elementos do conto são caleidoscopicamente reconfigurados no repertório europeu, reestruturados de modo a adequar-se melhor, fazendo mais sentido cultural para o público. Entretanto, ocasionalmente, eles têm a chave para enigmas dos contos de fadas. Por que é que, por exemplo, a heroína de "A Pastora de Gansos" relata suas preocupações a um fogão de ferro, dentro de tantas outras possibilidades de escolha? A resposta torna-se evidente quando olhamos para o seu análogo distante, a história afegã sobre um cadáver envelhecido.

Um homem vende arbustos espinhosos para sobreviver e tem uma filha que tece fios de algodão enquanto ele está fora trabalhando. Certo dia, um rouxinol empoleirado num muro diz à jovem que ela vai se casar com um cadáver de 70 anos. No dia seguinte, o homem e a filha partem para visitar um parente. No caminho ficam sem água e a filha caminha até um forte, onde enche o jarro, mas depois não consegue encontrar uma saída. Ela começa a chorar e uma janela se abre,

---

[73] Richard M. Dorson (org.). *Folktales Told around the World*. Chicago: University of Chicago Press, 1978, pp. 238-42.

dando-lhe acesso a sete quartos. No sétimo, jaz o cadáver do título, perfurado com agulhas. A menina contrata os serviços de uma concubina, que recebe instruções para remover todas as agulhas espetadas no cadáver, salvo uma. Em vez disso, ela remove desafiadoramente todas as agulhas. O cadáver ressuscita, se casa com a concubina e faz da fiandeira a sua segunda esposa. Aqui encontramos a mesma inversão de papéis da princesa e da serva, a bela moça e a cigana, que aparece nos análogos europeus.

Como nas histórias "A Bela e a Fera" e "Cinderela", a heroína faz um pedido modesto, solicitando ao "cadáver" que lhe traga uma Pedra da Paciência e uma faca de punho negro quando retornar de uma viagem para fazer compras para a esposa número um. Depois de adquirir os itens, o "cadáver" aprende que deve ficar atento para como usá-los: "Ela se colocará dentro de um forno e cobrirá o topo. Então ela contará sua história do começo ao fim [para a pedra]. No final, ela se matará [com a faca]". O "cadáver" ouve cada palavra com cautela e se senta perto do forno, para ouvir a história da filha do vendedor. Como é que ele reage? Atordoado com a revelação da traição da esposa número um, ele amarra o cabelo dela à cauda de um cavalo e faz o cavalo correr até que a mulher seja "destroçada em pedaços". Depois cobre o crânio dela com prata e o transforma em um copo para beber. A jovem mulher que conseguiu revelar a verdade tem a "boa sorte" de se casar com o cadáver de 70 anos, e só podemos esperar que o exercício da revelação da verdade o tenha transformado tanto física como emocionalmente: "Deus realizou o seu desejo".

O que acontece quando o cadáver de 70 anos *é* a Pedra da Paciência? Essa é a premissa de um romance de 2008, de Atiq Rahimi, escritor e cineasta franco-afegão. *A Pedra da Paciência* é ambientado "em algum lugar no Afeganistão ou em qualquer outro lugar".[74] Neste

---

[74] Atiq Rahimi. *The Patience Stone*. Trad. Polly McLean. Nova York: Other Press, 2008, p. 3.

cenário que é, ao mesmo tempo, uma verdadeira aldeia dilacerada pela guerra e uma vila imaginária situada em qualquer lugar do mundo, uma mulher cuida do marido em coma, um jihadista baleado no pescoço durante uma disputa com um parente. Aos poucos a mulher começa a confiar no marido, revelando seus medos e desejos, a agonia de seu casamento, em suma, seus segredos mais bem guardados.

É a mulher que faz a ligação entre seu marido mudo e a Pedra da Paciência. "Antes que ela pegue o véu, estas palavras irrompem de sua boca: '*Sang-e saboor!*'. Ela salta. 'Esse é o nome da pedra, *sang-e saboor*, a Pedra da Paciência! A pedra mágica!'. Ela se vira para o marido em coma e sussurra: 'Sim, tu, tu és o meu *sang-e saboor*! [...] Eu vou te contar tudo, meu *sang-e saboor*. Tudo. Até eu me libertar da minha dor, do meu sofrimento, e até que tu, tu...'." Pela primeira vez em seu casamento, ela é capaz de falar, de quebrar o código de silêncio que prevaleceu durante uma década, com um marido tão voltado para o conflito armado, que ele nem sequer trocou palavras com a esposa. Para ela, o processo de falar com o marido imobilizado é terapêutico, apesar de que e porque ela sabe que as palavras pronunciadas só podem ser ditas enquanto o marido for incapaz de responder com palavras ou socos. "O que brota dela não é apenas uma confissão corajosa e chocante, mas uma acusação selvagem de guerra, a brutalidade dos homens e das normas religiosas, conjugais e culturais que agridem continuamente as mulheres afegãs, deixando-as sem nenhum recurso, a não ser absorver sem reclamar, como uma Pedra da Paciência", escreve Khaled Hosseini em sua introdução ao romance de Rahimi.[75]

As mulheres que contam suas histórias se colocam em risco. Pode haver algum ganho terapêutico em contar tudo, mas o risco pode nem sempre fazer a recompensa valer a pena. O que aconteceria se o marido da mulher afegã acordasse do coma e revelasse que tinha ouvido

---

[75] O romance de Rahimi foi transformado em filme em 2012, tendo o escritor como diretor. Citações extraídas de: Rahimi. *The Patience Stone*, x, p. 79.

Walter Crane, ilustração para "O Noivo Salteador", dos Irmãos Grimm, 1886.

toda a história do seu sofrimento, junto com a sua consciência do que é descrito como sua esterilidade, bem como suas traições sexuais, para engravidar? Essa pergunta é respondida (alerta *spoiler*!) até o final do romance, quando fica claro que as confissões da esposa não amoleceram o coração do marido. A Pedra da Paciência, neste caso, não irrompe em identificação empática, mas é animada pela raiva homicida, evitada no último momento pelo uso da adaga que uma vez foi pendurada na parede com o retrato do marido. A mulher afegã em *A Pedra da Paciência* encontra sua voz. Ao contar sua história, ela ganha ação, o que a permite se defender da agressão assassina do marido.

Os Irmãos Grimm incluíram, em seus *Contos Maravilhosos Infantis e Domésticos*, um relato que retoma o conto britânico "Sr. Fox" e nos oferece uma imagem final em que uma cena da narrativa se transforma em um julgamento de "faz de conta". Encorajada por seu noivo a contar uma história na festa de casamento, a jovem de "O Noivo Salteador" enquadra sua narrativa como um sonho:

"Muito bem", respondeu ela, "Vou contar um sonho que tive. Eu estava andando sozinha pela floresta e me deparei com uma casa. Ninguém vivia lá, mas, na parede, havia uma gaiola e nela havia um pássaro que cantava:

*'Volta, volta, minha linda noivinha,
numa casa de assassinos é que chegaste.'*

Depois repetiu essas palavras. Meus queridos, eu devo ter sonhado com tudo isso. Eu andava de um quarto para o outro, e cada um estava completamente vazio.

Tudo era tão assustador. Finalmente desci ao porão e lá vi uma mulher tão velha como as montanhas, sua cabeça balançando para cima e para baixo. Perguntei-lhe: 'O meu noivo vive aqui?'. Ela respondeu: 'Ah, pobre criança, caíste num covil de assassinos. Teu noivo vive aqui, mas ele planeja cortar-te em pedaços e matar-te, e depois vai cozinhar-te e comer-te'. Meus queridos, eu devo ter sonhado com tudo isto. A velha escondeu-me atrás de um grande barril, e logo em seguida os assaltantes voltaram para casa, arrastando uma donzela com eles. Deram-lhe três tipos de vinho para beber, branco, tinto e amarelo, e o coração dela explodiu em dois. Meus queridos, eu devo ter sonhado com tudo isto. Depois arrancaram-lhe as roupas finas, cortaram-lhe o belo corpo em pedaços, e polvilharam-no com sal. Meus queridos, eu devo ter sonhado com tudo isto. Um dos assaltantes viu um anel de ouro no dedo

> dela e como era difícil de tirar, pegou um machado e cortou-o. O dedo voou pelos ares, para trás do grande barril e caiu no meu colo. E aqui está o dedo com o anel ainda nele."
>
> Com estas palavras, a jovem puxou o anel e mostrou-o para todos que lá estavam.
>
> O ladrão ficou branco como um fantasma enquanto ela contava a história. Ele saltou e tentou fugir, mas os convidados o agarraram e o entregaram à lei. Ele e sua quadrilha foram executados por seus atos terríveis.

Contar histórias a objetos inanimados e relatar abusos a um público tem uma longa e respeitável história folclórica. Não se trata aqui de uma Sherazade engajando-se numa prática de contar histórias que entretêm e instruem, mantendo o rei animado de modo a atrasar sua iminente execução, e ensinam ao marido o valor da empatia, levando-o a uma compreensão de toda a gama de emoções e comportamentos humanos. Estamos no aqui e agora, e contos que relatam abusos, ofensas e danos – falando a todos – provam ser mais do que catárticos. Isso também pode assegurar justiça social e punir mulheres traiçoeiras e homens bárbaros. Mas também não é sem risco.

Tecnologia e conversa: do ELIZA para o Twitter

Hoje continuamos a falar com as coisas, talvez não na forma de fogões e pedras, mas de objetos duros, metálicos, que parecem ouvir pacientemente, e com empatia, nossas histórias. As novas tecnologias tornaram possível contar nossas histórias com o máximo de efeito dramático na interação com as máquinas. Em 1971, Joseph Weizenbaum desenvolveu um programa de *software* chamado ELIZA. A ironia do nome dado ao programa em referência a Eliza Doolittle não passará despercebido pelas gerações mais antigas de usuários do programa. O musical *My*

Fair Lady, de 1956, da Broadway, baseado na peça de teatro *Pigmaleão* (*Pygmalion,* 1913), de George Bernard Shaw, traz um professor de línguas chamado Henry Higgins que está determinado a provar que ele pode alavancar uma mulher a uma posição social mais elevada, mudando a maneira como ela fala. Controlar a fala das mulheres continua sendo extremamente importante, tanto na época como hoje.

Para programar o ELIZA, Weizenbaum usou o que se chama de aspectos não direcionados da terapia Rogeriana, a qual defendia a aceitação incondicional dos pontos de vista de um cliente/paciente a fim de promover a expressão desinibida dos sentimentos. "Como você se sente sobre isso?" foi a resposta clássica a qualquer declaração de abuso, maus-tratos e vitimização. ELIZA obviamente não tem uma compreensão real das declarações de seu usuário, mas "ela" é capaz de gerar uma variedade de perguntas que encorajam o compartilhamento de sentimentos intensos, criando um vínculo afetivo com uma entidade que transmite um (falso) senso de resposta e empatia.

O guru tecnológico Sherry Turkle observou que aqueles que usam o programa "querem contar os seus segredos". Uma vez que se percebe até "o menor gesto sugerindo que [ELIZA] pode empatizar, o instinto de falar, revelar e confessar se instaura". "Já vi centenas de pessoas digitarem uma primeira frase no primitivo programa ELIZA", acrescenta Turkle. "O mais comum é que as pessoas comecem com 'Como você está hoje?' ou 'Olá'. Entretanto, após quatro ou cinco trocas de mensagem, muitos estão em 'Minha namorada me deixou', 'Estou preocupado que eu possa repetir em química orgânica', ou 'Minha irmã morreu'."[76] Uma vez dada a oportunidade, a maioria dos usuários compromete-se de bom grado a dialogar com um objeto inanimado, uma Pedra da Paciência dos tempos modernos, que promete uma libertação emocional terapêutica. É claro que a promessa de total discrição deve ser levada em conta no impulso confessional que Turkle descreve.

---

[76] Sherry Turkle. *Alone Together: Why We Expect More from Technology and Less from Each Other.* Nova York: Basic Books, 2012, p. 23.

O valor de contar a sua história, para além da sua utilização como evidência ou prova, tornou-se claro de várias maneiras no sistema de justiça criminal. Muitos estados aprovaram emendas que dão oportunidade às vítimas de fazerem suas declarações de impacto. "Nem todos encontram alívio em um tribunal, mas muitas pessoas que sofreram um crime violento ou perderam alguém que amavam relatam sentir uma poderosa catarse depois de terem a chance de descrever seu sofrimento em tribunal. Aqueles que se preocupam com a prática dizem que deveria haver, pelo menos, regras melhores, mais justas e mais claramente aplicadas sobre como fazê-lo."[77] Contar sua história, em ambientes privados e públicos, pode ir além da libertação terapêutica para se tornar parte de um esforço pela busca de fatos que garantam justiça para todos, pavimentando o caminho para o tipo de justiça restaurativa que encontra hoje muitos defensores.

Os gregos têm uma história ainda hoje contada sobre uma mulher chamada Maroula, cujos filhos são assassinados por uma sogra traiçoeira. O crime é imputado à mãe das crianças, e o marido enfurecido ordena que as mãos da mulher sejam cortadas e costuradas num saco com os corpos das crianças. Maroula é banida do reino e vagueia de uma região para outra com o saco amarrado ao pescoço. Um dia, ela encontra um monge, a quem conta sua história, e o monge traz as crianças de volta à vida e junta as mãos de Maroula aos seus braços. A verdade chega também ao marido, na forma de uma história. A justiça segue seu curso quando a história é contada uma terceira vez em um banquete, onde os convidados reunidos narram seu julgamento a respeito da mulher vil: "Tomaram a decisão de colocá-la num barril de alcatrão e atear-lhe fogo quando fosse lançada ao mar".[78]

---

[77] Jill Lepore. "The Rise of the Victims' – Rights Movement". *In*: *New Yorker*, 21 maio 2018.

[78] Maria Tatar. *The Fairest of Them All: Snow White and Twenty-One Tales about Mothers and Daughters*. Cambridge, MA: Belknap Press of Harvard University Press, 2020, p. 88.

As mulheres sempre se manifestaram e agiram, mas, como vimos, muitas vezes foram silenciadas de tal modo, que se viram obrigadas a canalizar seus sentimentos, confiando em artefatos associados ao trabalho feminino. Em atos de desespero, elas falavam consigo mesmas ou com objetos inanimados, descobrindo que a justiça só poderia vir quando um intermediário masculino ouvisse e fizesse as coisas certas. Hoje, desenvolvemos novas tecnologias e novos procedimentos inclusive nos tribunais que permitem a narração de histórias. As plataformas das mídias sociais oferecem espaços públicos para a veiculação de queixas e exposição de injustiças. Num curto espaço de tempo, estabelecemos um sistema alternativo que, por vezes, rivaliza com as nossas instituições legais no seu poder de envergonhar, punir e castigar – para invocar Nêmesis. Enquanto ELIZA pode prometer confidencialidade, Twitter, Facebook e Instagram garantem o máximo de exposição. A recompensa por contar histórias, junto com todas as ansiedades dos ouvintes sobre confiabilidade e preocupações em ouvir apenas um dos lados, nunca foi tão alta. Os desafios que temos pela frente nos lembram da inconveniente complexidade envolvida nas diferenças entre contar uma boa história e contar uma história que seja verdadeira. Como sempre, a estética e a ética dançam um tango dramático, real e ornamentado, de modo convincente, inquietante e por vezes loucamente enigmático em seu cerne.

Estratégias de silenciamento: contos sobre o encerramento de contos

Nossa palavra para silêncio vem do latim, *silentium*, que significa "tranquilidade, calma, quietude", uma condição em que se está livre de barulho. Mas há uma forte bifurcação de significado embutida no termo. Quando usamos "silenciar" ("*to silence*") como um verbo, ele sinaliza algo imposto ou infligido, mas "silêncio" também é ouro (como a banda britânica The Tremeloes cantou em sua canção de sucesso de 1967), uma condição de serenidade associada ao bem-estar físico e espiritual e de não fazer mal nenhum. Com a escritora Rebecca Solnit, podemos pensar no "silêncio como o que se impõe, e no silêncio como o que se procura", reservando assim o "silêncio" (especialmente na sua forma verbal) para uma forma coerciva de comportamento, que vai desde o corte violento das línguas até a força ilocucionária de um comando para se calar.[79]

Nossa própria cultura nos proporcionou muitos exemplos de compra do silêncio das mulheres que foram vítimas de agressão sexual. Em uma entrevista descrita em *Catch and Kill*,[80] um relato detalhado dos esforços de Harvey Weinstein para pagar em dinheiro as vítimas de seu comportamento criminoso, a produtora de cinema Alexandra Canosa contou ao autor do livro, Ronan Farrow: "Ele cria uma situação em que o seu silêncio beneficiará mais você do que se falar". Sobre os acordos de confidencialidade que a equipe de advogados de Weinstein preparou, Rosanna Arquette observou: "Ele vai trabalhar muito para rastrear e silenciar pessoas".[81]

Em *Eu Tenho Um Nome*[82] (*Know My Name: A Memoir*), Chanel Miller escreveu sobre a agressão sexual sofrida por ela no *campus* da Universidade de Stanford, bem como a impactante declaração como vítima, publicada *on-line* pela BuzzFeed. Ela descreveu em vívidos detalhes o tratamento de casos de agressão sexual em um sistema judicial concebido

---

[79] Rebecca Solnit. "Silence and Powerlessness Go Hand in Hand – Women's Voices Must Be Heard", *The Guardian*, 8 mar. 2017.

[80] A versão do livro *Cash and Kill* foi publicada no Brasil com o título *Operação Abafa: Predadores Sexuais e a Indústria do Silêncio*. Trad. Ana Ban, Fernanda Abreu e Juliana Cunha. São Paulo: Todavia, 2020. (N. da T.)

[81] Ronan Farrow. *Catch and Kill: Lies, Spies, and a Conspiracy to Protect Predators*. Nova York: Little, Brown, 2019, pp. 242, 318.

[82] Chanel Miller. *Eu Tenho um Nome*. Trad. Carolina Selvatici. Rio de Janeiro: Intrínseca, 2021. (N. da T.)

para proteger os agressores. "Durante anos, o crime de agressão sexual dependia do nosso silêncio", escreveu ela. "O medo de saber o que aconteceria se falássemos. A sociedade nos deu milhares de razões; não fale se lhe faltam provas, se isso aconteceu há muito tempo, se você estava bêbada, se o homem é poderoso."[83] Sua história levou tanto a mudanças nas leis da Califórnia, como também à convocação do juiz que ouviu o caso, revelando a força do testemunho extrajudicial na decisão de culpa e inocência e a adequação da sentença.

"Como Silenciar uma Vítima" – esse é o título de um capítulo do livro *Ela Disse: Os Bastidores da Reportagem que Impulsionou o #MeToo*[84] (*She Said: Breaking the Sexual Harassment Story That Helped Ignite a Movement*), no qual se encontra o relato de Jodi Kantor e Megan Twohey sobre como romperam a história do assédio sexual e "que ajudou a incendiar um movimento". Rapidamente as duas repórteres perceberam que, para ultrapassar o problema do "ele disse, ela disse", teriam de encontrar provas concretas da veracidade dos relatos autobiográficos de que tinham tomado conhecimento. E foi finalmente nos acordos de confidencialidade que elas encontraram essas provas, ironicamente os próprios documentos legais destinados a silenciar as alegações de agressão e assédio sexual. Os contratos e acordos de confidencialidade tinham evoluído a partir de um aparato jurídico desenvolvido por equipes de advogados mais empenhados em obter altos lucros do que em levar as histórias a público: "Dinheiro pelo silêncio; era esse o acordo". Para os advogados que trabalhavam em regime de contingência e que levavam até um terço do prêmio do cliente como taxa, o incentivo era o de resolver tudo fora do tribunal, evitando a possibilidade de perder o caso e de não receber nada, evitando também o risco de que

---

[83] Chanel Miller. *Know My Name: A Memoir.* Nova York: Viking, 2019, p. 327.
[84] Jodi Kantor, Megan Twohey. *Ela Disse: Os Bastidores da Reportagem que Impulsionou o #MeToo.* Trad. D. Landsberg, D. Bottmann, I. M. Lando e J. Romeu. São Paulo: Companhia das Letras, 2019. (N. da T.)

um cliente retire sua queixa por medo de humilhação em ambiente de tribunal. O resultado foi um sistema que "permitiu os assediadores, em vez de freiá-los".[85]

O próximo capítulo abordará os desafios da narrativa feminina e explorará o profundo compromisso das histórias contadas na Voz da Mãe (para retomar o termo de Ursula Le Guin) com a revelação, a resistência e a restauração. Entretanto, primeiro quero considerar como a imaginação folclórica pode, paradoxalmente, ser revestida de silêncio, tanto quanto é capaz de promover a conversa. Em três contos – um do Quênia, um do Japão e outro da Rússia – surge um contradiscurso à narração de histórias de mulheres. Os contos são chocantes o suficiente para justificar a inclusão, pois nos contam muito sobre a vulnerabilidade daqueles que usam histórias para transmitir sabedoria, conselhos e valores.

"Contamos histórias para nós mesmas, no intuito de nos manter vivas", afirma Joan Didion, com ironia, em *O Álbum Branco*[86] (*The White Album*), e as histórias contadas pelas mulheres nos dão uma confirmação estimulante dessa visão. A "fantasmagoria mutante" da experiência real, acrescenta Didion, exige uma "linha narrativa", junto com um "sermão" e uma "lição social ou moral". Em outras palavras, nós instintivamente tentamos *aprender* com as histórias que contamos, e não vale a pena falar do passado, a menos que haja algum tipo de benefício para aqueles que ouvem sobre ele.[87] Mais importante ainda é perguntar: quem conta, quem escuta e com que finalidade?

Com a frase "para se manter viva", Didion capta algo mais do que a mera sobrevivência. As histórias dão sentido à nossa vida, nutrindo-nos e nutrindo ligações. Recordem como a história de Filomela revela

---

[85] Jodi Kantor e Megan Twohey. *She Said: Breaking the Sexual Harassment Story That Helped Ignite a Movement*. Nova York: Penguin, 2020, pp. 53, 54.

[86] Joan Didion. *O Álbum Branco*. Trad. Camila von Holdefer. Rio de Janeiro: Harper Collins, 2021. (N. da T.)

[87] Joan Didion. *The White Album*. Nova York: Farrar, Straus and Giroux, 1979, p. 11.

o modo como as mulheres fizeram ouvir suas histórias, muitas vezes, sob a forma de um simples grito por justiça. A possibilidade de ter uma voz está inserida nos espaços silenciosos do trabalho feminino (girar, costurar e tecer) e da tapeçaria de Filomela. Quando ela se transforma em um pássaro, Filomela entoa um canto de lamento, substituindo a voz do poeta. De certa maneira, a história de Filomela e Procne revela uma poderosa forma de inveja, pois Ovídio é incapaz de colocar a *experiência vivida* em exibição por meio da imagem e do canto, como o faz Filomela. Ele só pode contar a história em segunda mão. Porém, isso também é, claramente, sua grande sorte e privilégio.

E agora, para a Voz do Pai, algumas contranarrativas aos contos de prudência e coragem contados por mulheres e entre as mulheres. Causa alguma surpresa que o primeiro conto popular documentado conte uma história sobre uma falsa acusação de agressão sexual? No século XIII a.C., havia uma história intitulada "Os Dois Irmãos",[88] com um irmão chamado Baîti e o outro, Anupu.[89] É a mulher de Anupu que tenta seduzir seu cunhado, e quando seus avanços são repudiados (generosamente, Baîti promete não denunciá-la), a mulher informa ao marido que Baîti a agrediu, chegando ao ponto de produzir falsas lesões em si mesma. A história termina com Anupu descobrindo a verdade, matando a esposa e lançando seu cadáver aos cães. Este conto inaugural de uma acusação fabricada mistura-se com um tipo de conto folclórico que oferece uma contratradição, considerando aquela que predomina no repertório folclórico.

"Carne de Língua"[90] é uma história encontrada em países africanos da parte oriental do continente, na interseção das tradições islâmicas e culturas tribais. A versão impressa a seguir foi recolhida nos anos

---

[88] "The Two Brothers, no original. (N. da T.)
[89] Gaston Maspero. *Popular Stories of Ancient Egypt*. Oxford: Oxford University Press, 2004, pp. 1-16.
[90] "Tong Meat", no original. (N. da T.)

1960, no Quênia, como parte de um projeto para preservar a tradição oral de contar histórias. Ela revela como a narração oral é vital para o bem-estar humano. Disfarçando a sua energia narrativa com um título pouco apetitoso, ela materializa a necessidade por histórias. Mas, num movimento impressionante, também envolve homens solitários com o poder de contar histórias – para falar, cantar, nutrir, estimular e curar. Nos destinos contrastantes das duas esposas, temos a clara sensação de que precisamos de histórias *para viver*, mas, neste caso, só os homens compreendem o poder "secreto" das histórias e passam esse segredo um para o outro.

Um sultão vivia com a esposa em um palácio, mas ela era infeliz. A cada dia que passava, ela ficava mais magra e menos animada. Nessa mesma cidade vivia um homem pobre, cuja mulher era bem nutrida, saudável e feliz. Quando o sultão soube do casal, convocou o pobre homem à sua corte e pediu-lhe que revelasse o seu segredo. O pobre homem respondeu: "É muito simples. Eu vou alimentá-la com carne de língua". O sultão convocou um açougueiro e disse-lhe para comprar as línguas de todos os animais abatidos na cidade e trazê-las até ele, o sultão. Todos os dias ele mandava todas as línguas para o palácio e mandava seu cozinheiro assar, fritar, grelhar e salgar essas línguas de todas as maneiras conhecidas e preparar todas as receitas de língua já escritas. A rainha tinha de comer esses pratos três ou quatro vezes ao dia, mas ela não melhorava. Ela estava ficando cada vez mais magra e só piorava. O sultão então ordenou ao pobre homem que trocasse de esposa, com o que o pobre homem concordou de má vontade. Ele levou a rainha magra com ele e mandou sua própria esposa para o palácio. Infelizmente, lá ela perdeu cada vez mais peso, apesar da boa comida que o sultão oferecia. Ficou claro que ela não iria prosperar no palácio.

O pobre homem, depois de voltar para casa à noite, cumprimentava sua nova esposa, contava-lhe as coisas que ele tinha visto, especialmente as coisas divertidas. Ele lhe contava histórias que a faziam rir muito alto. Depois, pegava seus instrumentos de corda e lhe cantava canções, já que ele conhecia muitas. Até altas horas da noite, ele tocava e a divertia. E eis que a rainha engordava em questão de semanas. Ela era linda de se ver, e a sua pele lisa brilhava como a de uma jovem donzela. E ela sorria o dia todo, lembrando-se das coisas divertidas que o marido lhe dizia. Quando o sultão a chamou de volta, ela se recusou a voltar. Logo, o sultão foi buscá-la e descobriu que ela tinha mudado e estava feliz. Ele lhe perguntou o que o pobre homem tinha feito, e ela contou. Foi então que ele entendeu o significado da carne da língua.[91]

Muito antes dos terapeutas e dos manuais de como lidar e ajudar casais em dificuldades, os contos populares já ofereciam sabedoria sobre como fazer um casamento funcionar. Porém, eles também faziam mais do que isso. "Carne de Língua" é uma história que ressoa de forma poderosa com outros contos sobre línguas, contos trágicos e esperançosos, catastróficos e confiantes. "Isso é exatamente o que as histórias podem fazer", como diz um crítico: "elas entrelaçam todos os seus contadores e lugares juntos – e é aí que reside seu mistério e sua magia".[92] Temos um conto em que primeiro ouvimos a respeito de línguas cortadas de animais – como um lembrete de histórias em que o mesmo pode ser feito para torturar humanos, que podem ser roubados do poder da fala, da comunicação e de parcerias saudáveis. Em "Carne

---

[91] "Tongue Meat", in: *Myths and Legends of the Swahili*. Jan Knappert (org.) Nairobi: Heinemann, 1970, pp. 132-33. A história foi ligeiramente editada por Angela Carter para o seu *Book of Fairy Tales*. Londres: Virago, 1992, pp. 223-24.
[92] Adam Ganz, "New Brothers Grimm Fairytale Written by Artificial Intelligence Robot", *Independent*, 13 jun. 2018.

de Língua", o marido controla a linguagem, usando-a como um dispositivo para acrescentar peso à esposa e para torná-la mais bonita. E é ele quem é capaz de sair pelo mundo e voltar com histórias divertidas, contando "sobre as coisas que ele viu", de todos os lugares em que ela não esteve. O conto queniano oferece sabedoria e verdade sobre como as histórias entretêm e revigoram, mas é também um lembrete de como Ovídio, nos tempos antigos, os Irmãos Grimm, na Alemanha, ou Andrew Lang na Inglaterra – aqueles que detêm o poder de falar e escrever são capazes de apropriar-se e reivindicar a capacidade de contar histórias. É difícil imaginar por que Angela Carter, que reuniu histórias sobre mulheres "sábias" e "inteligentes", tenha incluído esse conto, em particular, em seu *Book of Fairy Tales*,[93] pois as duas esposas têm pouca ação e, em vez disso, são livremente intercambiadas entre os dois homens, que transmitem uma lição sobre o poder de contar histórias para manter uma esposa "bela" e "feliz". Por outro lado, há também uma lógica cautelosa para a sua inclusão.

Se analisarmos o conto russo "Como um Marido Curou a Esposa Viciada em Contos de Fadas",[94] uma história de concisão exemplar, rapidamente se torna evidente que os esforços para ter a oportunidade de se expressar, por assim dizer, para perturbar, interromper e improvisar – em suma, uma palavra que possa fazer parte da conversa e do processo de construção da narrativa – são desencorajados. Nessa história, recolhida em meados do século XIX por Alexander Afanasev (a resposta russa aos irmãos Grimm), os prazeres de contar e ouvir contos sofrem como que um curto-circuito, produzindo uma história de terror

---

[93] A versão brasileira do conto foi intitulada por Angela Carter como "Alimentar com Língua", *in*: Angela Carter. *103 Contos de Fada*. Trad. Luciano Vieira Machado. São Paulo: Companhia das Letras, 2005. (N. da T.)

[94] Angela Carter. "Como um Marido Curou a Esposa Viciada em Contos de Fadas". *In*: *A Menina do Capuz Vermelho e Outras Histórias de Dar Medo*. São Paulo: Peguin/Companhia das Letras, 2011, pp. 127-28. (N. da T.)

mais do que qualquer outra coisa, um relato arrepiante da necessidade de privar as mulheres dos prazeres das narrativas que formaram um antídoto para os trabalhos repetitivos da vida diária.

Era uma vez um estalajadeiro cuja esposa amava os contos de fadas acima de tudo e aceitava como hóspedes apenas aqueles que soubessem contar histórias. É claro que o marido sofreu perdas por causa disso, e ele se perguntava como poderia fazer sua esposa se desapegar dos contos de fadas. Uma noite no inverno, quando já era bem tarde, um velho tremendo de frio pediu-lhe abrigo. O marido saiu correndo e disse: "Você sabe contar histórias? Minha mulher não deixa entrar ninguém que não saiba contar histórias". O velho viu que ele não tinha escolha; estava quase congelado até à morte. Ele disse: "Eu sei contar histórias". "E você vai contá-las por muito tempo?" "A noite toda."

Até então, tudo bem. Eles deixaram o velho entrar. O marido disse: "Esposa, este camponês prometeu contar histórias a noite toda, mas só se não discutir com ele ou interrompê-lo". O velho disse: "Sim, não deve haver interrupções, ou não contarei nenhuma história". Eles jantaram e foram para a cama. Então o velhote começou: "Uma coruja voou para um jardim, sentou-se num tronco de árvore, e bebeu um pouco de água. Uma coruja voou para um jardim, sentou-se no tronco de uma árvore e bebeu um pouco de água". Ele continuava a dizer vezes sem conta: "Uma coruja voou para um jardim, sentou-se no tronco de uma árvore, e bebeu um pouco de água". A mulher ouviu e ouviu e depois disse: "Que tipo de história é essa? Ele continua a repetir a mesma coisa vezes sem conta!". "Por que me interrompes? Eu disse para não discutires comigo! Isso foi só o começo; ia mudar mais tarde." O marido, ao ouvir isso – e era exatamente o que queria ouvir –, saltou da cama e começou a repreender sua mulher: "Não devias ter discutido, e agora não o deixaste acabar a história!". E ele bateu e bateu nela, de modo que ela começou a odiar histórias e, a partir daquele momento, recusou-se a ouvi-las.

Essa alegoria estanque justapõe o improviso e a renovação com os efeitos mortificantes da repetição mecânica, com uma vitória clara destes últimos. A compreensão da esposa de como as palavras podem criar zonas comuns de contato e animar tanto os oradores como os ouvintes – mas apenas quando o locutor é criativo, inventivo e colaborativo – é desafiada pela insistência do velho na mesma história e pela validação do marido de repetir o relato *ad infinitum* e *ad nauseam*. O conflito entre o espírito vivo e a letra morta raramente é capturado de forma tão viva e concisa. Aqui, como em "Carne de Língua", a atividade de contar histórias é apropriada pelos homens, mas também é controlada e orquestrada por eles de modo a punir o desejo das mulheres não só de contar, mas também de ouvir e fazer parte da narrativa como uma presença corporificada.

No Japão, o conto do pardal com a língua cortada é amplamente disseminado. Narra a história de uma mulher que corta a língua de um pássaro (lembre-se de que Procne e Filomela foram transformadas em andorinha e rouxinol, respectivamente) e depois é castigada por ter acabado com seu canto e sua beleza. Aqui está "O Pardal de Língua Cortada"[95] em uma versão recolhida no início do século XX:

Em uma aldeia no Japão, um velho vivia com sua mulher numa casa de campo.
Uma manhã, a velha viu à sua porta um pobre pardalzinho. Ela o pegou e alimentou. Depois, segurou-o no sol brilhante da

---

[95] "The Tongue Cut Sparrow", no original. (N. da T.)

manhã até o orvalho frio nas asas dele secar. Ela o deixou ir para que ele pudesse voar de volta para seu ninho, mas ele ficou mais um pouco e lhe agradeceu com suas canções.

Todas as manhãs, o pardal pousava no telhado da casa e cantava a sua alegria. Os dois velhinhos agradeceram ao pardal, pois gostavam de se levantar cedo e de trabalhar. Porém, próximo à casa deles, vivia uma velha irritante, que não gostava de ser acordada tão cedo. Um dia, ela ficou tão zangada que apanhou o pardal e cortou-lhe a língua. Então o pobre pardalzinho voou para sua casa, mas ele nunca mais conseguiu cantar.

Quando a amável senhora descobriu o que tinha acontecido, ficou muito triste. Ela disse ao marido: "Vamos procurar o nosso pobre pardal". Então começaram a procurar juntos, perguntando a cada pássaro: "Sabes onde vive o pardal da língua cortada?".

Finalmente viram um morcego pendurado de cabeça para baixo, tirando sua sesta diurna. "Oh, morcego amigo, sabes para onde foi o pardal da língua cortada?", perguntaram eles.

"Sim. Por cima da ponte e pela montanha acima", disse o morcego.

Finalmente, o homem e a mulher chegaram à casa do seu amiguinho. Quando o pardal os viu chegar, ficou muito feliz. Ele, sua esposa e filhos vieram e baixaram a cabeça em sinal de respeito a eles. Então, o pardal se levantou e levou o velho e a velha para sua casa, enquanto sua esposa e filhos se apressaram a trazer-lhes arroz cozido, peixe, agrião e saquê.

Quando o sol começou a se pôr, os dois velhos decidiram ir para casa. Antes, porém, o pardal trouxe dois cestos para fora. "Eu gostaria de lhe dar um destes", disse ele. "Qual é o que vais levar?" Um cesto era grande e parecia muito cheio, enquanto o outro parecia muito pequeno e leve.

Os velhos decidiram não levar a grande cesta, pois poderia ter todo o tesouro do pardal nela, então eles disseram: "O caminho é longo e nós somos muito velhos, então, por favor, deixe-nos levar a menor".

Eles pegaram o cesto e caminharam para casa pela montanha e atravessaram a ponte, felizes e contentes. Quando chegaram em casa decidiram abrir o cesto e ver o que o pardal lhes tinha dado. Encontraram muitos rolos de seda e pilhas de ouro, o suficiente para enriquecê-los.

A velha rabugenta que havia cortado a língua do pardal estava espreitando através da cortina quando abriram o cesto. Ela viu os rolos de seda e as pilhas de ouro e planejou como poderia conseguir algo para si.

Na manhã seguinte, ela foi até a gentil senhora e disse: "Sinto muito por ter cortado a língua do seu pardal. Por favor, diga-me o caminho para a casa do pardal para que eu possa dizer-lhe que lamento".

A amável mulher disse-lhe o caminho e ela partiu. Ela atravessou a ponte, sobre a montanha e através da floresta. Finalmente, ela chegou à casa do pequeno pardal. Ele não ficou contente por ver essa velha, mas foi muito gentil e a fez sentir-se bem-vinda. Quando ela chegou, o pardal trouxe dois cestos como antes. Claro que a mulher escolheu o cesto grande. Era muito pesado, e apanhado nas árvores enquanto ela atravessava o bosque.

Quando finalmente voltou para casa, a velha estava meio morta de tão cansada, e fechou as cortinas para que ninguém pudesse olhar para dentro. Então, ela abriu o seu tesouro.

Um tesouro de verdade! Um enxame inteiro de criaturas horríveis explodiu do cesto no momento em que ela o abriu. Picaram-na e morderam-na, empurraram-na e puxaram-na, arranharam-na e riram-se de seus gritos. Por fim, ela rastejou até a borda da sala e deslizou para o lado da cortina para se afastar daquelas pestes. Assim que a porta se abriu, eles se abaixaram, pegaram-na e voaram com ela. Desde então, nunca mais se ouviu falar dessa velha mulher.[96]

---

[96] Teresa Peirce Williston. *Japanese Fairy Tales*. Chicago: Rand McNally, 1904, pp. 56-64.

"Nunca mais se ouviu falar dessa velha mulher." O pardal é silenciado quando a velha lhe corta a língua, e a mulher também é silenciada quando "criaturas horríveis" a atacam e a carregam. A última frase da história silencia a mulher tão poderosamente como o corte da língua do pardal, e parece quase perverso que se trate de uma mulher idosa, vivendo por conta própria, que é demonizada como inimiga do canto e da beleza.

Será que se trata de algum tipo de remodelação fantasmagórica dos tropos que aparecem na história de Procne e Filomela, de Ovídio, reconfigurados de modo a marcar as mulheres como agentes de violência? Ou é algum tipo de estranha negação de como as mulheres são silenciadas, uma reprovação a todas as velhas esposas, acusando-as de cortar a língua e encerrar o canto? O destino do pardal, como vemos nos nossos três sugestivos e característicos contos populares sobre canções, histórias e silêncios, é emblemático, de modo que as palavras, enquanto circulavam livremente nos círculos sociais onde o trabalho das mulheres era realizado, também foram sufocadas e verificadas de múltiplas formas. Nessa alegoria do silêncio, a mulher torna-se o agente e não a vítima do corte da fala. Recordem que a linguagem, a fala e os enredos estavam entre os poucos instrumentos de desafio e mudança disponíveis para as mulheres em tempos passados. O reconhecimento de sua autoridade e a descoberta de sua audácia poderiam vir não apenas em fábulas de empoderamento, mas também na forma de histórias – muitas vezes escritas por colecionadores masculinos – que desencorajavam a tagarelice, a improvisação e a discussão, ao mesmo tempo que projetavam sobre as mulheres ações cruéis, destinadas a silenciar a beleza da canção e da história.

O movimento #MeToo revelou o profundo investimento da nossa cultura em silenciar as mulheres, impedindo-as de falar umas com as outras e de se expressarem em espaços públicos. Acordos de confidencialidade, acordos de não divulgação, e assim por diante, fizeram parte de uma estratégia legal utilizada para garantir que as vítimas de assédio sexual, atormentadas por vergonha e culpa, ficassem em silêncio. Os capítulos que se seguem documentam a história do discurso das mulheres, que é marcado por esforços para desvalorizar, desacreditar e demitir. Quando Julia Louis-Dreyfus falou na Convenção Democrática de 2020, ela fez uma importante declaração sobre o nosso sistema legal, ao afirmar: "Eu tenho um sentimento de justiça e sobre o que é certo", sugerindo que as nossas instituições nem sempre estão sintonizadas com as vozes das mulheres e que agora pode ser o momento de corrigir essas falhas, prestando-lhes atenção. Na última década, descobrimos uma verdade universalmente reconhecida nos contos de fadas – que há momentos em que nosso senso instintivo do que é certo ou errado pode e deve prevalecer e que o sistema legal deve investir seus esforços (instigando, por mais desafiador que seja empreender esse projeto) em investigar como incorporar essa premissa direta em suas práticas de maneira justa e imparcial, em vez de elaborar acordos lucrativos que encobrem o comportamento criminoso.

CAPÍTULO 3

RESISTÊNCIA E REVELAÇÃO

Contação de Histórias e as Heroínas Não Cantadas dos Contos de Fadas

"Pensei que todas as histórias emocionantes de coragem e aventura estavam abrindo uma porta para o meu próprio futuro, embora alguns anos depois – dez, onze anos, talvez – o mundo começou a se fechar ao meu redor e eu percebi que as canções pertenciam aos meus irmãos, não a mim."
– Pat Barker, *The Silence of the Girls*

"Uma história podia parecer simples fofoca quando contada por outra pessoa, porém, na boca de um contador de histórias, a fofoca era arte."
– Barbara Neely, *Blanche on the Lam*

Falando abertamente: resistência e revelação

Quando Chanel Miller publicou sua impactante declaração como vítima no BuzzFeed, em 2016, ela usou o pseudônimo de Emily Doe. "Aqui está a poderosa carta que a vítima de Stanford leu ao seu agressor" foi a manchete para o relato de sua agressão sexual. Quase instantaneamente a história viralizou, sendo vista por 11 milhões de pessoas em apenas alguns dias. O anonimato, como Miller escreveu mais tarde, tinha sido o seu "escudo dourado", protegendo-a da humilhação, retaliação, ameaças *on-line* e outras formas de assédio. "Silêncio significava segurança", escreveu ela mais tarde em um ensaio para a revista *Time*. Mas falar e contar sua história em público se tornou, como ela descobriu, um exercício de reconstituição de sua identidade: "Sem mais fragmentação, todas as minhas peças alinhadas. Eu tinha colocado a minha voz de volta dentro do meu corpo". E em pouco tempo, ela podia dizer: "Eu senti a minha própria autoridade".[1]

"Falar abertamente" pode soar como um clichê, ou uma alternativa muito fácil à ação política, sobretudo em uma cultura que nos permite expressar ofensas narcisistas, angústias pessoais e ultraje com relação às virtudes através dos meios de comunicação social. Mas o diálogo sempre nos levou a algum lugar, como sabemos pelo profundo silêncio em torno de assuntos que vão desde o abuso infantil (foi preciso o *talk show* de Oprah Winfrey, e não os tribunais, para desafiar a situação e mudar isso) até a agressão sexual (lá, a mudança veio das mulheres falando umas com as outras e não das equipes de juristas). Evidencia-se de forma rápida que a nossa compreensão do heroísmo deve ser moldada tanto pelo diálogo, puro e simples, como pela ação legal ou política, tanto pelas palavras como pelos atos. "Os segredos profundamente enterrados só prolongaram meu sofrimento", escreveu Gretchen Cherington em *Poetic License: A Memoir* (2020), um livro de memórias sobre como crescer numa casa com um pai que era, ao mesmo tempo, um poeta renomado, mas também um pai abusivo. "O silêncio é isolamento, tão ruim quanto o próprio abuso."[2]

---

[1] Katie J. M. Baker. "Here's the Powerful Letter the Stanford Victim Read to Her Attacker". *In*: *BuzzFeed News*, 3 jun. 2016. Chanel Miller. *Know My Name: A Memoir*. Nova York: Viking, 2019, pp. 329, 333.

[2] Gretchen Cherington. *Poetic License: A Memoir*. Berkeley, CA: She Writes Press, 2020, p. 169.

A recusa ao silêncio torna-se a marca registrada das novas heroínas de hoje, tanto na arte como na vida. O discurso em forma de contradição torna-se a sua ferramenta, a maneira de revelar que as verdades atemporais não são, de fato, senão ficções socialmente construídas e historicamente contingentes. Pense aqui em Jane Eyre, heroína do romance de mesmo título, de Charlotte Brontë, de 1847, uma garota que nos mostra o poder da linguagem para falar novas verdades ao poder dos mais velhos, para argumentar, para minar a autoridade e para construir um novo mundo, reivindicando a ação por meio da narração de histórias. A dela está entre as primeiras explosões de paixão de uma menina num romance, e mostra o poder das palavras para

F. H. Townsend, ilustração para *Jane Eyre*, 1847.

resistir à subordinação. Essa é a jovem Jane falando – não a "mais velha e sábia", versão socializada de Jane, que emerge mais tarde em seu relato. Não é coincidência que a própria Jane tenha sido vista como uma amálgama de conto de fadas, isto é, uma jovem mulher que é parte Cinderela, parte Pele de Asno e parte esposa do Barba-Azul. Aqui estão Jane e sua explosão de voz ao desafiar a autoridade de sua cruel guardiã, a sra. Reed:

> Se alguém me perguntar se eu gostava de ti e como me tratavas, direi que o próprio pensamento em ti me põe doente e que sempre me trataste com uma miserável crueldade. [...] Sempre me lembrarei de como me empurraste de volta – e me empurraste violentamente – para o quarto vermelho, e me trancaste lá em cima, até o dia da minha morte. Embora eu estivesse em agonia, mesmo gritando sufocada de angústia: "Tenha piedade! Tenha piedade, tia Reed!". E aquele castigo que me fizeste sofrer foi porque o teu malvado filho me atacou – lançou-me ao chão por nada. Contarei a história exata a todos que me perguntarem. As pessoas pensam que és uma boa mulher, porém, és malvada; de coração duro. Tu és uma falsa![3]

Acusada de "engano", Jane nega a acusação e se envolve em uma inversão de valores, repetindo à sra. Reed: "*Tu* és uma falsa". O fato de que Jane pegue um livro com "alguns contos árabes", logo depois dessa onda de emoção, não é mera coincidência. Ela e Sherazade estão ligadas – através de contos e da transmissão de histórias – a um parentesco mais próximo do que se evidencia à primeira vista. Que os críticos contemporâneos fiquem chocados com o comportamento de Jane é ainda um lembrete de como foi ousado ter uma *garota* falando e

---

[3] Charlotte Brontë. *Jane Eyre*. 4ª ed. Deborah Lutz (org.). Nova York: W. W. Norton, 2016, p. 35.

respondendo. Como escreveu Elizabeth Rigby, na *Quarterly Review*, em 1848, "o tom de espírito e pensamento que derrubou a autoridade, violou amplamente todo código humano e divino e fomentou o Cartismo[4] e a rebelião dentro de casa é o mesmo com que também *Jane Eyre* foi escrito".[5] Lendo a reação de Rigby hoje, cabe-nos apenas aplaudir Jane Eyre.

Existem outras estratégias para reivindicar ação e autoridade, e Zora Neale Hurston propõe à sua personagem, coincidentemente chamada *Janie*, um caminho diferente. *Seus Olhos Viam Deus* (*Their Eyes Were Waching God*, 1937) aborda questões de amor, namoro e casamento, e também revela como a condução de uma contação de história está entrelaçada com fofocas. Janie Crawford é uma mulher que sabe que tem sido alvo de fofocas locais: "Eles *me* colocaram na boca do povo agora".[6] Em seu alpendre, um lugar tradicional de reunião para contar histórias nas comunidades negras do pós-guerra, ela se senta com sua vizinha Pheoby e toma o controle da narrativa, contando a história ela mesma.[7] E esse conto transforma-se no volume que está nas mãos do leitor, o proverbial

---

[4] Cartismo (*Chartism*, no original em inglês) foi um movimento popular, operário e radical do Reino Unido, entre 1838 e 1848, que protestava contra a situação econômica derivada da Revolução Industrial. Seu nome provém da *People's Charter* ou *Carta do Povo*, documento que assinalava as petições ao Parlamento. (N. da T.)

[5] Elizabeth Rigby. "Review of Vanity Fair and Jane Eyre". *In*: *Quarterly Review* 84(1848), p. 184.

[6] Zora Neale Hurston. "Their Eyes Were Watching God" (1937). *In*: *Novels and Stories*. Nova York: New American Library, 1995, p. 178.

[7] Ao recordar sua infância em Tuscaloosa, Alabama, durante os anos 1950 e 1960, Trudier Harris escreve: "Na falta de TV e de ar-condicionado, meus parentes e vizinhos costumavam se reunir nas varandas e esses locais se tornaram alguns dos principais palcos para a contação de histórias interativas para transmitir e ouvir a tradição oral". Ver: *The Power of the Porch: The Storyteller's Craft in Zora Neale Hurston, Gloria Naylor, and Randall Kenan*. Athens: University of Georgia Press, 1997, p. xii.

"livro falante" da escrita afro-americana.[8] Usando o vernáculo e as formas de discurso do cotidiano, Janie rompe com seu isolamento e silêncio e, numa dupla ironia, usa a fofoca e a transforma em uma estrutura de história real que, por sua vez, se transfigura em um relato ficcional de autoria de uma escritora chamada Zora Neale Hurston.

Janie é uma mulher acostumada a ser silenciada. Ela foi casada duas vezes, e cada um de seus dois maridos se empenhou arduamente para limitar sua fala e movimento, tratando-a como propriedade. Seu segundo marido, dono de loja que conquistou o cargo de prefeito, a humilha em público ao declarar na loja: "Minha muié não sabe nada de fazê discurso. Eu nunca me casaria com ela por nada disso aí. Ela é muié e o lugar dela é em casa".[9] Só lá, em sua casa, no alpendre da frente, nesse espaço limiar entre a casa e a rua, é que Janie começa a sua narrativa: "Se eles querem vê e sabê, por que não vêm aqui dá beijinho e receber beijinho? Eu podia então sentá e contá coisas pra eles. Eu sô delegada de uma grande associação da vida. Jesus! O Grande Hotel, a grande convenção da vida é onde eu estive este ano e meio e ninguém me viu".[10] E lá no alpendre, ao lado de Pheoby, Janie começa a fazer o que as mulheres têm feito através dos tempos, contando a sua versão da história: "Sentaram-se ali, na fresca e jovem escuridão, ao lado uma da outra. Pheoby está ansiosa para sentir e conhecer por meio de Janie, mas odeia mostrar seu entusiasmo, temendo que este

---

[8] Henry Louis Gates Jr. *The Signifying Monkey: A Theory of African-American Literary Criticism.* Nova York: Oxford University Press, 1989.

[9] "Mah wife don't know nothin' 'bout no speech-makin'. Ah never married her for nothin' lak dat. She's uh woman and her place is in de home", no original. (N. da T.)

[10] "If they wants to see and know, why they don't come kiss and be kissed? Ah could then sit down and tell 'em things. Ah been a delegate to de big 'ssociation of life. Yessuh! De Grand Lodge, de big convention of livin' is just where Ah been dis year and a half y'all ain't seen me", no original. (N. da T.)

possa parecer mera curiosidade. Janie está repleta daquele que é o mais antigo desejo humano – a autorrevelação".[11]

Jane Eyre responde e enfrenta a autoridade; Janie se abre e confia em uma amiga para contar sua história. Ambas são autoridades que se tornam autoras de suas histórias de vida. Resistência e revelação estão emparelhadas nesses dois relatos que revelam como se livrar do mutismo, da vergonha, da resignação e da submissão. Como autobiografias ficcionais, ambas desafiam a ordem social dominante, usando a narrativa como confessionário, púlpito e atril.[12]

Contando sua história: crânios falantes e uma princesa vestindo roupa de couro

A imaginação folclórica é uma máquina enlouquecida de contar histórias, e não surpreende descobrir que ela faça propaganda para si mesma, por meio de muitas histórias que falam sobre o poder das histórias. A poesia faz as coisas acontecerem, não importa o que W. H. Auden possa ter dito, e as histórias simbólicas têm seu próprio poder de alta voltagem.[13] Muitos contos provenientes da tradição oral transmitem o lado positivo para a narrativa, mesmo quando eles ingenuamente trazem o lado negativo para a conversa. Essas histórias inventadas podem não relatar fatos reais, mas podem captar verdades astuciosas que pertencem à sabedoria dos tempos. Algumas se autorreferenciam como sendo vingativas, elas revelam o que pode acontecer com você quando se conta uma história, mesmo enquanto a história está sendo contada.

---

[11] Hurston. *Their Eyes Were Watching God*, pp. 180, 208, 279-80.

[12] Sobre a autobiografia como estratégia política, ver: Laura J. Beard. *Acts of Narrative Resistance: Women's Autobiographical Writings in the Americas.* Charlottesville: University of Virginia Press, 2009.

[13] W. H. Auden. "In Memory of W. B. Yeats". *In: Another Time.* Nova York: Random House, 1940, pp. 93-4.

Uma dessas histórias é amplamente disseminada, como já mostraram os folcloristas, com narrativas análogas encontradas na Nigéria, em Gana e na Tanzânia, bem como nos Estados Unidos e nas Índias Ocidentais.[14] Uma versão dela foi recolhida em 1921, por Leo Frobenius, um etnólogo alemão que coletou histórias do continente africano. O narrador está claramente explorando medos com relação a caveiras, ossos e à mortalidade para produzir o máximo efeito dramático e para lembrar aos ouvintes que uma boa história pode ser uma questão de vida ou morte.

> Um caçador vai para a mata. Ele encontra um antigo crânio humano. O caçador diz: "O que te trouxe aqui?". O crânio responde: "Falar me trouxe aqui". O caçador foge e encontra o rei. Ele diz ao rei: "Encontrei um crânio humano na mata e, quando falei com ele, ele respondeu".
>
> O rei disse: "Desde que a minha mãe me deu à luz, nunca mais ouvi dizer que um crânio pudesse falar". O rei convocou o Alkali, o Saba e o Degi e perguntou-lhes se alguma vez tinham ouvido algo assim. Nenhum dos sábios tinha ouvido algo assim, e decidiram enviar um guarda com o caçador para descobrir se a sua história era verdadeira. O guarda acompanhou o caçador até a mata com a ordem de matá-lo no local, se ele estivesse mentindo. O guarda e o caçador encontraram o crânio. O caçador diz ao crânio: "Fala, crânio". A caveira permanece em silêncio. O caçador pergunta como antes: "O que te trouxe aqui?". A caveira permanece em silêncio. Durante o dia todo, o caçador implora ao crânio para falar, mas ele permanece em silêncio. À noite, o guarda diz ao

---

[14] William Bascom. "The Talking Skull Refuses to Talk". In: *African Tales in the New World*. Bloomington: Indiana University Press, 1992, pp. 17-39.

caçador para fazer a caveira falar, e quando não o faz, matam-no como o rei ordenou.

Depois de o guarda sair, o crânio abre as mandíbulas e pergunta à cabeça do caçador morto: "O que te trouxe aqui?". O caçador morto responde: "Falar me trouxe aqui".[15]

Trata-se de um conto de advertência sobre o que você viu e ouviu, "O Crânio Falante"[16] também cria de forma autorreflexiva uma narração significativa que mina sua própria mensagem. Por um lado, aprendemos sobre os riscos de voltar trazendo notícias sobre coisas estranhas, mas por outro temos uma história que se diverte ao relatar um acontecimento chocante, surpreendente e infame. Os contadores dessa história sabiam da compulsão por revelar, confessar, opinar e por simplesmente *falar*. Mas eles também compreenderam, em um nível profundo, que a tentação de contar tudo pode desviar para um rumo errado e levar a uma sentença de morte.

"Tenho medo de que eles me matem. Disseram que me matariam se eu contasse." Foi isso o que Recy Taylor disse a uma repórter depois de ter sido raptada e estuprada por seis homens brancos depois de sair da igreja num domingo à noite no Alabama, em 1944. Contar histórias pode ter consequências fatais, explicitando a ideia de vingança produzida neste capítulo vergonhoso da história norte-americana. Taylor recebeu ameaças de morte de sentinelas brancos, que também lançaram bombas incendiárias e queimaram o alpendre da frente de sua casa. Se as vítimas negras de agressão sexual nos Estados Unidos raramente encontravam justiça na sala de audiências, suas histórias ajudaram a mobilizar líderes do movimento de direitos civis para construir

---

[15] Leo Frobenius. *African Genesis: The Folk Tales and Legends of the North African Berbers, the Sudanese, and the Southern Rhodesians*. Nova York: Benjamin Blom, 1966, pp. 161-62.

[16] "The Talking Skull", no original. (N. da T.)

coalizões legais e políticas.[17] Foi Rosa Parks que ajudou a organizar a defesa de Recy Taylor e que foi a Abbeville, em 1944, para reunir os fatos no caso e garantir que sua história fosse contada.

Considerando a enorme aposta em contar sua história ou falar a verdade aos guardiões do poder, sempre se corre um risco. Mesmo quando os fatos estão sendo relatados, os ouvintes podem permanecer céticos ou hostis, acusando o narrador de estar fazendo falsas alegações, deturpações ou exageros grosseiros. O crânio falante é obviamente um evento maravilhoso, um oxímoro corporificado que desafia a crença. A história de sua duplicidade infinita reproduz a si mesma num metafórico salão de espelhos, à medida que é transmitida, repetida e modificada, de geração em geração. Há o conto "The Skull That Talked Back" (O Crânio que Falava de Volta), recolhido por Zora Neale Hurston nos anos 1930, no Sul dos Estados Unidos; outra história de origem ganense é "The Hunter and the Tortoise" (O Caçador e a Tartaruga) e o conto de Ozark sobre uma tartaruga falante.[18] Na história de Hurston, Old Skull Head (Cabeça de Caveira Velha) conta a um homem chamado High Walker: "Minha boca me trouxe até aqui, e se você não se importa, a sua também o trará até aqui".[19] Esse conto popular lembra aos ouvintes para manterem a boca fechada enquanto o verdadeiro contador da história estiver narrando, deixando que as palavras fluam da sua boca, o que transforma uma história sobre o ato de contar histórias numa alegoria da expressão como uma contraexpressão.

O risco envolvido na denúncia pública torna-se evidente quando vemos como meninas e mulheres em criações folclóricas recorrem a

---

[17] Danielle L. McGuire. *At the Dark End of the Street: Black Women, Rape, and Resistance – a New History of the Civil Rights Movement from Rosa Parks to the Rise of Black Power*. Nova York: Vintage Books, 2010, pp. 16-7.

[18] Para outras versões e variantes, ver: Henry Louis Gates Jr. e Maria Tatar (orgs.). *The Annotated African American Folktales*. Nova York: Liveright, 2018, pp. 113-32.

[19] Zora Neale Hurston. *The Skull Talks Back and Other Haunting Tales*. Joyce Carol Thomas (org.). Nova York: Harper Collins, 2004, p. 27.

subterfúgios, usando trajes e todo tipo de medidas furtivas antes de contar suas histórias. Nos próprios contos, elas sempre se envolvem em dissimulações, às vezes vestindo peles de animais (como em "Pele de Asno", "Mil Peles" ou "Pele de Gato"), ocasionalmente se escondendo em caixas, barris e cestas ("O Pássaro do Bruxo Fitcher" ou "O Estranho Pássaro"), ou se cobrindo de cinzas, breu, musgo verde ou penas ("Casaco de Musgo").[20] As heroínas se beneficiam da mímica e da máscara, envolvendo-se em misteriosos jogos de salão de esconde-esconde, disfarçando e depois revelando sua identidade.

Na história egípcia "A Princesa com a Roupa de Couro", Juleidah – a menina que usa um estranho traje – foge de casa quando uma "velha matrona enrugada" aconselha seu pai viúvo a se casar com sua própria filha. Ela salta sobre um muro do palácio, encomenda uma roupa de couro a um curtidor, torna-se criada no palácio de um sultão e acaba conquistando o coração do filho do governante, com quem ela se casou. Um dia, ela recebe visitas que incluem seu pai e a matrona que havia proposto o casamento imprudente. Colocando as vestes e a touca do marido, ela conta histórias para "entreter" seus convidados. A matrona continua interrompendo sua contação, perguntando nervosamente: "Você não consegue encontrar uma história melhor do que essa?". É então que Juleidah conta a "história de suas próprias aventuras" e, quando termina, ela anuncia: "Eu sou sua filha, a princesa, sobre quem todos esses problemas caíram através das palavras desse velho pecador e filha da vergonha". A matrona é, então, atirada de um penhasco; o rei dá a Juleidah metade do seu reino e todos os sobreviventes vivem em "felicidade e contentamento".[21]

---

[20] Respectivamente, "Donkeyskin", "Thousandfurs", "Catskin", "Fischer's Bird" e "Mossycoat", no original. (N. da T.)

[21] "The Princessin the Suit of Leather". In: *Arab Folktales*. Trad. e org. de Inea Bushnaq. Nova York: Pantheon, 1986, pp. 193-200.

Muitos contos da carochinha nos oferecem, perto de seu final, uma compreensão compacta da narrativa, que pode ter sido fragmentada por interrupções, que vão desde mexer uma sopa até acalmar uma criança agitada. Essa pepita densa de sabedoria antiga era uma apólice de seguro contra a amnésia cultural e garantia de que as histórias mapeando rotas de fuga de maus noivos, circunstâncias abjetas e casamentos tóxicos tinham uma boa chance de sobreviver e perdurar. Por um lado, os contos proclamam a importância de revelar os fatos no aqui e agora ("Fale! Conte a sua história"), mas também asseguram a memorização das histórias contadas, garantindo que sejam replicadas e sobrevivam, na forma de ficção e não ficção, como um meme que pode, no sentido positivo do termo, tornar-se viral.

"A Princesa da Roupa de Couro" foi impressa no século XX, contudo, a história circulou nas tradições orais muito antes disso, na forma de conto de fadas, como uma dessas narrativas classificadas como "conto da carochinha". Esses discursos têm uma longa e respeitável história como entretenimento de final de noite, contada como fofoca, por avozinhas, babás e empregadas domésticas, tanto entre si como passada para gerações mais jovens. Platão conta os *mythos graos*, os "contos da carochinha", narrados para divertir ou punir as crianças (note o uso do termo *mythos*, do qual deriva o nosso termo "mito").[22] Há também o *anilis fabula* (também "conto da carochinha"), termo usado no século II d.C. por Apuleio, que encenou uma cena de contos em *O Asno de Ouro*,[23] quando uma "velha embriagada" tenta confortar a vítima de um sequestro contando-lhe um conto chamado "Cupido e Psiquê".[24] Mesmo antes da ascensão da cultura impressa e da produção

---

[22] Platão. *Gorgia*. E. R. Dodds (org.). Oxford: Oxford University Press, 1959, p. 527a4.
[23] *The Golden Ass*, no original. (N. da T.)
[24] Marina Warner. *From the Beast to the Blonde: On Fairy Tales and Their Tellers*. Nova York: Farrar, Straus and Giroux, 1995, p. 14.

de antologias de contos de fadas voltados para o público infantil, os contos tradicionais contados por mulheres idosas eram rebaixados como sendo algo direcionado aos mais jovens.

Histórias como "A Princesa da Roupa de Couro" podem nos proporcionar uma pausa e nos levam a refletir se as mulheres que contam essas histórias, esses "contos da carochinha", eram de fato apenas as mulheres mais idosas e aquelas que cuidavam das tarefas domésticas, como se costuma atribuir. Durante séculos, os colecionadores de contos de fadas descreveram suas fontes como idosas, invariavelmente deformadas, velhas horrendas (esse é o termo usado pelo escritor napolitano Giambattista Basile, do século XVII); como servas e criadas (Madame de Sévigné as rotulou como tal no século XIX) ou como velhas, avós e babás (Charles Perrault as chamou assim em sua coletânea de contos franceses do século XVII). Tadeo, anfitrião das sessões de contos do *Pentameron*, escolhe dez mulheres: as "mais espertas" e "rápidas" na arte de falar. Aqui está o desfile das crônicas: "Zeza aleijada, Cecca torta, Meneca papuda, Tolla nariguda, Popa corcunda, Antonella babenta, Ciulla caruda, Paolla vesga, Ciommetella tinhosa e Iacova decrépita".[25]

Frontispícios para coleções de contos de fadas retratam as contadoras de histórias como mulheres retortas, encurvadas pela idade, apoiadas em bengalas, muitas vezes rodeadas de netos. Ao atribuir a autoria de contos de fadas às gerações mais velhas pertencentes às classes trabalhadoras, os coletores de histórias – homens educados de uma classe social mais elevada – distanciaram-se das vozes femininas, mesmo quando assumiam o comando delas. Privaram os contos de fadas da sua autoridade ao negar a ampla propriedade cultural dos contos,

---

[25] Giambattista Basile. *The Tale of Tales*. Nancy Canepa (org.). Nova York: Penguin, 2016, p. 10. [Os nomes das personagens citadas foram extraídos da versão brasileira da obra, ver: Giambattista Basile. *O Conto dos Contos: Pentameron*. Trad., comentários e notas Francisco Degani. São Paulo: Nova Alexandria, 2018, p. 42.]

pois estes pertencem a jovens e velhos, àqueles com formação superior ou apenas alfabetizados, a aristocratas e plebeus.

Desacreditando a sabedoria dos contos da carochinha

Os contos da carochinha podem ser codificados com conhecimentos valiosos. O fato de a sabedoria ser preservada através da conversa em círculos femininos domésticos e em momentos rotineiros de *tête-à-tête* entre mulheres torna-se evidente a partir de um conto recolhido em 1931 por um administrador colonial britânico, na região do que hoje é Gana. O título atribuído foi "Guarde seus Segredos".[26] A exemplo da história do crânio falante, esse conto também é bastante didático, incentivando seus ouvintes a exercerem a discrição. Adverte sobre os perigos de divulgar estratégias de salvamento passadas de uma geração de mulheres para a seguinte.

Em "Guarde seus Segredos", uma jovem decide escolher seu próprio marido, casando-se com um homem que não é homem de fato, mas sim uma hiena. À noite, o marido pergunta à esposa o que ela faria se eles brigassem, e a esposa responde que ela se transformaria em uma árvore. "Eu te apanharia da mesma forma", responde o marido-hiena. A mãe da mulher, escutando a conversa sobre as várias táticas da filha para uma fuga rápida, grita do quarto dela: "Fica quieta, minha filha, quer dizer então que uma mulher conta todos os seus segredos ao seu homem?". O conto termina descrevendo a decisão da mulher de abandonar o marido-hiena e os truques que ela usa para escapar. Ele fica a par de todos os subterfúgios que ela utiliza, salvo um, pois há uma "coisa" que ela conseguiu guardar para si.

> Na manhã seguinte, quando o dia clareou, o marido disse à esposa que se levantasse, porque ele retornaria para sua casa. Ele

---

[26] "Keep Your Secrets", no original. (N. da T.)

lhe pediu que se preparasse para acompanhá-lo numa parte do caminho, para vê-lo partir. Ela fez o que ele lhe disse, e assim que o casal saiu da aldeia, o marido se transformou numa hiena e tentou apanhar a esposa, que se transformou numa árvore, depois numa poça d'água e depois numa pedra. A hiena quase arrancou a árvore, quase bebeu toda a água e engoliu a pedra pela metade.

Foi então que a esposa se transformou naquilo que na noite anterior a mãe tinha conseguido impedi-la de contar. A hiena olhou e olhou para todos os lados e, finalmente, temendo que os aldeões viessem para matar a hiena, ele fugiu.

De imediato, a moça retomou a sua própria forma e voltou correndo para a aldeia.[27]

"Guarde seus Segredos" evita sábia e maliciosamente revelar o segredo que salva vidas, deixando-nos, como leitores, pensando não só na estratégia da esposa, mas também nas conversas ocorridas na sequência da narração da história. Foi uma especulação engenhosa sobre a identidade da "coisa" compartilhada entre mãe cautelosa e filha de língua solta? Ou sobre como se proteger contra homens violentos, mesmo se tratando dos maridos? Poderia ter sido sobre a natureza bestial dos maridos? O elemento maravilhoso nessa história certamente levou ao questionamento de por que e como, bem como permitiu considerar as muitas maneiras de navegar pelos riscos e perigos da vida doméstica.

Esse tipo de conversa entre mulheres era perigoso, e havia modos de desacreditar as histórias que lhe deram origem. O escritor alemão Christoph Martin Wieland protestou contra o que ele acreditava ser uma diminuição dos padrões literários quando declarou, em 1786, poucos anos antes dos Irmãos Grimm começarem a inserir contos de

---

[27] A. W. Cardinall. *Tales Told in Togoland*. Londres: Oxford University Press, 1931, p. 213.

The Dismal Tale (O Conto Sombrio), pintado por Thomas Stothard (1755-1834) e gravado por H. C. Shenton. Disponível na *Wellcome Collection*.[29]

fadas entre as capas de um livro: "Não faz mal que os contos de fadas populares, contados pelo povo, sejam transmitidos oralmente, mas não devem ser impressos".[28] O seu ressentimento é um lembrete agudo de uma profunda necessidade de assegurar o limite que separa a eloquência impressa dos homens de educação refinada da mera tagarelice das mulheres. O cânone literário criado por uma elite teve de ser separado

---

[28] Citado por Max Lüthi. *Märchen*, 2ª ed. Stuttgart: Metzler, 1964, p. 45.
[29] Disponível em: https://wellcomecollection.org/works/kp6apguq. (N. da T.)

das histórias improvisadas e narradas por pessoas comuns, especialmente das velhas fofoqueiras e tolas.

Os contos de fadas dos círculos de mulheres contadoras de histórias eram ainda mais segregados e mantidos no seu lugar, sendo transplantados na cultura da infância. Passadas de geração em geração, as histórias – exceto aquelas consideradas ousadas e subversivas – podiam ser utilizadas para oferecer lições sobre valores, crenças e princípios morais. Elas se tornaram parte de uma agenda pedagógica que circulava livremente, e que precedeu a ascensão da alfabetização, oferecendo sabedoria empacotada em sagacidade. A autora francesa Marie-Jeanne L'Héritier de Villandon defendeu a inteligência engenhosa das babás e governantas, apontando os "traços morais" das histórias que contavam. Ao mesmo tempo, ao contrário de seus contemporâneos masculinos, ela entendeu que os contos podiam funcionar ainda de maneira eficaz em salões de adultos para uma elite social, permitindo que os ouvintes se entregassem ao romantismo aristocrático, e que serviriam para iniciar conversas e construir plataformas para a sociabilidade, tão prezada nesses ambientes.[30]

Como Marina Warner aponta com perspicácia, ao investigar a história cultural dos contos de fadas, argumentos como o de Madame L'Héritier para fazer com que as histórias saíssem do âmbito infantil e fossem redirecionadas para o público da elite estavam condenados, pois os contos da carochinha passaram a ser banalizados, descartados como sendo bobagens e tagarelice ociosa: "Considerados insignificantes, esses 'meros contos da carochinha' trazem conotações equivocadas, falsos conselhos, ignorância, preconceito e nostalgia falaciosa".[31] E, como disse Angela Carter, uma vez que as histórias eram associadas a mulheres velhas, elas podiam ser prontamente descartadas. "Contos

---

[30] Lewis Seifert. *Fairy Tales, Sexuality, and Gender in France, 1690-1715*. Cambridge: Cambridge University Press, 1996.

[31] Warner. *From the Beast to the Blonde*, p. 19.

da carochinha – isto é, histórias sem valor, inverdades, fofocas triviais, um rótulo irrisório que atribui às mulheres a verdadeira arte de contar histórias, porém, ao mesmo tempo, retira delas todo o valor."[32]

Um olhar sobre os frontispícios das coletâneas de contos de fadas nos faz recordar por que tantos estavam determinados a excluir os contos da cultura *literária*. Na maioria dessas imagens, está a figura de uma mulher idosa e do lar (tomemos novamente as avozinhas austeras, babás curvadas pela idade ou servas com roupas remendadas) contando histórias para meninos e meninas. Assim, os contos de fadas se relacionam ou aos muito jovens ou aos muito velhos, mas não a pessoas numa faixa etária intermediária. Os pais estão ausentes. E como é que os adultos, em seu juízo perfeito, poderiam estar entre os ouvintes extasiados de tais trivialidades? Controlar o trânsito entre o oral e o literário, mantendo a linha contra a possibilidade de que a oralidade tenha qualquer direito de passagem para a cultura impressa reflete a forte determinação de manter os contos da carochinha restritos ao âmbito do lar e longe da imprensa gráfica, que criou caminhos para a esfera pública. Sem essa restrição, os contos poderiam ser amplamente divulgados em vez de existirem obstinadamente nos bolsos das culturas orais locais que relatam tais histórias.

À medida que os contos de fadas se deslocavam dos locais de fiação, dos círculos de costura e da fogueira para o universo infantil, eles perderam grande parte da sua energia subversiva. Os editores das famosas coleções que continuamos a publicar hoje (Irmãos Grimm, Charles Perrault, Joseph Jacobs, Alexander Afanasev, e outros) eram, na sua maioria, homens, figuras literárias proeminentes e atores políticos que não tinham reservas quanto a assumir o controle e redirecionar aquelas vozes incômodas que haviam transmitido contos de uma geração para outra.

---

[32] Angela Carter. *Book of Fairy Tales*, p. xiii.

Tal como a repreensão comum – a designação para uma mulher rabugenta que se tornou um incômodo público ao se envolver em formas de discurso negativo, como queixas, brigas e disputas – as contadoras de histórias falavam de um modo que poderiam se tornar irritantes, provocadoras e incitadoras. Giambattista Basile deixou uma dessas mulheres de "boca suja" entrar na narrativa moldura de seu *Conto dos Contos*. Quando um jovem funcionário do tribunal estilhaça o pote usado por uma mulher velha para recolher óleo de cozinha, ela passa a despejar uma torrente de maldições: "Ah, sua coisa inútil, seu idiota, merdoso, molha-cama, bode saltador, bundão de fraldas, laço de enforcamento, mula bastarda!. [...] Canalha, mendigo, filho de uma puta, patife!".[34] Seria motivo de espanto que um dramaturgo

George Cruikshank, frontispício do livro *German Popular Stories*, 1823. Richard Vogler Cruikshank Collection, Grunwald Center for the Graphic Arts, UCLA.[33]

britânico do século XV tenha comparado o discurso feminino com detritos ou produtos relacionados a animais? "Vá em frente, e deixe as putas cacarejarem! / Onde há mulheres, há palavras demais: / Deixe-as ir saltitando com suas penas! / Onde os gansos se sentam, há muita

---

[33] Disponível em: https://oac.cdlib.org/ark:/13030/ft3m3nb242/?brand=oac4. (N. da T.)

[34] Basile. *Tale of Tales*, p. 5.

Charles Perrault, frontispício de *Contes de Ma Mère l'Oye*
(*Contos de Mamãe Gansa*), 1697.

bosta."[35] As palavras dos poetas podem ser reveladoras, mas, em geral, as repreensões provocam mais ofensa do que prazer. Que melhor modo de marginalizar os contadores de contos de fadas do que vinculá-los a velhas e bruxas, já que estas, por serem associadas com reprimendas e feitiços, dificilmente pareceriam fontes confiáveis de sabedoria e orientação? É sugestivo que o termo em inglês *"scold"* ("repreender") derive do nórdico antigo *"Skald"* ("poeta"), apontando para a possibilidade de

---

[35] Citado por Sandy Bardsley. *Venomous Tongues: Speech and Gender in Late Medieval England*. Filadélfia: University of Pennsylvania Press, 2006, p. 1.

que aquelas velhas carrancudas possam ter compartilhado seus arsenais de sátiras com os poetas.

Os contos de fadas são muito antigos e entraram no cânone literário como cultura impressa com coletâneas como *As Noites Agradáveis* (*The Pleasant Nights*, 1550-1553), de Giovanni Francesco Straparola, e o burlesco de Giambattista Basile com *O Conto dos Contos, Pentameron* (1634-1646), ambos com histórias contadas por mulheres, senhoras num caso, e velhas bruxas no outro. Tanto Chaucer como Boccaccio tomaram de empréstimo da tradição oral, valendo-se de vozes femininas que se misturam e se unem com as dos homens, com temas e motivos que derivam da tradição dos contos de fadas.

A ansiedade provocada pela transposição dos contos de fadas e dos contos folclóricos para o domínio da cultura impressa estendeu-se por todo o século XX, perdurando até os dias de hoje. Ela se renova nas declarações de alguém tão ponderado como Karel Čapek, conhecido como o autor tcheco da peça *RUR* (1920). Em um ensaio sobre contos de fadas, ele insistiu que "um verdadeiro conto de fadas folclórico não se origina no momento em que é anotado por quem faz a recolha do folclore, mas no momento em que é contado por uma avó aos seus netos", perpetuando mais uma vez o mito de que as fontes são todas mulheres aposentadas e que o público dos contos se limita aos mais jovens. "Um verdadeiro conto de fadas", acrescentou ele, é um "conto inserido num círculo de ouvintes."[36] Os contos de fadas devem ser mantidos em seu lugar e ficam melhor confinados nos lares.

Fofocas e contação de histórias

Tagarelice, conversa fiada, fofoca, papo furado e mexerico sempre desempenharam um trabalho cultural profundo para todos nós, e hoje continuam a servir como fontes de conhecimento, ajudando-nos a dar

---

[36] Warner. *From the Beast to the Blonde*, p. 17.

sentido ao mundo, proporcionando oportunidades de contato social e dando forma aos nossos modos de entender os valores do mundo em que vivemos. Durante séculos, os filósofos condenaram a "conversa sem sentido", excluindo de suas considerações diálogos que tratam de assuntos pessoais e temas locais em vez de questões públicas de grande escala. "Não preste atenção às fofocas", advertiu Immanuel Kant, pois elas emergem de "julgamento superficial e malicioso" e são um "sinal de fraqueza". No entanto, uma biografia recente do filósofo alemão sugere que ele se entregou rotineiramente a elas durante os jantares que ele organizava regularmente.[37] Kierkegaard, por sua vez, condenou a fofoca como algo trivial e efêmero, contrastando-a com "conversas reais", que retomam assuntos de profunda importância de influência duradoura. Ele trabalhou duro para diminuir o poder da fofoca, mesmo quando entendia sua força e influência, pois um jornal local – para sua angústia – estava para sempre depreciando seu trabalho e sua aparência física – ele parece com "qualquer um", escreveram certa vez.[38] "Conversa fiada [*Gerede*] é algo que qualquer um pode remexer", proferiu Heidegger, condenando a natureza igualitária da fofoca e o seu valor para os socialmente marginalizados, mesmo admitindo o seu valor pragmático.[39] Ser visto e ser ouvido, nos diz Hannah Arendt, são ambos possíveis apenas na esfera pública, um espaço de recordação organizada. Todo o restante é efêmero e indigno de rememorar. O desprezo da alta cultura pela fofoca é estratégico, e é sintoma da ansiedade profunda gerada pelo poder subversivo da tagarelice, do intercâmbio de histórias e do envolvimento na atividade aparentemente frívola da conversa fiada, seja ela maliciosa, seja benigna.

---

[37] Manfred Kuehn. *Kant: A Biography*. Cambridge: Cambridge University Press, 2002.

[38] Clare Carlisle. *Philosopher of the Heart: The Restless Life of Søren Kierkegaard*. Nova York: Farrar, Straus and Giroux, 2019, p. 107.

[39] Karen Adkins. *Gossip, Epistemology, and Power: Knowledge Underground*. Cham, Suíça: Palgrave Macmillan, 2017, p. 31.

Punição e repreensão comum realizada num "banquinho de punição", gravura num "chapbook", livro de impressão popular britânico, 1834.[40]

É algo como um desafio de identificar qualquer cultura que não tenha menosprezado e difamado o discurso feminino, classificando-o como fofoca. "A fofoca, a tagarelice, a fofoca feminina, o mexerico, a repreensão, a velha desdentada, da qual emanam palavras ao vento, é mais antiga do que os contos de fadas", nos diz um crítico, ligando inadvertidamente a fofoca ao folclore e cimentando a ligação entre a fofoca e as mulheres velhas e arquejadas.[41] Juvenal descreve a loquacidade

---

[40] "Ducking stool" consistia num mecanismo destinado à punição e humilhação pública, especialmente de mulheres. O instrumento, em formato de gangorra, constituía-se de uma cadeira de madeira ou ferro, posicionada numa das extremidades, onde a vítima era amarrada e mergulhada num lago ou rio, ou exibida publicamente. Consultar: Anthony Fletcher e John Stevenson (orgs.). *Order and Disorder in Early Modern England*. Cambridge, UK: Cambridge University Press, 1985. "The Taming of the Scold", p. 123. (N. da T.)

[41] George Steiner. *A Reader*. Oxford: Oxford University Press, 1984, p. 378.

da mulher em termos cacofônicos: "Seu discurso derrama numa torrente tal que se pensa que panelas e sinos estão sendo batidos em conjunto".[42] A ideia de conversa solta se expande até atingir o conceito de moral solta, lembrando-nos de que a liberdade verbal e sexual das mulheres desperta alta ansiedade e incita a esforços para conter e policiar suas liberdades e, especialmente, qualquer comportamento libertino. Será necessário acrescentar que esses esforços são redobrados por aqueles que entendem profundamente os atrativos dos desejos que eles tão vigorosamente procuram suprimir?

O horror da oralidade, das histórias que carecem do brilho literário, deriva em parte da ligação entre os contos da carochinha e das fofocas, ou da tagarelice ociosa. Como é que essas insignificâncias poderiam ser dignas de impressão? Mas a fofoca tem valor precisamente porque cria oportunidades para falar através dos envolvimentos emocionais da nossa vida social. Seus participantes constroem em conjunto narrativas a partir das coisas do cotidiano, enredos apimentados e carregados de alegria especulativa. A fofoca aborda uma série de temas, entre eles o escândalo, que nos convida a falar sobre dilemas morais e conflitos sociais.[43] E, mais importante, serve como um recurso para quem não tem acesso a outras opções para garantir o conhecimento, operando como uma forma permitida de libertação que pode não alterar a ordem das coisas, mas ainda assim funciona como uma saída expressiva.

Qual é o maior pecado das fofocas? Uma possibilidade é que a fofoca une as mulheres para criar redes de interações sociais que estão além do controle e supervisão patriarcal. Ela pode ser vista como um contradiscurso que opera contra as normas comunitárias predominantes, uma estratégia para recolher conversas na forma de histórias convincentes, que podem ser analisadas sintaticamente e avaliadas também

---

[42] George Steiner, p. 378.
[43] Henry Jenkins. *Convergence Culture: Where Old and New Media Collide*. Nova York: New York University Press, 2006, p. 60.

para se transformarem em fontes úteis de sabedoria e conhecimento. Torna-se um recurso de narração de histórias construído em um sistema de apoio preexistente para aquelas pessoas limitadas em sua mobilidade e confinadas à esfera doméstica.

Que há algo de ameaçador nas fofocas torna-se evidente no relato de F. G. Bailey, um antropólogo social que estuda uma aldeia nos Alpes franceses. Ele contrastou dois grupos, divididos por gênero. Quando os homens se sentam e a conversa se transforma em fofoca, esta é considerada socialmente aceitável, pois os intercâmbios são vistos como "leves, bem-humorados e altruístas", uma forma de obter informações e expressar opiniões. No entanto, quando as mulheres são vistas conversando, a questão muda de figura totalmente: "É muito provável que se entreguem [...] a mexericos, malícia, a 'destruir pessoas'".[44] "Destruir pessoas": são palavras duras de confronto. Claramente, existe a percepção de algo perigoso, duvidoso e malévolo nessas fofocas de mulheres e nas histórias que elas contam.

A linguagem sempre foi, obviamente, o único recurso disponível para aqueles que foram subordinados, marginalizados ou desapossados. A menos que uma pessoa seja amordaçada e amarrada ou sua língua seja cortada (como vimos, uma das muitas formas inimagináveis de tortura e punição inventadas pelos humanos), sempre restará o recurso da fala. As palavras podem ser limitadas, mas a fala ainda é possível. O escritor afro-americano Audre Lorde escreveu que "as ferramentas do mestre nunca desmantelarão a casa do mestre", o que significa que a linguagem moldada pelos mestres não pode ser usada para miná-los, mas também nunca pode trazer uma "vitória genuína".[45] Tudo o que pode ser ganho através da linguagem é parcial e

---

[44] F. G. Bailey (org.). "Gifts and Poison". *In*: *Gifts and Poison: The Politics of Reputation*. Oxford: Basil Blackwell, 1971, p. 1.

[45] Audre Lorde. *The Master's Tools Will Never Dismantle the Master's House*. Nova York: Penguin, 1984.

provisório, sem efeito duradouro. Ainda assim, os mexericos podem criar um sentimento libertador de solidariedade para aqueles que não têm voz. Pode tornar-se uma arma eficaz nas mãos dos subordinados, uma vez que se articula da conversa ociosa para algo mais potente, especialmente se puder sair do âmbito de casa, de alguma forma sub-reptícia, para entrar na esfera pública.

A história da etimologia da "fofoca" é complexa. A palavra *"gossip"* – fofoca em inglês – inicialmente significava algo "relacionado a deus" (*"God"*), depois foi modulado como substantivo, num termo usado para designar um padrinho. Gradualmente foi ampliado para incluir o círculo social de todos os possíveis padrinhos, sendo aplicado aos parentes e amigos em geral. Só mais tarde é que o termo assumiu uma conotação negativa, passando a designar um modo de conversa definido pelo *Oxford English Dictionary* como "conversa ociosa, boato trivial ou sem fundamento; boato resultante de tagarelice". O desvio para o banal e ameaçador sugere uma constante desvalorização do que se fala, entre os íntimos e os amigos, na esfera doméstica.[46]

Uma vez degradada, a fofoca transformou-se, de uma forma de apoio social e vínculo, em sabotagem social. A "fofoca" começou a designar não apenas uma conversa ociosa e vingativa (há algo pior do que ser colunista de fofocas?), mas também sua fonte, e, na maioria das línguas, "uma fofoca" é quase exclusivamente feminina. Em regiões que falam a língua alemã, existe o termo para designar fofocas masculinas (*"Klatschvater"*); contudo, o número de termos que designa suas análogas femininas é muito maior: *Klatsche*, *Klatschweib*, *Klatschlotte*, *Klatschtrine*, *Klatschlise*, entre outras. Antropólogos estudaram fofocas em lugares que vão desde a ilha de São Vicente, nas Antilhas, até os

---

[46] Em língua portuguesa, de acordo com o Dicionário Houaiss, o termo "fofoca" se origina do Banto. O dicionário referencia o trabalho da etnolinguista Yeda Pessoa de Castro para apontar a origem africana da palavra, proveniente de "fuka", cujo significado é "revolver, remexer". (N. da T.)

dormitórios estudantis em uma universidade americana. Apesar da evidência de que as mulheres fofocam apenas ligeiramente mais do que os homens, anedotas, provérbios, contos folclóricos, piadas e sabedoria convencional conspiram para transformar a fofoca em uma forma feminina de comunicação e união, algo que ferve com malícia mais do que qualquer outra coisa.[47]

Folcloristas e antropólogos afirmam que, quando a fofoca se transforma em história – quando ela se torna um híbrido de verdade e ficção, uma espécie de confabulação –, ela nos ajuda a enfrentar ansiedades sociais coletivas e contradições culturais. Os contos populares nos permitem processar sentimentos, dando um nome aos nossos medos e desafios, transformando-os em "uma forma simbólica representativa e reconhecível".[48] Uma história inventada pode ter sua origem num relato da vida real de, quem sabe, uma mulher com medo do casamento ou de um ressentimento de outra mulher com relação a um enteado; entretanto, também dissimulará esses relatos, despersonalizando seu conteúdo, projetando-os em um mundo imaginário, exagerando e aumentando as participações.

Aqui está um exemplo do tipo de história que começa como notícia, se transforma em lenda e termina como um conto de fadas. É um conto indígena norte-americano, relatado pelo povo Salishan, que vive no noroeste dos Estados Unidos e na região sudoeste do Canadá:

---

[47] Jörg R. Bergmann. *Discreet Indiscretions: The Social Organization of Gossip*. Trad. John Bednarz Jr. Nova York: de Gruyter, 1993, p. 60. "Uma boa fofoca se aproxima da arte", acrescentou um crítico para ressaltar o fato de que todos nós recorremos a algum artifício ou estratégia já consagrada pelo tempo para mentir e melhorar uma história. Rachel M. Brownstein. *Becoming a Heroine*. Nova York: Viking, 1982, p. 7.

[48] Roger D. Abrahams. *Everyday Life: A Poetics of Vernacular Practices*. Filadélfia: University of Pennsylvania Press, 2005, p. 28.

Certa vez, algumas pessoas estavam acampadas nas colinas perto de Lytton, e entre elas estavam duas meninas que gostavam de brincar longe do acampamento. Seu pai as advertiu contra os gigantes, que haviam infestado o país.

Um dia, brincando como sempre, ambas se afastaram do acampamento e dois gigantes as viram. Puseram-nas debaixo do braço e fugiram com elas, levando-as para a casa deles, numa ilha distante. Os gigantes as trataram gentilmente e lhes deram muita carne de caça para comer.

Durante quatro dias, as meninas foram quase dominadas pelo cheiro dos gigantes, mas aos poucos foram se acostumando. Durante quatro anos viveram com os gigantes, que as levavam através do rio para apanhar raízes e colher frutos que não cresciam na ilha.

Num verão, os gigantes levaram-nas para um lugar onde os frutos de mirtilo eram abundantes. Eles sabiam que as meninas gostavam muito de mirtilos. Deixaram-nas para apanhar os frutos e disseram que iriam caçar, mas que retornariam dentro de alguns dias. A irmã mais velha reconheceu o lugar como sendo próximo da casa do seu povo, tomando poucos dias de viagem, e então elas fugiram.

Os gigantes regressaram e logo viram que as meninas tinham partido. Decidiram então seguir seus rastros. Quando elas perceberam que estavam prestes a ser alcançadas, subiram no topo de uma grande árvore de abeto, onde não podiam ser vistas. Elas se amarraram com as alças das sacolas que levavam consigo. Os gigantes pensaram que elas poderiam estar na árvore e tentaram encontrá-las. Caminharam ao redor da árvore, mas não as viram. Sacudiram a árvore muitas vezes, empurraram e puxaram, porém, a árvore não se partiu e as meninas não caíram. E assim os gigantes foram embora.

Os gigantes ainda estavam à procura das meninas quando, um pouco mais tarde, as viram ao longe. Eles as perseguiram, e

> quando as meninas perceberam que estavam prestes a serem apanhadas, rastejaram para dentro de um grande tronco oco. Cobriram as aberturas com ramos. Os gigantes puxaram os galhos, mas elas não se mexeram. Tentaram rolar o tronco para baixo, mas era muito pesado. Depois de um tempo, eles desistiram.
>
> Logo que saíram do tronco, as meninas começaram a correr e finalmente chegaram ao acampamento do seu próprio povo nas montanhas. Seus sapatinhos de couro estavam gastos e suas roupas estavam rasgadas. Elas contaram ao povo como os gigantes viviam e se comportavam. Perguntaram-lhes se os gigantes tinham um nome e elas responderam que se chamavam Stosomu'lamux e TsekEtinu's.

"Esta é a essência do jogo", nos diz o célebre folclorista Roger Abrahams, "reificando [...] situações de ansiedade, e permitindo o livre gasto de energias sem temer as consequências sociais".[49] De repente, não há necessidade de reclusão e sigilo, dois traços distintivos de conversa fiada e fofoca. A história pode agora ser transmitida, contada em público, sem medo de vingança. Ela também está "sob controle", de um modo que jamais ocorrerá com um caso na vida real. Encapsulando um conflito de alto risco, localiza-se o problema no longo e distante "era uma vez", transformando os protagonistas em personagens com nomes genéricos ou descritivos, e ampliando a monstruosidade dos vilões, que agora são gigantes, dragões, madrastas e ogros. E de repente, a história tornou-se "inofensiva", mero entretenimento, apenas um conto de fadas ou um mito. Mas ela continua a nos assombrar, trabalhando sua magia, levando-nos a falar sobre todos os conflitos que põe em evidência, ampliando-os para criar uma sensação.

---

[49] Abrams. *Everyday Life*, p. 28.

Para um sentido mais nítido de como as notícias, rumores e fofocas podem se transformar em mitos, podemos recorrer às observações antropológicas de Melville J. Herskovits e Frances S. Herskovits, um casal que estudou e documentou os protocolos narrativos dos aldeões da ilha de Trinidad: "Velhos e jovens se deleitam em contar, e ouvir contar todos os pequenos incidentes que acontecem na aldeia. Para o exterior, a velocidade com que as notícias se espalham nunca deixou de ser uma fonte de espanto. Igualmente surpreendente foi a rapidez com que a história adquiriu uma textura que fez, do lugar-comum, algo composto de sequências significativas ou irônicas".[50] Textura: este é o ingrediente que se acrescenta à história para transformá-la do banal, trivial e comum em algo de peso mítico. E essa textura vem através da troca de conversas, com respostas de ouvintes que colocam em movimento um "tecer para a frente e para trás no tempo dos contos com ações sobrenaturais e de retribuição". Em suma, a sabedoria ancestral capturada no folclore do passado enriquece e narra a fofoca, produzindo novas histórias que, por sua vez, serão passadas para a próxima geração. Subitamente, passamos das particularidades da vida cotidiana para algo amplo, para os traços gerais e as grandes verdades do pensamento mítico.

Os Herskovitses testemunharam como os aldeões de Trinidad transformaram a vida em arte, ou o que Clifford Geertz chamou de "forma cultural". E as formas culturais não são meramente "reflexos de uma sensibilidade preexistente", mas também "agentes positivos na criação e manutenção de tal sensibilidade". A famosa análise de Geertz sobre a briga de galos balinesa revela como as formas simbólicas funcionam: "É justamente isso, o colocar em foco essa espécie de experiências variadas da vida cotidiana, que a briga de galos executa, colocada à parte dessa vida como 'apenas um jogo' e religada a ela como 'mais do que um jogo'. Ela cria, assim, o que pode ser chamado de

---

[50] Melville Jean Herskovits e Frances Shapiro Herskovits. *Trinidad Village*. Nova York: Knopf, 1947, p. 275.

acontecimento humano paradigmático, um nome melhor do que típico ou universal".[51] "Apenas um jogo" e "mais do que um jogo" captam como a história é, ao mesmo tempo, de baixo risco e de alto risco, comandando a nossa atenção e nos permitindo jogar e, por sua vez, sermos entretidos por ela. Operísticas e melodramáticas, histórias contadas num cenário comunitário capturam um raio dentro de uma garrafa e o colocam em exibição para que todos possam contemplar, maravilhar-se e começar o trabalho árduo da especulação – em suma, filosofar, envolver-se numa atividade que os humanos fazem supremamente bem.

Geertz, em minha opinião, não presta suficiente atenção à maneira como o trabalho interpretativo realizado na arena da narração pode perturbar o *status quo*. Contar histórias é um modo de criar um discurso alternativo, que pode se desviar e contestar o que se ouve no discurso político e público. Como vimos, o poder da fofoca e da narrativa para desafiar as normas vigentes foi vibrantemente ordenado nos Estados Unidos pelo movimento #MeToo. As histórias da vida real contadas por esse movimento infiltraram-se em nossas séries de entretenimento, como é o caso de *The Morning Show* (2020), que reciclou o escândalo que abalou o *Today* show da NBC. Entretenimentos como esse e outros nos dão muito o que falar enquanto observamos como a arte organiza a vida e a expande.

Heroínas não cantadas

Com a Grande Migração dos contos da carochinha para o universo infantil, muito se perdeu, com muitas histórias simplesmente desaparecendo. Contos de fadas sobre violência doméstica (todos aqueles contos ao estilo do "Barba-Azul", com maridos misteriosos, carismáticos e

---

[51] Clifford Geertz. *The Interpretation of Cultures.* Nova York: Basic Books, 1973, pp. 450-51. [Para esta citação, foi usada a versão brasileira da obra: Clifford Geertz. *A Interpretação das Culturas*. Rio de Janeiro: LTC, 2008, p. 211.]

cruéis), relatos de abuso sexual (como "Pele de Asno", por exemplo, em que uma menina escapa por pouco de um pai que quer sua mão em casamento) e histórias de confinamento e mutilação ("A Moça sem Mãos")[52] foram desbastadas, desaparecendo do repertório, por todas as razões óbvias. Esses contos, com suas cimitarras erguidas, membros amputados e noites sem dormir sob as cobertas com ouriços ou cobras, dificilmente seriam adequados para a leitura dos jovens. Claro que esses contos nunca foram concebidos para os jovens, mas sim para as mulheres, jovens e velhas, enquanto imaginavam todas as reviravoltas perturbadoras que poderiam ocorrer no namoro e casamento, caminho e objetivo para a maioria das mulheres.

Charles Perrault, os Irmãos Grimm, Joseph Jacobs e muitos outros filólogos, antiquários e homens de letras (como antes eram chamados), que reuniram antologias nacionais de contos folclóricos, iniciaram o lento e constante processo de eviscerar o arquivo de contos, removendo o conteúdo mais sombrio, expurgando cenas alusivas a agressão sexual, violência doméstica e incesto. Eles não eliminaram imediatamente histórias como "Pele de Asno", "Mil Peles", "Pele de Gato", "A Ursa" e "O Rei que queria Casar com sua Filha"[53] – todas com desejos incestuosos –, mas trabalharam arduamente para tornar tais tipos de contos menos proeminentes em suas coleções. E alguns editores dessas histórias optaram, ainda, por retirar a culpa do pai, deixando claro que os conselheiros do rei, e não o próprio rei, estavam inclinados a efetivar a aliança perversa. Outros atribuíram a perseguição do rei em busca de sua filha a um ataque temporário de loucura provocado pela perda e consequente luto por sua amada esposa.

Mais tarde, no século XIX, folcloristas como Andrew Lang, que organizou a popular série *British Rainbow*, constituída de vários volumes

---

[52] "The Maiden Without Hands", no original. (N. da T.)
[53] Respectivamente, "Donkeyskin", "Thousandfurs", "Catskin", "The She-Bear" e "The King Who wishes to Marry His Daughter", no original. (N. da T.)

de contos de fadas (foram a sua esposa e uma equipe de amigos e colaboradores que desempenharam o verdadeiro e árduo trabalho de recolha), tentaram tornar histórias como "Pele de Asno" amigável para as crianças.[54] Na reedição de Lang, a filha do rei é uma menina "adotada" e, repetidamente, o texto nos lembra de que o rei não é o seu verdadeiro pai – ela apenas o chama assim. Mesmo em sua forma expurgada, histórias como essa não teriam apelo para alguém como Walt Disney, que privilegiava contos com rainhas malvadas (*Branca de Neve e os Sete Anões*), madrastas cruéis (*Cinderela*) e feiticeiras malvadas (*A Bela Adormecida*), em vez de um pai que desejasse a própria filha. Tanto ele e outros ignoraram as muitas histórias sobre pais que trancam suas filhas em torres, cortam suas mãos ou as vendem ao diabo.

Contos sobre pais abusivos e irmãos assediadores desapareceram do cânone dos contos de fadas. Em "A Bela das Mãos Cortadas", de Giambattista Basile, apresenta-se uma mulher falando com seu irmão, um homem determinado a fazer dela sua esposa: "Estou espantado por teres deixado escapar essas palavras da tua boca! Se são galhofa, são dignas de um asno, e se são sérias, fedem como um bode. Lamento que tenhas a língua para dizer essas coisas feias e vergonhosas, e que eu tenha os ouvidos para ouvi-las. Eu, a tua mulher? Quem te sugiriu isso? Que tipo de armadilha é essa? Desde quando é que as pessoas fazem essa confusão? Desde quando essa promiscuidade? Essa mixórdia?". O irmão responde cantando os louvores que estão nas mãos de sua irmã. Como é que ela responde? Cortando as mãos e enviando-as para ele numa bandeja, onde o irmão as tranca num baú que depois atira ao

---

[54] Angela Carter escreve com carinho ("muita diversão" contida naquelas histórias provenientes do mundo inteiro) sobre as antologias compiladas por Lang – "Os Livros de Fada Vermelho, Azul, Violeta, Verde e Oliva, e outros do espectro de cores". Ver: Angela Carter. *Book of Fairy Tales*, p. xvi. Para verificar a verdadeira atribuição dos trabalhos de Andrew Lang e Nora Lang, ver: "'Almost Wholly the Work of Mrs. Lang': Nora Lang, Literary Labour, and the Fairy Books". *In*: *Women's Writing* 26 (1977), p. 400-20.

mar. No final, um feiticeiro lhe restaura as mãos, num último episódio de reconciliação.[55]

Por que todas as heroínas que mostram uma determinação feroz diante da violência doméstica desapareceram? A perda dessas histórias traz consequências reais para a esposa do Barba-Azul, para Pele de Gato, para a Menina sem Mãos, para Mil Peles e para uma série de outras heroínas cujos nomes não reconheceríamos hoje como modelo de comportamento heroico, demonstrando como vítimas de terríveis circunstâncias familiares podem encontrar maneiras não apenas de sobreviver, mas de prevalecer, mesmo depois de suportar o inimaginável. Resistência: essa é a característica que Clarissa Pinkola Estés, autora de *Mulheres que Correm com os Lobos* (*Women Who Run with the Wolves*), viu como a lição orientadora de histórias como "A Donzela sem Mãos" (como ela a chama). A palavra "resistência", aponta a autora, significa não apenas prosseguir sem parar, mas também "endurecer, fortalecer, robustecer, reforçar". "Nós não seguimos apenas para seguir", acrescenta ela. "Resistir significa que estamos fazendo algo."[56]

Junto com as culturas orais que ligam empregadas domésticas, mulheres em círculos de costura, amas de leite e cozinheiras de forno a lenha, os contos sobre violência doméstica têm gradualmente desaparecido e sido esquecidos, transformados em brincadeiras "inocentes" de crianças, em vez de continuarem a ser um assunto adulto para ser discutido durante conversas e intercâmbio de ideias. Embora seja verdade que as versões não disfarçadas e não embelezadas desses contos tenham desaparecido, os tropos de algumas dessas histórias guardam um verdadeiro poder de permanência. Há uma infinidade de câmaras proibidas, chaves sangrentas e maridos com esqueletos em seus armários em nossos

---

[55] Giambattista Basile. "Penta with the Chopped-Off Hands". *In*: *Tale of Tales*, pp. 214-24.

[56] Clarissa Pinkola Estés. *Women Who Run with the Wolves: Myths and Stories of the Wild Woman Archetype*. Nova York: Ballantine Books, 1996, p. 388.

espetáculos contemporâneos. E, como veremos, essas são precisamente as histórias que as escritoras retomaram no final do século XX, ressuscitando tradições que de outra forma teriam sido perdidas.

"Uma mulher sem língua é como um soldado sem a sua arma", escreveu o poeta britânico George Peele, em sua peça *The Old Wives'Tale*, de 1595.[57] Silenciar as vozes femininas, mantendo suas histórias fora do cânone oficial, tornou-se uma espécie de missão, consciente ou não, e a estratégia de depreciar os contos de fadas consistia num modo poderoso de evitar que se tornassem uma forma de capital cultural disponível para as mulheres pertencentes às classes instruídas, assim como as histórias o foram em tempos passados para iletrados. Também impediu a disseminação mais ampla de todo um gênero de histórias que narravam complicações do namoro, do amor e do casamento dos mais desfavorecidos que conseguem virar a mesa perante os ricos e poderosos, de fantasias utópicas que terminam com um "felizes para sempre".

Antes de retomar a sobrevivência de algumas dessas histórias dentro das obras de mulheres escritoras, vejamos um dos contos da carochinha que desapareceram. "O Pássaro do Bruxo Fichter" (ou "O Estranho Pássaro"),[58] incluído nos *Contos Maravilhosos Infantis e Domésticos*, dos Imãos Grimm, apresenta-nos uma heroína que não só é corajosa e inteligente, como também é uma curandeira e salvadora. Aqui está a sua história, uma variante do conto "O Barba-Azul", um conto de fadas que convencionalmente termina com a libertação da heroína pelos seus irmãos:

> Era uma vez um feiticeiro que se disfarçava de homem pobre e ia mendigar de porta em porta para capturar meninas bonitas. Ninguém fazia ideia do que ele fazia com elas, pois todas desapareciam sem deixar rasto.

---

[57] George Peele. *The Old Wives' Tale*. Londres: John Danter, 1595. Linhas 19-20.
[58] "Fitcher's Bird", no original. (N. da T.)

Um dia, o mago apareceu à porta de um homem que tinha três lindas filhas. Parecia apenas um pobre e fraco mendigo, com uma cesta amarrada às suas costas, como se estivesse recolhendo esmolas. Quando ele pediu algo para comer, a menina mais velha veio até a porta para lhe dar uma côdea de pão. Assim que ele a tocou, ela acabou saltando diretamente para a cesta dele. Então, a passos largos, ele levou a menina para a casa dele, que ficava no meio de uma floresta escura.

Tudo na casa era maravilhoso. O feiticeiro deu à moça tudo o que ela queria, dizendo-lhe: "Querida, tenho a certeza de que serás feliz aqui comigo, pois terás o que o teu coração desejar". Depois de alguns dias, ele disse: "Tenho de fazer uma viagem e vou te deixar sozinha por um tempo. Aqui estão as chaves da casa. Podes ir aonde quiseres e olhar ao redor para o que quiser, mas não entres no quarto que só pode ser aberto por esta pequena chave. Proíbo-te sob o castigo da morte".

Ele também lhe deu um ovo e disse: "Leva-o contigo para onde quer que vás, porque, se ele se perder, algo terrível vai acontecer". Ela pegou as chaves e o ovo, prometendo fazer exatamente o que o bruxo lhe dissera. Depois que ele saiu, ela andou por toda a casa de cima a baixo, dando uma boa olhada em tudo o que havia nela. Os quartos brilhavam com prata e ouro, e ela pensou que nunca tinha visto nada tão magnífico. Quando finalmente chegou à porta proibida, ela estava prestes a passar por ela, mas sua curiosidade foi mais forte. Ela inspecionou a chave e descobriu que era parecida com as outras. Colocando-a na fechadura, ela a virou apenas um pouco, e a porta se abriu.

Imagine o que ela viu quando entrou! No meio da sala havia uma grande bacia cheia de sangue e nela estavam os membros dos cadáveres cortados. Ao lado da bacia havia uma tábua de corte com um machado cintilante alojado nela. Ela estava tão horrorizada que deixou cair o ovo que estava segurando dentro da bacia.

Embora ela o tenha retirado e limpado, a mancha de sangue não desaparecia: a mancha voltava e voltava. Ela limpou e esfregou, mas a mancha não sumiu.

Não muito depois, o homem voltou da sua viagem, e as primeiras coisas que ele pediu foram a chave e o ovo. Trêmula, a jovem entregou a chave e o ovo, porém, quando ele viu a mancha vermelha, soube que ela tinha posto os pés no quarto sangrento. "Entraste no quarto contra a minha vontade", disse ele. "Agora vais voltar a entrar contra a tua vontade. A tua vida chegou ao fim".

O homem atirou-a para baixo, arrastou-a para o quarto pelo cabelo, cortou-lhe a cabeça no bloco e retalhou-a em pedaços para que o sangue dela corresse por todo o chão. Depois, atirou-a para a bacia com os outros.

"Agora vou buscar a segunda", disse o feiticeiro. E ele voltou para a casa da vila vestido como um pobre homem implorando por caridade. Quando a segunda filha lhe trouxe uma côdea de pão, ele a pegou como tinha feito com a primeira, bastando para isso apenas tocá-la. Ele a carregou, e ela não se comportou melhor do que a primeira irmã. A curiosidade dela venceu: ela abriu a porta do quarto sangrento, olhou para dentro e, quando o feiticeiro voltou, ela teve de pagar com a vida.

O homem foi, então, procurar a terceira filha, contudo, ela era esperta e astuta. Depois de lhe entregar as chaves e o ovo, ele foi embora, e ela colocou o ovo em um lugar seguro. Ela explorou a casa e entrou no quarto proibido. E o que é que ela viu! Lá na bacia estavam suas duas irmãs, mortas e retalhadas em pedaços. Mas ela se pôs a trabalhar juntando todas as partes dos corpos, colocando-as de volta ao lugar certo: cabeças, tronco, braços e pernas. Quando tudo estava recomposto, as duas jovens começaram a se mover, unidas novamente. Ambas abriram os olhos e voltaram à vida. E, felizes, beijavam-se e abraçavam-se.

Ao voltar para casa, o homem perguntou logo sobre as chaves e o ovo. Quando não conseguiu encontrar vestígios de sangue no ovo, ele declarou: "Passaste no teste e serás minha noiva". Ele não tinha mais poder sobre ela e precisava fazer a sua proposta. "Muito bem", respondeu ela. "Mas primeiro deves levar uma cesta cheia de ouro ao meu pai e à minha mãe, e deves carregá-la às costas. Durante esse tempo, farei os planos para o casamento".

Ela correu para as suas irmãs, que tinha escondido num pequeno quarto, e disse: "Agora eu já posso vos salvar. Aquele bruto será quem vos levará para casa. Mas, assim que chegardes, mandai ajuda para mim".

Ela colocou as duas garotas em uma cesta e as cobriu com ouro até ficarem completamente escondidas. Então ela convocou o feiticeiro e disse: "Pega a cesta e começa a andar, mas não te atrevas a parar para descansar pelo caminho. Vigiarei pela minha pequena janela e ficarei de olho em ti".

O feiticeiro ergueu a cesta nos seus ombros e partiu. Entretanto, estava tão pesada que o suor corria por sua testa. Ele se sentou para descansar um pouco, mas em poucos momentos uma das meninas gritou da cesta: "Estou vigiando pela minha pequena janela, e vejo que estás descansando. Segue o caminho, anda". Sempre que ele parou, a voz soou, e ele teve de continuar até que, finalmente, ofegante e gemendo, ele conseguiu carregar a cesta com o ouro e com as duas jovens dentro dela de volta para a vila na casa dos pais.

Nesse meio-tempo, a noiva preparava a celebração do casamento, para a qual tinha convidado todos os amigos do feiticeiro. Ela pegou um crânio com dentes sorridentes, decorou-a com joias e uma guirlanda de flores, levou-a para cima, colocando-a numa janela do sótão, virada para o exterior. Quando tudo estava pronto, enfiou-se dentro de um barril de mel, cortou um acolchoado e se enrolou em penas, ficando assim parecida com um estranho pássaro que ninguém poderia reconhecer. Ela saiu de casa e, no caminho, conheceu alguns convidados do casamento, que perguntaram:

"Oh, o pássaro de penas de Fitcher, de onde vieste?"
"Da casa de Fitze Fitcher das penas é que eu vim."
"E a jovem noiva, que faz ali?"
"Ela varre a casa até o fim."
"E da janela do sótão, ela olha para ti."

Ela então reconheceu o noivo, que estava voltando para casa muito lentamente. Ele também perguntou:

"Oh, o pássaro de penas do Fitcher, de onde vieste?"
"Da casa do Fitze Fitcher das penas é que eu vim."
"E a jovem noiva, que faz ali?"
"Ela varre a casa até o fim."
"E da janela do sótão, ela olha para ti".

O noivo olhou para cima e viu o crânio decorado. Ele pensou que era sua noiva, moveu a cabeça e acenou para ela. Mas, quando chegou à casa, que já estava cheia com os seus convidados, os irmãos e parentes das moças que foram enviados para resgatar a noiva também chegaram. Eles trancaram as portas da casa para que ninguém, nem o bruxo e nem seus convidados, pudesse sair. Logo, atearam fogo, e o feiticeiro e a trupe de convidados foram queimados vivos.[59]

---

[59] No texto original, a tradução para a língua inglesa de "Fitchers Vogel", extraída da terceira edição de *Kinder-und Hausmärchen*, dos Irmãos Grimm, foi elaborada por Maria Tatar.

A heroína alemã arquiteta o seu próprio resgate para escapar do mago Fitcher, especialista na arte da separação e mestre do desmembramento. Ele usa uma tábua de corte para separar em pedaços o que deveria ser inteiro. A terceira irmã precisa reverter esse processo, reunindo as partes desmembradas de suas irmãs, curando-as e devolvendo-lhes a vida.

A palavra alemã *heilen* (curar), apesar de suas muitas associações prejudiciais com a retórica política do Terceiro Reich, constitui, na verdade, o Santo Graal tanto nesse como em muitos contos maravilhosos,

Arthur Rackham, ilustração para *Little Brother & Little Sister and Other Tales*, dos Irmãos Gimm, 1917.

pois atingir a plenitude, restaurar o equilíbrio e a estabilização são frequentemente o seu objetivo. Os contos de fadas nos oferecem melodramas empacotados numa moldura estreita, propulsiva mas também transbordante e contida, resultando em que as aparências contam mais do que na maioria das formas narrativas. Daí a frequência com que a cura e a integridade são encarnadas na beleza, que é um atributo da heroína. Como Elaine Scarry observa em um tratado filosófico sobre beleza, objetos bonitos tornam visível "o bem manifesto da igualdade e do equilíbrio".[60] Especialmente em épocas passadas, "quando uma comunidade humana era ainda muito jovem para ter tido tempo de criar a justiça", acrescenta Scarry, a simetria da beleza pode modelar a justiça. É no conto de fadas que a beleza e a justiça são extremamente adequadas para se espelharem e se ampliarem mutuamente, para o que constitui o código moral nesse gênero, que não é senão uma espécie de moral ingênua – "nosso julgamento instintivo absoluto do que é bom e justo".[61] A beleza – atributo que é a assinatura das heroínas dos contos de fadas – funciona como um índice de justiça em ambos os sentidos do termo. Assim, beleza, magia, cura e justiça social operam em conjunto em muitos contos maravilhosos para produzir resultados restauradores, presentes no final em que a virtude é recompensada e o vício é punido, como estabelece o velho lugar-comum.

A terceira irmã, que é a "mais esperta" do trio, também se torna aquela que consegue preservar a vida. Ela não só desafia os poderes do feiticeiro, fazendo com que suas irmãs fiquem inteiras novamente, mas também conserva o ovo, protegendo-o da impureza sangrenta, depositando-o num lugar seguro. Ela, então, se transforma em uma criatura híbrida – metade humana, metade animal – mergulhando seu corpo

---

[60] Elaine Scarry. *On Beauty and Being Just*. Princeton, NJ: Princeton University Press, 2001, p. 97.
[61] André Jolles. *Einfache Formen: Legende, Sage, Mythe, Rätsel, Spruch, Kasus, Memorabile, Märchen, Witz*. Berlim: de Gruyter, 2006, p. 241.

em mel e, a seguir, rolando sobre penas. E para atrair seu noivo para a própria morte, a terceira irmã modela o que deve funcionar como seu próprio duplo: um crânio decorado com flores e joias, o qual, pelo menos a distância, fará Fitcher acreditar que se trata de sua noiva. A imagem criada pela exibição do crânio enfeitado produz um nexo simbólico que liga a noiva à beleza e à morte. A irmã astuta cria um segundo eu que corresponde exatamente aos desejos de seu noivo, enquanto ela escapa do toque fatal ao se transformar em um ente com penas, uma criatura viva associada à leveza, segurança, vida e esperança. A heroína reivindica para si os poderes do mágico, usando-os, porém, para restaurar a vida em vez de proceder cenas de matança.

Falar e escrever

Vimos como rumores e fofocas se transformaram em contos da carochinha, os quais, por sua vez, se transformaram em contos de fadas que desembarcaram diretamente na cultura da infância com a perda quase instantânea das histórias sobre mulheres sobreviventes, triunfando e prevalecendo, sempre contra as probabilidades. Os contos que aventavam o espectro do não-tão-felizes-para-sempre e abordavam ansiedades sobre namoro, núpcias e vida conjugal também desapareceram do repertório disseminados nas esferas de atividade social como mulheres que se autorreconfiguraram. Desapareceram as sessões de narração de histórias que outrora proporcionaram canais de socialização e aculturação, bem como de resolução de problemas e sondagens filosóficas. Ao mesmo tempo, os mitos da Antiguidade, junto com épicos como *A Ilíada* e *A Odisseia*, enrijeceram modelos de crenças que eram vistos como herança cultural do Ocidente e se tornaram um padrão fixo no currículo do sistema educacional dos Estados Unidos. Assim, crianças em idade escolar descobriram como ser um herói ao ler sobre Aquiles, Odisseu, Prometeu e Hércules.

O fato de que as vozes das mulheres foram silenciadas para além do reino do conto de fadas e do mito foi reconhecido pela poetisa Adrienne Rich em seu discurso de aceite do Prêmio Nacional do Livro de 1974, na categoria de poesia, para o qual foi selecionada, ao lado de Allen Ginsberg. Rich e as outras duas mulheres indicadas tinham selado um pacto para compartilhar o prêmio uma com a outra, caso uma das três fosse vencedora, e foi isso que Rich leu no palco: "Nós, Audre Lorde, Adrienne Rich e Alice Walker, juntas, aceitamos este prêmio em nome de todas as mulheres, cujas vozes já se foram ou que ainda não foram ouvidas num mundo patriarcal, e em nome daquelas que, como nós, foram toleradas como mulheres-símbolo nesta cultura, muitas vezes a grande custo e com imensa dor". O prêmio foi dedicado "às mulheres silenciosas cujas vozes nos foram negadas, às mulheres articuladas que nos deram força para fazer o nosso trabalho".[62] Essas vozes podem não ter sido impressas, mas eram tudo, menos silenciosas, como revela um olhar sobre as tradições orais de contar histórias de tempos passados. É hora de trazer de volta algumas dessas vozes ancestrais, e foi exatamente isso que algumas mulheres escritoras fizeram nas últimas décadas.

Como escritoras, as mulheres têm enfrentado desafios assustadores, sem nunca ocupar um lugar tão proeminente no cânone literário como os seus pares masculinos. Desde 2019, dos 116 laureados com o Prêmio Nobel de Literatura, apenas 15 foram mulheres. "Uma mulher que escreve pensa em suas mães", escreveu Virginia Woolf, e essas mães, como vimos, presidiram uma esfera social que era doméstica, prosaica e profundamente investida da vida comum e do cotidiano, bem como no sentimental e sensorial.[63] Não foi apenas a falta de um

---

[62] Lauren Martin. "Audre Lorde, Adrienne Rich, and Alice Walker's Speech at the National Book Award Ceremony Will Make You Cry", disponível no *blog*: *Words of Women*, 22 nov. 2017.

[63] Virginia Woolf. *A Room of One's Own*. Nova York: Harcourt Brace Jovanovich, 1957, p. 101.

espaço próprio que impediu que as mulheres se tornassem escritoras. Foi a ausência total de um ambiente social capaz de sustentar as mulheres em uma mesa de trabalho, ponderando enredos, escrevendo-os e destinando suas palavras para o mundo.

Não ajudou o fato de que, durante séculos, romancistas mulheres depreciaram o próprio trabalho de modo a ecoar nas vozes daqueles que desejavam desacreditar os contos da carochinha. A romancista britânica Frances Burney sentiu-se pressionada a desistir de escrever, pois se tratava de uma prática que "não era de uma dama". Por algum tempo, ela escreveu em segredo, mas acabou queimando seu primeiro manuscrito, *A História de Caroline Evelyn*.[64] Um ano depois, em 1778, ao publicar *Evelina*, ela descreveu seu livro como "a produção insignificante de algumas horas". Mary Wollstonecraft Shelley, cujo livro *Reivindicação dos Direitos da Mulher*[65] foi publicado em 1792, referiu-se a "romancistas tolos" e expressou desprezo pelas obras deles. E George Eliot (que repudiou sua identidade feminina usando um pseudônimo masculino) escreveu um ensaio inteiro chamado *Romances Tolos de Romancistas Tolas*, no qual ela acusa o trabalho das romancistas mulheres como uma "ociosidade ocupada". Por volta da mesma época, Jo March, a corajosa, desafiadora e espirituosa segunda filha das quatro irmãs March, queimou um conjunto de histórias que ela entendeu serem "bobas" (depois de uma conversa com o professor Bhaer), algo que sua autora da vida real[66] também havia feito. Mais tarde, em 1959, Sylvia Townsend Warner, uma escritora britânica que estava na vanguarda

---

[64] *The History of Caroline Evelyn*, no original. (N. da T.)

[65] Mary Wollstonecraft. *A Vindication of the Rights of Woman*, no original. [*Reivindicação do Direito das Mulheres*. São Paulo: Boitempo, 2016. p. 231.] (N. da T.)

[66] Jo March é uma das protagonistas do romance autobiográfico intitulado *Mulherzinhas (Little Women)*, de Louisa May Alcott, publicado em 1868, nos Estados Unidos. (N. da T.)

da emancipação e empoderamento feminino, revelou a preocupação de que "uma mulher escritora é sempre uma amadora".[67]

Ouvindo as palavras de Rich, Woolf, Burney e outras, torna-se evidente que o desafio das escritoras é ouvir as vozes de seus antepassados (foram esses os termos usados por Toni Morrison) – escavar, desenterrar e redescobrir histórias que eram tudo menos frívolas e triviais. Pode ser verdade que os mundos mitológicos estejam sendo estilhaçados para sempre, como escreveu certa vez o renomado antropólogo Franz Boas, porém, eles se mantêm sempre em um processo contínuo de reconstrução.[68] Estranhamente, muitas vezes são os escritores da vanguarda que empreendem projetos de recuperação e preservação de forma inadvertida. Vimos como Margaret Atwood, Pat Barker, Madeline Miller e Ursula Le Guin reformularam mitos, dando-nos uma perspectiva diferente sobre o comportamento heroico, ao deslocar para o primeiro plano personagens marginalizadas do passado mítico, descobrindo como restaurar o poder da fala para aqueles que tinham sido silenciados pela sua cultura. As escritoras da seção que se segue usaram muitas dessas estratégias, voltando no tempo para reimaginar histórias de épocas passadas, em muitos casos, oferecendo-nos trapaceiras em vez de vítimas ingênuas (o que os folcloristas chamam de arquétipo da "garota inocente e perseguida"). Ao adquirir autoridade por meio da habilidade analítica e do feitiço por meio das palavras, essas mulheres

---

[67] Frances Burney. *Evelina*. Nova York: Oxford, 2002, p. 5. Mary Wollstonecraft, "A Vindication of the Rights of Woman: with Strictures on Political and Moral Subjects". *In*: D. L. Macdonald e Kathleen Scherf (orgs.). *The Vindications*. Peterborough, Ontario: Broadview, 2001, p. 330. George Eliot, "Silly Novels by Lady Novelists". *In*: Solveig C. Robinson (org.). *A Serious Occupation: Literary Criticism by Victorian Women Writers*. Peterborough, Ontario: Broadview, 2003, pp. 88-115. Sylvia Townsend Warner. "Women as Writers". *In: Feminist Literary Theory and Criticism: A Norton Reader*. Sandra M. Gilbert e Susan Gubar (orgs.). Nova York: W. W. Norton, 2007, p. 161.

[68] Franz Boas. "Introduction". *In*: James Teit (org.). *Traditions of the Thompson River Indians of British Columbia, Memoirs of the American Folklore Society*, VI (1898), p. 18.

autorizaram a si próprias e elevaram o gênero do conto da carochinha ao que hoje é dignificado pelo nome da literatura. Afinal, foi ouvindo os antepassados que a vencedora do Prêmio Nobel, Toni Morrison, deu novo alento aos contos que nos trazem, por exemplo, o mito dos "africanos voadores", levando os tropos dessas histórias, remixando-as, fundindo-as e produzindo nada menos que *A Canção de Solomon*.[69]

Mary Lefkowitz afirma que o legado mais importante dos gregos não é, "como gostaríamos de pensar, a democracia; mas sim a sua mitologia". Essa mitologia tem sido utilizada como instrumental para perpetuar mitos sobre a feminilidade e naturalizar discursos patriarcais que posicionam as mulheres como sofredoras silenciosas e sem qualquer forma de ação real, a menos que forjem seu olhar para enfeitiçar e desnortear. O mesmo se aplica ao folclore, com contos de fadas cumprindo a mesma missão cultural de perpetuar mitos – e é exatamente por isso que alguns escritores decidiram, no final do século XX, "desmistificá-los".[70]

Mulheres dançando até a morte, calçadas com sapatos de ferro em brasa, meninas forçadas a trabalhar em cozinhas como empregadas e serviçais e uma miríade de madrastas e bruxas que se banqueteiam com seus filhos e netos são histórias destinadas a chocar e a assustar, estando também presentes – e certamente ninguém contestará isso – altas doses de esquisitice e brutalidade para compor parte do gênero. A linguagem simbólica dos contos de fadas desperta a atenção, atribuindo-lhes também certo poder de permanência e profundidade. Essa é mais uma razão para questionar a inquebrantável associação das mulheres com canibalismo e com maldições – todo o mal que alimenta os enredos dos contos de fadas – e olhar para debaixo do capuz, como

---

[69] *The Song of Solomon*, no original. (N. da T.)
[70] Mary Lefkowitz. *Women in Greek Myth*, 2ª ed. (1986). Baltimore: Johns Hopkins University Press, 2007, p. xv. A respeito de como o mito é uma forma de discurso que parece ser "natural" em vez de historicamente determinada, ver: Roland Barthes. *Mythologies*. Londres: Vintage, 1993.

propõe Angela Carter. Ela e outras fizeram da sua missão reviver contos que tinham desaparecido e desmontar as histórias antigas, dividindo-as em suas partes constituintes e reordenando-as, enquanto as consertavam, restauravam e concebiam novas.

Rebeldes escrevendo com uma causa: Anne Sexton, Angela Carter, Margaret Atwood e Toni Morrison

Se alguém viveu uma vida de conto de fadas no sentido mais pungente dessa metáfora, foi a poeta Anne Sexton. Provável vítima de incesto, culpada de ter abusado dos próprios filhos, Sexton pôs fim à vida ao cometer suicídio num dia ensolarado de outono na Nova Inglaterra. Depois de almoçar com a poetisa Maxine Kumin, ela voltou para casa, serviu-se de um copo de vodca, tirou os anéis dos dedos, deixou-os cair na bolsa e vestiu um casaco de pele que tinha pertencido à mãe. Entrou então na garagem, fechando cuidadosamente a porta atrás dela. Entrou em seu Mercury Cougar vermelho, ano 1967, ligou a ignição, o rádio e tomou a bebida que havia preparado antes para si mesma, enquanto o escapamento do motor fazia lentamente o seu trabalho.

Na introdução do livro *Transformations* (1971), uma coleção de 17 poemas de Sexton que reescrevem o cânone dos Irmãos Grimm, Kurt Vonnegut Jr. nos diz que uma vez ele pediu a um amigo para ponderar a respeito do que os poetas fazem. "Eles estendem a linguagem", foi a resposta. Anne Sexton nos faz um "favor mais profundo", acrescentou ele. "Ela domestica o meu terror."[71] O que Vonnegut quis dizer com essa frase? Que Sexton transplantava o horror para dentro de casa? Que a poetisa naturalizava o pavor? Ou que ela domava o medo? Talvez tudo isso, pois Sexton estava determinada a mostrar que o terror dos contos de fadas não era apenas fruto de uma imaginação enlouquecida.

---

[71] Kurt Vonnegut Jr. "Introduction". *In*: Anne Sexton. *Transformations*. Nova York: Houghton Mifflin, 1971, p. vii.

As histórias podem parecer exageradas, extravagantes, barrocas e cheias de excessos, mas isso não significa que não sejam verdadeiras.

Como Sexton, escrevendo em 1970, lançou-se à ideia de usar os contos de fadas dos Grimms para domesticar o terror? Para conhecer a origem de *Transformations*, é preciso recorrer às memórias de Linda Gray Sexton: *Searching for Mercy Street: My Journey Back to My Mother, Anne Sexton*. O que Linda fazia depois da escola, enquanto sua mãe estava ocupada em seu escritório em casa? Arranjou algo para comer e pôs um livro sobre a mesa para ler enquanto tomava uma tigela de sopa. Um dia, a "Mãe" entra na cozinha e pergunta: "O que você está lendo, querida?". A resposta da Linda: os *"Grimm"*. "Você nunca se cansa dessas histórias, não é?" Anne Sexton observou. E a Linda adulta reflete sobre a frequência que ela "lê e relê" esses contos de fadas.[72] Sexton reapropriou-se das histórias, transportando-as do âmbito da cultura de leitura infantil para o seu próprio estúdio de poesia, tomando os contos que a sua filha mais gostava e depois redireccionando-os para os adultos. O episódio da vida real encerra um processo de reapropriação que começou na década de 1970, ganhou velocidade nas duas décadas seguintes e agora se tornou uma força cultural irrefreável.

Na Houghton Mifflin, o editor de Sexton, Paul Brooks, preocupou-se que os poemas de *Transformations* carecessem da "terrível força e franqueza" de sua "poesia mais séria".[73] O humor ácido dos poemas deve ter mascarado – ao menos para ele – sua seriedade, pois é difícil não sentir o soco no estômago provocado por *Transformations*. Nesse pequeno volume, Anne Sexton encarna tanto os vilões dos contos de fadas como as vítimas. Ela é a bruxa que aterroriza jovens e velhos. Ela é Briar Rose, mas não está dormindo serenamente no castelo, e sim deitada na cama "ainda dura como uma barra de ferro", com seu pai

---

[72] Linda Gray Sexton. *Searching for Mercy Street: My Journey Back to My Mother, Anne Sexton*. Nova York: Little, Brown, 1994, p. 154.

[73] Diane Middlebrook. *Anne Sexton: A Biography*. Nova York: Vintage, 1992, p. 338.

"caindo de bêbado sobre a cama [dela]". E na sua versão de "Chapeuzinho Vermelho", os segredos fluem, "como gás", para dentro da casa que ela habita. O elemento folclórico torna-se pessoal, enquanto ela dá as boas-vindas ao horror dos contos de fadas, não apenas abraçando-os, mas convidando-os a ficar.

O poema de abertura em *Transformations* é o título da história final da coleção dos Irmãos Grimm: "A Chave de Ouro".[74] Nele, Sexton se posiciona como "locutora" e não como "escritora" ou "poetisa". Ela é o novo bardo ou rapsodo inspirado que herdou a tradição oral, retomando de onde os dois irmãos alemães pararam. Os poemas podem ter encontrado seu caminho em um livro, mas foram revigorados por sua *voz* ("minha boca muito aberta"), usando o registro de fala do que o seu mundo social chama de "bruxa de meia-idade". Ela está "pronta para contar a você uma ou duas histórias".[75] E é o que ela faz, além de transformar os Irmãos Grimm de modo que o comum e cotidiano, conforme as palavras de Vonnegut sobre a coleção, se convertam em "terror domesticado". Os poemas fundem fantasias do "era uma vez" com o "aqui e agora" para nos transportar ao mundo escuro da família nuclear como o cadinho da violência doméstica, com todos os seus conflitos e traumas perturbadores.

Tanto em uma parte do conto de fadas como também em sua narração, Sexton nos mostra uma consciência dividida que transforma, por assim dizer, o conto de tempos passados em presente vivo. Reconhecendo sem medo o lado sombrio da vida familiar e seu próprio papel sinistro dentro dela, a poetisa realiza seu próprio ato de heroísmo em verso confessional que a posiciona como vítima e vilã. Não é por acaso que ela foi atraída por contos de fadas, pois eles lhe deram a

---

[74] "The Golden Key", no original. (N. da T.)
[75] Sexton, *Transformations*, 1.

oportunidade de se tornar uma "literalista da imaginação"[76] (num diálogo que se estabelece com Yeats) – para transformar o faz de conta em algo muito real. Sexton não se tornou a heroína de sua própria história de vida, ela conseguiu se transformar em uma heroína para o mundo literário ao reconhecer as duras verdades na sabedoria ancestral.

Apenas dois anos após o suicídio de Anne Sexton, Angela Carter redescobriu contos de fadas (ela os tinha lido com sua avó quando criança) e ficou chocada com a mistura tóxica de morte e desejo neles contida. Durante os meses do verão de 1976, ela foi encarregada pelo respeitadíssimo editor britânico Victor Gollancz de traduzir para o inglês a famosa coleção francesa de contos de fadas publicada em 1697 por Charles Perrault. "Que surpresa inesperada", escreveu ela, "descobrir que nessa grande coleção – onde surgiu a Bela Adormecida, Gato de Botas, Chapeuzinho Vermelho, Cinderela, o Pequeno Polegar, todos os heróis da pantomima – todos estes contos infantis são propositalmente paramentados como fábulas da política da experiência." Contudo, ao ler mais profundamente aquilo que se conhece como a sabedoria infantil, ela começou a entender a perversidade das fábulas. Todos aqueles "animais destrutivos" dos contos de fadas não eram

---

[76] No original, *"literalist of imagination"*: é aquele que consegue traduzir a própria imaginação, articulando-a através das palavras num texto. O conceito, adaptado pela poeta Marianne Moore, é de William Butler Yeats ao comentar a obra de William Blake: "The limitation of his view was from the very intensity of his vision; he was a too literal realist of imagination, as other are of nature; and because he believed that the figures seen by the mind's eye, when exalted by inspiration were 'eternal existences', symbols of divine essences, he hated every grace of style that might obscure their lineaments". William B. Yeats. *Ideas of Good and Evil*. Londres: A. H. Bullen, 1903, p. 183. Disponível em: https://en.wikisource.org/wiki/Ideas_of_Good_and_Evil_(Yeats)/William_Blake_and_his_Illustrations_to_The_Divine_Comedy#:~:text=The%20limitation%20of%20his%20view,hated%20every%20grace%20of%20style (linha 182). (N. da T.)

senão substituições da nossa própria natureza animal, "o indomável id [...] em toda a sua perigosa energia".[77]

Não que Angela Carter fosse contra o id. Mas ela se deteve firmemente em questões voltadas para sua preocupação com a forma como lobos, bestas e barbas-azuis presentes nos contos de fadas nos oferecem a ferocidade sexual preparada para atuar sobre as mulheres como presas. "Contos da carochinha, medos desde a tenra infância!" Desde crianças, as mulheres aprendem sobre as feras que "VÃO DEVORAR VOCÊ". E elas conspiram na sua própria vitimização, cedendo ao "terror encantado" ou ao tremor, "aconchegantemente excitadas com maravilhas supersticiosas". "Desejo pelo pavor": isso é o que a heroína de "A Câmara Sangrenta"[78] sente pelo "ser misterioso", cuja missão é domá-la, dominá-la e, eventualmente, assassiná-la. O culto do amor e da morte, Eros e Tânato, requer um esforço conjunto. Embora possa ser cocriado por marido *e* mulher, é a esposa sozinha que está em perigo.[79]

Angela Carter estava determinada a modificar as narrativas do passado, e isso significava ir além da tarefa de traduzir contos de fadas franceses e reunir coleções de contos de fadas como suas *Wayward Girls and Wicked Women* (1986). No topo das notas de Carter para os contos de Perrault estão escritas as palavras: "*Pseudônimo*: A Nova Mãe Gansa".[80] Este foi o primeiro indício de *A Câmara Sangrenta e Outras Histórias* (1979), uma coleção de releituras de contos de fadas que revelam não só a "sexualidade reprimida" presente nas narrativas, mas também a nossa afinidade com essas bestas-feras, conexão esta que se evidencia na sexualidade "humana" mais do que em qualquer outro aspecto. Ao

---

[77] Angela Carter. *Shaking a Leg: Collected Writings by Angela Carter*. Londres: Virago, 1998, pp. 452-53.

[78] "The Bloody Chamber", no original. (N. da T.)

[79] Angela Carter. *The Bloody Chamber and Other Stories*. Nova York: Penguin, 2015, p. 68. Citações adicionais estão nas pp. 56, 20, 118, 67, 112, 36.

[80] Edmund Gordon. *The Invention of Angela Carter: A Biography*. Nova York: Oxford University Press, 2017, p. 268.

recontar as histórias, Carter quis apontar o caminho para a aceitação da nossa natureza animal, mesmo quando descobrimos como fazer as pazes com o reino animal e com a bestialidade que vive dentro de nós.

"Eu estava tomando [...] o conteúdo latente dessas histórias tradicionais", explica ela, "e usando tudo isso, mas o conteúdo latente é violentamente sexual. E, porque sou mulher, leio dessa forma".[81] "A Companhia dos Lobos", sua versão de "Chapeuzinho Vermelho",[82] não termina com o lobo devorando a menina (como fez a versão francesa de Perrault), mas com a reconciliação e a reciprocidade. Quando as mandíbulas do lobo começam a "babar" e a sala é invadida pela mistura sedutora da floresta que une amor e morte (*Liebestod*), a menina, de modo inusitado, explode em riso e declara que ela não é "carne de ninguém". Em uma reviravolta que ninguém jamais havia cogitado para a história (ou a garota vence o lobo ou o lobo a devora), Carter oferece um quadro final dos dois vivendo felizes para sempre em um conto em que o apetite sexual não implica a aniquilação de um dos dois parceiros: "Veja! Doce e tranquila, ela dorme na cama da avó, entre as patas do meigo lobo".

"A Bela e a Fera", outra história sobre a bestialidade dos predadores masculinos, torna-se "A Noiva do Tigre",[83] um conto em que "os medos infantis ganham corpo e base", modulando-se em outra cena de ternura, com a luz branca de uma "lua nevada" brilhando sobre a fera ronronando: "E a cada passada de sua língua, ele arrancava a pele camada por camada [...] e deixava para trás uma pátina nascente de pelos brilhantes. Meus brincos se transformaram em água e escorreram pelos meus ombros; e eu sacudi as gotas de minha linda pelagem".

---

[81] Angela Carter em entrevista dada a Kerryn Goldsworthy, disponível em: *Meanjin 44*, nº 1 (1985), p. 10.

[82] Respectivamente, "The Company of Wolves" e "Little Red Riding Hood", no original. (N. da T.)

[83] Respectivamente, "Beauty and the Beast" e "The Tiger's Bride", no original. (N. da T.)

"O Sr. Lyon Faz a Corte"[84] tem uma mudança menos dramática, mas também aqui a heroína toma a iniciativa, atirando-se sobre o animal com o intuito de provocar uma "suave transformação" em sua passagem de besta para homem. Virando os contos de cabeça para baixo, situando-os nos tempos modernos, explorando a consciência dos personagens e invertendo os papéis de herói e vilão, Carter reimagina o passado mítico, cumprindo sua promessa de desfazer os efeitos tóxicos da sexualidade reprimida.

A perversão cultural do desejo torna-se evidente na história do título da coleção, "A Câmara Sangrenta". Antes de mais nada, o conto é uma reciclagem literária de "O Barba-Azul", com uma heroína que é, ao mesmo tempo, atraída e repelida pelo seu marido lascivo: "Eu ansiava por ele. E ele me enojava".[85] Ela é enganada em sua própria traição ao encenar uma "charada de inocência e imoralidade" e jogar um "jogo de amor e morte", que leva a uma sentença de decapitação, sussurrada "voluptuosamente" em seu ouvido.[86] A trama desvia-se de modo inesperado para o território mítico, com uma mãe semelhante a Déméter que surge como uma *dea ex machina* para resgatar sua filha da lâmina que estava prestes a cortar seu pescoço. A cavalo e armada com um revólver de serviço, ela faz o que nenhuma outra mãe de contos de fadas consegue fazer, tornando-se a heroína da história da filha.

"Estou no negócio de desmitificar", declarou certa vez Angela Carter. "Estou interessada em mitos – embora esteja muito mais interessada em folclore – só porque *são* mentiras extraordinárias concebidas para tirar a liberdade das pessoas."[87] A exemplo do teórico literário francês Roland Barthes, Carter via o mito como um construto carregado

---

[84] "The Courtship of Mr. Lyon", no original. (N. da T.)
[85] Carter, *The Bloody Chamber*, p. 20.
[86] Carter, *The Bloody Chamber*, p. 39.
[87] Anna Katsavos. "A Conversation with Angela Carter". *In*: *Review of Contemporary Fiction* 143, nº 3 (1994). Disponível em: https://www.dalkeyarchive.com/a-conversation-with-angela-carter-by-anna-katsavos/.

ideologicamente, um esforço para naturalizar conceitos e crenças feitas pelo homem. Pegamos certas ideias, imagens e histórias "de confiança" sem realmente refletir sobre o que elas comunicam – segundo Carter. Parábolas religiosas, *slogans* nacionalistas, narrativas míticas, tudo isso é suspeito. Devemos interrogar firmemente os seus termos. Pensemos em Dânae, que é descrita como já "não mais solitária" e como a "noiva feliz" de Zeus, depois que o deus a visitou na câmara selada em que seu pai, Acrísio, a trancafiou.[88] Ou como a Beleza é necessária para sentir a paixão por um javali selvagem, um leão ou uma cobra nas muitas versões da sua história. Angela Carter estava determinada a reescrever histórias consideradas sagradas e que afirmam como as coisas "foram e sempre serão". Desafiando a autoridade moral e espiritual dos contos de outrora, ela estava determinada a reorganizá-lo, criando o choque do novo como um lembrete de que nem sempre as coisas devem ser como no "era uma vez".

Em um lance final de gênio, Angela Carter procurou quebrar de forma definitiva o feitiço mágico que nos embalou a todos desde que Charles Perrault e os Irmãos Grimm codificaram a história *A Bela Adormecida* e que Disney, por sua vez, certificou-se em manter a história fixada numa versão única e estável. "Em uma terra distante, há muito tempo atrás": é com essas palavras que se inicia a narrativa de *A Bela Adormecida* da Disney, lembrando-nos do impulso para preservar o poder mítico dos contos do passado, para perpetuar o culto do que Angela Carter transformará num belo cadáver, por meio de "A Senhora da Casa do Amor",[89] que segue o cânone do conto de fadas narrado na forma do "era uma vez".

---

[88] Ingri d'Aulaire e Edgar Parin d'Aulaire. *Book of Greek Myths*. Nova York: Doubleday, 1967, p. 115. Cito esse volume precisamente porque hoje o livro é impresso pela editora Random House Children's Books e se tornou a mais proeminente fonte de conhecimento nos Estados Unidos a respeito de mitologia grega.

[89] "The Lady of the House of Love", no original. (N. da T.)

A "Senhora da Casa do Amor" de Carter compõe uma alegoria do conto de fadas, uma reconstituição do destino dos contos de fadas numa era de cultura impressa. Sua Bela Adormecida repete, nessa história, "crimes ancestrais", assim como o conto de fadas como gênero permite que nós vaguemos sem rumo num ciclo sem sentido de repetição compulsiva, o qual reproduz e reforça as normas sociais. A casa dos contos de fadas, assim como a Casa do Amor, pode se degradar em ruínas – "teias de aranha, vigas carcomidas por minhocas, gesso em desagregação" – se deixadas à sua própria sorte, visitadas apenas por pretendentes bajuladores, levados mais pela atração da beleza do que pelo desejo de reanimar. Sem o pretendente certo, a beleza sonâmbula de Carter torna-se "uma caverna cheia de ecos", "um sistema de repetições", "um circuito fechado". Liderando uma existência "póstuma sinistra", ela se alimenta de humanos para sustentar a sua existência sombria.[90]

O que está em jogo nas releituras dos contos de fadas de Carter? Nada menos que um protesto focado, uma reprimenda contumaz e uma poderosa retaliação às histórias que uma vez nos enganaram, capturando-nos com o seu jeito aconchegante de leitura de cabeceira. As heroínas de Carter, inclinadas à autorrealização e à reconciliação – a palavra "paz" se repete como um mantra em *A Câmara Sangrenta e Outras Histórias* –, repudiam o culto à modéstia e à autoimolação em contos de fadas que continuam a se perpetuar através de filmes como *A Bela e a Fera*, da Disney (1991). Esse filme não buscou inspiração em Angela Carter, mas seguiu o conselho de Christopher Vogler, autor de *A Jornada do Escritor: Estrutura Mítica para Escritores*. Como já dissemos, esse foi o livro que se valeu da famosa Jornada do Herói de Campbell para produzir o que foi chamado de *Cliffs Notes* ou guias de estudo para Hollywood. Bela ouve o chamado à aventura, recusa-a de início, mas depois atravessa um limiar, e assim por diante. Passaram-se dez anos até que a Dream Works encontrasse um tipo de reviravolta surpresa

---

[90] Carter, *The Bloody Chamber*, pp. 117, 118, 126.

para a "A Bela e a Fera", a qual poderia receber a aprovação de Angela Carter. Na animação *Shrek*, da DreamWorks, o protagonista masculino desacredita o romance de conto de fadas ao jogar seus roteiros pelo vaso sanitário e a heroína do filme abraça a alteridade para viver feliz para sempre como um monstro verde.

Se Angela Carter envia uma mensagem poderosa de repúdio ao terrorismo emocional embutido nos contos da carochinha quando estes passaram para a cultura da infância e promoveram os "medos infantis", Margaret Atwood identifica muitos elementos a serem admirados nos contos narrados por nossos ancestrais, vendo neles uma forma de energia transformadora ou de conscientização, como dizem as feministas dos anos 1960 e 1970. Os contos de fadas, reconheceu Atwood desde cedo, não são de todo tão culturalmente repressivos como algumas críticas os fizeram ser. Havia muito a admirar na coleção dos Irmãos Grimm, que era muito superior, em termos ideológicos, aos contos franceses que Angela Carter traduziu para o inglês.

> Os *Contos de Fadas* dos Grimm que foram expurgados contêm uma série de contos de fadas em que as mulheres não são apenas as personagens centrais, mas vencem usando a sua própria inteligência. Algumas pessoas sentem que os contos de fadas são ruins para as mulheres. Isso é verdade se fizermos referência apenas às versões francesas de "Cinderela" e "O Barba-Azul", em que a protagonista feminina é resgatada pelos irmãos. Mas, em muitos contos, as mulheres, mais do que os homens, contêm com poderes mágicos.[91]

A observação de Margaret Atwood sobre a necessidade de ir do "agora" para o "era uma vez" continua mais relevante do que nunca.

---

[91] Sharon R. Wilson, *Margaret Atwood's Fairy-Tale Sexual Politics*. Jackson: University Press of Mississippi, 1993, pp. 11-2.

Mas não são apenas os escritores que são obrigados a empreender a jornada até esse lugar. "Todos devem cometer atos de furto, ou então de recuperação, dependendo da forma como se olhe. Os mortos podem guardar o tesouro, mas é um tesouro inútil, a menos que possa ser trazido de volta à terra dos vivos e que lhe seja permitido seu ingresso no tempo atual uma vez mais – o que significa entrar no reino do público, no reino dos leitores e no reino da mudança."[92] Em outras palavras, é preciso lançar mão dessas histórias de tempos passados e torná-las nossas.

Atwood, que tece motivos de contos de fadas ao longo das suas narrativas com uma energia criativa quase sem precedentes, traduziu a teoria em prática ao escrever uma nova versão de "O Barba-Azul". "O Ovo do Barba-Azul", inserida na coleção de contos reunidos sob esse mesmo título, é uma narrativa contada em terceira pessoa, mas do ponto de vista de uma mulher chamada Sally, uma aspirante a escritora que luta com a sua identidade social e também com o "enigma" que é seu marido. Ed é um cirurgião cardíaco, um homem que evita a intimidade e que é notoriamente difícil de ser compreendido.[93] A instrutora da aula de escrita criativa de Sally atribui aos alunos um exercício de ponto de vista narrativo. Na aula, a guru da escrita criativa, num esforço para replicar como as histórias eram transmitidas em tempos passados, diminui a intensidade das luzes e conta aos seus alunos a história "O Pássaro do Bruxo Fitcher". Nessa versão da história do Barba-Azul, como já foi dito, a heroína remonta os corpos de suas irmãs mortas, planeja a sua fuga e organiza a incineração do feiticeiro Fitcher em sua própria casa. À moda do Barba-Azul, Fitcher é um assassino em série, que matou, uma após a outra, todas as suas "desobedientes" esposas.

---

[92] Margaret Atwood. *Negotiating with the Dead: A Writer on Writing*. Cambridge: Cambridge University Press, 2002, p. 178.
[93] Margaret Atwood. "Bluebeard's Egg". In: *Bluebeard's Egg and Other Stories*. Boston: Houghton Mifflin, 1986, pp. 131-64.

A tarefa de escrita coincide com o projeto de Sally de enfrentar as duras verdades das prováveis infidelidades do marido. Ed pode não ter barba, mas tem uma espécie de barba claramente encriptada em seu apelido – o apelido que Sally lhe dá é "Edward Bear", que se assemelha em inglês a *"beard"*, isto é, "barba". O "mundo interior" de Ed torna-se uma espécie de câmara secreta, um espaço no qual Sally é incapaz de penetrar, pois não é tão transparente como ela um dia pensou. Logo percebemos que a história tem muitas câmaras escondidas – desde o galpão quebrado no final do quintal de Sally e a "sala atulhada e escura", que é o espaço em que Ed realiza os exames médicos, até as cavidades anatômicas do coração humano e a recém-adquirida escrivaninha de Sally – e todas elas apresentam elementos potenciais de infidelidade. As suspeitas crescentes de Sally são corroboradas quando ela vê Ed "muito perto" de sua amiga Marylynn e percebe que "Marylynn não se afasta". Ela nota que cometeu o erro de usar os contos de fadas errados para descodificar o "mundo interior" de Ed. O homem que ela uma vez pensou como sendo o "terceiro filho", "uma fera sem cérebro" e uma "Bela Adormecida" é, na verdade, um mestre de cálculo e duplicidade que ditou os termos de seu casamento e seu papel subserviente nele.

Atwood desestabiliza a história tradicional de "O Barba-Azul", mostrando como a velha história (na sua versão francesa) se repete ao longo dos tempos. Mas a sua história de "O Ovo do Barba-Azul" propõe uma versão alternativa, mais próxima dos contos da carochinha. Sally deve produzir uma história que seja "ambientada no presente e proposta no modo realista". "Explore o seu mundo interior", a instrutora exorta os seus alunos. De muitas maneiras, Sally seguirá um conjunto de instruções que definem exatamente como nós – ouvintes e leitores – devemos processar os contos de fadas. Quando ela própria se bombardeia com perguntas – "O que ela colocaria na sala proibida?", "Como pode haver uma história do ponto de vista do ovo?", "Por que um ovo?" – ela está determinando exatamente o que as histórias são projetadas para fazer: provocar-nos com sua magia, envolvendo-nos em suas complicações surreais e inspirando-nos a repensar a história e compreender a sua relevância para nossa própria vida.[94]

A luta de Sally com as condições de "O Pássaro do Bruxo Fitcher" a conduz a revelações poderosas sobre sua própria vida. O exercício metaficcional de Atwood (uma história sobre contar histórias) sugere que o processo de interiorização e reconto pode abrir os olhos para realidades que – por mais disruptivas, dolorosas e perturbadoras que sejam – não são desprovidas de um potencial libertador. Assim como a narração de histórias como os contos de fadas leva à descoberta e revelação, também a reescrita da narrativa pode levar a algum tipo de renascimento libertador. Assim, a história de Atwood termina com a imagem de Sally na cama, com os olhos fechados, sonhando com um ovo "brilhando suavemente, como se houvesse algo vermelho e quente dentro dele". Um dia, esse ovo vai chocar: "Mas o que sairá dele?". Algo pulsante com a vida, no mínimo, que é exatamente o que tem faltado à vazia existência de Sally, que é repleta de atos de autossacrifício que terminam por consumi-la. Como o título da história de Atwood sugere, o Barba-Azul foi deslocado pelo Ovo, e o que dele nascerá deve se tornar a nova figura principal da história – uma heroína por seu próprio direito.[95]

"O Ovo do Barba-Azul" nos dá um metamito, um conto que recicla trechos do Grande Caldeirão da História para criar uma nova mitologia pessoal sobre o poder do mito. Os contos de fadas contêm muito da mesma força cultural dos mitos antigos e, em muitos aspectos, não são diferentes deles. Cada um é apenas recrutado para rituais sociais diferentes. Foi Italo Calvino que certa vez escreveu: "Através da floresta do conto de fadas, a vibração do mito passa como um estremecer de

---

[94] Atwood. "Bluebeard's Egg", p. 156.
[95] Atwood. p. 164.

vento".[96] Atwood conta-nos como histórias do passado nos desafiam a elaborar uma reengenharia de nossa própria vida, não seguindo os antigos roteiros, mas criando novas narrativas nas quais as mulheres podem se tornar heroínas, em vez de se resignarem a desempenhar papéis secundários.

Poucos escritores entenderam o capital social do folclore como Toni Morrison, que lançou um olhar benevolente para histórias que capturaram a tradição ancestral. Em uma entrevista publicada sob o título "The Art of Ficction" ["A Arte da Ficção"], Ralph Ellison chamou a atenção para como o folclore "preserva principalmente aquelas situações que se repetiram uma e outra vez na história de qualquer grupo" e como ele "incorpora aqueles valores pelos quais o grupo vive e morre".[97] Para Morrison, folclore é a presença viva de um ancestral. E na ficção escrita por afro-americanos, Morrison observou que a ausência dessa sabedoria ancestral é experimentada como uma perda devastadora: "Isso causou enorme destruição e desordem na própria obra".[98] Morrison provavelmente tinha em mente o livro *Seus Olhos Viam Deus*, de Zora Neale Hurston, quando ela escreveu essa frase. No romance de Hurston, Nanny diz à neta Janie: "Nós, as pessoas de cor, somos ramos sem raízes e isso faz com que as coisas se tornem estranhas".[99]

Morrison pode ter pensado também em outro trabalho, um em que o puro excesso de "destruição" e "desordem" é inquietante: *Homem Invisível*,[100] de Ralph Ellison. Depois de lutar com a morte numa fábrica de tintas, o protagonista é hospitalizado. Como ele é tratado? Ele é

---

[96] Italo Calvino. *The Uses of Literature*. San Diego: Harcourt Brace, 1986, p. 16.

[97] Ralph Ellison. "The Art of Fiction: An Interview", *in*: *Paris Review* (Primavera, 1955), p. 53-5.

[98] Toni Morrison. "Rootedness: The Ancestoras Foundation". *In*: *Black Women Writers (1950-1980)*. Mari Evans (org.). Nova York: Anchor, 1984, p. 343.

[99] Zora Neale Hurston. *Their Eyes Were Watching God*. Urbana: University of Illinois Press, 1978, p. 31.

[100] *Invisible Man*, no original. (N. da T.)

submetido a uma terapia de choque e, depois de tantas adversidades, seu médico lhe mostra uma série de cartas. "QUEM FOI SUA MÃE?" Pergunta-se, num esforço para determinar se sua memória autobiográfica está intacta. Outro cartão traz a inscrição: "GAROTO, QUEM ERA O COELHO BRER?". Nesse caso, é a memória cultural do Homem Invisível que é posta à prova, mas de modo a desvalorizar o narrador e menosprezar o personagem folclórico.[101] Confuso, ele pergunta: "Eles pensavam que eu era uma criança?". Mas ironicamente é a rota de colisão da memória cultural que galvaniza o Homem Invisível em ação, tornando-o determinado a ser, como seu antecedente folclórico, "ardiloso" e "alerta".[102]

O médico de *Homem Invisível* poderia muito bem ter segurado um cartão perguntando "QUEM É O TAR BABY?", e Toni Morrison mais ou menos deu uma resposta a essa pergunta em seu romance *Tar Baby*, de 1981. O que Morrison faz é dar alento a uma nova vida ao conto popular, reestruturando a história como uma história sobre "como as máscaras ganham vida, assumem a vida, exercem as tensões entre si e o que elas encobrem".[103] Mais do que isso, a história do Coelho Brer e seu encontro com uma armadilha pegajosa torna-se uma alegoria de embuste, e *Tar Baby* reafirma o conto de novas formas misteriosamente complicadas. Os dois protagonistas do romance – uma é glamorosa, privilegiada e nômade e o outro é forte, sem um tostão no bolso e arraigado – agem com uma atitude conflituosa em relação à consciência racial afro-americana. Jadine, a heroína de Morrison, mediu o sucesso

---

[101] *Brer Rabbit* é um personagem do folclore dos Estados Unidos, recolhido por Joel Chandler Harris, no século XIX, e que ficou famoso por usar a inteligência em vez da força bruta. No Brasil, o personagem é conhecido como Compadre Coelho, Coelho Quincas ou Coelho Brer. O personagem encontra paralelo nas culturas indígenas norte-americanas e também em narrativas africanas. Ver: https://www.britannica.com/topic/Brer-Rabbit. (N. da T.)

[102] Ralph Ellison. *Invisible Man*, 2ª ed. Nova York: Vintage, 1995, pp. 141-42.

[103] Toni Morrison. "Unspeakable Things Unspoken: The Afro-American Presence in American Literature". *In*: *Michigan Quarterly Review* 28 (1989), p. 30.

pelos padrões da cultura branca, ao mesmo tempo que interiorizava seus valores. Órfã em termos sociais, ela também é desprovida de ancoragem em termos culturais. Son, pelo contrário, o homem que desafia a história de sucesso de Jadine, orienta-se para o passado, voltando para casa e para uma herança cultural que se recusa a aceitar marcadores convencionais de sucesso. É ele quem deve recordar a Jadine a história de Tar Baby.[104]

O Coelho Brer e Tar Baby nunca estiveram realmente em defesa da vida, mas Ellison e Morrison ressuscitam essas histórias de modo a torná-las relevantes para a vida dos afro-americanos da contemporaneidade. Comprometidos com a necessidade da sabedoria ancestral, os dois escritores – muitas vezes em conflito político um com o outro – recuam e recuperam a sabedoria das vozes do passado. Em *The Grey Album*, o poeta e ensaísta Kevin Young descreveu sua ambição de se engajar em um projeto de recuperação, sobre a necessidade de "resgatar aspectos da cultura negra abandonados até mesmo pelos negros, seja o *blues*, seja a gastronomia doméstica ou formas mais amplas não apenas de sobrevivência, mas de vitória".[105] Recuperar uma herança significa construir um alicerce que seja o da ancestralidade, tanto em sentido literal como literário – um alicerce que forneça um legado cultural sobre o qual se construa a identidade pessoal.[106]

Anne Sexton, Angela Carter, Margaret Atwood e Toni Morrison, como um quarteto literário, recuperaram histórias que proporcionaram uma "ligação vital" com a imaginação resiliente de seus antepassados. Anne Sexton implementou uma poderosa estratégia de reapropriação no momento em que extraiu histórias de um livro para

---

[104] Toni Morrison. *Tar Baby.* Nova York: Knopf, 1981.
[105] Kevin Young. *The Grey Album: On the Blackness of Blackness*. Minneapolis: Graywolf Press, 2012, p. 15.
[106] Ver: Sandra Pouchet Paquet. "The Ancestor as Foundation in Their Eyes Were Watching God and Tar Baby", *Callaloo* 13 (1990), p. 499-515.

crianças e renovou potência oracular da oralidade direcionada a adultos, identificando-se e encarnando as personagens em sua interpretação dos versos de contos de fadas. Angela Carter, que tinha ouvido de sua avó a história de "Chapeuzinho Vermelho" – numa versão francesa implacável que termina com a menina devorada pelo lobo –, entendeu as histórias como formas de desmistificar as verdades atemporais que levaram à subordinação das mulheres. Margaret Atwood nos desafiou a retomar o passado e pegar as peças, mas reunindo-as de modo inovador, reanimando e remitificando-as na medida em que se transformam. Por fim, Toni Morrison, através da ousadia de seus atos de fiar narrativas, revelou a importância da ancestralidade – de histórias reais e fictícias que construíram uma base sobre a qual se pode criar algo semelhante ao romance de costumes (como descreveu ela ironicamente). Eles são os nossos guias sobre como lidar com os conflitos culturais, mesmo que estes nunca sejam resolvidos. O título de um dos ensaios de Morrison, "Rootedness: The Ancestor as Foundation" ["Raízes: Ancestralidade como Fundação"], é bastante esclarecedor a respeito.

Os contos de fadas pertencem às artes domésticas e as receitas para a sua confecção variam infinitamente. "Quem inventou as almôndegas pela primeira vez?", pergunta Carter. "Existe uma receita definitiva para uma sopa de batatas?" Todas as quatro escritoras aqui consideradas canalizam tradições orais, lembrando-nos de que noções moderadas de intertextualidade (a compreensão de toda a escrita como parte de uma teia conectada através de atos de empréstimo, furto, plágio, pirataria e apropriação) espelham as técnicas que nossos ancestrais usavam para criar mitos. Claude Lévi-Strauss chamou mitos famosos de *bricoleurs-experts* na arte de ajustar, consertar e usar o que está à mão para criar algo novo. A descrição de Angela Carter referente aos contadores de histórias aplica-se também aos escritores de ficção: "As chances são de que a história tenha sido organizada na forma que a temos [...] com a junção de todo tipo de trechos de outras histórias de há muito tempo atrás e também de terras distantes, tendo sido remendada com pedaços adicionados a ela, mas também perdeu outros tantos trechos, e foi misturada com outras histórias". Então, dependendo do público ("crianças, ou bêbados em um casamento, ou senhoras de idade, ou pessoas enlutadas num velório"), a história é aparada e feita sob medida até se tornar a peça certa para a ocasião.[107]

"Neste fim de semana, eu estava falando com uma amiga e mencionei o seu nome e ela me disse que não era muito ligada em adorar heróis, mas você era a heroína dela." Foi o que Lennie Goodings, que trabalhou na Editora Virago Press por mais de quarenta anos, como publicitária e editora, escreveu para Angela Carter pouco antes da morte da escritora, que sofria de câncer de pulmão. "Acho que essa é outra forma de dizer o que eu sinto", acrescentou ela. "Exceto que os heróis geralmente são distantes e frios, até o momento em que você se aproxima deles e percebe que eles são apressados."[108] Carter era tudo, menos apressada ou fraca. Sua brilhante irreverência, seu talento espirituoso e sua generosidade fizeram dela uma heroína de seu tempo, uma escritora que compartilhou as honras com as outras mulheres corajosas incluídas nestas páginas, junto com muitas outras que renovaram e revitalizaram os contos da carochinha do passado.

---

[107] Angela Carter. *Book of Fairy Tales*, p. x.
[108] Lennie Goodings. *A Bite of the Apple: A Life with Books, Writers and Virago*. Oxford: Oxford University Press, 2020, p. 168. [No original, a expressão utilizada é *"they have lead feet"*.]

CAPÍTULO 4

MENINAS-MARAVILHA

Escritoras Curiosas e Detetives Atenciosas

"Por favor, não pensem que eu sou curiosa demais. Não se trata de simples curiosidade essa que está me levando. Eu também não estou numa peregrinação... seria melhor chamar de uma missão."

– Agatha Christie, *Nêmesis*

"A única razão pela qual as pessoas não sabem muito é porque não se importam em saber. Elas são incuriosas. Incuriosidade é a falha mais estranha e mais tola que existe."

– Stephen Fry, *The Fry Chronicles*

Pouco tempo depois que o psiquiatra americano Fredric Wertham revelou sua preocupação com a "sedução do inocente" (esse é o título de seu livro de 1954) através dos quadrinhos, eu estava, como muitas jovens garotas de minha geração, imersa no mundo da Mulher-Maravilha. Wertham havia afirmado que os delinquentes juvenis, ou JDs ("*Juvenile Delinquents*") como eram então chamados, eram uma espécie de resultado dos temas mórbidos e das imagens violentas dos quadrinhos. Afinal, 95% das crianças do então chamado reformatório liam quadrinhos, argumentava ele, com uma lógica impecavelmente falsa. Quanto à Mulher-Maravilha, ela é, ufa! Ela não é uma dona de casa e não cria uma família. Na época, essa era uma combinação perfeita para mim. Como não gostar de uma super-heroína feminina que tinha a capacidade de falar todas as línguas e que contava com um laço dourado e pulseiras à prova de balas, junto com uma empatia dada a ela por Ártemis? Para as garotas que liam quadrinhos, ela era uma verdadeira heroína, mesmo que vestida com um traje de banho que parecia ter sido costurado com o tecido de uma bandeira norte-americana.

A Mulher-Maravilha foi a primeira personagem feminina de ação no Universo Marvel dos super-heróis dos quadrinhos. Embora ela tenha tido muito sucesso em termos comerciais, Hollywood levou setenta e cinco anos para levá-la para as grandes telas de cinema. Os filmes de super-heróis eram orientados para o público adolescente e foi somente após o sucesso de Jennifer Lawrence como Katniss Everdeen na franquia de *Jogos Vorazes* (*The Hunger Games*) que a DC Films finalmente se decidiu a empreender a realização da *Mulher-Maravilha*. Lançado em 2017, o filme *Mulher-Maravilha* retrata Diana, a princesa das Amazonas, enfrentando o desafio de acabar com a Primeira Guerra Mundial.

"Olhe as imagens dos homens. Eles estão sempre *fazendo algo*, estão sempre representando algo: eles estão em ação", observou Joseph Campbell ao falar sobre a arte da era Paleolítica. Em contrapartida, as figuras femininas da mesma época são "simplesmente nus femininos em pé". "Seu poder está em seu corpo", acrescentou ele, e em "seu ser e em sua presença". Ele se preocupou com os "problemas muito importantes" que surgem enquanto as mulheres acreditam que seu valor está mais na realização do que simplesmente no "ser".[1]

---

[1] Phil Cousineau. *The Hero's Journey: Joseph Campbell on His Life and Work*. Novato, CA: New World Library, 2003, p. 120.

Joseph Campbell certamente teria recuado quanto às ideias de mulheres superpoderosas como a Mulher-Maravilha, que estava sendo desenvolvida como super-heroína por um homem chamado William Marston vivendo não muito longe dele, em Rye, Nova York. Justamente, quando Campbell estava ocupado escrevendo *O Herói de Mil Faces*, Marston estava sonhando com a Mulher-Maravilha. "Nem mesmo as meninas querem ser meninas", queixava-se Marston, "enquanto nosso arquétipo feminino não tiver energia, força e poder". E para ele, o antídoto óbvio para uma cultura que desvaloriza as jovens mulheres é a criação de um "personagem feminino com todos os traços do Super-Homem, somados a todo o fascínio de uma bela e gentil mulher".[2]

A maioria das heroínas literárias deste capítulo vive de sua perspicácia. De curiosidade inata, elas também são vistas como curiosidades dentro de seus mundos fictícios. Todos eles poderiam se tornar membros honorários da Liga da Justiça criada pela DC Comics, pois cada um deles está em algum tipo de missão, com um chamado impulsionado por ideias progressistas. Desde Jo March, de *Mulherzinhas* (*Little Women*), de Louisa May Alcott, até Starr Carter, de *O Ódio Que Você Semeia* (*The Hate U Give*), de Angie Thomas, essas garotas – e a maioria das personagens sobre as quais vou discutir são apenas isso mesmo – vivenciam jornadas que podem não exigir que elas saiam de casa, mas sim que as confrontem com desafios que as afastem da arena doméstica. Terei mais a dizer sobre a Mulher-Maravilha no próximo capítulo. Por enquanto, ao olharmos para as meninas-maravilhas que são escritoras e detetives, é importante lembrar que a Mulher-Maravilha permaneceu por muitas décadas firmemente ancorada no mundo cultural das meninas. Foi necessária sua encarnação cinematográfica para finalmente conquistar seu espaço no mundo do entretenimento para adultos. Ela pode ser mais ação do que palavras (embora

---

[2] William Moulton Marston. "Why 100,000,000 Americans Read Comics". *In*: *American Scholar 13* (1943-1944).

também seja assim), e ainda ela se desvia um pouco de muitas outras heroínas, que estão, em sua maioria, intrinsecamente relacionadas com a palavra. Contudo, as meninas e mulheres acabam estando todas unidas por um traço de personalidade característico desde que Eva sucumbiu a ele no Jardim do Éden, e que é visto como a quinta-essência falha das mulheres: a curiosidade.

Curiosidade e seus descontentes

A curiosidade está em nosso DNA e nos transforma em máquinas de aprendizagem extraordinárias, desde o dia em que nascemos. Em um livro intitulado *Uma Mente Curiosa* (*A Curious Mind*), lançado em 2015, o roteirista Brian Grazer considera que foi a sua curiosidade a responsável por seu sucesso profissional, lembrando-nos de que Einstein não julgava possuir dons especiais: segundo ele, estava apenas "apaixonadamente curioso". "Não importa o quanto a sua curiosidade tenha sido criticada, ela está sempre a postos, pronta para ser despertada", propõe Grazer a seus leitores em um livro projetado para aqueles comprometidos com o autoaperfeiçoamento. Ele garante uma "vida brilhante"[3] como uma recompensa por cultivar a curiosidade.[4]

Hoje vivemos em uma cultura que afirma valorizar a curiosidade, promovê-la e, até mesmo, professa certo furor por ela. Mas nem sempre foi assim, especialmente quando essa característica era associada às mulheres adultas, aquelas senhoras sexualmente aventureiras que, no século XIX, quase sozinhas criaram um novo gênero, o romance de adultério. *Fortunata y Jacinta*, do espanhol Benito Pérez Galdós, publicado

---

[3] O termo em inglês é "*bigger life*", expressão que compõe o subtítulo do livro de Gazer. A edição brasileira da obra propôs a tradução "vida brilhante". (N. da T.)

[4] Brian Grazer. *A Curious Mind: The Secret to a Bigger Life*. Nova York: Simon & Schuster, 2015, p. 38.

em 1887, é provavelmente o único romance canônico do século XIX sobre adultério que nos dá um filantropo masculino.[5]

Simone de Beauvoir confirma o que já apontamos em um capítulo anterior, que, para uma mulher, garantir a liberdade significa envolver-se em infidelidade: "É somente através de mentiras e adultério que ela pode provar que não é objeto de ninguém". A filósofa francesa descobriu que, em 1900, o adultério havia se tornado "o tema de toda literatura", com trapaceiros como Anna Karenina, de Tolstoy, Emma Bovary, de Flaubert, e Effi Briest, de Fontane, presas em seus casamentos e desejosas de algo além dos limites da casa e do lar.[6] Por outro lado, marcando um contraste, os heróis daquela época e daquele gênero literário são muitas vezes aventureiros corajosos, fanfarrões, destemidos, espirituosos e espertos. Pense aqui em todos os viajantes, exploradores e revolucionários em obras como *Da Terra à Lua* (*From the Earth to the Moon*, 1865), de Júlio Verne, *O Conde de Monte Cristo* (1844), de Alexandre Dumas, *Um Conto de Duas Cidades* (*Tale of Two Cities*, 1859), de Charles Dickens, e *Moby Dick* (1851), de Herman Melville.

O século XIX nos deu o romance de adultério, mas também testemunhou o florescimento da história de amadurecimento, adaptada por Louisa May Alcott para mostrar que as meninas possuem tanta – e possivelmente mais – energia imaginativa, impulso investigativo e preocupação social como seus pares masculinos. Já que pode não ser seguro escrever sobre mulheres ousadas e ambiciosas, por que não se envolver em uma manobra furtiva e construir meninas heroicas e retratar todas as formas de cuidado e preocupação que constituem sua maior missão social? Quem melhor para liderar a tarefa do que Jo March, a garota que escreve para fazer seu próprio caminho no mundo?

---

[5] Robert Gottlieb. "Harold Bloom Is Dead. But His 'Rage for Reading' Is Undiminished". *In*: *New York Times*, 23 jan. 2021.

[6] Simone de Beauvoir. *The Second Sex*. Nova York: Vintage, 2011, pp. 205-06.

As garotas "rabiscadoras", com sua paixão por usar palavras para promover suas causas, são muito próximas das garotas detetives como Nancy Drew, também movida pela curiosidade e ocupando a função de agente de justiça social. Estranhamente, há algo de crise da meia-idade no universo das mulheres detetives propostas na primeira metade do século XX, que é dominado ou por jovens ou por solteironas também investigadoras (entre elas, a Miss Climpson, de Dorothy L. Sayers, e Miss Marple, de Agatha Christie) que assumem todas as qualidades alegóricas de Nêmesis. Antes de olhar mais de perto os escritores e detetives no final da juventude, vale a pena contemplar a relação das mulheres com o conhecimento ao longo dos séculos, junto com algumas mulheres bíblicas e míticas que desejam saber demais.

A história da palavra inglesa *"curiosity"* é repleta de surpresas, com inesperadas mudanças de significado ao longo dos séculos. O *Oxford English Dictionary* apresenta suas definições de "curiosidade", observando que o termo tem sido usado ao longo do tempo "com muitos matizes de significado". Considerando que a curiosidade foi associada a certo tipo de heroína feminina, faz todo o sentido explorar esses significados, como aquele – agora obsoleto – que tem o sentido de "cuidar ou tratar de dores, ser cuidadoso, estudioso ou atencioso"; o outro significado, como usado hoje, define-se como alguém "desejoso de ver ou saber; ansioso por aprender; inquiridor", e muitas vezes o termo é usado com uma conotação ligeiramente negativa.

A curiosidade parece convidar ao julgamento. "Odeio aquele vício tão baixo: a curiosidade", escreveu Lord Byron, no Canto 23 de *Don Juan* (1819), com certeza uma ironia por parte de um poeta reconhecido por seus temas amorosos, o que levou a uma amante chamá-lo de "louco, mau e perigoso de se conhecer".[7] Passado mais de um século, o

---

[7] Ver Joanne Hayle. *Lord Byron and Lady Caroline Lamb: Mad, Bad and Dangerous to Know. The Passionate and Public Affair That Scandalised Regency England*. Publicação pessoal, Create Space, 2016.

sociólogo francês Michel Foucault se viu sonhando com uma "Era da Curiosidade" e nos lembrou de que a curiosidade evoca "preocupação" e "o cuidado que se tem com o que existe e com o que poderia existir".[8] Um olhar sobre a etimologia do termo vai muito longe para conseguir entender como a curiosidade passou a ser vista como uma característica valiosa e construtiva, bem como problemática e sinistra, com julgamentos morais e religiosos sendo constantemente proferidos, tanto a favor como contra.

Podemos começar analisando uma narrativa coletada pelo autor romano Higino (nascido a 64 a.C.) que fala de uma deusa romana chamada *"Cura"* ("Cura" ou "Cuidado"), que moldou o primeiro humano a partir do barro ou da terra (*húmus*). Essa narrativa compete com os relatos cristãos, nos quais a mulher é uma personagem menor na história da criação, com um deus masculino. A história da deusa Cuidado foi retomada pelo filósofo Martin Heidegger, cujo fascínio pelo mito foi a forma como a deusa representava o cuidado por algo no sentido de preocupação ou "absorção no mundo" e também de "devoção".[8] Na atualidade, Cuidado caiu no esquecimento, da mesma forma como a "curiosidade" – no sentido de "cuidado", "preocupação" ou "preocupação" – constitui também um termo agora obsoleto. Mas esse significado já em desuso capta algo paradoxal, lembrando-nos de que o valor afirmativo e restaurador do cuidado pode rapidamente cair na ideia de uma agitação dominadora e atenção ansiosa (e que produz ansiedade). É de se admirar que a personificação alegórica de "Cuidado" seja uma mulher?

Hoje usamos o termo "curiosidade" no sentido de "o desejo de conhecer ou aprender", mas esse apetite, como revela o *Oxford English Dictionary*, pode ser julgado de várias maneiras: como "culposo", "neutro" ou "bom", com o conceito de "bom" considerado um instinto positivo, que se define como "desejo ou inclinação para conhecer ou

---

[8] Martin Heidegger. *Being and Time*. Trad. John Macquarrie e Edward Robinson. Nova York: Harper Perennial, 2008, pp. 235-44.

aprender a respeito de qualquer coisa". Temos uma atitude profundamente conflituosa em relação à curiosidade, vendo-a tanto como um vício irritante quanto como uma generosa atenção. A curiosidade é um canal para o conhecimento, mas, como todas as formas de desejo, ela pode levar a excessos, correndo-se o risco de se transformar em uma sede faustiana de conhecimento que nunca poderá ser saciada. Em suma, o cuidado com os outros e o desejo de conhecimento desdobram-se em "curiosidade", mas ambos podem ser levados ao excesso na forma de desejos que empurram os limites do que é apropriado ou permissível. Entretanto, o valor negativo atribuído à "curiosidade" em ambos os sentidos do termo implica a existência de uma autoridade que toma decisões sobre o que é ilícito ou proibido e o que é um objeto legítimo de cuidado e investigação.[9]

Nossas histórias culturais sobre curiosidade e conhecimento são também bifurcadas, proporcionando-nos um relato enfático sobre o que significa ter uma mente inquisitiva. Quando Aristóteles declarou que "todos os homens, por natureza, desejam saber", ele estava abrindo o caminho para a crença de que o desejo pode levar a coisas boas, especialmente, entre elas, ao conhecimento científico.[10] Entretanto, há coisas fora dos limites da inteligência humana, e foi o abade francês do século XII de nome Bernard de Clairvaux um dos primeiros a estabelecer limites à curiosidade em sua forma social: "Há pessoas que querem saber apenas por saber, e isso é curiosidade escandalosa" – escandalosa no

---

[9] Alberto Manguel explora o duplo sentido de "curiosidade" e percebe que o lexicógrafo espanhol, Covarrubias, considera que "curiosidade" tem "tanto um significado positivo, como outro negativo". "Positivo, porque uma pessoa curiosa trata as coisas com diligência, e negativo, porque uma pessoa pode operar para escrutinar coisas que estão escondidas e que são reservadas, sem se importar com isso". Ver "Curiosity". New Haven, CT: Yale University Press, 2015, p. 13.

[10] Aristóteles. *Metaphysica*. J. A. Smith e W. D. Ross (orgs.). Oxford: Clarendon Press, 1908, p. 980.

sentido de ultrajante, mas também associada à criação de escândalos, com bisbilhotice e indiscrição intrometida.[11]

Pandora abre um jarro e Eva come uma fruta da Árvore do Conhecimento

O problemático e persistente desejo de conhecimento por parte das mulheres evidencia-se de imediato nas histórias de Pandora e Eva, duas mulheres cuja curiosidade intelectual as leva a se engajar em formas de comportamento transgressivo que introduzem o mal e a miséria no mundo. Nessas histórias cautelosas, a curiosidade enquadra-se como algo depreciativo, sinalizando a necessidade de controlar a curiosidade quando se manifesta nas mulheres.

Os cientistas e filósofos que viviam na Europa moderna (nos três séculos compreendidos entre 1500 e 1800) haviam procurado demonstrar que a curiosidade era moralmente neutra – em grande parte, seguindo o espírito de Aristóteles, para legitimar a investigação científica. Porém, a investigação científica permanecia naquela época em um domínio nitidamente masculino. Quanto mais a curiosidade era fortemente endossada e reabilitada em nome da ciência, mais vigorosa era a identificação de uma forma de "má curiosidade", uma forma feminina e associada ao rumor, desordem e transgressão. A *Iconologia*, de Cesare Ripa, um livro emblemático altamente influente publicado na Itália em 1593, representava a curiosidade como uma mulher de cabelos selvagens e alados, de feições distorcidas em uma expressão enfurecida. "Eu não sou um anjo" – parece estar dizendo, apesar daquelas asas.

Antes de nos voltarmos para Eva, vale a pena nos determos em Pandora, a mulher que foi moldada sob as ordens de Zeus para punir os humanos pelo roubo do fogo, empreendido por Prometeu. Foi ela

---

[11] Bernard de Clairvaux. *Sermones super Canticum Canticorum*, em: *S. Bernardi Opera II*. J. Leclercq (org.) Rome: Editiones Cistercienses, 1958, p. 56.

quem trouxe o mal para o mundo abrindo, não uma caixa (como o humanista holandês Erasmus erroneamente a chamou), mas um jarro repleto de "inúmeras pragas". O poeta grego Hesíodo, escrevendo por volta de 700 a.C., nos deu os dois relatos padrão das origens de Pandora e seus poderes. Em *Trabalhos e Dias*, aprendemos que ela é moldada por Hefesto, com a contribuição de outros deuses e deusas, incluindo Afrodite e Atena, cada uma delas dotando Pandora de dons, numa ação muito semelhante à das boas fadas de nossa conhecida história da Bela Adormecida. Hermes atribui a Pandora o seu nome (um termo ricamente matizado que pode significar "todos os presentes" ou "todas as dádivas"), contudo, ele também lhe dá "uma mente vergonhosa e uma natureza enganosa", junto com o poder da fala, concedendo-lhe o dom de contar "mentiras" e usar "palavras desonestas e maneiras astutas". A *Teogonia* de Hesíodo descreve Pandora como um "belo mal", uma criatura de "pura astúcia, e que se torna irresistível aos homens".

Zeus ordena a Hermes que leve Pandora a Epimeteu, o irmão do corajoso Prometeu. O ingênuo Epimeteu não dá ouvidos aos avisos de seu irmão sobre a natureza dos presentes de Zeus, e a vingança pelo roubo do fogo é concretizada: "Ele aceitou o presente e depois, quando o objeto do mal já era dele, só então compreendeu. Antes, os homens viviam na terra livres de males, de trabalhos e de doenças graves. Mas aquela mulher abriu a grande tampa do jarro e espalhou tudo, trazendo a tristeza e a maldade ao homem".[12] Restou apenas um item dentro do frasco: a esperança.[13]

---

[12] Hesíodo. *The Homeric Hymns and Homerica / Works and Days*. Trad. Hugh G. Evelyn-White. Cambridge, MA: Harvard University Press/ London: William Heinemann, 1914. *Theogony*, p. 585; *Works and Days*, p. 57.

[13] Note que a fábula de Esopo "Zeus e o tonel de bens" ("Zeus and the Jar of Good Things") (#526) apresenta um jarro com diferentes conteúdos, que é aberto pelo "homem", deixando escapar todas as coisas boas e estas são devolvidas aos deuses, ficando para trás apenas a esperança.

Combinando o sedutor fascínio da beleza superficial com os traços intelectuais do engano e da traição, Pandora, a primeira mulher mortal, se apresenta como um modelo perverso de mulher como a *femme fatale*. Sua aparência e adereços não são nada mais que uma armadilha. Como Prometeu, ela é astuta, mas sua duplicidade a faz seguir por um mau caminho, com um resultado trágico, tornando-se uma perversão da inteligência e do ofício. Seus muitos e magníficos dons dos deuses são corrompidos, distorcidos e usados para fins maléficos no momento em que lhe são conferidos.

Cada época parece reinventar Pandora, recriando-a de forma a captar as ansiedades culturais sobre as mulheres e o poder, o mal e a sedução. Entretanto, ao longo do século XIX, seu desejo de conhecimento foi geralmente rebatizado como curiosidade sexual e ela passou a estar ligada a Eva e à sedução. Em inúmeras pinturas, ela é retratada sem as brilhantes roupas prateadas que Atena lhe deu. Em vez disso, ela está nua, com um jarro ou caixa ao seu lado, assemelhando-se mais à própria Vênus do que qualquer outra. Eventualmente, Pandora recebe de volta algumas de suas vestes, embora o traje ainda seja geralmente revelador, considerando os padrões de época.

O pintor francês do século XIX, Jules Lefebvre, nos revela uma Pandora nua, sentada no topo de um penhasco, de perfil, com certeza, mas colocada um pouco à esquerda, dando asas à nossa imaginação, já que seus cabelos ruivos e

John William Waterhouse, *Pandora*, 1896.

seu véu transparente não cobrem praticamente nada. De modo mais ousado, John Batten, em sua pintura *Criação de Pandora* (*Creation of Pandora*, 1913), observamos uma visão frontal completa de Pandora sobre um pedestal, recém forjado por Hefesto. Por sua vez, em seu quadro *Pandora*, de 1896, John William Waterhouse captura o belo e o engodo no ato de abrir a caixa, através de seus olhos postos sobre o conteúdo e seus ombros nus em um vestido reveladoramente diáfano. *Pandora*, de 1879, de Dante Gabriel Rossetti, oferece uma representação mais casta, expondo apenas ombros e braços. É preponderante na pintura europeia a apresentação de Pandora como uma figura sedutora, nua ou como uma mulher igualmente bela quando vestida, porém, à beira de sucumbir à tentação. Ela está posicionada tanto como tentação cativante quanto como uma encrenqueira culpada.

Como muitos mitos gregos, a história de Pandora foi extraída da cultura literária adulta e transplantada para o *playground* das histórias para crianças. No início, a natureza maligna de Pandora foi ampliada – porém, uma vez que ela perdera alguns anos, ela se tornou uma menina "marota", culpada de ter sido seduzida por uma combinação de beleza e mistério. A caixa (e, depois de Erasmus, será sempre uma caixa) é geralmente um recipiente brilhante, incrustado com joias, luminoso e, embora seu tamanho varie, ela ganha um aspecto mais próximo a um baú de brinquedos do que de uma caixa de joias, à medida que seu proprietário vai ficando mais jovem. Em *Book of Greek Myths*, dos D'Aulaire, *Pandora* se mantém como uma mulher "bela e tola", além de amaldiçoada por sua "curiosidade insaciável".[14] Edith Hamilton é muito mais dura com Pandora, chamando-a de "belo desastre". Dela, aprendemos, advém "a raça das mulheres, que são um mal para os homens, com uma natureza para fazer o mal". Pandora era uma "coisa perigosa", escreve Hamilton, carregando nas tintas de sua característica.

---

[14] Ingrid d'Aulaire e Edgar Parin d'Aulaire. *Book of Greek Myths*. Nova York: Doubleday, 1967, pp. 72, 74.

Afinal de contas, Pandora, "como todas as mulheres", tem uma "curiosidade viva". "Ela *tinha* de saber o que estava na caixa", acrescenta Hamilton de um modo que nos permite sentir seu próprio sentimento pessoal de exasperação com o ser mítico.[15]

Foi Nathaniel Hawthorne quem iniciou a tendência de transformar Pandora em uma menina. A poucos quilômetros do lugar onde Herman Melville estava gestando "a gigantesca concepção de sua 'Baleia Branca'", Hawthorne decidiu, logo depois do nascimento de uma filha, reescrever os mitos gregos. *Um Livro de Maravilhas para Meninas e Meninos* (*A Wonder-Book for Girls and Boys*, 1851) reconta as histórias de Perseu e de Medusa, do Rei Midas e seu toque de ouro, de Pandora, Hércules e das Maçãs Douradas das Hespérides, Baucis e Filêmon, e das Quimeras. Na esperança de expurgar os contos de sua "frieza clássica" e da "maldade dos velhos pagãos", Hawthorne planejou o acréscimo de uma moral da história, sempre que fosse possível.[16]

Sob o título "O Paraíso das Crianças",[17] Hawthorne recontou a história de Pandora, transformando tanto Pandora como Epimeteu em duas crianças órfãs, que vivem numa casa de campo. Pandora sucumbe ao encanto de uma linda caixa existente na casa de campo e fala sem parar sobre ela. Um dia, sua curiosidade cresce e é tão grande, que ela fica determinada a abrir a caixa. "Ah, Pandora marota!", repreende-a o narrador. Porém, quando ela está prestes a abrir a caixa, o narrador reforça a sua desaprovação: "Ah, Pandora, tão marota e tão tola!". Hawthorne, entretanto, não deixa Epimeteu isento de culpa: "Não devemos esquecer de repreender, da mesma forma, Epimeteu", pois ele não conseguiu impedir Pandora de levantar a tampa

---

[15] Edith Hamilton. *Mythology: Timeless Tales of Gods and Heroes* (1942). Nova York: Grand Central Publishing, 1976, p. 89.
[16] Edwin Haviland Miller. *Salem Is My Dwelling Place: A Life of Nathaniel Hawthorne*. Iowa City: University of Iowa Press, 1991, p. 345.
[17] "The Paradise of Children", no original. (N. da T.)

Walter Crane, ilustração para o livro de Nathaniel Hawthorne, intitulado
Um Livro de Maravilhas para Meninas e Meninos, 1893.

da caixa, mesmo porque ele estava igualmente ansioso para descobrir o conteúdo guardado nela.[18]

Em 1893, o ilustrador britânico, Walter Crane, criou ilustrações para o livro *Um Livro de Maravilhas para Meninas e Meninos*, de Hawthorne, editado pela Houghton Mifflin, nos Estados Unidos. A versão adolescente de Pandora e Epimeteu exibe figuras estilizadas, parecendo mais gregos do que americanos ou britânicos. Para a edição de 1922, do mesmo *Wonder-Book*, de Hawthorne, Arthur Rackham, famoso por suas ilustrações de contos de fadas dos Irmãos Grimm e de Hans Christian

---

[18] Nathaniel Hawthorne. *A Wonder-Book for Girls and Boys*. Nova York: Knopf, 1994.

Andersen, produziu imagens que transformaram Pandora e Epimeteu em pré-adolescentes, semelhantes a fadas, vivendo nus em um exuberante paraíso natural. Assim, o foco da lição sobre a curiosidade passou para as crianças, tanto na narrativa como nas ilustrações a elas destinadas.

O século XIX, que testemunhou o incremento da cultura impressa e a elevação das taxas de alfabetização, proporcionando um acesso sem precedentes à informação e ao conhecimento, não apenas para os homens, mas também para mulheres e crianças. Será que causa alguma surpresa o fato de que a curiosidade tenha sido demonizada naquele século e no seguinte, tendo Pandora como principal evidência? Tratada como a própria encarnação da curiosidade em sua forma mais condenável e prejudicial, Pandora forneceu um álibi não apenas para refrear a necessidade desregrada das mulheres de investigar as arenas de ação

Arthur Rackham, ilustrações para
Um Livro de Maravilhas para Meninas e Meninos, 1922.

que, tradicionalmente, as isolavam, mas também para repreender os jovens – tanto meninos como meninas –, e em especial as meninas.[19]

O desejo de conhecimento expresso por Pandora foi inicialmente reformulado como curiosidade sexual. Depois, sua história se tornou um relato de advertência para as crianças, avisando-as de que tomassem cuidado para não violar as proibições. Hoje, a mensagem que extraímos dessa história refere-se, em grande parte, à sobrevivência da esperança e de nossa necessidade de resiliência diante de eventos cataclísmicos ou catastróficos. A prima bíblica de Pandora, a Eva do Gênesis, nunca escapou de fato do papel de culpada pela Queda da Humanidade e da expulsão do Paraíso. Fundindo-se com Pandora no título da pintura do artista francês Jean Cousin, o Velho, ela se reclina nua em um caramanchão, com um braço apoiado sobre um crânio e o outro sobre o corpo, com a mão tocando uma espécie de jarro. *Eva Prima Pandora*: não existem semelhanças impressionantes entre a primeira mulher moldada por Hefesto e a pecadora das crenças judaico-cristãs? Será que talvez seja, de fato, apenas Pandora retratada na tela?

A tentadora Eva tornou-se a principal fonte bíblica de sedução (com a serpente como mera capacitadora em vez de agente) e seu desejo de conhecimento foi sexualizado, transformado em algo carnal em vez de intelectual.[20] Como nos diz Stephen Greenblatt em seu magistral *Ascensão e Queda de Adão e Eva*,[21] Eva, a mãe de todos os seres humanos,

---

[19] Laura Mulvey. *Fetishism and Curiosity*. Bloomington: Indiana University Press, 1996, p. 59.

[20] Ver: Sarah B. Pomeroy. *Goddesses, Whores, Wives, and Slaves: Women in Classical Antiquity*. Nova York: Schocken, 1975, p. 4. Pomeroy modela o que, a princípio, parece um salto inesperado, mas que, na verdade, é sintomático de uma lógica patriarcal que emerge sempre que as mulheres são movidas pela epistemofilia, o desejo de saber mais. "Pandora é comparável à sedutora Eva, e a caixa que ela abriu pode ser uma metáfora para o conhecimento carnal das mulheres, que era fonte de maldade para os homens" (p. 4).

[21] *The Rise and Fall of Adam and Eve*, no original. (N. da T.)

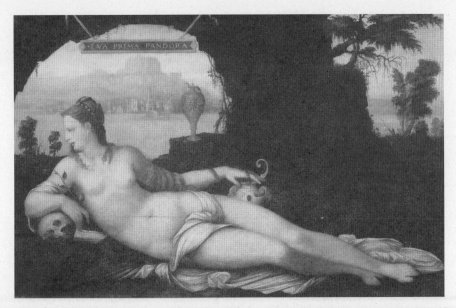

Jean Cousin o Velho, *Eva Prima Pandora*, c. 1550.

carrega a culpa por nossa perda de inocência e pela maldição da mortalidade que a acompanha, trazendo a morte ao mundo. Ela é a pecadora, encarnando o espírito dos desejos transgressores. Vale recordar que a serpente tentou Eva apenas com conhecimento: "Seus olhos serão abertos, e você será como Deus, conhecendo o bem e o mal". Eva pouco mais fez do que aceitar o convite para se tornar um ser humano sensível, dotado de consciência moral e sabedoria, e ainda assim ela é comparada à serpente, e inclusive, em alguns casos, ela *é* a verdadeira serpente.[22]

Pandora e Eva, ambas são pálidas em comparação com uma criatura bíblica que nos lembra as poderosas ansiedades investidas na sexualidade feminina. Poucos conseguem superar a Prostituta da Babilônia,

---

[22] Stephen Greenblatt. *The Rise and Fall of Adam and Eve*. Nova York: W. W. Norton, 2017, pp. 126, 131.

uma figura alegórica que usa na testa uma faixa anunciando sua maldade ao mundo: MISTÉRIO, BABILÔNIA, A GRANDE; A MÃE DAS PROSTITUTAS E DAS ABOMINAÇÕES DA TERRA. Representando a extrema devassidão, ela fornica com os "reis da terra" e se senta sobre as águas do deserto. Com sete cabeças e dez chifres, ela se "veste de púrpura e escarlate e, adornada com ouro, pedras preciosas e pérolas, tendo na mão um cálice dourado cheio de abominações e imundície de sua fornicação".[23]

A carnalidade feminina foi escrita em grandes alegorias de excesso, as quais se tornaram os mitos e histórias fundamentais de muitas culturas. O desejo de conhecimento torna-se perigoso, com aquilo que os filósofos chamam de epistemofilia (o amor ao *conhecimento*) rapidamente se obscurecendo em desejos sexuais desenfreados. Os galanteadores aparecem em grande número tanto nos mitos como na ficção, mas raramente são descritos como figuras de má reputação – em vez disso, são lendários libertinos, trapaceiros maliciosos, empregados coniventes, malandros insolentes e patifes cativantes. Raramente são apontados como sedutores covardes e traiçoeiros – estes atributos são reservados a mulheres míticas e bíblicas como Pandora e Eva.

Essa curiosidade que decorre do cuidado e da preocupação é um aspecto raramente reconhecido no cálculo moral de nossas histórias culturais fundamentais sobre as mulheres. O conto de fadas sobre o Barba-Azul e sua esposa é excepcional em seu enquadramento da curiosidade como estratégia salvadora de vidas. Por mais que a vontade da heroína de explorar e investigar possa ser insultada e atacada, ela também lhe salva a vida. "Bluebeard, or the Fatal Effects of Curiosity and Disobedience" ("Barba-Azul, ou os Efeitos Fatais da Curiosidade e da Desobediência"), título de uma versão de 1808 da narrativa, nos lembra como foi fácil fazer uma leitura errônea da proposta, transformando a história sobre o valor do conhecimento em uma parábola sobre os perigos de uma mente inquisitiva.

---

[23] Apocalipse 17:4 (King James).

Charles Perrault foi o primeiro a escrever a história do Barba-Azul em sua coleção *Histórias do Tempo Antigo com Moralidades – Contos da Mamãe Gansa (Tales from Times Past, com Morals – Tales of Mother Goose)*, publicada em 1697, tendo o nome de seu filho adolescente, Pierre Darmancourt, como autor. Duas vezes afastado da autoria – primeiro, com a atribuição como sendo contos da carochinha e, depois, com a atribuição a um menino que, se presume, era um ouvinte dos contos – Perrault sem dúvida temia que esses textos insignificantes manchassem sua reputação literária. Afinal, ele era um membro ilustre da Académie Française e secretário de Jean-Baptiste Colbert, ministro das finanças do rei Luís XIV, monarca francês famoso pelas numerosas amantes e filhos ilegítimos. Uma dessas amantes morreu no parto, com a idade de 19 anos, e não é totalmente impossível pensar que o Barba-Azul, com suas riquezas acumuladas, carretas de ouro e um desfile de esposas, guarde mais do que uma semelhança passageira com o Rei Sol. Os contos da coleção de Perrault tornaram-se seu legado mais significativo, pois as histórias da tradição popular francesa entraram nos círculos da corte, onde se tornaram uma fonte de deleite e prazer para audiências sofisticadas antes de se retirarem para o universo infantil.

O "Barba-Azul", de Perrault, começa destacando os atrativos da riqueza e da beleza: "Era uma vez um homem que era proprietário de belas casas, tanto na cidade como no campo, baixelas de ouro e prata, cadeiras estofadas com tapeçarias e carruagens enfeitadas com ouro". Porém, o homem em si era "feio e assustador" e sua vasta riqueza não conseguia compensar sua aparência e o fato de ter um passado nebuloso ("Ele já havia se casado com várias mulheres, e ninguém sabia o que havia acontecido com elas"). Ainda assim, uma jovem mulher fica tão deslumbrada com a ostentação de riqueza, que aceita se casar com ele.[24]

---

[24] Charles Perrault. "Bluebeard". *In: Classic Fairy Tales*, 2ª ed. Trad. e org. Maria Tatar. Nova York: W. W. Norton, 2017, pp. 188-93.

O que vem depois é o que os folcloristas chamam de "teste de obediência", teste no qual a esposa do Barba-Azul falha completamente. Chamado a negócios para fora da cidade, o Barba-Azul dá à esposa licença para se divertir e dar festas enquanto ele estiver ausente.

Entregando-lhe as chaves de vários aposentos e depósitos, ele lhe dá uma última chave, que abre "a pequena sala ao final do longo corredor no andar inferior", um local que se torna ainda mais sedutor por seu afastamento. "Abra o que quiser. Vá aonde quiser. Mas eu a proíbo absolutamente de entrar nesse pequeno quarto, e se você abrir uma fenda, não haverá limite para minha fúria." Temos aqui a "Eterna Tentação" de que nos fala J. R. R. Tolkien: a "porta trancada" com

Gustave Doré, ilustração para o conto "O Barba-Azul", 1862.

uma determinação explícita sobre sua abertura. Quem poderia resistir? E o que poderia dar errado? É mais do que provável para todos nós, seres humanos, que tenhamos um desejo incorrigível de desafiar ordens e proibições emitidas sem qualquer contexto explicativo, especialmente quando há uma tentação adicional de uma chave pendurada bem diante de nossos olhos. Aqueles que incluíram contos de fadas entre as capas de um livro não entenderam dessa maneira.

Na versão de Perrault do conto, a esposa de Barba-Azul não perde tempo para chegar ao quarto proibido. Enquanto suas companheiras abelhudas vasculham os armários, admirando a própria aparência em espelhos enormes e expressando sua inveja pela riqueza exibida, a esposa do Barba-Azul é tão "atormentada" pela curiosidade que ela quase quebra o pescoço ao descer as escadas correndo para abrir a porta do quarto proibido. Por um momento, ela reflete sobre o mal que poderia lhe ocorrer, provocado por um flagrante ato de "desobediência", no entanto, rapidamente sucumbe à tentação e abre a porta. Eis o que ela vê: "O chão estava coberto de sangue coagulado e [...] o sangue refletia os corpos de várias mulheres penduradas nas paredes (estas eram todas as mulheres com as quais o Barba-Azul tinha casado e depois assassinado uma após a outra)".

Vivendo numa época em que os homens, inspirados por seu monarca, não refletiam sobre o significado de colecionar amantes, Perrault foi rápido ao julgar a esposa do Barba-Azul e de suas amigas, condenando essas filhas de Eva por sua inveja, ganância, curiosidade e desobediência. Ele parece pouco disposto a denunciar um homem que cortou a garganta de suas esposas. Com certeza, pode parecer redundante comentar o caráter do Barba-Azul, uma vez que os cadáveres de suas esposas vieram à tona, porém, a menos que consideremos que essa é uma história de "curiosidade perigosa e homicídio justificável" (como faz um dramaturgo britânico do século XIX), as repetidas referências à curiosidade descontrolada da esposa do Barba-Azul parecem mais do que estranhas. O que está em jogo nessa história, sugere Perrault, é o instinto inquisitivo da esposa e não os atos homicidas do marido. Fátima, como às vezes é chamada nas versões europeias da história, tornou-se investigadora, treinando de forma lógica e sagaz todos os seus instintos de detecção e descoberta.

A história homicida do Barba-Azul fica em segundo plano diante da curiosidade da esposa (por que ela é tão intrometida sobre o passado do marido?) e seu ato de desobediência (por que ela não ouve o marido?). Uma "chave sangrenta como sinal de desobediência": esse é o motivo[25] apontado por muitos anos pelos folcloristas como a característica que define o conto. A chave manchada de sangue aponta para uma dupla transgressão, uma que não é apenas moral, mas também sexual. Para um crítico, foi um sinal de "infidelidade conjugal"; para outro, o fato marcou a "perda irreversível da virgindade" da heroína; para um terceiro, foi um sinal de "defloração".[26] E assim, a exemplo de Eva, a esposa do Barba-Azul é difamada por sua natureza curiosa. O que ela faz é o que Santo Agostinho descreveu como a "luxúria dos olhos". Ao associar a curiosidade ao pecado original, Santo Agostinho transforma um instinto intelectual em um vício sexual, cimentando a conexão entre a curiosidade (feminina) e o desejo sexual.

A curiosidade era atacada pelos antigos, que viam nela uma forma de falta de objetividade ligada à bisbilhotice e ao fuxico, ao contrário da mais honrosa "maravilha", que era a verdadeira fonte de sabedoria, filosofia e conhecimento. A característica sempre dava às mulheres uma fama ruim. Repetidas vezes, a curiosidade e o desejo excessivo de conhecimento estão ligados às mulheres, como se anunciassem ao mundo que a verdadeira fragilidade das mulheres reside na incapacidade de resistir ao impulso de saber mais: "Curiosidade, teu nome é mulher". A mulher inquisitiva também se torna a mulher compassiva,

---

[25] No original, "*motif*", no sentido de *leitmotiv*. (N. da T.)
[26] Essas considerações são citadas por mim em: *Secrets Beyond the Door: The Story of Bluebeard and His Wives*. Princeton, NJ: Princeton University Press, 2004, p. 20.

profundamente determinada em chegar ao fundo das coisas e também em restaurar a justiça para o mundo por meio da preocupação e da atenção, muitas vezes para com aqueles que não são vistos e ouvidos, os excluídos sociais e os desajustados e marginalizados do mundo.

"A literatura é um cônjuge carinhoso e fiel": Mulherzinhas, de Louisa May Alcott

Aonde a curiosidade das mulheres poderia ir para resistir a ser sexualizada e permanecer pura e não adulterada, por assim dizer? A obra *Aventuras de Alice no País das Maravilhas*,[27] publicada apenas três anos antes de *Mulherzinhas*, vem à mente, no entanto, Lewis Carroll, cuja atração por meninas está bem documentada, certificou-se de que Alice permanecesse como uma completa inocente, sem mancha do desejo, a não ser pelos doces. A verdadeira resistência encontra-se em uma forma de ficção inventada, quase sozinha, por Louisa May Alcott, quando ela aceitou um desafio de seu editor literário, Thomas Niles. Ela deveria escrever um livro para meninas, algo que lhe exigiria pouco mais do que reanimar suas memórias de infância e descrever, de forma criativa e inventiva, o mundo doméstico de quatro irmãs, bem como suas ambições – literárias, artísticas, espirituais e domésticas. As meninas da família March prepararam o palco para uma série de outras aspirantes a artistas e escritoras que aparecerão nas páginas seguintes, desde *Anne of Green Gables*, de L. M. Montgomery, até *Girls*, de Hannah Horvath.

Henry James escreveu, com certa inveja, que Alcott tinha "um entendimento particular com as jovens que ela retrata, à custa de seus pastores e mestres".[28] Em outras palavras, o autor de *O Que Maisie*

---

[27] *Alice's Adventures in Wonderland*, no original. (N. da T.)
[28] Beverly Lyon Clark. *Louisa May Alcott: The Contemporary Reviews*. Cambridge: Cambridge University Press, 2004, p. 247.

Sabia[29] – um romance que nos transporta para dentro da mente da filha de pais divorciados – preocupava-se que Alcott conspirasse com crianças contra adultos, da mesma forma como Roald Dahl certa vez afirmou ter feito, enquanto escrevia livros para crianças. Alcott virou as costas para uma tradição literária robusta que tinha como objetivo a elevação espiritual das crianças e a domesticação de seus instintos indisciplinados. A literatura infantil, com muitas nuances da caneta de Alcott, transformou-se em algo *para* crianças e não para seu próprio bem.

Louisa May Alcott detestava a ideia de escrever sobre meninas: "Eu me arrisco, embora não goste desse tipo de coisa. Nunca gostei de meninas, nem conheci muitas, exceto minhas irmãs, mas nossos planos e experiências incomuns podem se mostrar interessantes, embora eu duvide disso".[30] Abigail (Abba) Alcott, a "Marmee" (mamãe) da vida real para as quatro meninas Alcott, descreveu atividades infantis que se assemelhavam muito ao que anima o mundo doméstico de *Mulherzinhas*: "Nos bons velhos tempos, quando as 'Mulherzinhas' trabalhavam e brincavam juntas, o grande sótão era o cenário de muitas revelações dramáticas. Após um longo dia de ensinamento, costura e de 'ajudar à mãe', o maior deleite das meninas era se transformar [...] e elas se alçavam a um mundo de fantasia e romance".[31] "A história se escreveria sozinha, e Louisa sabia", afirma uma biógrafa.[32] Em dois meses e meio, Alcott escreveu 402 páginas do trabalho que se tornaria *Mulherzinhas*. Será que ela estava otimista sobre as perspectivas comerciais do livro? De modo algum, e nem seu editor. Porém, quando o editor deu o manuscrito à sua sobrinha, Lilly Almy, a menina se apaixonou pelas

---

[29] *What Maisie Knew*, no original. (N. da T.)

[30] Louisa May Alcott. *The Journals of Louisa May Alcott*. Joel Myerson e Daniel Shealy (orgs.). Atenas: University of Georgia Press, 1997, p. 165-66.

[31] Louisa May Alcott e Anna Alcott Pratt. *Comic Tragedies, Written by "Jo" and "Meg" and Acted by the "Little Women"*. Boston: Roberts Brothers, 1893, p. 7.

[32] Madeleine B. Stern. *Louisa May Alcott: A Biography*. Boston: Northeastern University Press, 1999, p. 70.

personagens, não conseguia parar de ler o manuscrito e riu até que as lágrimas vieram aos seus olhos. Ainda assim, ninguém poderia ter previsto o sucesso crescente de *Mulherzinhas, ou Meg, Jo, Beth e Amy*, publicado em Boston por Roberts Brothers, no outono de 1868. Os 2 mil exemplares, impressos e encadernados em tecido roxo, verde e terracota, esgotaram antes do final de outubro, e outros 4.500 exemplares do livro saíram das prensas antes do final do ano.

Alcott começou a trabalhar no segundo volume de *Mulherzinhas* em 2 de novembro, jurando escrever "como uma máquina a vapor", um capítulo por dia. Em 17 de novembro, ela tinha treze capítulos em mãos (presumivelmente ela descansou aos domingos), e passou seu aniversário, mais tarde naquele mês, em 29 de novembro, sozinha e "escrevendo com dedicação". Para ela, escrever era tanto um trabalho manual sério, como um trabalho intelectual, mas também era algo como um vício. É revelador que, quando sua mão direita estava machucada pelo uso excessivo de uma caneta de aço, ela aprendeu sozinha a escrever com sua mão esquerda. Conduzir a paixão pela escrita não era apenas o sonho da fama literária, mas também a necessidade de "fazer o bem", apoiando sua família.

Jo March, a personagem protagonista do quarteto das irmãs March, também aspira construir um nome para si mesma. Jo gosta de contar histórias. Como ávida leitora que cita com entusiasmo Isaac Watts, John Bunyan e Harriet Beecher Stowe, ela também encena peças com *páthos* e intenso dramatismo e produz um jornal inspirado em *The Pickwick Papers*. Ela não deseja nada além de "um estábulo cheio de corcéis árabes, quartos repletos de livros e [...] um tinteiro mágico, para que minhas obras sejam tão famosas quanto a música de Laurie".[33] Lutando pela imortalidade, ela quer fazer "algo heroico ou maravilhoso, que não seja esquecido depois que eu morrer". Embora esteja bastante

---

[33] Louisa May Alcott. *The Annotated Little Women*. John Matteson (org.). Nova York: W. W. Norton, 2015, p. 182.

ciente de que ela pode estar apenas "construindo castelos no ar" (esse é também o título do capítulo em que Jo articula suas aspirações), ela acrescenta: "Acho que vou escrever livros e ficar rica e famosa".[34] Contudo, a ambição de Jo de se tornar escritora entra em conflito com suas atividades caritativas (ela estabelece uma escola) e afazeres domésticos (seu marido a repreende por escrever "lixo"). O ato de contar histórias é dissociado do trabalho social e cultural e, de repente, as ambições autoengrandecedoras não podem coexistir com empreendimentos filantrópicos, que exigem modéstia autorreflexiva.

O conflito entre ambições literárias, por um lado, e os instintos altruístas e a bem-aventurança doméstica, por outro, se espelha na vida da criadora de Jo. Louisa May Alcott, sempre compassiva, benevolente e marcada pelo autossacrifício, candidatou-se a uma posição como enfermeira militar em 1862, no dia em que completou 30 anos, a idade mais precoce aceita para alistamento. O trabalho de limpar feridas e fazer curativos acabou levando-a a contrair uma infecção por febre tifoide que comprometeu sua saúde para o resto de sua vida. Após a guerra, ela escreveu, quase desafiando suas muitas enfermidades físicas, desde gengivas doloridas até membros enfaixados: "Como escrevi *Mulherzinhas* com um braço numa tipoia, minha cabeça amarrada e um pé na miséria, talvez a dor tenha um bom efeito sobre meus trabalhos".[35] Magicamente, ela conseguiu fundir a escrita com suas boas ações, produzindo ficção para revistas para apoiar não apenas seus pais, mas também suas irmãs e suas famílias. "Eu temo as dívidas mais do que o diabo", relatou ela, e poderia ser dito que o vício da escrita e o impulso para manter a pobreza a distância alimentavam-se mutuamente. Para Alcott, escrever era seu ganha-pão, além de ser também uma forma de colocar em prática o tema principal de *Mulherzinhas*: trabalho duro e generosidade altruísta são virtudes cardeais na história

---

[34] Alcott, *Annotated Little Women*, p. 430.
[35] Alcott, lxi.

das irmãs March e sua peregrinação pela vida. Louisa May Alcott tornou-se mais tarde a guardiã da filha de sua irmã e um "pai" de dois sobrinhos, e foi também por algum tempo a principal assalariada dessa família, agora ampliada, permitindo-lhe que, aos 40 anos de idade, pudesse oferecer segurança financeira à sua família.

Como foi observado, *Mulherzinhas* pode ser lido como autoficção, uma forma de escrever sobre si mesma em um relato que é inventado, mas com fortes características autobiográficas. Notavelmente, Alcott usou uma história de vida – doméstica, autocontida e viva, porém, nada "heroica" ou "maravilhosa" – para garantir que ela não seria "esquecida", entrando na história como a heroína de sua própria história. Alcott foi muito além da vida doméstica. As irmãs March têm ambições variadas. Todas elas são leitoras, que usam livros como portais para outros mundos que ampliam sua imaginação e lhes permitem sonhar, imaginar e criar. Meg, Jo, Beth e Amy são moldadas pelas histórias que leem, e Louisa May Alcott gerou um universo literário construído pelas obras ficcionais que leu, com autores que vão de Bunyan e Brontë a Shakespeare e Dickens. Escrevendo à sombra de John Bunyan e seu livro *O Peregrino*,[36] com sua melancólica e equilibrada busca por redenção, Alcott se inseriu em uma tradição literária, mas também inaugurou um novo gênero ao escrever uma contranarrativa que substituiu o herói movido pela fé, presente na obra de Bunyan, por quatro garotas, cada uma capaz de encontrar um chamado e forjando quatro identidades muito diferentes.

Além disso, *Mulherzinhas* é, em mais de um sentido, uma ideia original de Louisa May Alcott. Imaginamos os autores como criadores, como Deus em seu poder de construir mundos inteiros a partir das palavras e de gerar progênie literária. Mas, depois de Deus, foram os homens os responsáveis por "criar" (daí a inadequação do termo "*authoress*" [autora", em inglês], hoje obsoleto, pois foi substituído pelo

---

[36] *The Pilgrim's Progress*, no original. (N. da T.)

termo aparentemente neutro de gênero "*author*" ["autor"]), enquanto coube às mulheres o destino de "procriar". O que acontece, como pergunta Louisa May Alcott em um ensaio chamado "Happy Women" ["Mulheres Felizes"], quando as mulheres escolhem se juntar à classe de "mulheres superiores, que, por várias causas, permanecem solteiras e se dedicam a algum trabalho sério; abraçando filantropia, arte, literatura, música, medicina"? Elas podem permanecer "tão fiéis e felizes em sua escolha como mulheres casadas com maridos e lares"? Alcott continua a indicar exemplos poderosos daquelas que o fazem, entre elas, uma mulher que seguiu seus instintos e decidiu permanecer como uma "solteirona crônica". Aqui está sua descrição de uma mulher que é vista como uma anomalia social:

> O amor filial e fraterno deve satisfazê-la, e, agradecida por tais laços serem possíveis, ela vive para eles e se contenta com eles. A literatura é uma esposa carinhosa e fiel, e a pequena família que surgiu ao seu redor [...] é uma fonte lucrativa de satisfação para seu coração materno. [...] Não solitária [...] não ociosa, por necessidade, severa, mas é uma bondosa professora, que ensinou a ela o valor do trabalho; não infeliz, por amor e trabalho, como anjos bondosos, caminham de mãos dadas.

Literatura como o cônjuge que permanecerá para sempre "carinhoso e fiel"! E o que mais é a "pequena família" que surgiu a não ser a progênie literária? Louisa May Alcott é mais que provavelmente a solteirona da vida real descrita em "*Happy Women*". Ela é, em todo caso, uma dessas pessoas, uma solteirona por excelência, que traz à luz *Mulherzinhas*, uma obra marcada por muitos antepassados literários. Com um toque de pesar, Alcott certa vez escreveu que suas histórias eram como uma descendência: "Eu vendo meus filhos e, embora eles me alimentem, não me amam como os de Anna" (Anna era a irmã mais velha da autora e a inspiração para Meg, de *Mulherzinhas*). Entretanto, por meio de sua edição literária, Alcott foi capaz de "apreciar" o talento que possuía, "usando-o fielmente para o bem dos outros", e transformando sua história de vida em um "belo sucesso". Sua escrita veio para rimar com "fazer o bem".

Em 1979, durante o auge da segunda onda do movimento feminista, com sua dura crítica às ideologias centradas no homem, Sandra Gilbert e Susan Gubar publicaram um volume de crítica literária com um título alusivo a Bertha Mason, o "monstro" cativo em *Jane Eyre*, de Charlotte Brontë. O livro *The Madwoman in the Attic* [A Louca do Sótão] documentou em detalhes o grau em que a cultura ocidental define o autor como "um pai, um progenitor, um procriador, um patriarca estético, cuja pena é um instrumento de poder generativo". Tudo o que acontece nas histórias que constituem o cânone literário pode ser visto como a mesma relação de Atena para com Zeus, uma criação de um escritor masculino. O "homem de letras" torna-se não apenas autoritário e influente, mas também heroico, um pioneiro espiritual e líder patriarcal.[37]

Se a religião ocidental infunde um Deus masculino como o criador de todas as coisas, e a cultura que envolve essa religião assimila esse modelo para todos os esforços criativos, como isso afeta as mulheres? Essa é a pergunta que Gilbert e Gubar passam várias centenas de páginas respondendo. Será que as mulheres também podem gerar filhos a partir do cérebro ou elas estão limitadas à procriação biológica? Louisa May Alcott traçou um caminho para as escritoras, dando-nos a história sem precedentes do nascimento da artista como uma mulher jovem, situando sua história em uma época hostil à ideia de mulheres que vivem da escrita. A obstinada Josephine March se torna não apenas uma mulher que afirma seu direito à autoexpressão e autorrealização profissional, mas também um modelo para os leitores da vida real que a seguem (assim como sua autora, Louisa May Alcott).

---

[37] Sandra M. Gilbert e Susan Gubar. *The Madwoman in the Attic: The Woman Writer and the Nineteenth-Century Literary Imagination.* New Haven, CT: Yale University Press, 1979, p. 7.

Para medir o impacto de Jo sobre as meninas leitoras, podemos nos voltar para outra história de sucesso literário: a série britânica Harry Potter. Sua autora, J. K. Rowling, nos conta: "Minha heroína literária favorita é Jo March. É difícil explicar o que ela significava para uma garota pequena e comum chamada Jo, que tinha um temperamento forte e uma ambição ardente de ser uma escritora". Ou vejamos Ursula Le Guin, que escreve: "Eu sei que Jo March deve ter exercido uma influência real sobre mim quando eu era uma jovem que rascunhava meus primeiros textos. [...] Ela é tão próxima quanto uma irmã e tão comum como a grama do jardim".[38] No entanto, há limites para o avanço de Jo March, assim como havia para Alcott. Teria Alcott se tornado o que sua mãe, Abigail, chamou de "besta de carga"? Alguns demonstraram sua preocupação pelo fato de que, embora Alcott tivesse reconstruído sua adolescência na personagem de Jo, ela não conseguiu reinventar o que significava ser uma mulher adulta.[39]

O casamento comum com um "marido carinhoso e fiel" põe um fim às ambições de Jo de se tornar uma grande escritora. No capítulo intitulado "Tempo de Colheita",[40] Jo ainda não perdeu a esperança de escrever um bom livro, "mas eu posso esperar", afirma ela. Jo se posiciona no papel mais tradicional de mãe e professora, não apenas criando uma família, mas também fundando uma escola. "Você deveria ter vergonha de escrever histórias populares por dinheiro", adverte a professora Bhaer a Jo, justamente num livro escrito por uma mulher com o objetivo de ganhar dinheiro. E, em uma segunda reviravolta irônica, uma autora que renunciou ao casamento e se dedicou a uma carreira literária escreve um livro sobre abandonar a escrita e abraçar os prazeres

---

[38] "J. K. Rowling, by the Book". *In*: *New York Times*, 11 out. 2012. Ursula Le Guin. *Dancing at the Edge of the World: Thoughts on Words, Women, Places*. Nova York: Grove Press, 1989, p. 213.

[39] Carolyn G. Heilbrun. *Reinventing Womanhood*. Nova York: W. W. Norton, 1993, p. 212.

[40] "Harvest Time", no original. (N. da T.)

do casamento. Com certeza, Alcott teria preferido transformar Jo em uma "escritora literária solteirona", porém, foram tantas "jovens entusiasmadas" que clamaram pelo casamento com Laurie que, "sem querer ser cruel", a autora promoveu uma "união divertida" para ela. Infelizmente, a zombaria é sobre Jo, e ela também se ressente um pouco da mesma dor e humilhação que Louisa May Alcott sofreu ao percorrer seu caminho para o sucesso profissional e a "escritora literária solteirona".

A imaginação da órfã Anne

Embora aproximadamente quarenta anos separem *Anne de Green Gables* (1908), de Lucy Maud Montgomery, de *Mulherzinhas*, Jo e Anne têm muito em comum, apesar de suas circunstâncias familiares dramaticamente diferentes. A escritora canadense conhecia bem a obra de Louisa May Alcott e, sem dúvida, encontrou inspiração para Anne na figura de Jo March. Entretanto, Anne Shirley, de Montgomery, é órfã, e por isso não conta com o apoio constante de pais amorosos, irmãos afetuosos e vizinhos generosos que possam cuidar dela, orientá-la e a impeçam de ficar entediada. O romance de Montgomery narra as infindáveis aventuras e confusões de uma órfã espirituosa, adotada por dois irmãos de meia-idade, mostrando como ela conquista o coração de seus pais adotivos e cria com eles uma verdadeira família. Anne, assim como Jo antes dela, tem uma imaginação exagerada, e encontra na escrita uma saída expressiva para sua inventividade.

"Anne é tão real para mim como se eu tivesse lhe dado à luz", escreveu Montgomery, revelando que sua personagem, assim como Jo March, é extraída da vida.[41] Depois que a mãe de Montgomery faleceu de tuberculose, seu pai a enviou para que fosse morar com seus avós maternos, enquanto se mudava para Saskatchewan e se casava novamente.

---

[41] Carole Gerson. "'Dragged at Anne's Chariot Wheels': L. M. Montgomery and the Sequels to Anne of Green Gables". *In*: *Papers of the Bibliographical Society of Canada* 35, nº 2 (1997), p. 151.

Tanto Alcott quanto Montgomery adotam um estilo autobiográfico transparente, que contrasta fortemente com a voz narrativa desprendida encontrada nas obras de autoras como Jane Austen e as Irmãs Brontë. Suas obras da maturidade sugerem a possibilidade de uma identidade como escritora profissional inusitada para os romances da época.

Como Jo, Anne abandona seus sonhos de tornar-se uma autora, e nas sequências que se seguiram ao primeiro livro, sua voz como escritora foi silenciada. Ainda assim, muitos leitores posteriores entenderam que Anne Shirley estava de pé diante de uma porta que não existia antes da publicação de *Mulherzinhas*, e agora a porta se abriu um pouco mais. Se Jo e Anne se deixassem levar pelos dois reboques – o do casamento heterossexual e o da vida doméstica –, ambas ainda revelariam a alegria que as meninas podem emanar da criatividade e da autoexpressão. E a vida de suas autoras prenuncia novas possibilidades de sucesso profissional, apesar de que a vida pessoal, a de Montgomery em particular, inclua certa turbulência.

O casamento de Montgomery com Ewan Macdonald, um pastor presbiteriano, foi, segundo ela, sem amor. Seu marido sofria de graves crises de depressão, decorrentes do que ele mesmo diagnosticou como "melancolia religiosa", causada pelo medo de que não estaria entre os Escolhidos para entrar no céu. Porém, Montgomery tinha sua própria saúde mental para se preocupar ("eu perdi a cabeça devido a feitiços"), mas mesmo assim ela se tornou a principal fonte de apoio financeiro para seu marido e dois filhos. Mais tarde, após alcançar celebridade literária e sucesso financeiro, ela caiu em um profundo estado depressivo. Totalmente deprimida pela perspectiva de uma segunda guerra mundial e pelo possível recrutamento de seu filho mais novo, ela escreveu: "Minha situação é horrível demais para suportar. [...] Que fim para uma vida em que sempre tentei fazer o meu melhor apesar de muitos erros".[42] A causa oficial de sua morte foi atribuída a uma trombose coronária,

---

[42] Benjamin Lefebvre. *The L. M. Montgomery Reader, vol. 2, A Critical Heritage*. Toronto: University of Toronto Press, 2020, p. 380.

porém, o mais provável é que Montgomery tenha tomado deliberadamente uma overdose de medicamentos para distúrbios de humor.

Anne de Green Gables foi rejeitada por quatro editoras antes de ser aceita por L. C. Page, uma casa editorial de Boston. Rapidamente, o livro se tornou um *best-seller*. Como Alcott, Montgomery transformou-se em celebridade literária, mas sua obra nunca fez parte no cânone oficial das obras escritas em língua inglesa. Lembro-me de uma vez perguntar aos colegas do Departamento de Inglês de Harvard, bem como do Programa de Estudos Americanos, se *Mulherzinhas*, uma obra que existe hoje em 320 edições apenas em inglês, alguma vez foi ensinada em alguma disciplina ou curso, mas a resposta foi sempre um olhar meio engraçado e zombeteiro, seguido por um rápido e definitivo "não". Logo refleti que não fazia sentido dar continuidade à mesma indagação a respeito de *Anne de Green Gables*. Mas o que estava no topo da lista de romances americanos do século XIX incluídos no currículo? *A Letra Escarlate*, escrita por Nathaniel Hawthorne, amigo e vizinho de Louisa May Alcott que explorou com mórbida atenção as vergonhosas consequências do adultério. Anne e Jo não poderiam formar um contraste mais marcante com Hester Prynne de Hawthorne, contudo, tanto a série *Mulherzinhas* como a série *Anne de Green Gables* são descartadas como literatura infantil e banalizadas como cultura popular, que carece de mérito literário. Vale recordar como Hawthorne se referiu às escritoras populares como sendo uma "maldita multidão de mulheres rabiscando" – embora ele tenha aberto uma exceção para Louisa May Alcott, a quem descreveu como sendo "dotada e agradável, mesmo que o sucesso comercial dela eventualmente o irritasse".[43]

Hoje, *Anne de Green Gables* continua a ter um forte acompanhamento – até mesmo o mal-humorado Mark Twain admitiu que Anne era "a

---

[43] Claudia Durst Johnson, "Discord in Concord", em: *Humanities Commons*. Disponível em: https://hcommons.org/deposits/objects/hc:18288/datastreams/CONTENT/content.

Anne Shirley de *Anne with an E*, 2017. Cortesia de Photofest

mais querida e mais adorável criança da ficção desde a imortal Alice".[44] O livro de Montgomery foi traduzido para 36 idiomas, foi a inspiração para um filme mudo, para mais de meia dúzia de programas de televisão, desenhos animados, musicais e assim por diante. Sua contribuição para a indústria do turismo canadense na Ilha do Príncipe Eduardo não é de forma alguma desprezível. Quem imaginaria que a história de Anne seria levada para o fronte pelos membros da Resistência Polonesa, que seria transformada em uma série de televisão no Sri Lanka e incluída no currículo escolar japonês dos anos 1950?[45] Anne conquistou os corações não só de Marilla e Matthew Cuthbert, mas de leitores de todo o mundo.

---

[44] Mollie Gillin. *The Wheel of Things: A Biography of Lucy Maud Montgomery*. Halifax: Goodread Biography, 1983, p. 72.

[45] Willa Paskin. "The Other Side of Anne of Green Gables". *In: New York Times*, 27 abr. 2017.

Quando Lucy Maud Montgomery publicou *Anne de Green Gables*, ela pôs à prova a leitura, a imaginação, o faz de conta, a conversa e a escrita. No incansável embate entre Anne Shirley e Marilla Cuthbert, discernimos as pressões sociais às quais as meninas são implacavelmente submetidas enquanto crescem. Tudo sobre Anne é projetado para agradar os leitores do romance de Montgomery: seus "olhos lindos e adoráveis", sua natureza faladora, sua vívida imaginação e seu amor pelos livros, assim como pelo ar livre. Mas a energia dialogante compulsiva de Anne não consegue conquistar Marilla. "Você fala demais para uma garotinha", diz ela, que depois trata de segurar sua língua de modo "tão obediente e tão completamente, que seu silêncio contínuo deixou Marilla bastante nervosa".[46] O desprezo de Marilla pela conversa também se estende à palavra impressa, pois ela não sente nada, além de desdém, pelos jovens leitores e escritores. Definitivamente sem imaginação e austera, ela condena o "negócio de escrever histórias" que Anne e seus amigos assinam, considerando tudo isso um "monte de bobagens" e declara que "ler histórias já é ruim o suficiente, mas escrevê-las é ainda pior".

Quanto à imaginação, esse é o dom que torna Anne tão vitoriosa e adorável, bem como traz bons presságios para o seu futuro, é transformada em um passivo. O *"nonsense* cruel" da imaginação de Anne transforma um bosque de abetos em um Bosque Assombrado, repleto de fantasmas, esqueletos e homens sem cabeça. Outras inúmeras ações de pura fantasia inspirada criam uma superabundância imaginativa. Quando Marilla resolve "curar" Anne de sua imaginação com uma marcha forçada pelo bosque à noite, Anne se arrepende e lamenta "a licença que ela havia dado à sua imaginação". Ela resolve, então, daí por diante, se contentar com o "lugar-comum". Até mesmo o teatro e a pantomima se tornam tabu depois que Anne, assumindo o papel da

---

[46] L. M. Montgomery. *Anne of Green Gables*. Nova York: Penguin, 2017, p. 35. As citações seguintes encontram-se nas páginas: 174, 220, 223, 236, 267, 323.

morta Elaine de "A Senhora de Shalott",[47] de Tennyson, se depara com uma "situação perigosa", ao descer um rio com suas amigas numa encenação dramática do poema.

A organização doméstica, a eficiência e a limpeza estão para sempre desconsertadas e prejudicadas pela disposição inventiva de Anne. *Anne de Green Gables* corre o risco de se transformar em uma série interminável de capítulos que ilustram os perigos da imaginação, embora não se possa deixar de enaltecer essa faculdade, responsável por transformar a heroína numa personagem de indiscutível identificação empática com o leitor. Cada capítulo lê-se como um episódio fechado em si mesmo, com a imaginação de Anne correndo à solta e deixando-a em apuros (ela queimará alguma coisa no forno porque se distraiu com histórias), enquanto os adultos ligeiramente deprimidos ficam no início chocados e depois encantados com sua inocência e espontaneidade infantil.[48] Ainda assim, a insistente disposição da imaginação e de todas as atividades associadas a ela (sonhar acordado, ler, agir, brincar e escrever), como pondo em perigo o eu e infligindo dor aos outros, sugere que deixar para trás o excesso de imaginação pode não ser, afinal, algo tão terrível. Depois de tudo, isso acabará com todas aquelas "tentações irresistíveis", como sonhar acordada, usar fitas trançadas no cabelo ou tentar tingir tudo de preto. A imaginação é excelente enquanto permanecer na infância.

Enquanto os livros clássicos do século XIX sobre meninos – *A Ilha do Tesouro*, de Robert Louis Stevenson; *As Aventuras de Huckleberry Finn*, de Mark Twain; *Capitão Coragem*, de Rudyard Kipling[49] – nos transportam de casa para uma série de aventuras que vão de mal (o lar) a pior

---

[47] "The Lady of Shalott", no original. (N. da T.)

[48] Perry Nodelman. "Progressive Utopia: Or, How to Grow Up without Growing Up". *In*: *Such a Simple Little Tale: Critical Responses to L. M. Montgomery's Anne of Green Gables*. Mavis Reimer (org.). Metuchen, NJ: Scarecrow Press, 1992, p. 32.

[49] Respectivamente, *Treasure Island*, *The Adventures of Huckleberry Finn* e *Captains Courageous*, no original. (N. da T.)

(o perigo), até que a solução e a salvação se realizem, por sua vez, os livros sobre meninas – *Rebecca of Sunnybrook Farm*, de Kate Douglas Wiggin; *Pollyanna*, de Eleanor H. Porter; *Heidi*, de Johanna Spyri – começam em casa e ficam por lá, sugerindo, muitas vezes, um passado tão perturbador que é apenas parcialmente elaborado. O lado sentimental e as normas domésticas predominam, eliminando qualquer elemento sombrio e sinistro. Submetida à camisa de força de uma "estética feminina", Montgomery dá preferência ao sentimentalismo doméstico em vez da excitação pulsante de aventuras, missões e viagens, com uma narrativa que apresenta elementos ornamentais e femininos embutidos no mundo social do comum e do cotidiano, presidido por mulheres.[50] As "mangas bufantes" que Anne anseia ter em seus vestidos e as citações constantes ao preparo de alimentos e à limpeza em Green Gables são exemplos disso.

O que temos no romance de Montgomery é uma narrativa de permanência em casa que traça uma aproximação gradual entre adultos rabugentos que precisam de redenção e órfãos que precisam de amor e proteção. Essa aproximação corre o risco de cair na completa assimilação por parte do mundo dos adultos (afinal, Anne crescerá), embora não seja de modo algum a vida desoladora que Marilla já viveu. Anne contempla seu futuro nas últimas páginas do romance, reconhecendo que, com a morte de Matthew, seus horizontes se "fecharam": "Mas, se o caminho que lhe foi posto diante de seus pés fosse estreito, ela sabia que flores de tranquila felicidade floresceriam ao longo dele. As alegrias do trabalho sincero, da aspiração digna e da amizade agradável seriam dela; nada poderia roubar-lhe o seu direito inato à fantasia ou ao seu mundo ideal de sonhos. E lá havia sempre uma curva na estrada". Ninguém pode matar a imaginação de Anne, nem mesmo a autora de sua história, para quem a personagem assumiu uma vida própria.

---

[50] Naomi Schor. *Reading in Detail: Aesthetics and the Feminine.* Nova York: Routledge, 2006, p. 4.

O trabalho e a amizade tornaram-se centrais na vida de Anne, porém, assim como Alcott, Montgomery cedeu aos leitores que preferiam o romance do casamento à vida de uma solteirona, como uma das "mulheres felizes" de Louisa May Alcott que abraçam o romance da escrita e das boas ações.

Montgomery adiou o casamento de Anne e Gilbert o máximo possível, e nunca abandonou a noção de que a amizade seria central na vida de Anne, mesmo depois do casamento. A escrita, porém, não parece estar no futuro de Anne. Se estiver presente, o será de forma reduzida: "Eu me senti tão envergonhada que quis desistir completamente, mas a srta. Stacy disse que eu poderia aprender a escrever bem se ao menos me treinasse para ser minha própria crítica mais severa". Lá se vai *The Lurid Mystery of the Haunted Hall* [O Mistério Lúgubre do Salão Assombrado], uma história inspirada na leitura da sensacional ficção de Anne. Seu clube de escrita logo se dissolve, e o destino que lhe resta é "um pouco de ficção eventual" para revistas, com a vida doméstica e sentimental prevalecendo sobre o mistério, o romance e o melodrama.

Anne de Green Gables celebra a imaginação, mas também está empenhada em demonstrar a inevitável redução dessa capacidade e a importância de refreá-la na medida em que se torna adulta. A publicação da obra coincidiu com um momento em que os educadores americanos estavam apenas começando a exaltar a imaginação e a fantasia como ferramentas cognitivas importantes. "Conto de fadas supera a aritmética, a gramática, a geografia, os manuais de ciências, pois, sem a ajuda da imaginação, nenhum desses livros é realmente compreensível", declarou Hamilton Wright Mabie no prefácio de um volume de 1905, intitulado *Fairy Tales Every Child Should Know* [Contos de Fadas que Toda Criança Deveria Conhecer]. Segundo Marbie, os contos de fadas deveriam ser trazidos para a órbita do currículo educacional, "pois a criança não tem apenas uma faculdade de observação e aptidão para o trabalho, ela também tem o grande dom da imaginação".[51] Apenas um ano antes da estreia da peça de teatro *Peter Pan, ou o Menino que Não Cresceria (Peter Pan, or the Boy Who Wouldn't Grow Up)*, no Duke of York's Theatre, em Londres, adultos e crianças aplaudiam todas as noites entusiasticamente para manter Tinkerbell (ou a fada Sininho) viva, resultando assim que a fantasia e a imaginação começaram a fazer um poderoso retorno em ambos os lados do Atlântico.

Durante a maior parte do século XX, instigar a imaginação foi uma alta prioridade na agenda educacional. "Você sabe o que é a imaginação, Susan?", pergunta Kris Kringle[52] (o Papai Noel) a uma criança no filme *Milagre na Rua 34 (Miracle on 34th Street)*, de 1947. "É quando você vê coisas que realmente não estão lá", proclamou ela. "Bem, não exatamente", respondeu Kris, com um sorriso. "Não, para mim a imaginação é um lugar por si só. Um espaço especialmente maravilhoso. Você já ouviu falar da Nação Britânica e da Nação Francesa?... Bem, essa é a Imaginação. E quando você chega lá, pode fazer quase tudo o que quiser."[53] Obviamente, Imaginação é também o termo escolhido pela Walt Disney Company para promover seus filmes e produtos de animação. Por meio do que agora é chamado de *"Imagineering"*,[54] um novo portal criativo para um mundo maravilhoso que se abriu no século XX. Em *Anne de Green Gables*, L. M. Montgomery revelou o quanto ela sentia a potência da alegria de uma imaginação expansiva, embora a história de Anne Shirley revelasse profundas ansiedades sobre o lado

---

[51] H. W. Mabie (org.). *Fairy Tales Every Child Should Know*. Nova York: Grosset & Dunlap, 1905, pp. xiv, xv.

[52] Originário da palavra alemã *"Christkindl"*, *"Kris Kringle"* é um nome utilizado nos Estados Unidos para referir-se a *Santa Claus*, o Papai Noel. *In*: "Kris Kringle", *Oxford Learner's Dictionaries*, *on-line*. (N. da T.)

[53] *Miracle on 34th Street*, direção de George Seaton, 1947.

[54] A Walt Disney Imagineering constitui um braço de *design* e desenvolvimento da Walt Disney Company, encarregada pela criação e construção dos parques temáticos Disney. (N. da T.)

antissocial da imaginação, como ela pode isolar uma criança e transformá-la em um ser desajustado, desconectado e em descompassado com as pressões e exigências do mundo real. A breve paixão de Anne pelas histórias e pela escrita acaba sendo algo que ela deve superar tão rapidamente quanto os vestidos marrons simples costurados para ela por Marilla.

Uma árvore cresce no Brooklyn, junto com a Empatia e a Imaginação

"Você não deve se esquecer de Kris Kringle." Estas são as palavras de Mary Rommely, uma avó imigrante irlandesa, no romance de Betty Smith, *Uma Árvore Cresce no Brooklin (A Tree Grows in Brooklyn)*, de 1943. Ela está dando conselhos à sua filha sobre a melhor maneira de criar seus filhos, uma das quais é a heroína protagonista do romance, Francie Nolan. E ela incentiva sua filha a contar lendas, "contos de fadas do antigo país", e histórias sobre "os grandes fantasmas que assombravam o povo de seu pai". Mas a mãe de Francie tem reservas em contar aos filhos "mentiras tolas". Ainda assim, Mary Rommely insiste e oferece um poderoso contra-argumento que ressoa com o que Kris Kringle (que residia quase nesse mesmo bairro) declarou em *Milagre na Rua 34* apenas alguns anos após a publicação do romance de Smith. Sem instrução e analfabeta, ela faz um apelo para os prodígios e maravilhas: "A criança deve ter uma coisa valiosa que é chamada imaginação. A criança precisa ter um mundo secreto no qual viver coisas que nunca existiram. É necessário que ela *acredite*. Ela deve começar por acreditar em coisas que não são deste mundo. Então, quando o mundo se tornar feio demais para se viver, a criança poderá retomar e viver em sua imaginação. [...] Somente assim, tendo essas coisas em minha mente, é que posso viver além daquilo pelo qual *tenho* de viver".[55]

---

[55] Betty Smith. *A Tree Grows in Brooklyn*. Nova York: Harper Perennial, 2006, p. 84. As citações adicionais são das páginas: 6, 166, 234, 390, 489, 492, 493.

Viver na imaginação é exatamente o que Francie faz, "sentada no meio-fio por horas", como observa sua professora de piano, a srta. Tynmore. "No que você fica pensando?", pergunta ela à criança que permanece quieta. "Nada. Eu só conto histórias para mim mesma." Francie, empobrecida e isolada, aprende a fazer algo do nada. "Menininha, você será uma escritora de histórias quando crescer", pressagia a srta. Tynmore.

Uma escritora de histórias é exatamente o que Betty Smith se tornou, e *Uma Árvore Cresce no Brooklyn* é tão próxima da autoficção quanto *Mulherzinhas* e *Anne de Green Gables*. Aos 14 anos de idade, a mãe de Betty Smith insistiu que ela abandonasse a escola para ajudar a sustentar sua família. Depois disso, Betty Wehner (seu nome de solteira), assim como Francie, lutou para economizar e conquistar uma educação formal durante um período de muitos anos, trabalhando à noite e terminando o ensino médio somente depois de ter se casado e já ter duas filhas. "Gosto de pensar nela como uma feminista nos anos 1920 e 1930, antes mesmo de o movimento se desenvolver", escreveu, mais tarde, sua filha Mary. Lá estava sua mãe, Betty Smith, no meio da Grande Depressão, uma mulher divorciada com duas filhas para criar. E como ela se propôs a apoiá-las? Para ganhar a vida, ela passou a fazer parte de produções teatrais e a escrever, produzindo esquetes, ensaios, peças de teatro (70 peças de monólogos de um único ato), e qualquer coisa que pagasse, dando conta de uma cópia nas primeiras horas da manhã, antes das duas meninas saírem para a escola.

Não é de surpreender que Francie, como sua autora, descubra na escrita uma missão social. Desistindo dos prazeres do sensacionalismo expresso, ela recorre à experiência da vida real: "pobreza, fome e embriaguez", assuntos que desagradam à sua professora de inglês, a srta. Garnder. Segundo essa nova professora, esses temas são "feios" e, por isso, Francie é obrigada a parar de escrever "essas historinhas sórdidas", sendo encorajada a escrever de um modo "bonito" e "fofo". Com um senso maravilhoso para o drama, Francie repete a queima que Jo

March empreendeu às suas histórias sobre *Weekly Volcano*. Francie ateia fogo em sua prosa e canta "Estou queimando a feiura", à medida que as chamas se elevam. O romance de Betty Smith lembra aos leitores como as mulheres foram desencorajadas de assumir causas sociais em seus escritos e direcionadas ao doméstico e ao sentimental. Ao mesmo tempo, sua escrita foi julgada inferior em termos literários, precisamente devido ao seu tema. Essa curiosa dupla ligação pode ser traçada de Jo March, passando por Anne Shirley, até Francie Nolan, meninas que são criticadas por ousarem escrever de uma maneira nova e "não feminina".

O que inspira Francie a voltar sua atenção para temas como a pobreza? Seu próprio histórico de dificuldades, é claro, explica muito. Porém, ao longo do romance, enquanto a perspectiva de Francie se modifica com relação à sua mãe e vice-versa, descobrimos também que chegar à idade adulta significa para Francie aprender a ser tolerante e a cultivar a empatia. Na metade do romance, lemos um relato eletrizante sobre uma jovem mulher chamada Joanna que tem um filho "fora do casamento" e é apedrejada por suas vizinhas. "'Puta! Sua puta!' gritou a magrela histericamente. Então agindo por um instinto que era forte já na época de Cristo, ela pegou uma pedra da sarjeta e a arremessou contra Joanna." Como Francie reage como testemunha desta atrocidade? Ela está sobrecarregada pela dor: "Uma onda de dor quebrou-se sobre Francie. [...] As ondas de dor a varreram. [...] Ela estava agora recebendo sua lição de Joanna, mas não era o tipo de lição a que sua mãe se referia". "Deixe Joanna ser uma lição para você", reforçou a mãe de Francie. A lição se transforma em um tutorial sobre ser "menos cruel" e sentir empatia pelos outros, assim como compaixão por suas circunstâncias.

Como em muitos outros trabalhos que seguem o padrão do *bildungsroman*,[56] neste caso, a história do amadurecimento de uma menina, há um poderoso ponto de inflexão, um momento em que a heroína se

---

[56] No Brasil, também chamado de romance de formação. (N. da T.)

coloca no lugar de outras pessoas, sente sua dor ou entra em sua pele. Essa forma de consciência social tem sua origem menos na instrução dos pais do que na experiência de leitura. Quando Francie aprende a ler, o poder da imaginação é acelerado e intensificado. Um dia, Francie vira uma página e a "magia" acontece. "Ela olhou para a palavra, e a imagem de um rato cinzento veio à sua mente. Ela seguiu e, mais adiante, ao ver um 'cavalo', ouviu seus cascos marchando sobre o chão e viu o brilho do sol em sua pelagem brilhante. A palavra 'correndo' golpeou-a de repente e ela respirou forte, como se estivesse correndo sozinha. A barreira entre o som individual de cada letra e todo o significado da palavra foi removida." A imaginação constrói uma ponte sólida entre as concepções mentais das coisas e sua incorporação no mundo real. Com o poder de passar do significante (a palavra para uma coisa) para o conceito mental da coisa e sua corporificação no

Capa da edição das Forças Armadas de *Uma Árvore Cresce no Brooklyn*. Coleção Carolina do Norte, Biblioteca de Coleções Especiais Wilson, UNC-Chapel Hill.

mundo real, Francie nunca "será solitária". Ao mesmo tempo, ela é ungida como escritora, precisamente porque ela pode visualizar e animar a vida dos demais.

Sendo uma faculdade criativa da mente, a imaginação é usada para pensar, fantasiar e lembrar, entre outras coisas. O termo "imaginação" vem do latim, *imaginare*, que significa "idear por si mesmo". Há uma qualidade autorreflexiva nessa faculdade, que se evidencia quando Francie volta para sua casa de infância e vê "uma menina sentada em uma escada de incêndio com um livro no colo e um saquinho de doces na mão". O que Francie faz quando vê essa "coisinha magricela de 10 anos", senão acenar e gritar: "Olá, Francie".

"Meu nome *não é* Francie [...] e você também sabe disso", responde, aos gritos, uma garota chamada Florry. Mas em vão. Francie é capaz de se imaginar como era em tempos passados, lendo como uma menina de 10 anos, tendo um pacote de doces ao seu lado. Através da imaginação e seu poder de conjurar imagens e memórias, Francie é capaz de voltar atrás e lembrar quem ela já foi. O passado é sempre presente, e é reencenado e reencenado por gerações sucessivas.

As escritoras que inventaram Jo March, Anne Shirley e Francie Nolan estavam engajadas em uma missão social para fornecer modelos ficcionais que se importassem com o mundo. Recordemos como o cuidado está profundamente arraigado na noção de curiosidade, permitindo que logo se torne evidente como nossas heroínas curiosas não são apenas rebeldes aventureiras, mas também amáveis e compassivas. O desejo de Francie de se transformar em uma escritora não será reprimido. Mesmo quando a mãe diz ao seu irmão Neeley que Cornelius John Nolan é "um bom nome para um cirurgião", mas não diz à filha que Mary Frances Katherine Nolan é "um bom nome para uma escritora", ela permanece inabalável. Como a árvore que cresce no Brooklyn, sua paixão "vive" e nada pode "destruí-la". Ao final, ouvimos seus pensamentos sobre um futuro como escritora: "Ela conhecia Deus um pouco melhor, agora. Ela estava certa de que Ele não se importaria de forma alguma se começasse a escrever novamente. Bem, talvez ela tentasse novamente algum dia".

Escrita e trauma: *O Diário de Anne Frank*

Alcott, Montgomery e Smith: todas vivenciaram o trauma da guerra. A Guerra Civil é mantida a distância em *Mulherzinhas*, mas a própria Alcott serviu como enfermeira militar e sofreu durante toda a sua vida com os efeitos da doença (e do mercúrio no medicamento usado para curá-la) contraída enquanto estava trabalhando. Montgomery escreveu a série Anne durante a Primeira Guerra Mundial e, no rescaldo da guerra, sua vida começou a desmoronar, primeiro, devido ao seu marido, um pregador que caiu em uma depressão profunda em função de seu papel de incentivador de jovens a se alistarem e, depois, com a perda de sua melhor amiga durante a pandemia global de 1919. Betty Smith publicou *Uma Árvore Cresce no Brooklyn* em 1943, apenas dois anos após os Estados Unidos terem declarado guerra ao Japão e entrado na Segunda Guerra Mundial. Seu livro se tornou uma das Edições dos Serviços Armados, dado aos soldados a caminho da guerra, e Smith, evidentemente, recebia mais correspondência de fãs que eram soldados do que de civis. Essas três mulheres enfrentaram dificuldades. Entretanto, duas permaneceram razoavelmente seguras em casa, enquanto a terceira sofreu dificuldades, embora não da magnitude vivida por soldados e civis capturados em zonas de combate.

Na época em que Betty Smith estava dando os últimos retoques em *Uma Árvore Cresce no Brooklyn*, Anne Frank, que vivia em circunstâncias confortáveis com sua família na cidade de Amsterdã, foi forçada a se esconder com seus pais e sua irmã para evitar a prisão e a deportação. As forças holandesas se renderam aos nazistas em 15 de maio de 1940, apenas um dia após o bombardeio de Rotterdam. Os Países Baixos permaneceram sob ocupação alemã até o final da guerra. Ninguém que leia *Het Achterhuis* (ou *O Anexo Secreto*, este é o título que Anne deu aos registros diários que ela escreveu enquanto estava escondida) pode evitar a enorme sombra lançada pelas circunstâncias da morte de Anne Frank: o ataque ao anexo secreto na manhã de 4 de agosto de 1944, por um membro da SS alemã e três membros da polícia secreta holandesa, os interrogatórios nos escritórios de segurança do Reich, o transporte para o campo de refugiados de Westerbork, a posterior deportação para Auschwitz e depois para Bergen-Belsen, onde Anne Frank morreu de tifo.

Conhecemos Anne Frank através dos registros diários que ela escreveu, primeiro em um pequeno livro de autógrafos encadernado em vermelho, cinza e tecido quadriculado com um pequeno cadeado, depois em livros de exercícios escolares. Em seus primeiros registros do diário, datados de junho de 1942, ela começa descrevendo as alegrias de encontrar presentes de aniversário – entre outras coisas, uma blusa, um jogo, um quebra-cabeças, um pote de creme frio e algumas rosas –, logo passa para perfis maliciosos de seus colegas de classe e termina com um inventário das muitas restrições impostas à comunidade judaica holandesa. Este é um livro que nos desafia a conciliar as banalidades da vida comum com o impensável. Menos de um mês depois desses relatos iniciais, em 8 de julho, Anne escreve sobre como "tanta coisa aconteceu que é como se o mundo inteiro tivesse, de repente, virado de cabeça para baixo". A anotação daquele dia termina com a família Frank fechando a porta para o lugar que havia sido sua casa: "As camas desarrumadas, as coisas do café da manhã sobre a mesa, um quilo de carne para o gato na cozinha – tudo isso dava a impressão de que tínhamos saído com pressa. [...] Só queríamos sair dali, fugir e chegar ao nosso destino em segurança. Nada mais importava". Essa segurança foi garantida à família por dois anos e um mês. Eles foram então cercados, sendo quase certo que foram traídos por um funcionário do armazém no *Achterhuis*, contratado depois que um funcionário de confiança ficou muito doente e não pôde continuar trabalhando.[57]

---

[57] Anne Frank. *The Diary of a Young Girl: The Definitive Edition*. Otto H. Frank e Mirjam Pressler (orgs.). Trad. Susan Massotty. Nova York: Bantam, 1997, pp. 18, 21.

As anotações do diário de Anne Frank começam com uma explosão de entusiasmo sobre a perspectiva de ter finalmente um confidente. "Espero que você seja uma grande fonte de conforto e apoio", escreve ela em seu aniversário, o dia em que encontrou o diário sobre uma mesa, ao lado de outros presentes. No início, o diário (depois com seu correspondente imaginário, "Kitty") torna-se a amiga íntima que ela desejava ter e que foi impossível de encontrar em sua irmã, em sua mãe ou, mais cedo, em colegas de escola. Mas com o tempo, Anne Frank começou a ver em seus escritos uma missão. Em 29 de março de 1944, ela ouviu uma transmissão com Gerrit Bolkestein, ministro exilado da educação, arte e ciência da Holanda, na qual ele pediu aos residentes do país que coletassem "documentos comuns – um diário, cartas [...] material cotidiano simples" para criar um arquivo que detalhasse o sofrimento dos civis durante a ocupação nazista.

Anne começou a reescrever seu diário com vistas à posteridade, esperando oferecer uma imagem do que era permanecer escondida, documentando o que sua família sofreu e como eles haviam sobrevivido, embora ela sentisse certo ceticismo quanto à possibilidade de que seu trabalho chegasse aos olhos do público leitor. Em 324 folhas soltas de papel colorido, ela revisou cada entrada, inclusive inserindo atualizações. Ela sonhou que seu diário poderia um dia aparecer impresso, e até havia escolhido um título (*O Anexo Secreto*) que prometia transmitir um senso de mistério e intriga. Foi, aliás, sua editora americana que decidiu, para fins promocionais, chamar o trabalho de Anne Frank de *The Diary of a Young Girl* (*Diário de uma Jovem*).[58]

Uma das primeiras paixões de Anne Frank foi Hollywood, e ela, inclusive, fixou fotos de estrelas de cinema em uma parede de seu quarto, em sinal de reverência. Mas ela logo aspirou a um tipo diferente de

---

[58] No Brasil, o título mais comum para a obra é *O Diário de Anne Frank*, embora exista uma edição publicada pela primeira vez em 1969, pela Editora Itatiaia, intitulada *Diário de uma Jovem*. (N. da T.)

fama, a imortalidade que poderia vir de fazer um nome para si mesma através da escrita. No entanto, ela também compreendia claramente o valor da escrita como uma saída expressiva: "Se eu não tenho talento para escrever livros ou artigos de jornal", declarou ela, "sempre posso escrever para mim mesma. [...] Eu quero continuar vivendo mesmo depois da minha morte! E é por isso que sou tão grata a Deus por ter me dado esse dom, que posso usar para me desenvolver e expressar tudo o que está dentro de mim".[59] Quanta diferença da imortalidade conquistada no campo de batalha por figuras como Aquiles. O diário "permaneceu como sua companhia e a manteve saudável", observou Philip Roth.[60] Anne descreveu a si própria como uma tagarela, que falava tudo o que pensava, e por isso via-se às vezes calando-se para evitar a censura e o julgamento por parte dos mais velhos. O diário lhe deu a oportunidade de "responder" sem temer punições.

"Uma das figuras mais convincentes a emergir da Segunda Guerra Mundial não era um herói militar ou um líder mundial", escreveu Katerina Papathanasiou em 2019.[61] Anne Frank tornou-se quase tão conhecida como os líderes dos Aliados naquela guerra, embora poucos pensariam em se referir a ela como uma heroína, encarando-a mais como vítima, mártir ou santa. O historiador Ian Buruma a chamou de "Santa Úrsula judia" e "a Joana D'Arc holandesa".[62] Philip Roth viu um gênio em sua escrita e referiu-se a ela, em *O Escritor Fantasma*[63] – sua reimaginação da vida de Anne Frank – como sendo "uma apaixonada irmã caçula de Kafka". Mas, como tantas mulheres escritoras antes dela – todas mais velhas se não necessariamente mais sábias –, Anne

---

[59] Frank. *The Diary of a Young Girl*, p. 247. Citações adicionais das pp. 53 e 68.
[60] Philip Roth. *The Ghost Writer*. Nova York: Vintage, 1979.
[61] Katerina Papathanasiou. "Hidden Heroine: Exploring the Story of Anne Frank". In: *Vale Magazine*, 27 dez. 2019.
[62] Ian Buruma. "The After life of Anne Frank". In: *New York Review of Books*, 19 fev. 1998.
[63] *The Ghost Writer*, no original. (N. da T.)

Frank tornou-se heroica ao usar palavras e histórias não apenas como uma saída terapêutica para si mesma, mas também como uma plataforma pública para garantir a justiça.

As entradas do diário de Anne estão cheias de atos de heroísmo, sejam eles pequenos, sejam grandes. Anne está disposta a deixar o excêntrico sr. Dussel compartilhar seu quarto, olhando para ele como nada mais que um dos muitos que voluntariamente fizeram "sacrifícios por uma boa causa". Ela se preocupa com aqueles "que não podemos mais ajudar". Considerando-se com sorte de poder comprar comida, ela se queixa do egoísmo dos que vivem nos apertados quartos do anexo, mas nunca sobre as circunstâncias forçadas da vida da família. Há ratos no suprimento de alimentos, banheiros que mal funcionam, assaltantes que ameaçam a segurança do esconderijo, o som constante de tiros, sirenes e aviões e, da janela do anexo, a visão de pessoas sendo arrastadas pela polícia. E ainda assim, embora Anne admita o medo, ela nunca se permite se fechar ou se entregar à escuridão que a cerca. O diário revela como ela foi capaz de preservar o decoro, a integridade e a esperança, apesar de viver em um regime determinado a exterminá-la junto com os idosos, os doentes e todos aqueles que falharam no teste da pureza ariana.

Há muito já classificado como um livro "meramente" destinado a estudantes do ensino médio, *O Diário de Anne Frank* é raramente creditado por sua genialidade literária. Quantos adolescentes teriam sido capazes de escrever memórias tão convincentes ou pensar reflexivamente como o fez Anne Frank? Ela escreve com a verve confessional de Santo Agostinho, exibe uma compreensão Du Boisiana da dupla consciência ao descrever a experiência fora do corpo de observar a si mesma, além de exibir a implacável candura estoica de Kafka. Certamente há muitos prodígios literários que escreveram obras que rapidamente entraram no cânone, mas são raros. Lord Byron publicou dois volumes de poesia em sua adolescência. Mary Shelley concluiu *Frankenstein ou O Prometeu Moderno (Frankenstein or The Modern Prometheus,* 1818) quando tinha 18 anos. Arthur Rimbaud escreveu quase toda sua poesia enquanto ainda era adolescente. Daisy Ashford escreveu *The Young Visitors* (1919) aos 9 anos de idade. Por fim, S. E. Hinton publicou *The Outsiders* (1968) quando tinha apenas 19 anos. Essas são as notáveis exceções, porque a maioria desses autores não começou a escrever aos 13 anos de idade com o objetivo de publicação.

De acordo com uma pesquisa de 1996 que consta no *site* do Museu Anne Frank, metade dos estudantes do ensino médio dos Estados Unidos teve aulas com *O Diário de Anne Frank*. Hoje esse número diminuiu, mas os leitores continuam a descobrir a voz de Anne e como ela usou seus dons de contadora de histórias para documentar as atrocidades do período nazista e também para relatar o heroísmo dos ajudantes que abrigaram os membros de sua família, mantendo-os vivos. Contudo, é o diário que, acima de tudo, manteve Anne Frank viva em nossa imaginação, mesmo após a prisão que aconteceu na rua Prinsengracht, nº 263, e, para além do diário, também nos faz refletir sobre os detalhes da vida de Anne nos campos de concentração ao lado de sua irmã e sua mãe. É impossível ler sobre a família Frank nos campos de Auschwitz e de Bergen-Belsen sem cair em pranto: Edith morrendo de fome porque ela passava cada pedaço de sua ração para as filhas; Anne carregando pedras e desenterrando grama como parte das tarefas de trabalho inúteis dentro dos campos; crianças menores de 15 anos eram enviadas diretamente para as câmaras de gás; Anne encontrou-se com antigos colegas de classe que a descreveram como careca, magra e trêmula; Anne, "delirante, terrível, ardendo em febre", morrendo muito provavelmente devido a uma epidemia de tifo.

Em uma obra notável sobre o diário de Anne Frank, abordando sua vida e sua vida após a morte, a romancista americana Francine Prose lembra as horas em que ela leu o diário pela primeira vez quando era ainda uma criança, mergulhada nele até o dia em que a noite chegou em definitivo. Cinquenta anos mais tarde, ela lê o diário com seus alunos no Bard College: "E durante aquelas poucas horas em que meus alunos e eu conversamos sobre seu diário, pareceu-me que seu espírito – ou, de alguma forma, a sua voz – estava lá conosco, totalmente presente e totalmente viva, audível em mais uma sala que escurecia lentamente".[64] É improvável que Anne Frank tenha acreditado de fato que escrever lhe traria a imortalidade, entretanto, as palavras em seu diário se revelaram proféticas: "Quero continuar vivendo mesmo depois de minha morte".

Harriet, a espionagem se torna menos cruel e a escoteira descobre empatia

Apenas uma década após a publicação de *O Diário de Anne Frank* nos Estados Unidos, Louise Fitzhugh publicou um romance sobre uma garota obcecada por escrever seu diário. Parece quase um sacrilégio ou, no mínimo, um desrespeito invocar o trabalho do diário de Anne Frank como tendo o mesmo fôlego da escrita compulsiva de Harriet M. Welsch na obra *Harriet, a Espiã* (*Harriet the Spy*, 1964), de Fitzhugh. Como se fosse uma viciada, Harriet está sempre buscando seu caderno de anotações, sendo incapaz de "ir a qualquer lugar sem ele", rabiscando "furiosamente".

O que Harriet escreve? Certamente nada que seja prova de um gênio precoce. Seus cadernos de anotações estão cheios de insultos grosseiros de adolescentes, como: "CARRIE ANDREWS ESTÁ CONSIDERAVELMENTE MAIS GORDA ESTE ANO" ou "LAURA PETERS É MAIS MAGRA E FEIA. ACHO QUE ELA DEVERIA USAR UM APARELHO NOS DENTES". E "CABEÇA BRANCA E ROSA NUNCA MUDARÁ. A MÃE DELE O ODEIA? SE EU FOSSE A MÃE, ODIARIA".[65] Mas as entradas de Harriet têm uma semelhança assustadora com o que é registrado no segundo dia do diário de Anne Frank:

---

[64] Francine Prose. *Anne Frank: The Book, the Life, the Afterlife*. Nova York: Harper Perennial, 2009, p. 277.

[65] Louise Fitzhugh. *Harriet the Spy*. Nova York: Harperand Row, 1964. p. 34. Citações adicionais são das pp. 3, 250, 268, 278.

"J. R. [...] é uma fofoqueira detestável, sonsa, presunçosa, de duas caras, e ela pensa que é muito adulta". Ou "Betty Bloemendaal parece meio pobre, e eu acho que ela provavelmente seja mesmo". "E. S. fala tanto que não é engraçada. [...] Dizem que ela não me suporta, mas eu não me importo, já que eu também não gosto muito dela." Essas garotas talentosas encontram suas vozes, descobrindo o valor da reflexão autocrítica e aprendendo sobre o significado da generosidade e da bondade.

"Cresci lendo essa série de livros chamados *Harriet the Spy*, e eu apenas achava que eram as coisas mais legais. [...] Eu meio que modelava minha vida inicial depois de Harriet, a Espiã", disse Lindsay Moran a uma repórter da CNN, em uma entrevista sobre sua carreira na CIA.[66] Moran estava obcecada com a energia investigativa e a vontade de escrever de Harriet M. Welsch, protagonista da história, que vive em Nova York com os pais. Harriet está determinada a registrar suas observações misantrópicas, diariamente, sobre as pessoas que ela observa – Joe Curry, o garoto que trabalha no setor de estoque; a *socialite* sra. Agatha K. Plumber; o dono de um gato, Harrison Withers, entre outros. Seus ambiciosos planos de se tornar uma escritora caem por terra quando seus colegas de classe encontram um de seus cadernos de anotações e leem seus inúmeros comentários maldosos – em muitos casos, cruéis – sobre como eles são e o que dizem.

Se, por um lado, poderíamos achar admirável a ambição de uma protagonista de 11 anos de se tornar escritora, por outro, surge uma responsabilidade à luz da dor e humilhação infligidas aos outros, uma vez que os cadernos de notas de Harriet tornam-se públicos. Embora Harriet não pretenda ser uma intimidadora, seus comentários cortantes ferem amigos e colegas de classe, todos jovens e vulneráveis. Assim, o romance sobre suas desventuras na espionagem desapareceu das listas atuais de livros recomendados para os jovens. Porém, em 2004, Anita Silvey, especialista em literatura infantil, o incluiu em sua lista

---

[66] "Moran: 'It's a Dirty Business'". *In*: *CNN Access*, 12 jan. 2005.

dos cem melhores livros para crianças, em grande parte porque era um volume que repercutia de forma poderosa entre os jovens leitores.[67] Eles não tiveram problemas em se conectar com Harriet e sua sensação de ser uma desajustada social. Mesmo assim, eles não podiam deixar de admirar como Harriet conseguiu encontrar um lugar seguro para compensar sua solidão – seguro até o momento em que deixou de ser. Aqui temos o caso de uma criança traumatizada (Ole Golly, a mulher que exerce, de fato, o papel de sua mãe, deixa abruptamente seu trabalho de babá de Harriet), que se torna tanto detetive quanto escritora, uma menina solitária, mas também uma bisbilhoteira que lida com seu isolamento social por meio de uma forma de escrita que, reconhecidamente, faz fronteira com uma patologia social. Entretanto, Harriet encontra princípios, que vêm na forma pró-social de empatia.

O filósofo Richard Rorty afirma que alguns livros ajudam a nos tornar independentes e autossuficientes, e há outros que nos ajudam a ser menos cruéis. Ele divide esta última categoria em livros que nos permitem descobrir os males das instituições sociais (*A Cabana do Pai Tomás* [*Uncle Tom's Cabin*], de Harriet Beecher Stowe, seria um bom exemplo) e aqueles que nos permitem ver nossos próprios fracassos (*A Casa Soturna* [*Bleak House*], de Charles Dickens, pertence a essa categoria).[68] *Harriet the Spy* entra diretamente no tipo de livro que nos ajuda a ser menos cruéis, deixando-nos ver os efeitos de nossas próprias ações sobre os outros.

O terapeuta, contratado pelos pais de Harriet (que fica no Upper East Side,[69] em Nova York, bairro onde vive Harriet) para ajudar a filha a trabalhar o trauma da separação de sua amada babá, propõe

---

[67] Anita Silvey. *100 Best Books for Children: A Parent's Guide to Making the Right Choices for Your Young Reader, Toddler to Preteen.* Nova York: Houghton Mifflin, 2005.

[68] Richard Rorty. *Contingency, Irony, and Solidarity.* Cambridge: Cambridge University Press, 1989, p. 141.

[69] Upper East Side é um bairro de classe alta da cidade de Nova York. (N. da T.)

algumas ideias e *insights* à jovem escritora em treinamento. Harriet escuta a conversa telefônica entre seu pai e o "Doutor", captando apenas fragmentos, dentre eles, uma fala de seu pai: "Bem, Dr. Wagner, deixe-me perguntar isto... sim, sim, eu sei que ela é uma criança muito inteligente. [...] Sim, bem, sabemos bem que ela tem muita curiosidade. [...] Sim, um sinal de inteligência, sim, muito certo. [...] Sim, eu acho que ela pode se tornar uma escritora".

A curiosa criança do romance de Fitzhugh sofre com o que também poderia ser diagnosticado como um caso de "incuriosidade".[70] Na verdade, Harriet transforma-se quase em um monstro da incuriosidade, exibindo uma falta de interesse em qualquer coisa que não esteja relacionada à sua própria obsessão pessoal, revelando-se incapaz de entender a dor que ela infligiu aos outros. Com certeza, podemos atribuir a falta de empatia, em parte, à sua idade e ao trauma da separação de uma figura materna, porém, sua busca pessoal por autorrealização e autonomia por meio da escrita fundamenta-se na crueldade praticada contra quase todos aqueles que estão em sua órbita.

O que salva Harriet de se transformar em um monstro de incuriosidade? Enconrajada pelo ostracismo social de seus amigos e colegas, e até mesmo por uma carta de Ole Golly pedindo-lhe desculpas, Harriet continua a escrever sua prosa ácida: "FRANCA DEI SANTI TEM UMA DAS CARAS MAIS BURRAS QUE VOCÊ PODERIA IMAGINAR VER ALGUM DIA. [...] ELA TEM MAIS OU MENOS A NOSSA IDADE E FREQUENTA UMA ESCOLA PÚBLICA, ONDE ESTÁ SEMPRE CRITICANDO COISAS COMO LOJAS QUE NÓS NÃO TEMOS. [...] ELA NÃO SE DIVERTE EM CASA PORQUE TODOS SABEM COMO ELA É BURRA E NINGUÉM CONVERSA COM ELA".

Existe redenção para Harriet? Ela aprende alguma coisa, além de seguir o conselho de Ole Golly de pedir desculpas e esconder o desprezo que sente pelos outros usando suas "pequenas mentiras"? No último

---

[70] Rorty tomou de empréstimo a palavra do romance *Lolita*, de Vladimir Nabokov, com o sentido de zelo, carinho e empatia.

capítulo do romance, Harriet observa de longe seus dois amigos, Janie e Sport, e é então que ela consegue, finalmente, entrar em contato, não com seus próprios sentimentos, mas com os deles. "Ela se colocou no lugar de Sport, e sentiu os buracos em suas meias friccionando seus tornozelos. Ela fingiu que sentia coceira no nariz, quando Janie levou a mão distraída para se coçar. Ela sentiu o que seria ter sardas e cabelo loiro como Janie, e também ter orelhas engraçadas e ombros magros como Sport." Isto pode ainda não ser empatia, mas é um momento transformador para Harriet, é o momento em que ela passa de observadora insensível, que busca apenas autonomia e fama, a alguém que consegue se colocar no lugar da outra pessoa.

Assim como *Harriet the Spy*, a obra *O Sol é para Todos* (*To Kill a Mockingbird*, 1960) nos permite ver o mundo através dos olhos de uma menina, no caso, é Scout quem nos narra a história de sua infância, mas já na idade adulta. Scout volta com facilidade à consciência de sua experiência pessoal, depois volta sem problemas para o universo adulto, mais velha e mais sábia, acrescentando informações e esclarecendo o relato da criança. A dupla consciência e a dupla identidade que se revela (tanto a jovem Scout, como a narradora mais velha e mais sábia) explicam muito sobre a aceitação que a obra obteve. *O Sol é para Todos* é um livro cruzado, que tem apelo tanto para adultos quanto para jovens – talvez mais para os adultos. Harper Lee permitiu aos adultos um retorno à infância, mergulhando em todos os perigos sentidos nesse período – o aguçado sentimento de injustiça no mundo, a hipocrisia dos adultos e uma sensação de aguda indefensabilidade. Mas também podemos mergulhar nos prazeres da infância, alavancados por pequenos cutucões proustianos, que nos ajudam a lembrar como era ser tão ingênuo, e ao mesmo tempo tão sensível aos temores presentes no mundo em que Scout encontra.

O Sol é para Todos nos leva para dentro da mente de uma criança, mas também nos envia reflexivamente uma mensagem poderosa sobre a importância da perspectiva, da identificação e da empatia. "Você nunca entende realmente uma pessoa até considerar as coisas do ponto de vista dela [...], até você vestir a sua pele e colocar-se na posição dela", explica Atticus a Scout. E depois, vem o momento dourado, próximo ao final do romance, quando a voz de Scout se desloca para a terceira pessoa e, de pé na varanda de Boo Radley ("Eu nunca tinha visto nossa vizinhança desse ângulo"), ela descreve os acontecimentos em sua história do ponto de vista de Boo Radley. De repente, percebemos que ela interiorizou a sabedoria de seu pai e se colocou no lugar do vizinho. De certa forma, *O Sol é para Todos* é o livro que inaugura uma virada em direção à empatia como o mais importante bem social, abrindo o que o setor editorial chama hoje de "livros para o público adulto jovem". Trata-se exatamente do oposto da crueldade que testemunhamos nos cadernos de Harriet.[71]

Sabemos que a experiência de transformação de Scout, ao observar as coisas de um novo ângulo através dos olhos de outro, a modifica, não apenas pelo que ela faz, mas também por contar uma história poderosa sobre raça e injustiça no chamado "Deep South" ou o "Sul Profundo", durante a Grande Depressão. Sua história está agora registrada num livro, e ela se inseriu nessa história, uma narrativa que nos faz lembrar a produção de sentido através da contação de histórias. Quanto a Harriet, é um desafio especular sobre os efeitos dos conselhos de Ole Golly sobre ela depois que seu caderno se tornou público. Mas, enquanto Harriet a Espiã continua a perseguir seu sonho de se tornar escritora, é difícil não imaginar que ela permitirá que sua curiosidade inata vença a incuriosidade e que aquela compaixão vencerá a coerção e a crueldade.

---

[71] Harper Lee. *To Kill a Mockingbird* (1960). Nova York: Harper Perennial, 2002, pp. 33, 320.

Dizendo seu nome: O Ódio que Você Semeia (The Hate U Give), de Angie Thomas

O Sol é para Todos foi o livro que abriu os olhos de muitos leitores nos Estados Unidos para o racismo e a injustiça racial contra os Negros. É um trabalho marcante em sua defesa da compreensão e da empatia. Mas, ironicamente, essa empatia não é experimentada no caso de Tom Robinson, um homem negro inocente, falsamente acusado de estupro e baleado pela polícia enquanto tentava escapar da prisão, e sim no caso de Boo Radley, um homem que permanece livre depois de assassinar outro homem por cometer agressão física a duas crianças.

Foi preciso Toni Morrison para reajustar nossa perspectiva em romances semelhantes a *O Sol é para Todos*, um livro que ocupa um lugar de destaque entre os livros destinados a estudantes do ensino médio nos Estados Unidos. Em 1990, escrevendo sobre a branquitude e a imaginação literária, ela se referiu ao "uso estratégico de personagens negras para definir os objetivos e realçar as qualidades das personagens brancas".[72] Essa forma sem riscos de construir o heroísmo é profundamente problemática por muitas razões, e permanece um problema persistente em nossa imaginação literária e cinematográfica coletiva, com um estereótipo que se transformou no que Spike Lee chamou de "Negro Mágico" – uma figura humilde e de baixo *status* que, abnegadamente, ajuda os brancos a assegurar sua salvação pessoal. O que o cineasta tinha em mente eram personagens que iam desde Jim, de *As Aventuras de Huckleberry Finn* (*The Adventures of Huckleberry Finn*), e Tio Remus (*Uncle Remus*), de *A Canção do Sul* (*Song of the South*), da Disney, até Red de *The Shawshank Redemption*,[73] e John Coffey de *À Espera de um*

---

[72] Toni Morrison. *Playing in the Dark: Whiteness and the Literary Imagination.* Nova York: Vintage, 1992, pp. 52-3.
[73] Essa obra de Stephen King inspirou o conhecidíssimo filme *Um Sonho de Liberdade* (*The Shawshank Redemption*), de 1994. (N. da T.)

Milagre (*The Green Mile*). Eles constroem generosamente a plataforma para a redenção do herói branco em atos que raramente são reconhecidos como heroicos.

"Um retrato empático e matizado do despertar político de um adolescente": essa foi a manchete dada à crítica do filme *O Ódio que Você Semeia* (*The Hate U Give*), de Richard Brody, publicada no *New Yorker*. Curiosamente, o livro para jovens adultos em que se baseou, *O Ódio que Você Semeia* (*The Hate U Give*, 2017), de Angie Thomas, recebeu muito menos cobertura da mídia do que o filme. De acordo com a crítica do filme, a empatia torna-se o efeito controlador, como se, de repente, do nada, o público pudesse finalmente sentir o que as pessoas afetadas pela brutalidade policial podem sentir.

O que levou tanto tempo? Essa é a pergunta que vem à mente. E por que tivemos que esperar tanto tempo por uma menina negra como heroína na ficção para jovens adultos? É certo também que existem outros exemplos, neste caso, separados por quarenta anos: *Trovão, Ouve o Meu Grito* (*Roll of Thunder, Hear My Cry*, 1976), de Mildred Taylor, e *Brown Girl Dreaming* [Menina Negra Sonhando], de 2014, de Jacqueline Woodson. O livro de Mildred Thomas atingiu o ponto nevrálgico tanto de leitores jovens como dos mais velhos, ressonando acordes completos de maneira que poucos romances para jovens adultos o fazem. *O Ódio que Você Semeia* atrai os leitores para as complexidades do movimento "*Black Lives Matter*" ["Vidas Negras Importam"] com um livro de memórias ficcionais que captura à verdade de um momento histórico. Sua perspectiva pessoal emocionalmente carregada sobre as comunidades negras e a ação política se conecta com o Movimento #*SayTheirNames* e o esforço para lembrar as vítimas, protestar contra seus assassinatos e exigir o fim da violência policial.

O romance começa com os gritos lancinantes de Starr Carter, uma adolescente negra, que acaba de testemunhar os tiros disparados contra seu amigo Khalil por um policial branco. O "Policial Um-Quinze" confundiu a escova de cabelo de Khalil com uma arma. "Não, não,

não, é tudo o que posso dizer", escreve Starr em seu relato em primeira pessoa sobre os acontecimentos daquela noite. Cerceada pelas ameaças dos traficantes locais para manter o silêncio e pelas solicitações de um advogado ativista para que ela fale e dê seu testemunho, Starr luta para encontrar sua voz e falar, tanto na sala do tribunal como num protesto público, desencadeado pelo fracasso no indiciamento do oficial Brian Cruise Jr. pela morte a tiros de Khalil Harris.

"Just Us for Justice" representa Starr gratuitamente, sem honorários, e sua advogada, a sra. Ofrah, exorta Starr a se manifestar: "Você é importante e sua voz é importante", ela reitera a Starr. Como consequência do tiroteio, Starr descobre a importância de quebrar o silêncio: "De que vale ter uma voz se você vai ficar em silêncio naqueles momentos em que não deveria estar".[74] Uma heroína pouco disposta e que se sente "des-encorajada" na maior parte do tempo, ela convoca "a pequena porção corajosa" de si mesma e fala, diante do grande júri, contando a história de como tudo aconteceu. Seu testemunho não faz diferença, mas em um comício de protesto que termina em violência, incêndios criminosos e saques, Starr empunha sua "maior arma" e fala. "Esqueça a violência impulsiva", pensa consigo mesma, "oradora compulsiva é mais o meu estilo", afirmando a obviedade de que a escrita é mais poderosa do que a espada.

O romance termina com a promessa de reconstruir e fazer as coisas certas. Depois de contar sua história no presente, mergulhando-nos bem no fulcro da exurrada midiática, Starr começa a se expressar com a cadência dos bardos, griôs e contadores de histórias, voltando a narrar o que aconteceu com Khalil e memorializando seu amigo, dotando-o da imortalidade outrora conferida aos heróis do passado antigo. Ela está para Khalil como Homero estava para Aquiles. "Era uma vez um menino de olhos aveludados e covinhas. Eu o chamava de Khalil.

---

[74] Angie Thomas. *The Hate U Give*. Nova York: Balzer + Bray, 2017. As citações são das pp. 252, 302, 412 e 444.

O mundo o chamava de bandido. Ele viveu, mas não o suficiente, e para o resto da minha vida vou me lembrar de como ele morreu. Conto de fadas? Não. Mas eu não vou desistir de um final melhor." E com isso ela recita os nomes das vítimas de tiroteios da polícia, recuando no tempo, até chegar "àquele menino em 1955, que ninguém reconheceu no início – Emmett". Starr evoca Emmett Till, o rapaz afro-americano de 14 anos de Chicago que foi linchado no Mississippi, em 1955, e cujo brutal assassinato fez dele um poderoso catalisador para a ação no movimento de direitos civis. E encerra seu livro de memórias com uma promessa: "Nunca ficarei calada".

"Minhas maiores influências literárias são os *rappers*", declarou Angie Thomas em uma entrevista publicada na revista *Time*. O bairro em que ela cresceu não tinha médicos e advogados de sucesso, ou escritores, mas os *rappers* estavam indo bem, e ela podia se conectar com suas letras. (Ela usou o álbum *Thug Life* [Vida de Bandido], de Tupac Shakur, como inspiração para seu título *The Hate U Give*.)[75] Quando ela era adolescente, *Crepúsculo* (*Twilight*) e *Jogos Vorazes* (*The Hunger Games*) eram as duas grandes franquias de livros e filmes para o público jovem, mas Angie Thomas não estabeleceu qualquer relação com nenhuma delas. Ela estava em contato não apenas com *rappers*, mas também com o #BlackLivesMatter, que, como #MeToo, gerou um movimento. Foi em 2013 que Alicia Garza, Patrisse Khan-Cullors e Opal Tometi criaram uma *hashtag* que levou ao reconhecimento das lutas do povo negro diante da brutalidade policial.

Thomas oferece um relato marcadamente imparcial sobre preconceitos internalizados em ambos os lados da divisão racial, e seu apelo ao ativismo, "para continuar lutando a boa luta", não é um apelo às armas, mas um apelo ao diálogo, valendo-se das palavras como ferramentas, em vez de pistolas como armas. Se Thomas – que esteve perto

---

[75] Por meio da união das iniciais, *The Hate U Give* forma o acrônimo "*thug*", cujo significado é "bandido" em inglês. (N. da T.)

de cometer suicídio durante a adolescência por ser vítima de *bullying* – insiste que está mais interessada em "incutir empatia" em seus leitores do que em impor uma "agenda política", ela também mostra que com empatia vem o despertar político.[76] O retrato da resiliência e da força de Starr Carter, como ela passa do silêncio intimidado para o discurso vivaz, sugere que esse relato sobre o amadurecimento é mais sobre sentimentos e carinho. O retrato vívido dos dois mundos em que Starr Carter se move – um em seu bairro degradado e cheio de gangues, e o outro em sua escola chique – transforma o livro em um chamado de esclarecimento para a justiça social. Tendo crescido em uma cultura que tinha confiado nas tradições orais para transmitir sabedoria de uma geração a outra e que também tinha desenvolvido um estilo literário que falava da alma através da palavra, Angie Thomas usou sua voz para comunicar o motivo pelo qual a vida de seus personagens é importante e o que todos nós podemos fazer para combater a violência sancionada pelo Estado contra os negros norte-americanos. Quando Starr Carter finalmente fala, todos em sua órbita social são animados e transformados por suas palavras.

---

[76] Lucy Feldman. "How TLC's Left Eye Helped Save *The Hate U Give* Author Angie Thomas' Life". *In*: *Time*, 5 fev. 2019.

CAPÍTULO 5

TRABALHO DE DETETIVE

De Nancy Drew para a Mulher-Maravilha

"Cheguei a acreditar que ser uma detetive particular era o trabalho que eu deveria fazer."

– Shirley Jackson

"Duvido que um escritor possa ser um herói.
Duvido que um herói possa ser um escritor."
– Virginia Woolf, *Profissões para Mulheres e Outros Artigos Feministas*[1]

Quando Bill Moyers recordou suas conversas com Joseph Campbell no Rancho Skywalker, de George Lucas, e mais tarde no Museu de História Natural em Nova York, ele comentou sobre a grande erudição de Campbell. Mas o que de fato o impressionou sobre o guru americano da sabedoria mitológica foi que ele era um "homem com mil histórias". Essas histórias de culturas de todo o

---

[1] *Professions for Women*, no original. (N. da T.)

mundo captaram não apenas o sentido da vida, mas também o "êxtase" de estar vivo. O arrebatamento assume diferentes formas para os homens e para as mulheres. O êxtase da viagem da mulher a leva por um caminho de donzela a mãe, uma "grande mudança, envolvendo muitos perigos". Tanto Campbell como Moyers acreditavam que as mulheres poderiam se tornar verdadeiras heroínas ao dar à luz. O parto era o equivalente à provação do herói. "O que é uma mulher? Uma mulher é um veículo da vida. [...] A mulher é sobre tudo o que se trata: dar à luz e prover alimento." Os meninos, ao contrário, privados da oportunidade de dar à luz, se transformam em "servos de algo maior" uma vez que crescem.[2]

Mais de duas décadas antes, Betty Friedan havia desmontado e desfeito o mito do que ela chamava de "Heroína da Dona de Casa Feliz". *A Mística Feminina* (*The Feminine Mystique*), publicado em 1963, foi o livro que ousou abordar o problema não reconhecido e que lançou um grande movimento social, atingindo em cheio a vida de suas leitoras, transformando-as de modo que o ato de dar à luz não foi capaz de fazer.[3] As mulheres da vida real da cultura norte-americana do pós-guerra, declarou Friedan, continuaram tendo bebês "porque a mística feminina diz que não há outra maneira de uma mulher ser uma heroína". Nas histórias impressas em revistas femininas dos anos 1950, Friedan descobriu que apenas uma em cada cem incluía uma heroína com um emprego, e os artigos de destaque tinham títulos como: "Tenha filhos enquanto você é jovem", "Você está treinando sua filha para se tornar uma Esposa?" e "Cozinhar para mim é poesia". Um dos títulos mencionados por Friedan disparou em mim um sininho enquanto eu lia aquela triste lista, porque eu tenho certeza de ter lido isso no

---

[2] Joseph Campbell e Bill Moyers. *The Power of Myth*. Nova York: Anchor, 1991, pp. 104, 126.

[3] Betty Friedan. *The Feminine Mystique*. Edição de aniversário de 50 anos. Nova York: W. W. Norton, 2013.

passado: "Por que os soldados[4] preferem aquelas garotas alemãs". E a resposta foi, naturalmente, o culto a *Kinder, Küche, und Kirche* [Crianças, Cozinha e Igreja] que continuou a florescer na Alemanha do pós-guerra e foi incorporado na *"Hausfrau"* [Dona de Casa] alemã.

Em 1962, apenas um ano antes da publicação de *A Mística Feminina*, Helen Gurley Brown, mais tarde editora por muitos anos da revista *Cosmopolitan*, publicou *Sex and the Single Girl* [Sexo e a Garota Solteira], um livro que contava, por meio de uma prosa de tirar o fôlego, os prazeres de parecer linda, de ter casos amorosos e de agarrar o homem de seus sonhos (entre outras coisas, era considerado obrigatório dispor de um *spray* vaporizador sobre a sua mesa de trabalho no escritório para garantir que você estaria sempre com aparência de frescor).[5] Brown aconselhou suas leitoras a cozinharem bem ("isso será de grande valia para você"), livrar-se da gordura deixada pela gravidez (ela deve pertencer aos bebês), viver sozinha (mesmo que isso signifique alugar um espaço em cima de uma garagem) e "preparar uma armadilha" para alcançar uma "vida brilhante". Livre de marido e filhos, a *"Cosmo Girl"* (a garota da *Cosmopolitan*) era sexualmente ativa, extremamente autoconfiante e pronta para atacar. Ela era "uma amálgama potente de Ragged Dick, Sammy Glick e Holly Golightly", escreveu Margalit Fox no obituário do *The New York Times* para Helen Gurley Brown, acrescentando que a *Cosmo Girl* sempre se divertiu, quer usando suas roupas fabulosas, quer tirando-as.[6]

Recordem os termos da escolha de Aquiles, quando Tétis, sua mãe, confronta seu filho, o homem que se tornará o herói da Guerra de Troia, com uma decisão. Ele pode escolher abandonar a batalha, ter filhos e

---

[4] "GI's", sigla que identifica os soldados norte-americanos, no original. (N. da T.)
[5] Helen Gurley Brown. *Sex and the Single Girl*. Nova York: Bernard Geis, 1962.
[6] "Helen Gurley Brown. Who Gave 'Single Girl' a Life in Full, Dies at 90". *In*: *The New York Times*, 13 ago. 2012.

morrer como um velho feliz, ou continuar lutando, tornar-se famoso e ganhar a imortalidade. A escolha é entre *nostos* (lar) e *kleos* (glória).

As mulheres na era pós-guerra enfrentaram uma divisão semelhante nesse percurso, uma vez que "ter tudo" parecia um objetivo impossível. Para elas, como disse Campbell a Moyers, os casamentos podem desmoronar, especialmente quando as crianças deixam a casa: "O papai se apaixonará por alguma menina jovem e fugirá com ela, e a mamãe ficará com a casa e o coração vazios, tendo de resolver isso tudo sozinha, à sua maneira".[7] Isso significa que o *nostos* pode, de fato, não ser a melhor opção. Porém, como as mulheres poderiam vencer a imortalidade numa época em que não podiam ir para a guerra? Como vimos, escrever, tornar-se uma mulher de letras, encontrar uma voz e usá-la para proporcionar justiça social, tornou-se o caminho para a glória. Entretanto, na cultura popular contemporânea, essa escrita é realizada com frequência em conjunto com uma caçada que exige a determinação de um detetive.

O tropo da "aspirante a escritora" pode ser encontrado em muitas séries de TV, desde as lutas de Rory Gilmore para se tornar repórter em *Gilmore Girls* (2000-2007) até a amarga vitória de Guinevere Beck, que consegue um contrato para publicar um livro na primeira temporada da série *You* (2017) antes de morrer nas mãos de seu namorado. Começando com *Sex and the City*, que foi ao ar de 1998 a 2004, até *Girls*, no ar de 2012 a 2017, a carreira de escritora foi algo como o Santo Graal tanto para meninas como para mulheres maduras, da mesma forma como tinha sido para Jo March, Anne Shirley e Francie Nolan. Para Carrie Bradshaw, personagem de *Sex and the City*, essa carreira passou para um segundo plano ao encontrar o sr. Right, que se autodenomina sr. Big (o que Helen Gurley Brown teria aprovado). Para Hannah Horvath, da série *Girls*, a autorrealização assume uma

---

[7] Campbell e Moyers. *The Power of Myth*, p. 7.

forma diferente, pois ela busca se tornar uma escritora e, sem querer, acaba também com um bebê.

Antes de abordar os detetives adolescentes e as detetives mulheres, vale a pena dar uma olhada no que faz Carrie e Hannah correrem. As duas descartaram todas as armadilhas da Mística Feminina, mas ainda assim continuam com a dupla obrigação, desenvolvendo uma identidade profissional como escritoras enquanto buscam também uma conexão romântica. Carrie simpatiza com o sr. Big, flerta com Berger e tem um caso com um solista de *jazz*, enquanto Hannah se envolve seriamente com Adam, se entrega ao "romance proibido" com um meio-irmão menor de idade, e tem um caso com um instrutor de surfe chamado Paul-Louis. Eles estão à espreita, mas também se empenham na autorrealização. O que vemos na década seguinte e que os diferencia é uma virada para o trabalho de investigação a serviço da justiça social, missão compartilhada com as detetives particulares que aparecem neste capítulo. Todas são mulheres de ação, que conduzem a uma super-heroína já há muito aguardada e que pode, finalmente, ocupar um lugar entre as personagens de ação que vão do Super-Homem e Batman ao Homem-Aranha e Thor.

"Era uma vez em uma cidade distante": Carrie Bradshaw e Hannah Horvath

Mesmo aqueles que criticam a série *Sex and the City* como uma produção televisiva leve e pouco substanciosa, reconhecerão que a série canalizou e também remodelou nosso entendimento cultural sobre galanteio, namoro e casamento, especialmente quando se trata de sexo e mulheres solteiras. As mulheres de *Sex and the City* eram adultas, porém agiam mais como garotas amigas ou simplesmente meninas, no melhor sentido desses termos: aventureiras e desinibidas, prontas para fazer tudo e contar tudo. De certa forma, elas parecem ter saído das páginas de *Happy Women*, de Louisa May Alcott, dessa vez como solteiras modernas em vez de solteironas do século XIX ("Por que nós ficamos presas como encalhadas e solteironas e os homens se tornam solteirões e *playboys*?", pergunta Miranda, furiosa, a suas amigas).[8] Elas podem não ter sido exatamente felizes, mas raramente afundaram no que Freud chamou de "sofrimento neurótico" (já que esta é a cidade de Nova York, a psicanálise está ali mesmo para ajudar). Em vez disso, elas navegaram no que o pai fundador da psicanálise chamou de formas intoleráveis de infelicidade humana comum.

Fazendo de tudo para cumprir prazos, sofrendo ataques de ansiedade quando um disco rígido falha e recebendo homenagens em festas do livro, Carrie Bradshaw, interpretada por Sarah Jessica Parker, nos dá o retrato de uma jovem mulher como escritora. Porém, a cada temporada que passa, somos atraídos pelo que parece ser mais um romance do tipo montanha-russa, impulsionado por contos de fadas, até o momento de alívio quando Carrie finalmente conquista o grande prêmio, que é o seu "felizes para sempre" com certo príncipe chamado sr. Big. É ele quem resgata Carrie de uma mudança fracassada para Paris com uma versão falsa do "homem certo", trazendo-a de volta para Nova York, onde ela está condenada a se casar e a definhar em duas previsíveis sequências de filmes sem graça. Ser uma escritora solteira de trinta e poucos anos em Nova York pode ter seu lado positivo, porém, o consolo de ter uma coluna sobre sexo e relacionamentos não consegue proporcionar as satisfações do casamento a uma solteira rica, atraente e esquiva que vagueia, como Odisseu, de um porto para o outro, até finalmente atracar no porto correto.

---

[8] Para conhecer os fortes argumentos sobre como a série mudou radicalmente nossa compreensão cultural das identidades sexuais das mulheres, ver: Jennifer Keishin Armstrong. *Sex and the City and Us: How Four Single Women Changed the Way We Think, Live, and Love*. Nova York: Simon & Schuster, 2018.

Carrie Bradshaw de *Sex and the City*. Cortesia de Photofest.

Ainda mais surpreendente é descobrir que a jovem Carrie Bradshaw, de *The Carrie Diaries*, uma pré-sequência ficcional e que conta a história anterior aos fatos da série da HBO, toma um rumo diferente, descobrindo na escrita prazeres e satisfações que compensam as decepções românticas. Como muitas que vieram antes dela, Candace Bushnell, autora da antologia que se tornou um *best-seller* e na qual a série de televisão se baseou, via o ofício da escrita como uma forma expressiva, um tipo de autoficção que lhe permitiu processar o fluxo e refluxo da vida cotidiana. "Escrevo inteiramente para descobrir o que estou pensando, o que estou olhando, o que vejo e o que significa", registrou

Joan Didion em 1976.⁹ Tanto a série como o livro em que se baseia nos oferecem uma dose de vida real, direta e sem retoques, com poucos artifícios literários. Na autoficção, a atenção se concentra no *status* do narrador como escritor, e a escrita de um livro se torna o objetivo gravado no próprio livro.¹⁰

Candace Bushnell começou a escrever quando ainda era criança, e as duas histórias de fundo que ela escreveu para *Sex and the City* – dirigidas ao público adolescente – eram parcialmente autobiográficas. *Os Diários de Carrie* (*The Carrie Diaries*), publicado em 2010, e *O Verão e a Cidade* (*Summer and the City*), publicado um ano depois, são lembretes de que Carrie começou ainda jovem como escritora. "Eu escrevo desde os 6 anos. Tenho uma imaginação muito grande", relata ela, enfatizando para as meninas, na ficção, a poderosa ligação existente entre a imaginação – o poder de visualizar coisas, reais e contrafactuais – e a escrita.¹¹ Quando criança, seus modelos eram as escritoras mulheres retratadas nas fotos da autora dos romances românticos de sua avó. Mas logo ela aprendeu a suprimir a "excitação secreta" que sentia ao escrever esse tipo de ficção, e se volta para o "real", com o objetivo de estabelecer suas referências.

Ao investir todos os esforços para se inscrever num curso de redação, o que ela descobre, mais uma vez – assim como Jo, Anne e Francie – é a necessidade de domar a imaginação, de retomar temas elaborados a partir de seu próprio domínio social. Escrevendo para o jornal escolar *The Nutmeg*, ela entende o poder de usar sua voz para mudar a cultura de sua escola – direcionando-a especialmente contra a toxicidade das "panelinhas" formadas no colegial. De forma reveladora, em sua segunda tarefa, ela escreve um artigo intitulado "The Queen Bee"

---

⁹ Joan Didion. "Why I Write". *In*: *The New York Times*, 5 dez. 1976.
¹⁰ Christian Lorentzen. "Sheila Heti, Ben Lerner, Tao Lin: How 'Auto' Is Autofiction?". *In*: *Vulture*, 11 maio 2018.
¹¹ Candace Bushnell. *The Carrie Diaries*. Nova York: Harper Collins, 2010, p. 25.

["A Abelha-Rainha"], usando um pseudônimo de gênero neutro, "velando sua identidade para garantir que seu trabalho seja levado a sério".[12] Sua meta não é se tornar a rainha do baile da escola, mas, sim, criticar todo o conceito de rainha do baile.

O que é permitido à jovem Carrie Bradshaw não é permitido ao seu eu mais velho e mais sábio. A adolescente pode lutar e brilhar com sua escrita (como ela faz em *Os Diários de Carrie*), mas a mulher de trinta e poucos anos de *Sex and the City* precisa treinar seu olhar para encontrar um parceiro romântico adequado. "Sempre acreditei firmemente que homens, casamento e filhos não são a 'resposta' para todas as mulheres", declarou Candace Bushnell em uma entrevista impressa e inserida como apêndice no livro *Os Diários de Carrie*, lembrando as palavras de Betty Friedan ao dirigir-se a uma multidão de jovens, ao mesmo tempo que trazia Helen Gurley Brown para *Sex and the City*.

Os esforços da jovem Carrie para se autodefinir são realizados contra um pano de fundo construído por arquétipos reveladores. Quando uma crise pessoal se desdobra, alguns "pensamentos estranhos" lhe vêm à mente, entre eles: "Na vida, existem apenas quatro tipos de garotas: A garota que brincou com o fogo. A garota que abriu a Caixa de Pandora. A garota que deu a maçã a Adão. E a garota cuja melhor amiga lhe roubou o namorado".[13] (A garota que brincou com o fogo, uma análoga feminina de Prometeu, é mais que provavelmente uma referência ao título do romance de 2006 escrito por Stieg Larsson, e que é o segundo livro de sua trilogia do *Millennium*.) Essa série de "arquétipos", com um novo que, mais uma vez, vilipendia as mulheres, é um lembrete de como nos concentramos no lado negro das ações femininas. A história anterior a *Sex and the City*, mais do que o programa

---

[12] Victoria Kennedy. "Haunted by the Lady Novelist: Metafictional Anxieties about Women's Writing from Northanger Abbey to The Carrie Diaries". In: *Women: A Cultural Review* 30, nº 2 (2019), p. 202.

[13] Bushnell. *The Carrie Diaries*, p. 297.

de TV e filmes voltados para adultos, é um poderoso lembrete de que nossas histórias culturais sobre as mulheres de tempos passados continuam a ressoar conosco hoje de forma negativa, e que a única maneira de afrouxar seu laço sobre nós é criar novas histórias – transformando "a garota cuja melhor amiga roubou seu namorado" em "a garota que se tornou escritora".

A série *Girls* apresenta Hannah Horvath, interpretada por Lena Dunham, como uma mulher de vinte e poucos anos que está construindo seu caminho, que vai de uma recém-formada de caráter narcisista e sem ter qualquer objetivo para si mesma até conseguir formar uma autoconsciência e responsabilidade social, enquanto luta para encontrar sua voz e se tornar uma escritora e conseguir ser publicada. Ela e seu círculo de três amigas espelham, ampliam e distorcem o quarteto de *Sex and the City*. Estamos dentro de um ambiente de diversão, olhando para Carrie, Samantha, Miranda e Charlotte através do espelho curvo das sensibilidades da geração *millennial*.[14]

De certa forma, todos somos escritores ou, pelo menos, escritores em potencial, e Hannah está plenamente consciente desse fato ao ser questionada sobre seu "trabalho real" em Nova York, que envolve inclusive um emprego eventual numa cafeteria: "Sou escritora", insiste ela. "E é assim que você ganha dinheiro?", persiste seu interlocutor. "Não, eu não tenho dinheiro", responde Hannah, que deixou de ser auxiliada financeiramente por seus pais. "Você tem um agente?", é a pergunta que segue. "Não, eu não tenho um agente", responde Hannah, que está frustrada.

O primeiro sucesso de Hannah na monetização de seu ofício vem na forma de uma antologia de seus ensaios publicada em *e-book*, por um editor eufórico pelo fato dela sofrer de uma "doença mental": "Isso é algo com que podemos trabalhar"! Quando esse projeto desmorona

---

[14] Os *Millennials*, também conhecidos como Geração "Y", refere-se aos nascidos entre 1981 e 1995. (N. da T.)

após o suicídio do editor, Hannah se inscreve no *Workshop* de Escritores de Iowa apenas para descobrir que ela não é adequada para empreendimentos que exigem interações sociais e ações colaborativas. Seu salto para a autorrealização ocorre na entrevista que ela faz a um aclamado autor chamado Chuck Palmer, enquanto pergunta sobre as acusações de agressão sexual feitas contra ele por várias mulheres. Ela então declara: "Eu sou uma escritora, sabe, e quero dizer, posso não ser uma escritora rica ou uma escritora famosa [...] mas sou uma escritora e, como tal, acho que sou obrigada a usar minha voz para falar sobre coisas que são significativas para mim".

A odisseia de Hannah a leva do olhar egocêntrico a um senso de propósito para sua escrita. A menina de *Girls* se torna *a* Menina descolada, transformando-se numa escritora da era #MeToo, deixando de lado a excitação da ficção fantasiosa, para se voltar à crítica social ensaística. O editorial de Hannah publicado na seção "Modern Love" ["Amor Moderno"] do *The New York Times* e uma apresentação de narrativas para a Housing Works[15] revelam que ela encontrou sua missão na escrita que rejeita a ficção e se volta para o ensaio como uma forma de engajamento social. Ainda assim, numa reviravolta brilhante, a temporada final nos dá um episódio em que Hannah é mostrada assistindo ao filme realizado por seu ex-namorado, no qual retrata o relacionamento de ambos, transformando toda a série em um *loop* infinito sobre imaginar a si mesma sendo retratada. E terminamos com um lembrete rápido de que o narcisismo é uma característica-chave do perfil pessoal de cada escritor. Não importa que, na vida real, Lena Dunham tenha encontrado sua vocação bem no meio do filme.

A guinada de Hannah da ficção ao jornalismo tem sua própria lógica em uma cultura que estava processando a raiva e o ressentimento

---

[15] *Housing Works* é uma organização sem fins lucrativos sediada em Nova York que trabalha na luta contra a aids, apoiando populações de sem-teto soropositivas. (N. da T.)

trazidos pelas notícias sobre décadas de exploração sexual e repressão social. Conduzindo seu próprio inquérito investigativo com o predador em série Chuck Palmer, ela esboça as formas mais sutis assumidas por essa exploração e começa a mostrar, paradoxalmente, que obras fantasiosas tanto da ficção como do cinema podem ser tão convincentes quanto as histórias da vida real que as inspiraram. Temos documentários (*Predator*), filmes e séries inspirados em eventos da vida real (*The Morning Show*), livros (*Catch and Kill*) e podcasts (*Chasing Cosby*) sobre desequilíbrios de poder e desigualdade de gênero. Lena Dunham junta-se às fileiras sempre crescentes de escritoras e cineastas que usam sua imaginação para assumir as questões éticas do movimento #MeToo e explorar as consequências emocionais dos desequilíbrios de poder entre os gêneros.[16] *Girls* nos lembra de que o trabalho de detetive é sempre parte do cálculo cultural na atividade realizada por escritores de ficção.

Investigadores, detetives particulares e mulheres detetives

O culto à escritora, como vimos, partiu quase diretamente de *Mulherzinhas* e, por meio da ficção, fez com que as meninas criassem fantasias sobre a escrita atual como um trabalho profissional. Porém, a epistemofilia – o amor pelo conhecimento que tem sua origem em nossa curiosidade inata – tem uma segunda dimensão que merece ser explorada. Será que há mulheres menos inclinadas à busca da autorrealização e esclarecimento do que à advocacia e ao tipo de trabalho social associado à indagação de mentes? Enquanto a leitura pode ampliar o mundo, como o faz para muitas jovens escritoras-heroínas em nossas ficções, a escrita, por sua vez, tem uma dimensão profundamente privada e pessoal, que reduz o universo a uma mente solitária que luta contra a emoção, interioridade e crise existencial. É difícil não associar a solidão resignada de uma escritora com uma poetisa como Emily

---

[16] Tara K. Menon. "What Women Want". *In*: *Public Books*, 24 jun. 2020.

Dickinson, sentada em sua minúscula mesa em Amherst, Massachusetts, escrevendo versos em folhas, que, mais tarde, seriam costuradas à mão, em fascículos. Contudo, as palavras na página, impressas ou escritas à mão, como as histórias que circulavam na forma de fofocas, eram ainda mais importantes naquela época, precisamente porque eram uma forma de expressão da palavra em uma época em que falar em público raramente era uma opção para a maioria das mulheres.

Ao contrário do escritor que transita com as palavras sobre a página, muitas vezes em espaços privados, os detetives têm um trabalho que requer ação investigativa na esfera pública – a investigação da cena do crime, a busca de pistas, o interrogatório de suspeitos. Entretanto, os detetives são, por bons motivos, chamados de olheiros,[17] pois, por mais que escaneiem cenas de crime e busquem suspeitos, também se esforçam por manter-se fora do radar, continuando a agir de forma discreta com o objetivo de maximizar sua capacidade de coletar informações. A primeira mulher detetive na literatura britânica foi uma sra. Gladden[18] ("o nome que assumo com mais frequência em meus negócios"), cujas aventuras em série foram publicadas em 1864 por James Redding Ware, sob o pseudônimo de Andrew Forrester.[19] A sra. Gladden credita suas habilidades de investigação à sua discrição – ela pode facilmente captar os mexericos locais, disfarçar-se de serviçal e tirar proveito da suposição de que, como mulher, ela não seria capaz de resolver um crime.

A mulher detetive é uma figura inovadora. Impulsionada pela curiosidade e determinada a encontrar a justiça, ela se apresenta, com frequência, tanto como alguém de confiança como uma pessoa estranha,

---

[17] *Private eyes*, no original. (N. da T.)

[18] "Gladden" é um termo em inglês que pode ser traduzido como o verbo "alegrar". (N. da T.)

[19] Andrew Forrester. *The Female Detective*. Scottsdale, AZ: Poisoned Pen Press, 2012. Como aponta Alexander McCall Smith no prefácio desse trabalho: "A detetive usa a aparente marginalidade de sua posição com bons resultados" (vi).

uma mulher que opera na esfera pública, mesmo que muitas vezes esteja tentando desesperadamente encobrir seus rastos ou se escamoteando. De certa forma, ela se encaixa perfeitamente nas figuras fundamentais do romance de detetive, daqueles gênios contemplativos conhecidos como "detetives de poltrona",[20] por sua natureza reclusa e inteligência afiada. Chevalier C. Auguste Dupin, de Edgar Allan Poe, e Sherlock Holmes, de Arthur Conan Doyle, fizeram suas estreias literárias com quase cinquenta anos de diferença, uma em 1841, a outra em 1887. Ambos são detetives que atuam por meio de seu raciocínio, são mais introspectivos e reflexivos do que aventureiros e gregários. Eles refletem sobre suas soluções na companhia de interlocutores que os admiram, esses assistentes bajuladores comportam-se mais como codependentes do que associados. "Estou perdido sem meu Boswell", proclama Holmes em *Um Escândalo na Boêmia*.[21] Tanto o dr. Watson quanto o companheiro anônimo de Dupin são profundamente anuentes e sempre impressionados com o virtuosismo investigativo de seus confidentes.

As mulheres detetives, ao contrário de Dupin e Holmes, tendem a ser solitárias, navegando no processo de resolução de um crime por conta própria. Não há nenhum subordinado para apoiá-las e exaltar suas proezas de lógica e de refinamento na busca de fatos. Prova disso, podemos citar os amigos de Nancy Drew – protagonista que dá título à série de Carolyn Keene[22] –, que admiram suas habilidades de investigação, mas principalmente a forma segura como ela sai de cena – Nancy realiza a maior parte de seu trabalho como uma detetive particular

---

[20] "Detetive de poltrona" é aquele que não visita a cena do crime e nem conversa com testemunhas; sabe sobre o crime através dos jornais ou por informações de terceiros e sua investigação se dá a distância, usando tão somente o raciocínio. (N. da T.)

[21] *A Scandal in Bohemia*, no original. (N. da T.)

[22] "Carolyn Keene" foi o pseudônimo de autoria da série de livros *Nancy Drew*, publicados a partir da década de 1920 nos EUA e que foi escrita por *ghostwriters*. (N. da T.)

solitária. Por sua vez, Jane Marple, de Agatha Christie, também é caracterizada por um alto grau de autonomia. Ela vive sozinha, pensa por conta própria e seu sucesso não depende de um interlocutor que funcione como uma caixa de ressonância e um ouvinte empático. Adepta à solução de problemas e ao prazer de desfrutar do trabalho de investigação (há quase uma "luxúria" por ele), Jane Marple é desimpedida por qualquer laço de parentesco. Ela é uma loba solitária e, portanto, também absolvida de escolher entre casamento e carreira ou entre romance e resolução de crimes, como tantas vezes acontece com uma geração mais jovem de investigadores.[23]

Em muitos aspectos, o trabalho de detetive parece ser a profissão perfeita para as mulheres da primeira metade do século XX, pois elas poderiam operar clandestinamente, ser intelectualmente aventureiras e quebrar as regras numa época em que a maioria das opções estavam fechadas para elas. Muitos de seus precursores masculinos já eram figuras excêntricas: Auguste Dupin, de Poe, só sai à noite e não admite visitantes no lugar onde reside, enquanto o violinista Sherlock Holmes é viciado em cocaína. Há também o parentesco frequentemente aventado entre os infratores da lei e os responsáveis por fazê-la cumprir ("Criminosos e detetives podem ser tão amigos quanto Sherlock Holmes e Watson", afirma Walter Benjamin em uma meditação filosófica a respeito da ficção sobre crimes), que se torna ainda mais forte quando se trata de rebeldes com uma causa, como mulheres dispostas a cruzar as fronteiras sociais e assumir uma investigação. Mesmo quando o conflito divide a trama em dois grupos de personagens claramente

---

[23] Como afirma Philippa Gates, "As únicas mulheres detetives que parecem ter evitado a escolha [entre ser uma 'mulher' e trabalhar como detetive] são aquelas muito velhas – por exemplo, a solteirona Jane Marple e a viúva Jessica Fletcher – ou as muito jovens – por exemplo, a adolescente Nancy Drew – para encarar relacionamentos românticos e, assim, evitar as complicações que surgem quando carreira e romance competem". Ver: *Detecting Women: Gender and the Hollywood Detective Film*. Albany: State University of New York Press, 2011, p. 4.

demarcados, um em defesa da lei e da ordem, lutando pelo bem comum, e outro representando a injustiça, o mal e a desordem, ainda subsiste a sensação de que as personagens são cúmplices umas das outras e não meras adversárias.

Onde estão as mulheres detetives? Elas devem ser onipresentes, pois, afinal, as mulheres são intrometidas, fofoqueiras, sempre de ouvidos ligados, bisbilhotando, e raramente estão focadas apenas em seus próprios negócios. O termo *"female dick"*,[24] isto é, "mulheres detetives", pode ser oximoronicamente desagradável, mas as mulheres, em sua ânsia de se intrometerem, são todas, em certo sentido, olheiras ou detetives particulares. A propósito, a expressão *"private eye"* (literalmente, um "olheiro particular", mas que pode ser entendida como "detetive particular") foi baseada no logotipo da Agência de Detetives Pinkerton, cujo *slogan* "Nós nunca dormimos" surgia impresso logo abaixo da imagem de um olho desenhado. O uso mais antigo do termo, como documentado pelo *Oxford English Dictionary*, foi "Bay City Blues", de Raymond Chandler, publicado em 1937 em uma revista chamada *Dime Detective*: "Mas aqui não usamos nenhum 'private eye' (detetive particular). Lamentamos muito".[25] No entanto, quase oito anos antes, em 1930, foi lançada *Nancy Drew: The Mystery at Lilac Inn*, quando Nancy Drew é duramente advertida: "Tente descobrir esta, senhorita detetive e olheira particular!", e logo depois ela foi empurrada e arrastada até um rio.[26] É profundamente sintomático que Nancy Drew, ainda hoje

---

[24] Em inglês, *"dick"* é um termo vulgar para denominar o pênis, porém, também é associado ao termo "detetive", como em *"private dick"* e *"female dick"*; a expressão *"female dick"* pode, ainda, identificar uma mulher independente e de opiniões fortes. (N. da T.)

[25] Raymond Chandler. "Bay City Blues". *In*: *Collected Stories*. Nova York: Everyman's Library, 2002, p. 831.

[26] Carolyn Keene. *The Mystery at Lilac Inn*. Nova York: Grosset & Dunlap, 1930, p. 156.

uma heroína para muitos jovens leitores, tenha sido desprezada no momento em que se escolheu a expressão para defini-la.

Os Mistérios de Nancy Drew, "A melhor de todas as garotas detetives"

Nancy Drew, a jovem detetive de 16 anos (mais tarde transformada em uma de 18), e Miss Marple, a detetive septuagenária, ambas fizeram suas primeiras aparições públicas em 1930; a mais jovem em *The Secret of the Old Clock* e a mais velha em *O Assassinato na Casa do Pastor*.[27] Um olhar sobre as origens da detetive mais jovem esclarecerão não apenas as aventuras de sua colega de profissão que, nesse caso, é britânica e mais velha, mas também de muitas outras mulheres detetives que seguem seus passos para solucionar crimes.

Edward Stratemeyer, um dos escritores mais prolíficos do mundo e o criador de *The Bobbsey Twins*, *Tom Swift*, e outras séries de livros para crianças, também criou a personagem Nancy Drew. Ele tinha certeza que a detetive amadora se tornaria tão bem-sucedida comercialmente quanto seus Hardy Boys. Depois que ele apresentou a nova série à editora Grosset & Dunlap, a empresa decidiu adotar uma abordagem conservadora e negociou com uma jornalista desconhecida, chamada Mildred Wirt, para escrever os primeiros volumes, recebendo uma remuneração fixa que variava entre U$125 e U$250 dólares (e que foi reduzida a U$75 dólares durante a Grande Depressão). *The Secret of the Old Clock*, primeiro livro da série, foi publicado com o pseudônimo de Carolyn Keene.

Ao longo dos anos, os livros sobre Nancy e suas habilidades como detetive foram traduzidos para 45 idiomas, com vendas tão astronomicamente elevadas, que já não é mais possível rastreá-los. "Nancy é o

---

[27] *The Murder at the Vicarage*, no original. (N. da T.)

maior fenômeno entre todos os cinquenta estados norte-americanos. Ela é um *best-seller*. Como ela superou um Valhalla que tinha sido rigidamente mantido sob o domínio masculino ainda é um mistério", comentou um especialista da série de livros.[28] Inteligente, destemida, elegante e forte, Nancy Drew é auxiliada por dois assistentes, o agitado garoto George e a doce menina Bess, cujos papéis parecem limitados a fazer a aventureira e glamorosa Nancy parecer ainda melhor do que ela já é.

Será que é simples acidente o fato de que tantas de nossas juízas da Suprema Corte citem a série de livros Nancy Drew como fonte de incentivo e inspiração? Sandra Day O'Connor, Ruth Bader Ginsburg e Sonia Sotomayor professaram seu amor pela investigadora adolescente, encontrando-se, assim como O'Connor, "totalmente absorvidas" pelos livros da série.[29] A garota detetive foi também, evidentemente, um modelo para Hillary Clinton.[30] Parece mais do que provável que parte do apelo que atraiu essas mulheres de sucesso não era apenas o fato de que Nancy resolve mistérios, mas que ela está empenhada em servir à justiça – isso é o que Nancy faz muitíssimo bem.[31]

Na série *Nancy Drew*, descobrimos o lado sombrio do bucólico mundo de River Heights, uma cidade às vezes descrita como rural, às vezes como urbana, às vezes como suburbana, dependendo do volume da série. É ali onde Nancy reside com seu pai viúvo, Carson Drew, e uma governanta chamada Hannah Gruen. As aconchegantes vilas onde ocorrem os misteriosos assassinatos britânicos podem somar um elevado número de corpos, porém, o mundo de Nancy Drew, pelo

---

[28] Citação de Karen Plunkett-Powell. *The Nancy Drew Scrapbook: 60 Years of America's Favorite Teenage Sleuth*. New York: St. Martin's Press, 1993, p. 18.

[29] Sandra Day O'Connor e H. Alan Day. *Lazy B: Growing Upon a Cattle Ranchinthe American Southwest*. Nova York: Random House, 2002, p. 229.

[30] Claire Fallon. "Hillary Clinton Basically Wanted to Grow Up to Be Nancy Drew". *In*: *Huffpost*, 2 jun. 2017.

[31] Mary Jo Murphy. "Nancy Drew and the Secret of the 3 Black Robes". *In*: *New York Times*, 30 maio 2009.

contrário, é atormentado por índices de roubo excepcionalmente altos. Há muitas ocorrências, mas poucos cadáveres. O que motiva Nancy vai além da devolução de bens furtados. Embora comprometida na busca por justiça, Nancy também incorpora a ética do cuidado descrita por Carol Gilligan em seu estudo histórico sobre os caminhos de desenvolvimento das mulheres e como esses caminhos diferem daqueles assumidos por seus homólogos masculinos.[32] "Você está sempre se esforçando para fazer alguma gentileza para alguém ou para uma pessoa que simplesmente não faz diferença em sua vida", declara George, amigo de Nancy, em *The Sign of the Twisted Candles*.[33]

No livro *Uma Voz Diferente*,[34] a autora Carol Gilligan argumentou que as mulheres, que se veem inseridas em uma rede social, abordam os problemas éticos de maneira diferente dos homens. Enquanto as mulheres são orientadas para uma ética do cuidado, centrada na conexão, relacionamento e responsabilidades conflitantes, os homens tendem a pensar em termos de uma ética de justiça, com estruturas codificadas de direitos concorrentes. Para Gilligan, os termos "*web*" e "hierarquia", embora não sejam categorias analíticas perfeitas, capturam duas visões díspares sobre cuidado e justiça. Posteriormente, Gilligan argumentou que essas divisões eram menos baseadas no gênero do que na temática, e que o contraste entre as vozes femininas e masculinas está ligado tanto a dois modos de pensamento quanto a dois gêneros.

A insistência de Nancy Drew em afirmar os princípios dos sistemas jurídicos em vigor (lembrando que, afinal, seu pai é advogado) acaba por não entrar em conflito com a garantia e o fortalecimento de uma rede comunitária de relacionamentos. Ela questiona as relações binárias de Gilligan, sugerindo que é possível assegurar a lei e a ordem, mas

---

[32] Carol Gilligan. *In a Different Voice: Psychological Theory and Women's Development*. Cambridge, MA: Harvard University Press, 1982.

[33] Carolyn Keene. *The Sign of the Twisted Candles*. Nova York: Grosset & Dunlap, 1933, p. 11.

[34] *In a Different Voice*, no original. (N. da T.)

nunca à custa dos outros. Seja resgatando um amigo das águas turbulentas, restituindo os bens roubados de uma criança empobrecida, salvando os moradores de uma casa em chamas ou libertando um menino de uma exploração cruel, Nancy consegue modelar um comportamento heroico, arriscando sua vida em uma série de aventuras perigosas que revelam seu compromisso de servir à justiça e restaurar bens e reputações, inclusive quando fala de modo "doce" e "amável".[35]

Por que, então, Nancy Drew foi banida das bibliotecas? Lembro-me vividamente de que os volumes estavam ausentes das prateleiras da biblioteca local no subúrbio de Chicago, onde eu cresci. Quando decidi incluir os livros de Nancy Drew em minha pesquisa para o presente volume, me vi lendo furtivamente a série na Sala Farnsworth da Biblioteca Lamont, de Harvard, como uma "leitura extracurricular", uma coleção que, como a placa na sala anunciava, não pretendia oferecer "a melhor leitura". Era apenas um lugar para se folhear obras, "onde é possível desfrutar de momentos prazeirosos". O sistema da Biblioteca Pública de Nova York não apresentava livros de Nancy Drew até meados da década de 1970. Eles eram considerados "inúteis, sórdidos, sensacionalistas, desprezíveis e prejudiciais", uma ameaça à "boa leitura", como disse um bibliotecário canadense. Sob a supervisão correta, "este lixo encontrará seu caminho para a fornalha, à qual pertence".[36] Assim como os livros da série *Hardy Boys*, que foram acusados de trabalhar no cérebro de um menino "de uma forma tão mortal quanto

---

[35] Harriet Adams, filha de Stratemeyer e proprietária do *Syndicate* após a morte do pai, instou Mildred Wirt Benson (na época, ela já tinha se casado) a se tornar a detetive menos ousada e "mais simpática, bondosa e amável". Ver: Carole Kismaric e Marvin Heiferman. *The Mysterious Case of Nancy Drew and the Hardy Boys*. Nova York: Simon & Schuster, 1998.

[36] Deborah L. Siegel. "Nancy Drew as New Girl Wonder: Solving It All for the 1930s". In: *Nancy Drew and Company: Culture, Gender, and the Girls' Series*. Sherrie A. Inness (org.). Bowling Green, OH: Bowling Green State University Popular Press, 1997, p. 179.

o licor atacará o cérebro de um homem", eles não foram "escritos, e sim manufaturados".[37] "Eu gostaria de poder rotular cada um desses livros: 'Bomba! Garantia de Explosão do Cérebro de Seu Filho'", resmungou o bibliotecário-chefe dos Escoteiros.[38] As metáforas da toxicidade abundam na descrição de séries de livros para meninos e meninas: "Muito do relaxamento da moral e do desprezo pelas convenções sociais observado como culpa da nova geração se deve à leitura desse tipo venenoso de ficção".[39]

Nem a acusação de ser mal escrita e nem as apreensões reveladas pelos adultos sobre a prosa pouco densa conseguiram diminuir o apelo da própria Nancy Drew aos leitores adolescentes. Ela os entusiasmou com seu espírito aventureiro, inspirou-os com sua coragem e gentileza. Uma das críticas mais explícitas preocupava-se com o fato de que os livros da série glorificassem personagens que romperam com "as tradições e convenções que a sociedade considerava essenciais para seus objetivos mais elevados".[40] Considerados culpados, muitos jovens leitores reagiram, uma vez que Nancy se torna detetive, ela também adquire atitudes que lhe permitem romper a dependência com os adultos ao seu redor. Em um volume como *The Mystery at Lilac Inn*, por exemplo, Carson Drew é surpreendentemente arrogante quando se trata dos

---

[37] Nancy Tillman Romalov. "Children's Series Books and the Rhetoric of Guidance: A Historical Overview". *In*: *Rediscovering Nancy Drew*. Iowa City: University of Iowa Press, 1995, p. 117. Ver também: Gillian M. McCombs. "Nancy Drew Here to Stay: The Challenges to Be Found in the Acquisition and Retention of Early Twentieth Century Children's Series Books in an Academic Library Setting". *In*: *Popular Culture and Acquisitions*. Allen Ellis (org.). Nova York: Haworth, 1992, pp. 47-58.

[38] Franklin K. Mathiews. "Blowing Out the Boy's Brains". *In*: *Outlook*, 18 nov. 1914, p. 653.

[39] Citado por Esther Green Bierbaum. "Bad Books in Series: Nancy Drew in the Public Library". *In*: *The Lion and the Unicorn* 18 (1994), p. 95.

[40] Emelyn E. Gardner e Eloise Ramsey. *A Handbook of Children's Literature: Methods and Materials*. Chicago: Scott Foresman, 1927, p. 15.

muitos encontros de Nancy com a morte. Ao contrário dos pais ou cuidadores da vida real, os adultos nunca agem em função de sua preocupação com a segurança dela e nem limitam seus movimentos sob qualquer circunstância.

Muitos críticos têm ponderado sobre o mistério do charme e carisma de Nancy Drew, seja diante dos moradores de sua cidade natal, River Heights, seja diante de seus leitores. O carro conversível azul explica muito, assim como a resistência física e a aparência atraente de Nancy. Ela sabe trocar pneus mesmo debaixo de uma tempestade, sabe consertar barcos a motor no escuro – ela consegue carregar coisas pesadas de forma confiante. "Três garotas capazes, musculosas e inteligentes como nós não devem precisar de ajuda", diz ela aos seus amigos em *The Clue in the Diary.*[41] "De uma beleza incomum", com uma pele "clara", "olhos azuis amistosos" e "cabelos dourados encaracolados", Nancy tem um jeito de vencedora para todos aqueles que entram em sua órbita.[42] Entretanto, esses atributos são fracos se comparados aos poderes de Nancy sobre o que Edgar Allan Poe, autor, provavelmente, da primeira história de detetive dos Estados Unidos, *Os Assassinatos na Rua Morgue*,[43] chamou de *raciocínio*. Logo no primeiro livro da série, Nancy olha para a "desordem" ao seu redor e procura uma "explicação" em sua mente. "O que isso poderia significar?", pergunta-se ela.[44] Mesmo nas circunstâncias mais extremas, como quando ela é trancada no armário de uma casa abandonada e deixada ali para sufocar e morrer de fome, Nancy se mantém equilibrada e imperturbável. "Assim eu só estou desperdiçando minhas forças. Devo tentar pensar logicamente", diz ela para si mesma, em *The Secret of the Old Clock.*[45]

---

[41] Carolyn Keene. *The Clue in the Diary.* Nova York: Grosset & Dunlap, 1932, p. 74.
[42] Carolyn Keene. *The Hidden Staircase.* Nova York: Grosset & Dunlap, 1930, p. 11.
[43] *The Murders in the Rue Morgue*, no original. (N. da T.)
[44] Carolyn Keene. *The Secret of the Old Clock.* Nova York: Grosset & Dunlap, 1930, p. 1.
[45] Keene. *The Secret of the Old Clock*, p. 135.

Decodificar mistérios, organizar os fatos verdadeiros, encontrar o significado – essas são todas as coisas que fazemos no ato da leitura. As atividades de detetive realizadas por Nancy espelham, externalizam e executam exatamente o que os jovens leitores fazem quando leem *The Secret of the Old Clock* ou *The Hidden Staircase*, trabalhando ao lado de Nancy para decifrar enigmas e resolver mistérios. Além disso, os livros de Nancy Drew oferecem alegorias compactas sobre perda e restituição, devolvendo objetos de valor aos merecedores e punindo os não merecedores. Como propõe a moralidade, os enredos muitas vezes se voltam para um único objeto "perdido", bens roubados que são restituídos a seus legítimos proprietários. O universo é novamente posto no caminho certo.

Questões de propriedade e legitimidade não são surpreendentes em uma série escrita por *ghostwriters*, membros de um sindicato literário.[46] Ironicamente, os livros de Nancy Drew foram concebidos por um empresário do sexo masculino que cultivou a escrita de volumes individuais por autoras mulheres. Edward Stratemeyer, o indiscutível mago dos livros em série, cresceu em Nova Jersey, era filho de imigrantes alemães; trabalhava na tabacaria de seu pai, usando seu porão para operar sua própria gráfica e distribuir histórias como "The Newsboy's Adventure" ["A Aventura de um Jovem Entregador de Jornais"]. Em pouco tempo, ele iniciou uma carreira que o levou à escrita e produção de mais de trezentos romances, séries e *westerns* com o custo de dez centavos de dólar. O salto em sua vida profissional veio quando Horatio Alger Jr., sofrendo de problemas de saúde ("em estado de colapso nervoso", como mencionou), escreveu a Stratemeyer, pedindo-lhe que completasse duas histórias. Após a morte de Alger em 1899, Stratemeyer "completou" onze de seus livros mesmo enquanto estava escrevendo os Rover Boys, uma série que obteve imenso sucesso comercial.

---

[46] Para saber mais a respeito do Sindicato, ver: Amy Boesky. "Solving the Crime of Modernity: Nancy Drew in 1930", *Studies in the Novel* 42 (2010), p. 185-201.

Em 1900, Stratemeyer, embora sem sofrer qualquer tipo de bloqueio criativo de escrita, decidiu passar menos tempo escrevendo e mais tempo recrutando autores para o que ficou conhecido como o Sindicato Stratemeyer. Ele trabalharia com editoras e autores, desenvolvendo uma série com a editora e depois criando personagens e esboços de roteiro para *ghostwriters* contratados. Entre 1905 e 1985, o Sindicato produziu mais de mil volumes que incluíam uma série de franquias literárias.

Embora a série Nancy Drew nos ofereça heróis individuais, com uma garota autossuficiente possuindo um conjunto de habilidades incríveis, ela é assombrada pela tensão entre o autêntico e o fraudulento, com uma série de duplos, imitadores e ladrões de identidade.[47] A dupla autoria continua uma rivalidade incrustada entre um rosto público (Carolyn Keene, também conhecida como Edward Stratemeyer) e uma *ghostwriter* secreta (Mildred Wirt Benson), sendo que os próprios livros reproduzem essa rivalidade, colocando sua heroína no rastro de falsificadores e ladrões, aqueles que se apropriam de bens que legitimamente pertencem a outros. Em *The Secret of the Old Clock*, há um testamento falso e outro verdadeiro, que Nancy descobre e usa para garantir que os legítimos beneficiários recebam sua herança. Em *The Bungalow Mystery*, um ladrão responsável por roubar uma identidade é preso e o verdadeiro herdeiro ganha de volta a propriedade a que tem direito.

Será que existe a possibilidade de que Mildred Wirt Benson, de alguma forma, tenha escrito sua própria luta com relação à identidade autoral na série (de modo consciente ou não), transformando Nancy em uma detetive que descobre, entre outras coisas, as identidades reais, o documento verdadeiro, enfim, a coisa real? A própria Benson foi a primeira mulher a receber um diploma de pós-graduação em jornalismo da Universidade de Iowa. Ela foi campeã de natação, jogava golfe

---

[47] Boesky. "Solving the Crime of Modernity", p. 200.

e pilotava aviões (ela pilotou um voo aos 60 anos de idade), além de escrever uma coluna de jornal e livros, com a menção dela como autora.[48] E seu intenso interesse pela arqueologia pré-colombiana é um lembrete de que escrever mistérios e desenterrar artefatos do passado são atividades estranhamente compatíveis.

Benson não tinha nenhuma reverência real pela autoria, considerando-se, mais do que qualquer outra coisa, realizadora de trabalhos por peça: "Eu não os analisei", escreve ela sobre os enredos que lhe foram atribuídos. "Era apenas um trabalho a ser feito. Havia algumas coisas de que eu gostava e outras de que não. Era um dia de trabalho. [...] Houve um ano em que escrevi treze livros completos e eu ainda tinha um emprego além desse."[49] Desde que Stratemeyer elaborou os enredos, talvez ele também tenha sentido um senso de culpa ou vergonha inconsciente que se revelou em histórias que se voltaram para a fraude. Os livros de Nancy Drew oferecem dois casos a serem resolvidos: o crime em si, a ofensa ou o roubo que funcionam como um desafio para a garota detetive e seus leitores, mas também o mistério da autoria, que se propõe na questão: quem inventou os livros de Nancy Drew e as maravilhas desse mundo? Ao criar os mistérios, Mildred Wirt Benson inscreveu a perda de sua identidade como autora em uma série que leva o nome de Carolyn Keene, e que foi idealizada por Edward Stratemeyer, chefe de um sindicato, um homem que se emascarou de mulher.

Na proposta da série, que deveria apresentar uma garota detetive, Stratemeyer escreveu: "Chamei a linha de 'Stella Strong Stories' [Histórias Fortes de Stella], mas também poderiam ser chamadas de 'Diana Dare Stories' [Histórias da Ousadia de Diana], 'Nan Nelson Stories' [Histórias da Babá Nelson] ou 'Helen Hale Stories' [Histórias Saudáveis

---

[48] Bierbaum. "Bad Books in Series", p. 101.
[49] Amy Benfer. "Who Was Carolyn Keene?". *In*: *Salon*, 8 out. 1999.

de Helen".[50] Uma proposta posterior acrescenta detalhes específicos: "Stella Strong, uma menina de 16 anos, é filha de um promotor público com muitos anos de experiência. Ele é viúvo e conversa com frequência sobre seu trabalho com Stella, sendo que, desde criança, ela presenciou muitas entrevistas do pai com detetives notáveis e durante a solução de muitos mistérios intrincados. Então, de uma maneira bem inesperada, Stella mergulhou em alguns de seus próprios mistérios. [...] Uma garota norte-americana contemporânea, vivendo seu auge, brilhante, inteligente, engenhosa e cheia de energia".[51] Mildred Wirt foi encarregada de escrever o primeiro volume, junto com os dois volumes seguintes, criando os três primeiros livros fundadores da série (que é composta por um total de 30 livros). Ela guardou na memória a reação de Stratemeyer (embora contestada por alguns estudiosos) no momento em que ele decidiu se apropriar da personagem, mas ela não recuou quando ouviu sua opinião: "O sr. Stratemeyer expressou uma amarga decepção ao receber o primeiro manuscrito do livro *The Secret of the Old Clock*, dizendo que a heroína era muito irreverente e nunca seria bem recebida".[52]

Parece que os leitores não se importaram com uma garota detetive "irreverente", e Nancy Drew vive hoje, não apenas nos livros e em suas novas edições, mas também em *videogames*, filmes e outros produtos. Como resume bem uma crítica, o apelo da personagem reside "na imagem, por mais abstrata que seja, de uma jovem mulher que é capaz de esquecer a 'diferença de sexo' – pelo menos na medida em que essa diferença é reescrita como limitação".[53] Laura Lippman, autora de

---

[50] James D. Keeline. "The Nancy Drew Mythery Stories". *In*: *Nancy Drew and Her Sister Sleuths*. Michael G. Cornelius e Melanie E. Gregg (orgs.). Jefferson, NC: McFarland, 2008, p. 23.

[51] Keeline. "The Nancy Drew *Myth*ery Stories", p. 24.

[52] Keeline, p. 25.

[53] Anne Scott MacLeod. "Nancy Drew and Her Rivals: No Contest". *In*: *Horn Book*, maio 1987, jul. 1987.

best-sellers da série de ficção policial que apresenta Tess Monaghan, uma "detetive particular acidental", revelou por que ela se interessava pelos livros de Nancy Drew: os livros estimulavam a curiosidade, vista como uma virtude e não como um vício.[54] Capaz e atenciosa, Nancy não só consegue fazer com que caminhões quebrados voltem a funcionar, mas também pode se dedicar ao cuidado da saúde dos mais velhos até a sua recuperação.

Personagens como Elsa, da franquia *Frozen*, da Disney, e Katniss Everdeen, da trilogia *Jogos Vorazes*, mas especialmente Hermione, da série *Harry Potter*, são todas reminiscências da poderosa sobrevida de Nancy Drew em produções culturais para crianças. Hermione (será apenas coincidência que seu nome esteja ligado a Hermes, deus da fala e da astúcia?) usa feitiços e encantamentos para navegar pelos mistérios de Hogwarts, com seus alçapões, salas secretas, mapas enigmáticos e guarda-roupas mágicos. A partir de palavras mágicas como *"oculus reparo"* (um encantamento para consertar óculos), *"alohomora"* (para abrir portas), *"wingardium leviosa"* (o feitiço da levitação) e *"petrificus totalus"* (a maldição que imobiliza o corpo inteiro), Hermione, estudante exemplar, mas também violadora de regras, está pronta para arrombar, invadir, escutar e roubar no intuito de descobrir soluções para os desafios enfrentados pelo trio de aventuras que ela compõe ao lado de Harry e Ron. Além disso, ela supera a paixão de Nancy pela justiça, tornando-se uma ativista social que funda a *Society for the Promotion of Elfish Welfare* – SPEW (Fundo de Apoio à Liberação dos Elfos – F.A.L.E.), uma organização projetada para defender os direitos de um grupo oprimido. Não é coincidência que, como as solteironas dos romances de detetive e contadoras de histórias da carochinha antes delas, Hermione seja rotulada também de metida a "sabe-tudo".

---

[54] Renee Montagne. "Nancy Drew: Curious, Independent and Usually Right". *In*: *NPR*, 23 jun. 2008.

Solteironas em busca de justiça

Solteironas (*"spinter"*) e mulheres que "ficaram para titia" (*"old maid"*) estão em declínio. Digite o termo em inglês *"spinter"* no Google Ngram e você verá que o termo estava em ascensão até a década de 1930, aumentando em 1934, com uma queda depois disso. Por sua vez, o termo *"old maid"* atingiu seu auge em 1898 e, desde então, vem declinando constantemente, com um pequeno aumento em 2004, talvez apenas para registrar quão desatualizado o termo havia se tornado. Ao associar juventude com senilidade, o termo *"old maid"* sugere alguém que nunca estará na idade certa e que nunca poderá assumir uma autonomia plena. Hoje, porém, *"singles"* e *"bachelorettes"* (ambas com o significado de "solteiras") têm superado em uso tanto *"spinster"* quanto *"old maid"*.

Durante algum tempo, "solteirona" (*"spinster"*) foi o termo atribuído às mulheres (ou mais raramente aos homens, de acordo com o *Oxford English Dictionary – OED*) que se dedicavam ao trabalho de fiação. A partir do século XVII, a palavra foi usada como uma designação legal para mulheres solteiras, até se tornar um descritor usado eventualmente para mulheres que, embora fossem antes férteis, já teriam passado da idade de ter filhos. O *OED* registra um uso do termo em 1882 que sugere uma atitude bastante condescendente em relação a essas mulheres: "A Providência é increvelmente gentil com as solteironas (*"spinster"*) que tenham o dom de se tornarem úteis". Em outras palavras, permanecer solteira significava que uma mulher poderia ser útil aos outros (geralmente como cuidadora dos pais já idosos e dos sobrinhos), embora isso não significasse a possibilidade de realmente fazer algo de si mesma.

O termo *"spinster"* ("solteirona") ecoa de forma poderosa com noções relativas a fiação e solidão, bem como com a assustadora reclusão autoimposta e com desenhos sinistros. Como muitos que foram educados nos Estados Unidos durante as décadas de 1960 e 1970, minha compreensão pessoal com respeito às "solteironas" foi moldada por sua representação literária. Os romances me ensinaram os horrores do solteirismo, especialmente das mulheres deixadas no altar. Aqui está o caso da srta. Havisham, de Charles Dickens, no livro *Grandes Esperanças*,[55] revelando toda a sua alarmante morbidez:

> Vi que a noiva com seu vestido de casamento havia murchado assim como o vestido e, como as flores, não havia nela nada que brilhasse a não ser seus olhos fundos. Vi que o vestido havia sido colocado antes numa jovem de formas arredondadas, e que o corpo que ele cobria agora com dobras folgadas, reduzia-se a pele e osso. Uma vez, levaram-me até uma Feira para ver uma horrível figura de cera, que representava sabe-se lá qual personagem absurdo deitado no quarto. Numa outra vez, levaram-me a uma das velhas igrejas num lodaçal para ver um esqueleto coberto pelas cinzas de um vestido elegante, que fora retirado de uma cova debaixo do piso da igreja. Agora, a figura de cera e o esqueleto pareciam ter olhos escuros que se mexiam e me observavam. Eu teria gritado, se pudesse.[56]

A srta. Havisham pertence aos mortos-vivos, habitando uma casa infestada de aranhas e camundongos. Eis o que Pip, o jovem herói do romance, vê quando entra na sala de jantar de sua casa:

> O objeto que mais se destacava era uma mesa longa com uma toalha sobre ela, como se uma festa estivesse sendo preparada no momento em que a casa e os relógios pararam, todos ao mesmo tempo. Havia um tipo de centro de mesa bem no meio da toalha; estava de tal modo coberto de teias de aranha, que era impossível distinguir sua forma e, enquanto eu contemplava aquela

---

[55] *Great Expectations*, no original. (N. da T.)
[56] Charles Dickens. *Great Expectations*. Edgar Rosenberg (org.). Nova York: W. W. Norton, 1999, pp. 50, 69.

extensão amarela da qual, lembro-me bem, parecia brotar como se fosse um fungo escuro, vi aranhas de patas manchadas e corpos pintados correndo para casa ou fugindo dela, como se algum evento da maior importância pública tivesse acabado de acontecer na comunidade das aranhas.

As solteironas parecem condenadas a se associar com aranhas. Ambas operam na solidão, concentrando seus esforços para tecer suas teias, fios e fios, criando armadilhas mortais para suas presas. O jovem Pip se transforma em uma espécie de mosca desgarrada, atraída para a infestada mansão da srta. Havisham. As grandes esperanças de Pip e as ilusões

Harry Furniss, "Miss Havisham" para Grandes Esperanças, de Charles Dickens, edição de 1910.

perdidas da srta. Havisham trabalham juntas para produzir dois relatos convincentes de romance que deram errado. O livro descreve, de forma extensa, os horrores espinhosos da solteirona e de suas intrigas.

Paradoxalmente, as solteironas são, ao mesmo tempo, seres muito visíveis, mas também presenças imperceptíveis. Visíveis como objetos de desprezo, piedade, repulsa e zombaria, mas também são invisíveis, por despertarem pouco interesse social. Vistas como supérfluas e chamadas de *"UFs" – "Unnecessary Females"* (Mulheres Desnecessárias) na era pós Primeira Guerra Mundial, quando havia 1.098 mulheres para cada mil homens, a solteirona manteve-se sob constantes ataques devido à sua falta de trabalho produtivo e capacidade reprodutiva.[57]

Foi na Inglaterra que as solteironas fizeram seu retorno, agora como detetives que rivalizavam com o olhar dos detetives particulares, sendo que suas habilidades estavam agora temperadas com suas sagazes habilidades investigativas. Como isso aconteceu é um mistério em si que merece ser desvendado. Em 1930, um grupo de escritores britânicos, entre eles Agatha Christie, Dorothy L. Sayers, Hugh Walpole e G. K. Chesterton, fundaram o *Detection Club*, cujos membros se reuniam regularmente em Londres, organizando jantares. Aqueles que aderiam ao grupo, tinham de responder ao seguinte juramento: "Você promete que seus detetives desvendarão de forma precisa e verdadeira os crimes que foram apresentados a eles, usando a espirituosidade e inteligência que possa lhe agradar conceder a eles, mas sem confiar ou fazer uso da Revelação Divina, da Intuição Feminina, de Ladainha e Nhe-nhe-nhém, de Trapaças, Coincidências ou de Atos de Deus?".[58] Note que a maioria dos escritores do *Detection Club* publicou seu trabalho na chamada "era de ouro" do romance de detetive, inventando a *"whodunits"* (uma história sobre um assassinato em que a identidade do

---

[57] Kathy Mezei. "Spinsters, Surveillance, and Speech: The Case of Miss Marple, Miss Mole, and Miss Jekyll". In: *Journal of Modern Literature* 30, nº 2 (2007), p. 103-20.
[58] James Brabazon. *Dorothy L. Sayers: A Biography*. Nova York: Scribner's, 1981, p. 144.

assassino é revelada no final), mistérios destinados a "despertar a curiosidade", como disse Ronald Knox. Knox, que foi padre e também escritor dessas narrativas, formulou os "Dez Mandamentos" dos romances de detetive, cujas características normativas estão manchadas por insultos étnicos e comentários condescendentes a respeito da intuição e de desvios.

1. O criminoso deve ser mencionado no início da história, mas não deve ser ninguém cujos pensamentos o leitor tenha sido autorizado a conhecer.
2. Todos os elementos sobrenaturais ou extraordinários são descartados das ações propostas.
3. Não é permitida mais de uma sala ou passagem secreta.
4. Nenhum veneno até agora desconhecido pode ser utilizado, nem qualquer aparelho que exija uma longa explicação científica no final.
5. Nenhum chinês deve aparecer na história. (Charlie Chan fez sua primeira aparição em 1925, no livro *A Casa sem Chave*,[59] de Earl Derr Biggers.)
6. Nenhum acidente deve jamais ajudar o detetive, nem ele deve jamais ter uma intuição inexplicável que se revele correta.
7. O próprio detetive nunca pode ter cometido o crime.
8. O detetive é obrigado a declarar quaisquer pistas que ele possa descobrir.
9. O "ajudante" do detetive, o Watson, não deve esconder do leitor nenhum pensamento que passe por sua mente: sua inteligência deve ser ligeiramente, mas muito ligeiramente, inferior à do leitor médio.

---

[59] *House Without a Key*, no original. (N. da T.)

10. Os irmãos gêmeos e os duplos em geral não devem aparecer, a menos que tenhamos sido devidamente preparados para eles.[60]

A Idade de Ouro do Assassinato, como alguns a chamam, foi marcada por duas guerras mundiais, proporcionando conforto na forma de mistérios convidativos (ou "agradáveis", como eram chamados, em contraste com a ficção de detetive "*hard-boiled*",[61] mais obscura e mais gráfica em sua representação da violência). Oferecendo sensações empacotadas com distração, esses volumes também serviram para reduzir uma ansiedade ao amplificar outra.[62]

Hoje podemos nos encantar com figuras como Miss Marple, de Agatha Christie, Harriet Vane, de Dorothy L. Sayers, ou Jessica Fletcher, personagem da série de TV *Assassinato por Escrito* (*Murder, She Wrote*), entretanto, os papas da cultura superior tinham uma visão diferente sobre essas senhoras detetives e os misteriosos escritores que as criaram. O eminente crítico literário do século XX, o norte-americano Edmund Wilson, que nunca foi fã da cultura popular, escreveu no *New Yorker* um comentário que se tornou famoso (infelizmente), a respeito de sua indiferença pelo romance policial, o qual fez parte de uma série de artigos, sendo que um deles ridicularizava um título de Agatha Christie: "Quem se importa com quem matou Roger Ackroyd?" ("Who Cares Who Killed Roger Ackroyd?"). O gênero inteiro, declarou ele,

---

[60] R. A. Knox (org.). "Introduction". In: *The Best English Detective Stories of 1928*. Londres: Faber, 1929.

[61] A ficção "*Hard-boiled detective*" é um subgênero que mescla o romance policial e a ficção *noir*. A narrativa *hard-boiled* apresenta um detetive que luta contra a violência do crime organizado, enfrentando também um sistema corrupto, o que os torna descrentes e cínicos diante da crua realidade. (N. da T.)

[62] David Frisby. "Walter Benjamin and Detection". In: *German Politics & Society* 32(1994): 89-106. Ver também: Martin Edwards. *The Golden Age of Murder: The Mystery of the Writers Who Invented the Modern Detective Story*. Nova York: Harper Collins, 2015.

nada mais é do que "uma droga formadora de hábitos", e seus leitores são vítimas de uma "forma de narcótico". O golpe de misericórdia vem em sua própria proposta de evitar todo e qualquer romance de detetive, e especialmente os volumes de Agatha Christie: "Por isso li também o novo romance de Agatha Christie, *E No Final a Morte*,[63] e confesso que fui enganado pela sra. Christie. Eu não adivinhei quem era o assassino, fui incitado a continuar e descobrir, e quando finalmente descobri, fiquei surpreso. No entanto, não tenho interesse em Agatha Christie e espero nunca mais ler outro de seus livros".[64]

Contudo, Wilson permaneceu na minoria. O apelo colossal de Jane Marple pode ser atestado não apenas pelo número de vendas, mas também pela poderosa sobrevida literária e cinematográfica da detetive solteirona. Ela faz aparições nos palcos, nas telas e na TV e também se apresenta como madrinha de mulheres detetives, desde Kate Fansler, de Amanda Cross, até Cordelia Gray, de P. D. James.

Por outro lado, antes de Miss Marple havia a srta. Climpson – Alexandra Katherine Climpson para ser mais precisa – uma "solteirona" de meia-idade que trabalhava para o lorde Peter Wimsey, ambos personagens dos livros de Dorothy L. Sayers, uma renomada aristocrata britânica e detetive amadora. No romance *Unnatural Death*, de 1927, a srta. Climpson é apresentada em meio ao mistério de um assassinato, no capítulo intitulado "Uma Ocupação para as Solteironas".[65] A epígrafe desse capítulo cita as palavras de uma "autoridade" chamada Gilbert Frankau que comenta como as mulheres estão desproporcionalmente representadas na população da Inglaterra e do País de Gales,

---

[63] *Death Comes as the End*, no original. (N. da T.)
[64] Edmund Wilson. "Why Do People Read Detective Stories?". *In*: *New Yorker*, 14 out. 1944; "Mr. Holmes, They Were the Footprints of a Gigantic Hound". *In*: *New Yorker*, 17 fev. 1945; e "Who Cares Who Killed Roger Ackroyd? A Second Report on Detective Fiction". *In*: *New Yorker*, 20 jun. 1945.
[65] "A Use for Spinsters", no original. (N. da T.)

onde "há mais de 2 milhões de mulheres do que de homens".[66] Assim, lorde Peter congratula a si mesmo por empregar uma das muitas "solteironas" da Inglaterra, e chega a se perguntar em voz alta se um dia haverá uma estátua erguida para ele, "o Homem que Tornou Milhares de Mulheres Supérfluas em Mulheres Felizes".

Embora a srta. Climpson não seja fofoqueira, ela é uma agente de investigação especializada, que se mistura com as mexeriqueiras locais enquanto elas tricotam, realizando o trabalho com as agulhas. "As pessoas querem que se façam perguntas", declara lorde Peter ao seu amigo detetive-inspetor Charles Parker. "Quem eles enviariam para essa tarefa? Um homem com enormes pés chatos e um caderno – o tipo de homem cuja vida privada talvez seja contada através de uma série de grunhidos inarticulados." Mas o lorde Peter não é tolo e, como estratégia, decide enviar "uma senhora com um longo e lanoso pulôver sendo confeccionado com agulhas de tricô e coisas tilintando em volta de seu pescoço". Ela pode fazer todo tipo de perguntas, e "ninguém se surpreenderá. Ninguém ficará alarmado". A sra. Climpson faz o trabalho de campo para o lorde Peter, e suas contribuições para a solução do crime não são de forma alguma desprezíveis. A sua atividade também não está livre de riscos, como se torna evidente antes do encerramento do caso. Em *Veneno Fatal*,[67] escrito três anos após *Unnatural Death*, é a srta. Climpson quem descobre a peça-chave para resolver um caso de assassinato que levou a misteriosa escritora Harriet Vane (que mais tarde se tornaria a esposa de lorde Peter) à prisão.

Agatha Christie transformou o *status* da detetive solteirona, alterando seu papel de coadjuvante para o de protagonista principal. A partir daí, ela se tornou uma figura combativa, autossuficiente e de espírito livre, capaz de resolver casos sem contar com uma equipe de

---

[66] Dorothy L. Sayers. *Unnatural Death* (1927). Nova York: Harper Perennial, 2013, p. 19. Citações adicionais das pp. 29-30.

[67] *Strong Poison*, no original. (N. da T.)

subordinados. O que melhor caracteriza Miss Marple, de Agatha Christie, é justamente sua carência de elementos de formação artística, pois ela é uma senhora fofoqueira que faz tricô e jardinagem, cuida de seus próprios negócios ao mesmo tempo que se mete na vida de todo mundo. "Ela é curiosa", diz a si mesma em determinado momento, conformando-se com o estereótipo de intrometida, já que isso lhe proporciona a "camuflagem" necessária como detetive. "Você poderia muito mais facilmente mandar uma senhora idosa com o hábito de bisbilhotar, ser curiosa, de falar demais, de querer saber das coisas, e isso pareceria perfeitamente natural", reflete ela.[68]

As habilidades de Miss Marple vão no sentido do que hoje chamamos de relacionamento interpessoal, e ela mesma renega veementemente a ideia de que mexericos e escândalos que circulam de boca em boca são inúteis. Ela, inclusive, organiza uma defesa das "mulheres supérfluas", refutando a descrição condescendente de seu sobrinho sobre essas mulheres como tendo "muito tempo disponível em suas mãos". Afinal de contas, as *"pessoas"* são o principal interesse delas: "E desse modo você vê que elas são o que se pode chamar de *especialistas"*.[69] As conversas frívolas e as fofocas podem servir como canais de informação vitais, o que se evidencia nos métodos de investigação de Miss Marple. "Fala-se a respeito de tudo", observa um detetive em *A Maldição do Espelho*. "Cedo ou tarde, o fato chegará aos ouvidos de alguém."[70] Bisbilhotando e escutando – e todas as demais atividades associadas às viúvas e matronas –, Miss Marple consegue juntar as peças de um quebra-cabeça para resolver um mistério. Miss Marple se encontra no início de *Nêmesis* lendo o jornal, analisando a primeira página,

---

[68] Agatha Christie. *Five Complete Miss Marple Novels*. Nova York: Chatham River Press, 1980, p. 292.

[69] Agatha Christie. "A Christmas Tragedy". *In*: *The Thirteen Problems*. Nova York: Signet, 2000, p. 143.

[70] Agatha Christie. *The Mirror Crack'd from Side to Side*. Nova York: Penguin, 2011, p. 224.

depois vai para a seção de nascimentos, casamentos e mortes: uma notícia é lida, assim como uma fofoca. De certa forma, é claro, todas essas atividades podem ser vistas como sendo da esfera dos escritores, aqueles que assumem o comando de um universo e são capazes de sondar seus espaços escondidos, divinizar os motivos de seus atores e restaurar a ordem em um mundo que passou por algum tipo de convulsão. A energia interpretativa de Miss Marple é, naturalmente, também espelhada no impulso hermenêutico dos leitores, que lutam para dar sentido à ruptura da ordem social produzida por um assassinato.

A hesitante solteirona acaba se tornando uma encarnação assustadora de Nêmesis, uma agente perspicaz, ponderada e imparcial de justiça em um mundo movido por paixões que podem se tornar tóxicas e assassinas. A certa altura, Miss Marple usa um chapéu com uma asa de pássaro, numa inconfundível alusão à deusa grega alada que muitas vezes também carregava um chicote ou uma espada, sendo conhecida como a filha da justiça e a irmã das Moiras (ou Destino). O último romance em que Miss Marple é apresentada não é senão *Nêmesis*, uma obra em que tricotar, uma das características subjacentes que marcam a "solteirona" (ao lado das fofocas e da jardinagem), ganha um significado mítico. O inspetor Neele, em *Um Punhado de Centeio*, faz a seguinte observação sobre o detetive amador: "Ele pensava consigo mesmo que Miss Marple era muito diferente da ideia popular de fúria vingativa. E ainda assim ele pensou que talvez fosse exatamente isso o que ela era".[71] O tricô une a fiação, a tecelagem e a criação de tapeçarias e têxteis como uma atividade que segue de mãos dadas com a distribuição de justiça.

Nêmesis e o tricô estão reiteradamente ligados nos mistérios de Miss Marple, de modo que não podem deixar de trazer à mente o tricô elaborado por madame Defarge "com a inflexibilidade do Destino", pois ela se torna um instrumento para garantir a justiça retributiva no

---

[71] Agatha Christie. *A Pocket Full of Rye*. Nova York: Penguin, 1954, p. 108.

Albrecht Dürer, *Nêmesis (A Grande Fortuna)*, 1501-1502.
Metropolitan Museum of Art.

livro *Um Conto de Duas Cidades*, de Charles Dickens. "Eu *poderia* ser implacável se houvesse uma causa justa", explica Miss Marple à sua governanta. Em resposta a uma pergunta sobre o que constitui uma "causa justa", ela declara: "Na causa da justiça".[72] E qual é o apelido que ela atribui a si mesma senão "Nêmesis", num diálogo com uma cliente "divertida", quando ela descreve a si mesma usando essa palavra em particular. Por sua vez, o sr. Rafiel, homem que contrata a Miss Marple graças a sua "genialidade natural" na área de "investigação", reforça a conexão entre o ato de tricotar e servir à justiça, no momento

---

[72] Agatha Christie. *Nemesis*. Nova York: Harper Collins, 2011, p. 9.

em que tenta desvincular corajosamente as duas atividades: "Prevejo você sentada numa cadeira [...] e você passando a maior parte de seu tempo principalmente tricotando. [...] Se você preferir continuar tricotando, a decisão será sua. Se você preferir servir à causa da justiça, espero que, pelo menos, a considere interessante".[73]

Todos os passatempos de Miss Marple – tricô, jardinagem, fofocas e bisbilhotice – se misturam confortavelmente com raciocínio, e a senhora detetive, ao contrário de seus colegas homens, não se senta e fuma ou dá passeios noturnos para ativar seus neurônios. O ambiente doméstico das perseguições "triviais" não se separa de modo algum do pensamento de ordem superior. "Você conhece meu método", diz Holmes a Watson, relacionando inadvertidamente seus métodos com os de Miss Marple: "Ele se baseia na observância de trivialidades".[74] Como a solteirona, que transita pelo trivial, o inferno do trabalho de detetive reside nos detalhes, nas pequenas coisas que muitas vezes passam despercebidas, mas que se tornam simbolicamente centrais. Assim como os detalhes estranhos crescem em importância, assumindo um poder explicativo, também a solteirona marginalizada, de pouca visibilidade, é dotada de um peso mítico.

Em certo sentido, Agatha Christie pode ser vista como a Rainha do Crime que deu oportunidades para mulheres idosas (em uma cultura que as ridicularizava por serem fracas, tolas e irrelevantes). Miss Marple, como dois críticos apontam, "subverte a categoria de 'solteirona', através da qual a sociedade procura diminuí-la e banalizá-la".[75] No entanto, num toque de ironia, é a formidável Miss Marple que também protege e assegura uma ordem social que vê a solteirona como

---

[73] Christie, *Nemesis*, p. 27.
[74] Arthur Conan Doyle. *Sherlock Holmes: The Complete Novels and Stories.* Nova York: Random House, 2003, p. 325.
[75] Marion Shaw e Sabine Vanacker. *Reflecting on Miss Marple.* Londres: Routledge, 1991, p. 59.

uma figura a ser desprezada ou simplesmente tolerada como um objeto que, ao mesmo tempo, é divertido mas também melancólico dentro da paisagem social. A vila fictícia de Saint Mary Mead, onde assassinatos ocorrem com assombrosa regularidade, nunca muda realmente: "O novo mundo era igual ao antigo. As casas eram diferentes... as roupas eram diferentes, as vozes eram diferentes, mas os seres humanos eram os mesmos, iguais ao que sempre foram". Inclusive as conversas, como se observa, "eram as mesmas".[76] Como na série Nancy Drew, a restauração da reputação, das heranças e da ordem social é o que está em jogo, mesmo para os esquisitos, desajustados e excêntricos que se encontram às margens desse ordenamento.

O conservadorismo de Miss Marple não será surpresa para aqueles que leram a autobiografia de Agatha Christie. "Eu era uma mulher casada", escreveu ela, "e *essa* era minha ocupação. Como um caminho paralelo, eu escrevia livros". Essas são palavras modestas de uma das autoras mais prolíficas do mundo, uma mulher que escreveu quase cem romances, além de muitos contos e duas obras autobiográficas. Não importa que suas vendas sejam calculadas em bilhões. As tarefas domésticas não perturbaram a rotina de escrita de Christie, pelo contrário, estavam em uma relação simbiótica com a criação de um primeiro rascunho: "O melhor momento para planejar um livro é enquanto você está lavando a louça".[77] Assim, o tédio das práticas domésticas também pode fomentar uma imaginação vívida em torno de mistérios e assassinatos – o que pode ter certa lógica.

No decorrer do século XX, a mulher detetive se transforma: a partir da década de 1930, torna-se uma detetive adolescente e uma detetive solteirona; nos anos 1940, ela é uma agente disfarçada como uma esposa obediente (que ajuda a desvendar mistérios para salvar o

---

[76] Shaw e Vanacker, *Reflecting on Miss Marple*, p. 59.
[77] Mitzi M. Brunsdale. *Icons of Mystery and Crime Detection: From Sleuths to Superheroes*, 2 vols. Santa Barbara, CA: Greenwood, 2010. I, p. 142.

homem que ama); e finalmente, a partir dos anos 1980, as mulheres se transformam em investigadoras especializadas que trabalham como policiais, como no seriado de TV *Cagney & Lacey*; assume o papel de escritora de ficção, como Jessica Fletcher; e tornam-se agentes *hard-boiled* como as personagens Clarice Starling e V. I. Warshawski.[78] A mulher investigadora é finalmente liberada da obrigação de ser talhada segundo um pequeno conjunto de estereótipos, deixa também o constrangimento provocado pelo imperativo do casamento, além de não estar mais subordinada a uma idade como antes, por assim dizer, ganhando ainda um caráter polimórfico como inquisitiva. De repente, sua vida privada se reduz de forma inesperada. Torna-se tão inconsequente quanto a vida pessoal de Philip Marlowe, de Raymond Chandler, detetive que se tornou famoso por caminhar pelas "ruas violentas", e não ser apenas "O Herói", mas sim, como afirmou Chandler: "ele é tudo".[79]

Privilegiada e Desfavorecida: Kate Fansler e Blanche White

Carolyn Heilbrun, docente de Língua Inglesa na Universidade de Columbia que escreveu romances de detetive sob o pseudônimo de Amanda Cross, explicou a seus leitores que escrever ficção de detetive era, para ela, uma forma de autorrealização e também de autocriação, que lhe permitia produzir uma nova identidade em vez de replicar o que um dia foi e sempre será. "Eu estava me recriando", registrou ela a respeito de sua experiência em escrever romances policiais. "As mulheres vêm para escrever [...] simultaneamente com a autocriação".[80] Sua personagem, Kate Fansler, também é professora de literatura, que faz

---

[78] Gates. *Detecting Women*.
[79] Raymond Chandler. "The Simple Art of Murder". *In: Later Novels and Other Writing*. Nova York: Literary Classics of the United States, 1995, p. 992.
[80] Carolyn G. Heilbrun. *Writing a Woman's Life*. Nova York: Ballantine, 1989, p. 52.

hora extra como detetive, resolvendo mistérios usando o mesmo conjunto de habilidades que ela emprega para ler textos de forma crítica em seu trabalho diário. Afinal, a leitura constitui, em muitos aspectos, um processo de detecção, com autores (confiáveis e não confiáveis) que nos conduzem através do terreno narrativo.[81] Não é coincidência, pode-se dizer assim, que o tricotar compulsivo das antecedentes literárias de Kate Fansler foi agora substituído por tecer os textos. Além disso, os desafios enfrentados pela professora Fansler são frequentemente de natureza literária, como sugere o título *The James Joyce Murder* (1967), com seus capítulos com o nome de histórias encontradas em *Dublinenses* (*Dubliners*), de James Joyce. E a solução do mistério de uma professora encontrada morta no alojamento masculino do departamento de inglês da Harvard University, em *Death in a Tenured Position* (1981), cria muitas oportunidades para jogos literários sobre autores que vão de George Herbert e Charlotte Brontë a George Eliot e Henry James.

A série Kate Fansler é, em muitos aspectos, profética, tendo sido construída por uma professora feminista que escreveu de forma eloquente e extensa sobre discriminação de gênero em seu próprio departamento na universidade e que também vislumbrou um futuro diferente tanto para suas alunas do departamento de inglês da Universidade de Columbia, quanto para sua progênie literária. Aqui está a descrição de Heilbrun de sua heroína detetive, tomada de empréstimo, de certa forma, do livro de Joseph Campbell, mas com papéis de gênero invertidos:

> Sem filhos, solteira, sem sofrer constrangimentos pela opinião de outros, rica e bonita, a recém-criada Kate Fansler me parece agora uma figura da "terra do nunca". Que ela pareça menos uma figura de fantasia hoje em dia – quando ela é criticada principalmente por beber e fumar demais, e por ter se casado – revela mais sobre os costumes em mudança, e meus talentos como profeta, do

---

[81] Shaw e Vanacker. *Reflecting on Miss Marple*, p. 6.

que sobre minhas intenções na época. Eu queria dar-lhe tudo e ver o que ela poderia fazer com isso. Claro, ela empreendeu em uma busca (a trama masculina), ela se tornou um cavaleiro (o papel masculino) e resgatou uma princesa (masculina).[82]

Com o surgimento do romance policial feminino também vieram à tona situações de crise que não tinham feito parte do tecido tradicional da narrativa policial que retratava, em grande parte, os homens. Desemprego, pobreza e violência doméstica, temas quase sempre evitados pelo escritor masculino de histórias de detetive, tornaram-se o foco, como é o caso da personagem Cordelia Gray, no livro da escritora P. D. James, *Trabalho Impróprio para uma Mulher* (*An Unsuitable Job for a Woman*, 1972), e Francie em *Uma Árvore Cresce no Brooklyn* (*A Tree Grows in Brooklyn*). Cordelia é uma "detetive particular solitária, corajosa e desprivilegiada", que herda uma "agência de detetives sem sucesso e decadente", após o suicídio de seu proprietário.[83] Mais preocupadas em cultivar uma amizade do que em encontrar um companheiro, essas mulheres detetives veem o romance como uma ameaça à sua independência duramente conquistada e, muitas vezes, são mais apaixonadas por seguir uma pista do que por iniciar um romance. A busca pela justiça toma um novo rumo, com foco em "consertar as coisas" e restaurar reputações.

Em uma linha semelhante, desenvolve-se a série Blanche White, de Barbara Neely, na qual Blanche assume "projetos emancipatórios" que tradicionalmente não correspondem aos interesses de detetives na ficção do crime, marcando uma segunda mudança radical nas histórias de detetives mulheres.[84] Como uma mulher negra, Blanche faz o que

---

[82] Heilbrun. *Writing a Woman's Life*, p. 115.
[83] P. D. James. "Introduction". In: *The Omnibus P. D. James*. Londres: Faber and Faber, 1990, p. viii.
[84] Maureen T. Reddy. "Women Detectives". In: *The Cambridge Companion to Crime Fiction*. Martin Priestman (org.). Cambridge: Cambridge University Press, 2003, p. 204.

Miss Marple faz tão bem: escondendo-se à vista de todos, posiciona-se no local perfeito para reunir pistas e informações. Trabalhadora doméstica, ela permanece, por sua cor e seu *status* social, duplamente invisível para seus empregadores e para aqueles ao seu redor. Para garantir que ninguém em sua órbita suspeite de nada, ela também se faz de burra: "Inserir uma ação tola era algo que muitos negros consideravam inaceitável, mas ela, às vezes, encontrava ali um lugar útil para se camuflar. Ela também teve muito prazer em enganar as pessoas que presumiam ser mais espertas do que ela em virtude de sua aparência e de sua maneira de ganhar a vida".[85]

"Garota da Noite". "Borrão de tinta". "Tar Baby". Esses são os apelidos que os primos de Blanche usam para provocá-la sobre a cor de sua pele (ela é apenas um pouco mais escura do que eles). O que antes era humilhante se torna uma fonte de poder para Blanche, que se transforma na Garota da Noite, "saindo de casa tarde da noite, vagando pelo bairro sem ser vista". De repente, ela se torna "especial", "maravilhosa" e "poderosa", capaz de reunir conhecimento de forma que os outros pensam que é dotada de uma segunda visão. Usar um manto de invisibilidade atribui poder a Blanche, bem como sua paciência e suas habilidades de escuta. Ela sabe que os contadores de histórias não podem ser apressados: "Seu ritmo, os silêncios entre suas palavras e sua entonação foram tão importantes para a narração do conto quanto as palavras que eles disseram".

Se Blanche é tão curiosa e atenta quanto suas colegas brancas do romance de detetive, ela enfrenta desafios desconhecidos para personagens como Kate Fansler ou mesmo Cordelia Gray. Para ela, raça é um fato fundamental da vida e que a coloca em desacordo com os representantes da lei (*Blanche on the Lam* começa com uma fuga da prisão), acrescentando responsabilidades sociais desconhecidas para os tipos solitários e

---

[85] Barbara Neely. *Blanche on the Lam*. Leawood, KS: Brash Books, 1992, pp. 15, 61, 83.

isolados que compõem as fileiras dos investigadores e detetives particulares (Blanche ajuda a cuidar dos dois filhos de sua irmã já falecida). Isso agrega um senso de obrigação à comunidade à qual ela pertence. No final, ela se recusa a aceitar o "dinheiro de suborno", ou "pagamento por agravo", que poderiam lhe permitir viver confortavelmente, preferindo que seja feita justiça, preservando a sagrada memória de Nate, vítima do assassino louco que Blanche enfrenta.

Mulher-Maravilha

As detetives parecem ser uma categoria à parte. Por natureza reclusas, elas com frequência vivem sozinhas e, embora investiguem os assassinatos dos ricos e famosos, elas mesmas são, quase sempre, pertencentes a um baixo *status* social. Nessa paisagem, destaca-se uma figura que se tornou uma celebridade instantânea, glamorosa, enigmática e dotada de atributos que a tornaram nada mais, nada menos, do que um super-heroína. Ela também é uma profissional que resolve crimes (além de ser tímida, ter um lado oculto, um disfarce que a liga à verdade da solteirona e às solteironas felizes de Alcott), mas ela usa muito mais do que sua perspicácia para manobrar aqueles que se posicionam do lado errado da lei.

Mulher-Maravilha! Quem poderia imaginar que a cultura dos EUA dos anos 1940 produziria um gênio obstinado com a audácia de sonhar com uma mulher que pudesse realizar "façanhas sensacionais" em um "mundo em rápida transformação". A primeira edição de *Mulher-Maravilha* começa com uma imagem de Diana correndo pelos ares, usando botas com saltos agulha e vestindo uma saia azul adornada com estrelas brancas e, por cima, um corpete vermelho decorado com uma águia dourada. "Finalmente", lemos, "em um mundo corrompido pelo ódio e pelas guerras dos homens, surge uma *mulher* para quem os problemas e proezas masculinas são mera brincadeira de criança".[86] Essa imagem e essas palavras capturam com perfeição as fantasias de William Moulton Marston sobre o poder feminino de proteger e salvar.

O dr. William Moulton Marston, advogado, psicólogo, roteirista e inventor, foi provavelmente a única pessoa – com certeza um dos poucos homens – cuja imaginação e criatividade lhe permitiriam idealizar a Mulher-Maravilha. Sua política radical, a excentricidade de suas crenças e arranjos maritais pouco ortodoxos fizeram dele uma espécie de anomalia e uma maravilha de seu próprio tempo. Membro da turma de 1915 da Harvard University, Marston obteve dois diplomas adicionais – um em direito e outro em filosofia – e, portando essa titulação, ele sonhou com uma nova mitologia, improvavelmente feminina, centrada numa época em que os Estados Unidos se preparava para entrar em uma guerra mundial mortal, travada principalmente por homens, e que levou à perda de 75 milhões de vidas. No fronte doméstico, as mulheres foram atraídas como força de trabalho em um número sem precedentes, assumindo papéis vitais, embora não tão obviamente heroicos (no sentido convencional do termo) como os desempenhados pelos soldados que cruzavam os mares rumo ao continente europeu.

Marston foi um intelectual iconoclasta bem à frente de seu tempo em muitos aspectos. Em *As Emoções de Pessoas Normais* (*Emotions of Normal People*), publicada em 1928, mais de uma década antes que os Estados Unidos entrassem na Segunda Guerra Mundial, começaram como um trabalho de teorização psicológica, passando, porém, para o modo de um manifesto político declarando que as mulheres logo dominariam os homens e lhes ensinariam que "o amor (amor real, não 'apetite sexual') constitui [...] o fim último de toda atividade". Recrutar "Líderes do Amor" para reeducar os homens revolucionaria o mundo e criaria uma ordem social mais compassiva, na qual os modos masculinos de

---

[86] William Moulton Marston. *The Golden Age of Wonder Woman*, vol. 1, 1941. Burbank, CA: DC Comics, 2017, p. 7.

violência, agressão e força não mais dominariam. A respeito da liderança feminina, Marston declarou mais tarde: "Espero sinceramente que algum dia as mulheres exijam e criem escolas e universidades de amor".[87] Menos de uma década depois, em 1937, quatro anos antes do envolvimento dos Estados Unidos nas hostilidades da Guerra, Marston falou no Harvard Club de Nova York para declarar que em questão de mil anos as mulheres governariam o país, tanto política como economicamente. Citando Marston, o *Washington Post* escreveu que "as mulheres têm o dobro do desenvolvimento emocional [...] que o homem. E considerando que elas desenvolvem uma enorme capacidade para o sucesso do mundo, bem como o fato de já possuírem a capacidade de amar, elas claramente regularão os negócios e governarão a Nação e o mundo".[88]

Após uma série de empreendimentos fracassados e trabalho em posições acadêmicas como adjunto, Marston finalmente se lançou ao projeto de usar uma história em quadrinhos para promover a ideia de que a "masculinidade ensanguentada" dos super-heróis da DC Comics deveria dar lugar a uma heroína que combina a "força, energia e poder" do Super-Homem ou do Batman com as capacidades femininas do amor, ternura e generosidade. E, como mágica, nasceu a Mulher-Maravilha, agente de paz e justiça, materializando-se no momento propício, justo antes do ataque japonês a Pearl Harbor: "Ela surge de repente para vingar uma injustiça ou um grande erro! Tão adorável como Afrodite, tão sábia quanto Atena, com a velocidade de Mercúrio e a força de Hércules – ela é conhecida apenas como *Mulher-Maravilha*; porém, quem ela é ou de onde veio, isso ninguém sabe!".[89]

---

[87] William Moulton Marston. *Try Living!* Nova York: Thomas Y. Crowell, 1937, p. 128.
[88] "Neglected Amazons to Rule Men in 1,000 Years, Says Psychologist". *In*: *Washington Post*, 11 nov. 1937.
[89] Jill Lepore. *The Secret History of Wonder Woman*. Nova York: Knopf, 2014, p. 200.

Marston inventou uma mitologia própria, construindo uma história para a Mulher-Maravilha que se inicia num mundo utópico, chamado Ilha Paraíso. "Introduzindo a Mulher-Maravilha" é o título da narrativa de nove páginas que surgiu no outono de 1941.[90] Com alguns traços rápidos e balões com palavras concisas, os leitores conheceram a cultura na qual a Princesa Diana cresceu e evoluiu para se tornar a Mulher-Maravilha. "Na civilização das Amazonas", explica Hipólita à sua filha, Diana, "as mulheres governavam e tudo estava bem. Contudo, um dia, Hércules, o homem mais forte do mundo, aborrecido pelos comentários maldosos de que ele não conseguiria conquistar as amazonas, selecionou seus guerreiros mais fortes e ferozes e desembarcou em nossas costas. Eu o desafiei para um combate pessoal – porque eu sabia que com meu cinto mágico, dado por Afrodite, deusa do amor, eu não poderia perder". É mais do que estranho pensar que é um *cinto* mágico o elemento que propicia a Hipólita a força para derrotar Hércules. Lembro-me de quando eu era criança, ao ler os quadrinhos da Mulher-Maravilha, refletia muito sobre a ideia de essa super-heroína vestir uma peça de roupa tão apertada. Na verdade, ou melhor, nas fontes gregas, Hipólita usa o que os gregos chamavam de *zōstēr*, ou cinto de guerra.[91] Hipólita derrota Hércules, no entanto, após ser enganada por ele, cabe a Afrodite oferecer ajuda, guiando as amazonas para um novo lar, a Ilha Paraíso.

Na terra das Amazonas, as mulheres se isolam do mundo dos homens, governam a si mesmas, e "tudo fica bem", sob a benevolente orientação de Afrodite. Por outro lado, em oposição, no mundo dos homens, Ares torna-se o deus patrono e seus súditos "governam com a espada". Em outras palavras, temos uma situação que reflete a divisão interna, nos Estados Unidos, entre os isolacionistas, de um lado, exigindo

---

[90] Todas as citações são de: Marston, *The Golden Age of Wonder Woman*, pp. 10, 14.
[91] Natalie Haynes. *Pandora's Jar: Women in the Greek Myths*. Londres: Picador, 2020, p. 118.

que o país evite qualquer envolvimento no conflito estrangeiro e permaneça fora da guerra, e os intervencionistas, que estão a favor ao apoio militar aos aliados europeus. O que se desdobra no trabalho de Marston é um apelo apaixonado em prol da intervenção, inclusive daqueles que são fortes defensores da paz.

O capitão Steve Trevor, um oficial do Exército dos EUA, sofreu um acidente em seu avião nas costas da Ilha Paraíso. Afrodite solicita que as Amazonas levem o capitão Trevor de volta à sua pátria para que ele e seus novos aliados possam "ajudar a combater as forças do ódio e da opressão". Atena entra, então, com um chamado para enviar a "mais forte e mais sábia Amazona – a melhor de suas mulheres-maravilhas!". Assim, a filha de Hipólita, a princesa Diana, é enviada à América para preservar "a soberania e a liberdade" da América, considerada "a última cidadela da democracia e da igualdade de direitos para as mulheres". Para variar, é a Mulher-Maravilha e não o Super-Homem quem chega para salvar o dia.

Quando a princesa Diana aterrissa seu avião invisível nos Estados Unidos, ela conduz o capitão Trevor a um hospital do exército, reunindo-se com ele na sede da inteligência militar dos EUA. Lá ela se disfarça, assumindo a identidade de Diana Prince (entenderam?), uma secretária de óculos e cabelos puxados para trás, com um coque, muito formal e cheia de cerimônia, e como uma profissional respeitável, toma notas do que é ditado (quase se entregando quando, instintivamente, ela usa o alfabeto grego). Transformando-se em uma versão caricata do *trickster* feminino, uma trapaceira, a Mulher-Maravilha se dedica a trazer justiça para o mundo. Parte de seu plano estratégico é usar um pseudônimo e adotar uma profissão que exige que ela seja ligada ao ato da escrita, mesmo que seja apenas sob a forma de transcrição. Além de lutar contra bandidos e se envolver em perseguições de automóveis em alta velocidade, ela também é uma enfermeira compassiva e, é claro, uma secretária eficiente ("Diana datilografa com a velocidade de um raio!"). Ela faz tudo isso e, notavelmente, também desfaz estereótipos

Mulher-Maravilha (Wonder Woman, 2017). Cortesia de Photofest.

de gênero de modos inimagináveis para seu tempo e que ainda hoje são difíceis de processar.

A Mulher-Maravilha combate o mal e a injustiça em todos os níveis, organizando greves, boicotando produtos e liderando comícios políticos. Ela acaba com os excessos de especulação por parte de uma corporação que negocia com leite e que vem elevando o preço de seu produto de forma exagerada, fazendo com que as crianças americanas passassem fome. Ela se torna uma ativista trabalhista que luta para dobrar os salários dos funcionários mal remunerados nas lojas de departamento Bullfinch's. "Brilho explosivo!", declara Trevor Jones em determinado momento. "Por que aquela linda garota sempre chamará problemas? Se ela apenas tivesse se casado *comigo*, ela estaria em casa agora mesmo cozinhando meu jantar."

Em 1942, Marston escreveu – embora de uma forma que hoje soe um tanto estranha, mas que ainda apresente uma força real – sobre a importância de proporcionar às mulheres oportunidades de "autoexpressão em algum campo construtivo: trabalhar, não em casa, no forno e fogão, e com uma escova de limpeza, mas fora, de modo independente, no mundo dos homens e dos negócios".[92] O fato de que as duas mulheres que Marston amava (com uma das quais se casou) eram sufragistas explica muito sobre as origens da Mulher-Maravilha. Sua esposa, Sadie Elizabeth Holloway, e sua "amante", Olive Byrne (uma sobrinha de Margaret Sanger, uma das pioneiras do movimento feminino), defendiam o controle da natalidade e eram feministas muito antes do feminismo se tornar um palavrão nos anos 1970. O próprio Marston pertencia aos "*sufs*" (sufragistas) da Harvard University. É mais do que provável que ele tenha assistido a interessantes palestras em Harvard ministradas por Florence Kelley, a reformadora social e política que lutou contra os chamados *sweatshops*[93] e por um salário mínimo com jornada de trabalho de oito horas, e por Emmeline Pankhurst, a líder do movimento sufragista no Reino Unido, que ajudou a conquistar o direito de voto das mulheres.

A franquia *Wonder Woman* foi para Marston uma maneira brilhante de aproveitar a autoridade cultural da "vitamina mental mais popular da América" (os quadrinhos) para divulgar suas teorias sobre o poder não só do amor, mas também da justiça. De fato, o amor pela justiça – e a punição das injustiças e a correção de erros – é o que faz da

---

[92] William Moulton Marston. "Women: Servants for Civilization". *In*: *Tomorrow*, fev. 1942, pp. 42-5.

[93] "*Sweatshop*" é um termo pejorativo que se refere a um local de trabalho que oferece condições precárias, impróprias ou de extrema exploração da mão de obra, incluindo violação de leis trabalhistas, como pagamento abaixo do salário mínimo e excesso de horas extras, por exemplo. (N. da T.)

Mulher-Maravilha uma força tão poderosa no panteão dos super-heróis. A Mulher-Maravilha, como nos diz Jill Lepore, a biógrafa de Marston, é a super-heroína mais popular de todas, tendo superado inclusive muitos de seus congêneres masculinos. "Ela tinha pulseiras de ouro; ela podia deter balas. Ela tinha um laço mágico; qualquer um que ela amarrasse com esse laço tinha de dizer verdade. [...] Suas divindades eram femininas, assim como suas maldições. 'Grande Hera!', ela clamava. 'Por Safo, a sofredora!', invocou. A Mulher-Maravilha deveria ser a mulher mais forte, mais inteligente e a mais corajosa que o mundo já tinha visto".[94]

Os super-heróis dos quadrinhos operam em um meio que funciona como o folclore, ao tomar o pulso de uma cultura e explorar suas fantasias e medos inconscientes. Com energia de turbilhão e paixão operativa, eles encenam confrontos entre o bem e o mal, heróis e vilões, e entre virtuosos e corruptos. Cabe aos super-heróis resgatar, curar, restaurar e corrigir as coisas. Raramente as crianças têm a oportunidade de ter acesso a aventuras e grandes dramas, porém os quadrinhos podem proporcionar todos esses prazeres e emoções que lhe são negados, junto com o que os psicólogos, que observam o valor da leitura do gênero, descrevem como liberação catártica, um escape seguro para paixões que, de outra forma, poderiam correr desenfreadas.[95]

Contudo, alguns expuseram suas discordâncias. Em 8 de maio de 1940, Sterling North, o editor literário do *Chicago Daily News*, denunciou as "séries de horror sexual" (ele utilizava essa expressão para se referir aos quadrinhos) como uma "desgraça nacional" e lamentou seus efeitos tóxicos sobre a geração seguinte, tornando-a "ainda mais feroz" do que a atual. Em 1955, após o Congresso dos Estados Unidos ter realizado três dias de audiências para avaliar se os quadrinhos estavam contribuindo

---

[94] Lepore. *The Secret History of Wonder Woman*, p. xi.
[95] Kurt F. Mitchell *et al. American Comic Book Chronicles: 1940-1944*. Raleigh, NC: Two Morrows, 2019, p. 77.

para elevar ainda mais as taxas de crimes violentos praticados na adolescência, um relatório provisório sobre quadrinhos e delinquência juvenil expressou preocupações sobre como esse meio oferece "cursos rápidos de assassinato, caos, roubo, estupro, canibalismo, carnificina, necrofilia, sexo, sadismo, masoquismo e praticamente todas as outras formas de crime, degeneração, bestialidade e horror".[96]

A revista *The New Republic* expôs sua preocupação a respeito: "o Super-Homem, bonito como Apolo, forte como Hércules, cavalheiresco como Launcelot, rápido como Hermes, encarna todos os atributos tradicionais de um Deus Heroico, um deus que foi abraçado pela Alemanha nazista". "Será que os Quadrinhos são Fascistas?", comenta com inquietação a revista *Time*.[97] Marston, ao criar uma super-heroína, esquivou-se habilmente de qualquer acusação de comprar ideologias nazistas concernentes ao conceito de super-homem, o *Übermensch*.[98]

O conselho consultivo da *DC* (*Detective Comics*) e da *AA* (*All American*) *Comics* respondeu rapidamente ao crescente pânico moral referente aos super-heróis, enviando instruções sobre como escritores e artistas poderiam expurgar seus textos. Eles produziram uma longa lista de verificação "do que não deve ser feito" entre eles: "Nunca devemos mostrar um caixão, muito menos com um cadáver dentro dele"; "Nada de sangue ou punhais ensanguentados"; "Sem esqueletos ou caveiras"; "Não devemos cozinhar ninguém vivo"; "Nenhum personagem pode dizer 'Que... é essa?'"; "Não devemos cortar membros de personagens".

---

[96] Comissão de Justiça. "Comic Books and Juvenile Delinquency". *In*: *H. R. Report* nº 62 (1955). Disponível em: https://web.archive.org/web/20091027160127/ http://www.geocities.com/Athens/8580/kefauver.html.

[97] Lepore. *The Secret History of Wonder Woman*, p. 184.

[98] *Übermensch* é um conceito proposto por Friedrich Nietzsche, em geral traduzido para o inglês como *Superman* e para o português como Super-Homem. Porém, "*Über*" significa "sobre; além", e "*Mensch*", em alemão, significa "ser humano", o que constitui um termo neutro, sem relação direta com o sexo masculino. (N. da T.)

William Marston adotou uma abordagem mais positiva. Ele argumentou que o Super-Homem e a Mulher-Maravilha nada mais fizeram do que perseguir as duas maiores aspirações dos Estados Unidos: "desenvolver um poder nacional imbatível, e usar esse grande poder, quando o tivermos, para proteger pessoas inocentes e amantes da paz contra o mal destrutivo e impiedoso".[99] Em muitos aspectos, a Mulher-Maravilha foi sua contribuição furtiva ao esforço de guerra.

Com as vendas muito além das expectativas, a editora decidiu reforçar ainda mais a base de leitores de quadrinhos com dois questionários: o primeiro listando seis super-heróis e perguntando qual deles deveria ser um membro da Liga da Justiça: a Mulher-Maravilha, o Mr. Terrific (Senhor Incrível), o Little Boy Blue, o Wildcat (Pantera), o Gay Ghost (mais tarde rebatizado de Grim Ghost), ou o Black Pirate? A Mulher-Maravilha venceu essa pesquisa de 1942, e ela também venceu em uma segunda pesquisa que perguntava: "Deve ser permitido à Mulher-Maravilha, mesmo sendo mulher, tornar-se membro da Liga da Justiça?". O editor ficou surpreso ao descobrir o entusiasmo pelo que ele chamou de "a intromissão de uma mulher no que era um domínio estritamente masculino".[100] Quem se surpreenderá quando a Mulher-Maravilha, que luta pela democracia, justiça e igualdade e que pode realizar proezas sobre-humanas, for nomeada secretária da Liga? Gravando palavras *e* executando ações (para variar) – Louvada seja Afrodite! – assim, ela duplica os deveres a que está vinculada.

---

[99] Olive Richard. "Don't Laugh at the Comics". *In*: *Family Circle*, 25 out. 1940, pp. 10-1.

[100] Lepore. *The Secret History of Wonder Woman*, p. 209.

CAPÍTULO 6

O SENTIMENTO DE DUPLO DEVER

Tricksters e Outras Garotas em Chamas

"Se os homens veem o elemento da trapaça nas mulheres, eles se limitam a vê-la como uma feiticeira conivente, a sedutora astuta."
Marilyn Jurich, *Scheherazade's Sisters*

"Você abriu a caixa de Pandora!" "Agora eu sou Pandora? O que eles fizeram a ela? Acorrentam-na a uma pedra?" "Esse foi Prometeu."
– Elizabeth e Hank na série *Madam Secretary*

Novas mitologias

Joseph Campbell se preocupou com o desaparecimento dos deuses, com a perda dos espaços sagrados e com a redução dos sistemas de crença na era moderna. "A antiga religião pertence a outra época, a outro povo, a outro conjunto de valores humanos, a outro universo", lamentou ele em conversa com Bill Moyers.[1] Não podemos mais contar

---

[1] Joseph Campbell e Bill Moyers. *The Power of Myth*. Nova York: Doubleday, 1988, p. 16.

com a sabedoria bíblica, pois ela é datada, pertencente ao século I a.C. E não podemos mais retroceder, insistiu ele. Ele também se preocupou com o risco de que a próxima geração se voltasse para seu interior, buscando um significado transcendente em drogas psicodélicas, narcóticos e outras substâncias controladas. Como manter o mito vivo e relevante, numa época em que Campbell considerava de secularização e desencantamento? Para ele, os novos salvadores iriam emergir do mundo da arte. Campbell acreditava que contadores de histórias, cineastas, poetas e artistas poderiam revigorar o universo mitológico e trazer sentido e substância de volta à vida comum, criando locais ontologicamente ricos que serviriam como substitutos para crenças religiosas fundamentais.

Mas não poderia ser qualquer artista que o faria. "Há uma velha ideia romântica em alemão, *das Volk dichtet* [as pessoas escrevem]", observou Campbell. Essa frase implica que "ideias e poesia" emergem de baixo para cima, advindo do povo comum. Campbell negou de forma veemente esse dito particular, insistindo que novas mitologias emergem de "uma experiência de elite". O artista dotado, o gênio singular, pode interagir com o povo, "mas o primeiro impulso na formação de uma tradição popular vem de cima, não de baixo".[2] Quando se tratava dos espaços sagrados do mito, Campbell estava a favor de garantir que os sumos sacerdotes da cultura permanecessem no poder.

O desprezo de Campbell pelo "povo" se estendeu à cultura popular em geral, bem como a qualquer coisa que pertencesse à cultura da infância. Ele descartou os contos de fadas, por exemplo, como sendo puro entretenimento, sem o peso do mito. Por essa razão, ele também permaneceu alheio a muito do que estava no próprio ar que respirava. Como ele poderia, portanto, ter sentido falta da Mulher-Maravilha, que surgiu durante o período da Guerra, justamente quando ele estava começando a trabalhar no livro *O Herói de Mil Faces*? Estava bem

---

[2] Campbell e Moyers. *The Power of Myth*, p. 85.

debaixo de seu nariz, ao seu redor e deve ter sido parte da bagagem cultural que as jovens mulheres carregavam consigo para as aulas que ele dava no Sarah Lawrence College. Com certeza, a *Mulher-Maravilha* era em muitos aspectos uma anomalia, uma história em quadrinhos *sui generis*, pela qual os adultos só se interessavam na medida em que era considerada uma má influência para as crianças que eles criavam. Na época, os "quadrinhos" – hoje elevados através do termo "*grafic novel*" – pertenciam ao domínio do puro entretenimento em vez de estarem ligados aos sérios negócios que envolvem o mito e a religião.

Quando se tratava de filmes, no entanto, Campbell estava disposto a permitir um pouco de espaço de manobra. "Há algo mágico nos filmes", disse ele, e os atores de cinema podem se transformar em heróis "reais", pois eles têm uma presença dupla, tanto na tela brilhante como em carne e osso (Campbell estava, é claro, escrevendo muito antes da era dos dispositivos e seus conteúdos através do *streaming*). Quando indagado se John Wayne havia se tornado uma figura mítica, ele afirmou que o ator, que era um modelo para seus fãs, havia se deslocado para "a esfera do ser mitologizado". Shane,[3] Rambo e Douglas Fairbanks foram outros nomes que surgiram durante a conversa com Bill Moyers, e Campbell revelou-se ansioso para afirmar que os três transcendiam o *status* de celebridade, com características que podem ser encontradas nas mil faces dos heróis. Eles são "educadores para a vida".[4]

O que estava nas telas de cinema nos anos 1940, quando Campbell escrevia *O Herói de Mil Faces*? *A Grande Ilusão* (*All the King's Men*, 1949) foi um filme que traçava a vida política de Willie Stark, um governador populista do "Sul Profundo", que conquistou o prêmio de melhor filme de 1949, ano em que o livro de Campbell foi publicado. No ano anterior,

---

[3] Shane (vivido pelo ator Alan Ladd) é o protagonista que dá nome ao filme *Shane* (Paramount, 1953), e que ficou conhecido no Brasil como *Os Brutos Também Amam*, um clássico do faroeste norte-americano. (N. da T.)

[4] Campbell e Moyers, pp. 15-6.

foi a vez de *Hamlet*, estrelado por Laurence Olivier. Antes, podemos citar: *A Luz é para Todos* (*Gentleman's Agreement*, 1947), sobre um jornalista assumindo uma identidade judaica; *Os Melhores Anos de Nossas Vidas* (*The Best Years of Our Lives*, 1946), sobre veteranos retornando à vida civil; e *Farrapo Humano* (*The Lost Weekend*, 1945), sobre um escritor alcoólatra. No início dos anos 1940, venceram *Casablanca* (1942), com seu casal romântico condenado e homens como combatentes heroicos da Resistência, e *Rebecca* (1940) e o indicado *À Meia-Luz* (*Gaslight*, 1944), com seus maridos homicidas e mulheres aterrorizadas. *Rosa da Esperança* (*Mrs. Miniver*, 1942) e *Madame Curie* (1943) nos oferecem heroínas cinematográficas, mas elas são exceções em uma sessão com quase sessenta fotos de títulos indicados, que incluem *Cidadão Kane* (*Citizen Kane*, 1941), *Relíquia Macabra* (*The Maltese Falcon*, 1941), *O Preço da Glória* (*Battleground*, 1949), e outros dramas de homens sitiados.

Como os Prêmios da Academia de 2020 se apresentam se comparados aos da década de 1940? À primeira vista, pouco mudou, com filmes como *O Irlandês* (*The Irishman*), de Martin Scorsese; *Coringa* (*Joker*), de Todd Phillips; *Dois Papas* (*The Two Popes*), de Fernando Meirelles; e *Dor e Glória* (*Dolor y Gloria*), de Pedro Almodóvar disputando a categoria de Melhor Filme. Porém, Greta Gerwig e seu *Adoráveis Mulheres* (*Little Women*), e Noah Baumbach e *História de um Casamento* (*Marriage Story*) foram esmagados entre o drama de guerra de *1917* e *Era uma Vez em Hollywood* (*Once upon a Time in Hollywood*), de Quentin Tarantino, apontando, talvez, que a paisagem assume uma tonalidade diferente. O Prêmio da Academia revela-se um indicador de atraso ou, quem sabe, a Academia seja apenas uma instituição profundamente conservadora e ainda despreparada para indicar filmes de diretoras e protagonistas femininas.

Hoje, há uma série de heroínas na tela – instáveis, de fala rápida, gênero fluido, inteligentes, vigorosas, fumantes inveteradas e impetuosas – e, ao que parece, elas vieram para ficar. Num espectro que nos leva de cruzados enlouquecidos, passando por vingadoras obtinadas, até as mulheres guerreiras, elas lutam batalhas, primeiro com palavras, mas também com armas. Previsivelmente, Hollywood também nos dá uma perversão da heroína que levou tanto tempo para emergir, com fantasiada, roteirizada e dirigida principalmente por homens, que mostram mulheres vestidas para matar em vez de mulheres que empreendem uma cruzada em prol de uma causa.

Tricksters, masculinos e femininos

Em todas as culturas, o culto ao herói vem facilmente, e hoje continuamos a idolatrar heróis e heroínas, negligenciando seus parceiros igualmente admiráveis no combate aos vilões. Estas são as figuras míticas conhecidas como *"tricksters"* ou trapaceiros – anti-heróis, forasteiros, desajustados, intrusos e, sim, perdedores –, inteligentes, interesseiros, amorais e determinados a sobreviver em uma cultura de degolação (olá, Sherazade!) em vez de sacrificar-se por uma causa superior (adeus, Jesus). Muitos têm acesso a algum tipo de poder mágico: força sobre-humana, poder de metamorfose ou o conjuro através de feitiços. Oportunistas e furtivos, eles mentem, roubam e trapaceiam, recusando-se a jogar pelas regras ou a se tornar parte de um sistema corrupto cheio de contradições que fazem coisas como transformar hipercapitalistas predadores em filantropos de bom coração. Subvertendo o sistema, derrubando a autoridade e revitalizando sua cultura, esses malfeitores paradoxalmente emergem como heróis dentro de uma cultura, são os vencedores dos marginalizados e oprimidos. Eles são os agentes da renovação e da mudança.

"Todos os personagens discutidos são geralmente homens", afirma Lewis Hyde em *Trickster Makes This World*, seu estudo magistral sobre os feitos culturais dos trapaceiros, publicado originalmente em 1998. Quem deixará de ouvir um eco distante da voz de Joseph Campbell dizendo a seus leitores que não há modelos no universo mitológico para as missões femininas? As estrelas no firmamento dos *tricksters* vão desde o grego Hermes e o nórdico Loki, até o coiote nativo americano e a lebre africana. As mulheres *tricksters* existem, admite Hyde, mas, quando criam problemas, suas travessuras subversivas e táticas disruptivas ficam aquém de uma "elaborada carreira de engodos" que marca a vida daqueles heróis culturais que conhecemos pelo nome de *trickster*.[5]

Pode haver boas razões para a ausência de *tricksters* no que Hyde descreve apropriadamente como a imaginação mitológica patriarcal. O *trickster* do sexo masculino nunca está em casa, sentado ao pé da lareira, planejando missões impossíveis e sonhando com um resgate. Movido pela fome e pelo apetite, ele está sempre na estrada, em movimento e mutável de modo inimaginável para as mulheres na maioria das culturas. Como trapaceiro e viajante, o *trickster* é hábil em encontrar modos de satisfazer seus múltiplos apetites – principalmente quanto à comida e ao sexo, mas também às satisfações espirituais. Ele é até mesmo capaz de procriar, como revela o *trickster* Winnebago chamado *Wakdjunkaga*, ao se transformar em mulher para casar com o filho de um chefe e ter três filhos. Porém, assim como Hermes (que às vezes é retratado como hermafrodita), esse *trickster* permanece resolutamente masculino e macho, com nada além do que a capacidade mágica de se transformar em mulher.[6]

É bem possível que os *tricksters* sejam *do sexo masculino* por sua própria natureza, como construtos patriarcais e fortes, digamos, dentro da tradição de Anansi ou Hermes, concebidos para definir os vícios, os apetites e os desejos dos homens viris (Hermes é, naturalmente, menos

---

[5] Lewis Hyde, *Trickster Makes This World: Mischief, Myth, and Art*. Nova York: North Point Press, 1998, p. 8. Hyde também reconhece que a ausência de trapaceiras do sexo feminino pode ser atribuída às mitologias e religiões predominantemente patriarcais em sua esfera de ação.

[6] Paul Radin, *The Trickster: A Study in American Indian Mythology*. Nova York: Schocken, 1987, p. 138. Deldon Anne McNeely estuda o interessante caso do *trickster* como um "arquétipo andrógino, a ser pensado como masculino". Ver: *Mercury Rising: Women, Evil, and the Trickster Gods*. Woodstock, CT: Spring Publications, 1996, p. 9.

viciado em sexo, uma vez que a maioria das mulheres no universo mitológico grego foi destinada a Zeus). Como produto de sistemas mitológicos construídos por bardos, poetas, sacerdotes e filósofos masculinos, os poderes do *trickster* podem ter sido simplesmente reservados para os agentes masculinos.[7] Mas quem pode dizer que a *trickster* nunca realizou suas próprias operações clandestinas, agindo de forma furtiva e cobrindo seus rastros para garantir que seus poderes permanecessem despercebidos?

Poucos no passado teriam descrito Penélope, um potente símbolo de fidelidade, como uma "trapaceira", entretanto, Margaret Atwood a interpretou de forma diferente, como uma agente que conhece o poder. Talvez a trapaceira tenha jogado seu próprio jogo de sobrevivência e aguentou tudo simplesmente permanecendo invisível e confundindo a abordagem tradicional adotada quando tentamos dar sentido a nossas histórias culturais. E agora, em culturas que permitem às mulheres formas de mobilidade e agência subversiva desconhecidas em épocas passadas (mas ainda hoje indisponíveis em muitas regiões do mundo), ela pode se juntar às homólogas femininas pós-modernas mais visíveis, trazidas até nós por cortesia da Fábrica de Sonhos de Hollywood, onde fantasias sobre poder e brincadeiras correm à solta. É hora de rastrear as operações secretas de um conjunto de mulheres *tricksters* – meninas que enlouqueceram de modo a desafiar estereótipos culturais. Elas podem não ter carreiras "totalmente elaboradas", mas ainda assim nos lembram de que existe uma versão feminina do mítico *trickster* masculino, uma com seu próprio conjunto de características definidoras.

Mas primeiro segue aqui uma advertência importante. E, se algumas dessas *tricksters* femininas forem uma invenção de fantasias defensivas,

---

[7] Em *The Female Trickster: The Mask That Reveals; Post-Jungian and Postmodern Psychological Perspectives on Women in Contemporary Culture* (Nova York: Routledge, 2014), Ricki Stefanie Tannen afirma que o termo "agência" provém da palavra grega para "potente, convincente e convincente". Agência, sustenta ela, tem um duplo sentido: "movimento como ação e também como ser capaz de agir em nome de outros" (7).

criadas provavelmente como resistência à invasão das mulheres sobre os territórios dominados por homens? Com certeza, é possível argumentar que um filme como *Menina Má.Com* (*Hard Candy*, 2005), de David Slade, seja uma reciclagem de "Chapeuzinho Vermelho", estrelado por uma predadora feminina que persegue seu pedófilo masculino, descobrindo as ansiedades masculinas sobre as mulheres e exigindo vingança por conta de seu histórico de comportamento nocivo. Ou que o filme *Ex Machina* (2014), de Alex Garland, revela quão ameaçadoras podem ser as mulheres quando se tornam profissionais e, de repente, são dotadas de uma inteligência superior, virando-se contra os homens de forma agressiva, não apenas esbofeteando-os ou afastando-os, e sim matando-os. Será que esses diretores, ao lado de suas equipes de roteiristas, produtores, diretores de elenco etc. sentem a pulsação da cultura, refletindo para o público suas fantasias e medos, ou estão lutando com seus próprios demônios pessoais, incorporando-os na tela para assombrar nossa imaginação? A resposta, é claro, varia a cada filme, levando a um debate sem fim exatamente onde um filme vai parar no espectro que nos leva do sintoma cultural para aquilo que é próximo e pessoal.

A visão dos dados da indústria cinematográfica constitui um lembrete para seguir questionando: "Quem está contando a história e por quê". Um estudo de 2016, patrocinado pela Fundação Annenberg, descobriu que aproximadamente dois terços das personagens com falas ou que possuíam nomes nos filmes realizados entre 2007 e 2015 eram homens e apenas um terço era de mulheres. Apenas 32% apresentavam um líder ou colíder feminino. Dos cem filmes de maior bilheteria de 2019, 92,5% dos diretores eram homens e 7,5% mulheres. As mulheres se saíram melhor como escritoras (12%) e como produtoras (22%), mas pior como compositoras (menos de 1%).[8] Em 2019, dos cem

---

[8] Stacy L. Smith, Marc Choueiti e Katherine Pieper. *In*: *Inequality in 800 Popular Films: Examining Portrayals of Gender, Race/Ethnicity, LGBT, and Disability from*

filmes mais importantes, 10,7% foram dirigidos por mulheres. Kathryn Bigelow é a única mulher a ganhar o Oscar de Melhor Diretor (teria sido coincidência que o filme *Guerra ao Terror* ('*The Hurt Locker*), um *thriller* de guerra, conte com um elenco quase todo masculino?).[9] O estudo Annenberg nos dá ainda mais motivos para olharmos de perto os novos arquétipos que surgiram e quem os está construindo. Em muitos aspectos, estamos em uma fase exploratória, pois ainda ninguém escreveu um livro de regras na linha de *O Herói de Mil Faces* para a jornada e a busca da heroína ou considerou como as características dos *tricksters* se inserem na lógica cultural das novas mídias. Como esses novos trapaceiros do cinema representam um desvio das normas anteriores e como eles trazem à tona de maneira óbvia, mas também imperceptível, a compreensão do heroísmo feminino?

Não é difícil identificar os estereótipos femininos nos filmes do século passado. Existe a *femme fatale* como em *Pacto de Sangue* (*Double Indemnity*, 1944) e *Relíquia Macabra* (*The Maltese Falcon*, 1941); a prostituta com um coração de ouro como em *Irma la Douce* e *Uma Linda Mulher* (*Pretty Woman*, 1990); a negra atrevida de *A Sogra* (*Monster-in-Law*, 2005) e *Falando de Amor* (*Waiting to Exhale*, 1995); a aterrorizada última garota sobrevivente, a *"final girl"*, como em *Halloween* (1978) e *O Massacre da Serra Elétrica* (*The Texas Chainsaw Massacre*, 1974), e assim por diante. Monstruosas e sedentas de poder ou marginalizadas e impotentes, essas personagens são mestres da sedução e também do sofrimento. Recordem a declaração de Hitchcock durante as filmagens de *Os Pássaros* (*The Birds*, 1963), quando sua estrela, Tippi Hedren, foi submetida a cruéis ataques diários de aves que, por sua vez, eram protegidas pela

---

2007-2015, relatório da Media, Diversity & Social Change Initiative, University of Southern California/Annenberg, setembro, 2016.

[9] "Facts to Know about Women in Hollywood". *In*: *Statistics, Women and Hollywood*, acesso em: 24 out. 2020.

Sociedade Americana para a Prevenção da Crueldade a Animais (ASPCA – American Society for the Prevention of Cruelty to Animals): "Eu sempre acredito em seguir os conselhos do dramaturgo Sardou, que disse o seguinte: 'Torture as mulheres'". O único problema real, acrescentou ele, era que não torturamos as mulheres o suficiente. O dramaturgo francês Victorien Sardou (1831-1908) colocou essa teoria em prática em sua peça com cinco atos intitulada *La Tosca*, que foi adaptada mais tarde por Puccini para a ópera *Tosca*, de 1900, submetendo a protagonista a suportar mais do que é imaginável. Desde *Os Perigos de Paulina* (*The Perils of Pauline*, 1914), passando por *À Meia-Luz* (*Gaslight*, 1944) até o *Bebê de Rosemary* (*Rosemary's Baby*, 1968), mulheres glamorosas gritaram, se esgoelaram e se amedrontaram de terror enquanto os homens conspiravam para atormentá-las.

Estaremos voando às cegas no século XXI? Será que não existem modelos para a busca da mulher, como afirmou Campbell já no final de sua vida, ao apontar que as mulheres só agora estavam entrando em arenas de ação que antes estavam reservadas apenas aos homens? "Somos os 'ancestrais' de uma era que está por vir", lembrou Campbell. Isso é o que nos torna os inventores de novos modelos míticos que guiarão as gerações vindouras. E ele defendeu a criação desses novos modelos com compaixão, em vez de paixão, de forma a promover o crescimento e a força em vez do poder. Para seu crédito, o que ele queria não era apenas vinho novo em barris antigos, mas um vinho novo e inebriante em odres frescos.[10] A indústria cinematográfica, hoje descentralizada, dispersa e operando em múltiplos locais de produção que vão de Hollywood a Bollywood e além, construiu muitos desses novos modelos (com a ajuda de romances *best-sellers*), e inverteu o curso de maneira surpreendente, criando um novo panteão de heroínas femininas.

---

[10] Joseph Campbell. *Goddesses: Mysteries of the Feminine Divine*. Safron Rossi (org.). Novato, CA: New World Library, 2013, p. xiv.

Cruzadas enlouquecidas

Quando Lisbeth Salander, a garota com a tatuagem de dragão, da trilogia *Millennium*, de Stieg Larsson, encontra um homem que a considera uma presa "maior de idade", logo percebemos exatamente o que diferencia essa *hacker* magricela das heroínas do passado. Não se trata apenas de suas tatuagens, do cabelo preto espetado e de seus coturnos da Doc Marten. Salander convida Advokat Bjurman para o covil de seu quarto e o leva para a cama, "e não o contrário". Seu próximo passo é atirar 75 mil volts através de um *taser* em sua axila e empurrá-lo para baixo da cama com "todas as suas forças". Em uma inversão total do imperativo de Sardou sobre torturar as mulheres, Salander amarra Bjurman e tatua uma série de designações coloridas em seu tronco. Um predador sexual sádico é, então, transformado num instante em sua vítima abjeta. Essa é a mulher que vai resolver os assassinatos brutais de jovens mulheres, cometidos por um *serial killer* em uma cultura corrupta de industriais obscuros, simpatizantes do nazismo e funcionários públicos sexualmente pervertidos.[11]

A trilogia *Millennium*, de Stieg Larsson, nos proporcionou uma das primeiras dentre uma gama de *tricksters* femininas surgidas no século XXI: são mulheres perspicazes, velozes e resolutamente corajosas. "Pequena como um pardal", "selvagem como uma águia", "um animal ferido" – não é por acaso que os críticos da versão de Hollywood da primeira parte da trilogia, *Millennium: Os Homens que Não Amavam as Mulheres*, usaram metáforas de animais para capturar a natureza de Lisbeth. Ela tem o mesmo apetite voraz, aliado aos instintos predatórios, de animais *tricksters:* Coiote, Anansi (uma aranha), Corvo e Coelho. As mulheres *tricksters* são sempre esfomeadas (as dobras bulímicas consistem numa atualização sobre o apetite insaciável da figura mítica)

---

[11] Stieg Larsson. *The Girl with the Dragon Tattoo*. Nova York: Knopf, 2002. Citações extraídas de: pp. 32, 213, 346 e 362, repectivamente.

e também movidas por desejos misteriosos que as tornam atraentemente enigmáticas. Rodeadas por predadores, elas desenvolvem rapidamente habilidades de sobrevivência, cruzando fronteiras, desafiando direitos de propriedade e superando todos aqueles que as veem como presas fáceis. Mas, ao contrário de seus análogos masculinos, elas não são apenas egoístas, e sim engenhosas, cheias de recursos, e determinadas a sobreviver. Elas também estão comprometidas com causas sociais e mudanças políticas, embora possam percorrer o incômodo paradoxo de descobrir que uma cruzada social contra a violência pode gerar mais violência.

Lisbeth, como os fãs da trilogia *Millennium*, de Stieg Larsson, devem reconhecer: é uma mulher que está numa missão. Ao contrário de Sherazade, ela não usa o poder civilizador da história para mudar sua cultura (embora seja possível argumentar que Larsson tenta fazer exatamente isso, ao iniciar seu romance com estatísticas sobre o número de mulheres na Suécia que foram ameaçadas por um homem). Em vez disso, Lisbeth pretende vingar-se dos ferimentos que lhe foram infligidos e de uma irmandade de vítimas femininas. Vale a pena notar que a trilogia de Larsson foi um longo e tardio pedido de desculpas por um segredo obscuro próprio. Aos 15 anos, ele testemunhou o estupro de uma mulher chamada Lisbeth e não interveio, uma experiência que o assombrou, inspirando uma história que terminou com uma retribuição simbólica, vicária e catártica, pelo menos para seu autor.

A falta de humor de Lisbeth e sua quase patológica falta de afeto fazem dela uma candidata improvável ao papel de *trickster*. Contudo, assim como os trapaceiros clássicos masculinos, Lisbeth tem um apetite insaciável para comida, bem como para parceiros sexuais, tanto masculinos quanto femininos. No filme dirigido por David Fincher, ela se empanturra de batatas fritas enquanto se volta para seu *laptop* Mac e fuma sem parar durante a investigação. Seu "alto metabolismo", segundo ela, consegue mantê-la com uma aparência magra. Embora seja descrita como um "fantasma anoréxico" por um dos vilões do romance, ela se empanturra infinitamente com algo como "três grandes sanduíches abertos de pão de centeio com queijo, caviar e um ovo cozido" ou "meia dúzia de sanduíches parrudos, com pão de centeio, queijo e salsicha de fígado e picles de dill". Constantemente preparando café, ela devora uma Billys Pan Pizza[12] como se estivesse comendo sua última refeição. Consumindo "todo tipo de *junk food*", ela pode não apresentar qualquer dismorfia corporal, mas claramente tem algum tipo de distúrbio alimentar.

A gula é citada em grande escala na trilogia *Millennium*, bem como o apetite sexual, com Salander sendo apresentada como o que um crítico descreveu como uma "fantasia da cultura popular – de aparência adolescente, mas sexualmente experiente". Na verdade, as representações de Salander tanto como vítima de estupro como parceira em práticas eróticas sadomasoquistas consensuais são tão explícitas a ponto de despertar a suspeita de criar um espetáculo destinado a brincar com os desejos voyeurísticos dos leitores. "A violência misógina é terrível", observa um crítico maliciosamente; "e aqui há mais um pouco".[13] O mesmo poderia ser dito da exibição gráfica de cadáveres mutilados de mulheres em fotos de cenas de crime que são regularmente inseridas durante as cenas de trabalho investigativo, acrescentando aspectos cinematográficos às imagens de *laptops* abertos, arquivos espalhados e cinzeiros cheios de pontas de cigarro.

---

[12] Billys Pan Pizza é uma marca popular de pizza congelada, vendida em porções individuais. (N. da T.)

[13] As citações são de: Laurie Penny. "Girls, Tattoos and Men Who Hate Women", New Statesman, 5 set. 2010. Anna Westerståhl Stenport e Cecilia Ovesdotter Alm. "Corporations, the Welfare State, and Covert Misogyny in The Girl with the Dragon Tattoo". In: *Men Who Hate Women Who Kick Their Asses: Stieg Larsson's Millennium Trilogy in Feminist Perspective*. Donna King e Carrie Lee Smith (orgs.). Nashville, TN: Vanderbilt University Press, 2012, pp. 157-78. Sobre as questões levantadas, ver Jaime Weida. "The Dragon Tattoo and the Voyeuristic Reader". In: *The Girl with the Dragon Tattoo and Philosophy*. Eric Bronson (org.). Hoboken, NJ: John Wiley, 2012, pp. 28-38.

Ao observarmos sua potência sobre-humana, torna-se evidente que a força física de Lisbeth, seu conhecimento tecnológico e seus apetites variados modelam-se em figuras masculinas. Se ela é ágil e musculosa o suficiente para derrotar os valentões da escola durante a infância, mais tarde, quando adulta, ela bate em bandidos com duas vezes o seu tamanho num combate corpo a corpo. No segundo romance da trilogia, descobrimos que Lisbeth recebeu treinamento de boxeadora, chegando a se tornar uma concorrente séria em competições contra homens. Seja divertindo-se em bares ou fazendo roncar o motor de uma moto, ela imita o comportamento masculino ao longo da versão cinematográfica de *Millennium: Os Homens que Não Amavam as Mulheres*, em vez de moldar uma identidade feminina única. Seu apelo deriva em grande parte da capacidade de servir como um irônico duplo do clássico *trickster* masculino, mascarando, atuando e imitando de modo a

Millennium: Os Homens que Não Amavam as Mulheres
(*The Girl with the Dragon Tattoo*, 2011). Cortesia de Photofest.

proporcionar tanto uma reencenação séria quanto uma paródia de distorção de gênero.

"Ela é diferente", diz Dragan Armansky, o chefe de Lisbeth, a um cliente, que questiona: "De que forma?". A resposta: "De todas as formas". "Fora do lugar": este é o eufemismo para descrever a primeira aparição de Lisbeth no filme de Fincher, enquanto ela marcha, com um propósito robótico, para o que parece ser uma fria e despersonalizada sala de conferências numa sede corporativa, com dois homens de terno aguardando sua chegada. "Acho muito melhor que ela trabalhe de casa", declara Armansky secamente antes de ela entrar na sala. Lisbeth parece inesperadamente delicada mesmo dirigindo sua moto e usando seu corte moicano escuro e vários *piercings*. "Diferente" captura a exata reação dos críticos e espectadores, que não estavam preparados para uma *hacker* feroz e selvagem, que corrige erros usando uma forma de inteligência conectada nunca antes vista em uma protagonista feminina. Quando Lisbeth embarca em sua saga de vingança, ela se concentra incessantemente em descobrir a identidade de um assassino em série que deixou um rastro de cadáveres – todas são jovens mulheres judias, cujos nomes bíblicos constituem a única pista que as relaciona.

Lisbeth possui o que o seu autor descreveu como "pura magia". Conforme apontamos, a primeira vez que temos a imagem de Lisbeth no livro é através dos olhos de seu chefe, Dragan Armansky, e ele a descreve como uma daquelas "meninas de peito achatado que, a distância, podem ser confundidas com meninos magros" e como uma "criatura estanha". Assim como Hermes, Lisbeth usa um manto (o dele é descrito como um manto dos desavergonhados). O Conselho Nacional de Saúde e Bem-Estar da Suécia declarou que ela era "introvertida, socialmente inibida, desprovida de empatia e egoísta", além de exibir um "comportamento psicopata e associal". Ela tem dificuldade em "cooperar" e é "incapaz de assimilar o aprendizado". Ela pode apresentar traços clássicos de síndrome de Asperger, entretanto, ela também é astuta e se move pelo mundo com a agilidade de uma aranha em sua teia. Sua destreza atlética ganha expressão visual no filme enquanto navega por um mundo repleto de conexões eletrônicas. Sua agilidade ginástica a alinha, mais uma vez, com o despudorado Hermes e seus familiares folclóricos, cujas artimanhas inteligentes quebram os limites e desafiam os direitos de propriedade. Mestre da *World Wide Web*, Lisbeth tem, como Anansi antes dela, sua própria rede para administrar, dessa vez quebrando códigos e invadindo sistemas.[14]

Os *hackers* se alimentam da velocidade da luz da Internet, violando medidas regulatórias e decisões legislativas. Afastada do mundo, socialmente retraída, misantrópica, revelando atitudes seriamente negativas e, muitas vezes, vivendo sozinha em espaços escuros e claustrofóbicos, Lisbeth se encaixa bem quando se trata de *uber-nerds*.[15] Sua aparente falta de envolvimento emocional mascara seu profundo compromisso com a vingança contra estupradores, assassinos e homens que odeiam mulheres, mas também seu compromisso com fazer o bem. Como compensação por ter concordado em se calar a respeito da descoberta de que o já falecido Martin Vanger dava sequência à tradição familiar de assassinar mulheres jovens, ela exige doações para a Organização Nacional dos Centros para Mulheres em Crise e para Centros de Jovens Mulheres em Crise da Suécia, uma barganha conveniente que poderia se virar contra ela como uma cruzada por justiça social.

Os direitos de propriedade estão sempre em crise e são contestados com frequência, gerando conflitos entre as economias agrárias e intercâmbios comerciais dominantes no passado e, hoje, enfatizando as preocupações com a privacidade de dados, segurança e com a indesejada fiscalização regulatória. Hermes, como deus do comércio, veio

---

[14] Larsson. *The Girl with the Dragon Tattoo*, pp. 31-2, 36.

[15] Helena Bassil-Morozow descreve Lisbeth como uma *"uber-nerd"*, que alimenta as "qualidades mercuriais da internet". *In*: *The Trickster in Contemporary Film*. Londres: Routledge, 2012, p. 80. Bassil-Morozow descreve longamente os *tricksters* como "tolos, rebeldes, associais e antissociais, inconsistentes, infames e autocontraditórios" (5).

há muito tempo para incorporar o espírito da empresa capitalista em sua associação com artesãos e comerciantes. Porém, como ladrão de gado e mestre do "furto", ele também estava ligado a interesses agrários, bem como a assaltantes e ladrões, trabalhando em ambos os lados da rua e, portanto, extremamente bem qualificado para mediar disputas.[16] Nossos novos conflitos relacionados à privacidade e propriedade intelectual ainda estão, estranhamente, sob a estrela de Hermes. Em um mundo que impõe limites por meios tecnológicos, Lisbeth desfruta de liberdade e mobilidade sem igual, espelhando computadores, escutas telefônicas e desativando alarmes, deixando as formas coletivas de regulamentação impotentes. Especialista em desrespeito à lei e invasão a dados, como ela mesma se descreve, ela não deixa rastros e é capaz de enganar até mesmo os consultores de segurança mais experientes. Ela possui uma arte mercurial, dedicando-se ao seu trabalho com um gênio que nos faz pensar se seus bens roubados não são, de fato, presentes ganhos.

Em geral, Lisbeth está na maioria das vezes no lado errado da lei, mas no lado certo da justiça. Ela pode ser diagnosticada com a síndrome de Asperger e pode ser profundamente associal, entretanto, sua curiosidade a respeito da morte das pessoas (ela adora "caçar esqueletos") deixa claro que ela não compartilha de todos os sintomas do transtorno de déficit de atenção. Assim como a esposa do Barba-Azul, uma *trickster* feminina não reconhecida, ela também gosta de "esmiuçar a vida de outras pessoas e expor os segredos que elas tentavam esconder". É essa profunda inclinação investigativa que a distingue de Hermes, do Coiote e de Hare, o coelho. Lisbeth, por mais que esteja vinculada ao mundo da tecnologia, não consegue resistir à espionagem e à tentativa de ler a mente dos outros e compreender suas motivações.[17]

---

[16] Norman O. Brown. *Hermes the Thief: The Evolution of a Myth*. Madison: University of Wisconsin Press, 1947.

[17] Larsson. *The Girl with the Dragon Tattoo*, pp. 156, 164.

"Acho difícil pensar em um equivalente de Lisbeth Salander em qualquer outro espaço situado no mundo dos romances ou filmes policiais", escreveu Lasse Bergström, chefe da editora sueca que publicou a trilogia de Larsson.[18] Sua observação reflete a resposta dos leitores de Larsson, bem como de muitos espectadores do filme *Millennium: Os Homens que Não Amavam as Mulheres* (*The Girl with the Dragon Tattoo*, 2011). E ainda assim nossa cultura parece estar criando, em filmes como *Menina Má.Com* (*Hard Candy*, 2005), de David Slade, heroínas (de aspecto aparentemente vulnerável como Chapeuzinho Vermelho) que tomam a justiça em suas próprias mãos e assumem fantasias de vingança contra o que Stieg Larsson chamou de "homens que odeiam as mulheres" (o manuscrito do que agora é uma trilogia era, originalmente, estruturado em duas partes, cada uma com esse título). Construído a partir de filmes com a temática de vingança dos anos 1970 e 1980 – *Lipstick; Doce Vingança* (*I Spit on Your Grave*), *Seduzida ao Extremo* (*Extremities*), entre outros –, *Os Homens que Não Amavam as Mulheres* nos revela uma heroína cuja identidade excede seu *status* de vítima de estupro. Lisbeth não está traumatizada nem perturbada com o abuso que sofreu. Ela aceita a violência contra as mulheres como o caminho do mundo e age eficientemente para criar um meio de intimidação que exija vingança por ela. Combinando as habilidades de sobrevivência do *trickster*, a inteligência aguçada e masculinizada da "*Final Girl*", isto é, da última sobrevivente feminina, e a coragem das vítimas de estupro que testemunham contra seus agressores, ela se torna parte de uma trama de ação que é codificada como uma narrativa convidativa de crime e retaliação, proporcionando aos espectadores todas as satisfações da vingança decretada.

---

[18] Eva Gedin. "Working with Stieg Larsson". *In: On Stieg Larsson*, tradução de Laurie Thompson. Nova York: Knopf, 2010. Gedin descreve Lisbeth como uma "personagem especial, de tipo raramente encontrado em séries de ficção anteriores" (11).

A inspiração literária de Stieg Larsson para a criação de Lisbeth Salander veio de uma fonte improvável: um livro infantil popular traduzido originalmente do sueco para mais de 75 idiomas e que se tornou um dos livros mais vendidos da literatura infantil. Larsson citou explicitamente *Píppi Meialonga*, heroína que dá nome ao livro de Astrid Lindgren, como modelo para Lisbeth. Salander usa uma corrente com a placa de nome "V. Kulla" (uma referência não muito evidente à casa de Píppi Meialonga, a Villa Villekulla), reforçando a conexão, embora Salander renegue qualquer vínculo de parentesco. "Alguém ganharia um lábio inchado se me chamasse de Píppi Meialonga", afirma ela com sua agressividade característica.[19]

Píppi Meialonga, de Astrid Lindgren, não é "uma garota comum".[20] Sem adultos supervisionando ou limitando suas atividades, o mundo se torna um parque de diversões para seu transgressivo cruzamento de fronteiras. Desde o início, Píppi coloca suas habilidades de *trickster* à mostra, deitada "o dia inteiro" (como resultado por ter morado durante muito tempo no Congo), recitando em voz alta contos sobre aventuras em locais exóticos que vão das "Ilhas Canibais" à "Arábia". Como uma caçadora, uma "encontradora de coisas", assim como uma garota que ama enigmas, ela vence seus inimigos, derrotando valentões, bandidos e homens fortes. Píppi conta grandes histórias para superar os funcionários da escola e as autoridades locais. Com uma força perturbadora, ela consegue, tão habilmente quanto seus

---

[19] Karen Klitgaard Povlsen e Anne Marit Waade discutem o paralelo entre Píppi Meialonga e Lisbeth Salander, bem como entre Kalle Blomkvist, personagem de Lindgren, e Mikael Blomkvist, personagem de Larsson. Ver: "The Girl with the Dragon Tattoo: Adapting Embodied Gender from Novel to Movie in Stieg Larsson's Crime Fiction". A advogada de Salander é chamada de Annika, depois que um dos dois irmãos e vizinhos fazem amizade com Píppi. Em: *P.O.V.: A Danish Journal of Film Studies 28* (dez. 2009), disponível em: http://pov.imv.au.dk/Issue_28/section_2/artc7A.html.

[20] Astrid Lindgren. *Pippi Longstocking*. Nova York: Puffin, 2005, p. 110.

míticos colegas homens, desvendar o absurdo das convenções e regulamentos sociais em uma cultura que não pode encarar a ideia de uma menina autônoma, sem supervisão dos pais e sem um guardião legal.

"Violência jamais!" foi o título de um discurso de Astrid Lindgren, proferido por ocasião do recebimento do Prêmio da Paz, dado pelo Comércio Livreiro Alemão, e que levou a uma decisão legislativa histórica na Suécia, proibindo a violência física contra crianças, a primeira lei desse tipo. No discurso de 1978, em Frankfurt, Lindgren conta uma história comovente sobre um menino enviado para o bosque por sua mãe para buscar uma vara feita de ramos de bétula, uma espécie de chibata que ela usará para puni-lo. Sem conseguir encontrar os ramos, o menino volta para casa em lágrimas e diz à mãe: "Não pude achar uma vara, mas aqui está uma pedra que você pode jogar em mim".[21] Defensora dos direitos das crianças e dos animais, além de precoce ativista ambiental, Lindgren preocupa-se com pessoas vulneráveis e fragilizadas, ao mesmo tempo que cria para os leitores uma heroína que é modelo de vitalidade irreverente, determinação e resiliência.

Larsson, provavelmente, não só cresceu com os livros de Píppi Meialonga, mas também tendo consciência da cruzada de Astrid Lindgren contra a violência. Não é difícil imaginar como a jovem fictícia mais proeminente da Suécia moldou sua concepção de "garota disfuncional com distúrbio de déficit de atenção – alguém que tem dificuldade em se encaixar", como ele descreveu Lisbeth. Há também outras personagens culturais de destaque, talvez com menos destaque, que operam em sua imaginação. Uma delas pode ser encontrada na figura de Lex, em *Jurassic Park* (1993), de Steven Spielberg, um filme que nos lembra de como as garotas da ficção e do cinema – audazes e corajosas – estão

---

[21] Astrid Lindgren, "NeverViolence!". *In*: Swedish Book Review, 2007. Disponível em: https://web.archive.org/web/20201108100547/ e https://www.swedishbookreview.com/article-2007-2-never-violence.asp.

com frequência na vanguarda, antecipando liberdades que um dia serão abraçadas por suas homólogas um pouco mais velhas e adultas.

É Lex quem salva o dia de um grupo de turistas que passeia pelo Parque dos Dinossauros, quando descobrem que alguns dos ferozes predadores da ilha se libertaram e estão fora de controle. Ela se senta diante do computador, entende como ele funciona ("É um sistema UNIX! Eu conheço isso!"), e depois aciona um programa chamado "Navegador de Sistema de Arquivos 3D" para restaurar os sistemas de segurança no Parque. Seu nome, é claro, já sinaliza sua experiência em linguagem de computador e sistemas de linguagem em geral. Curiosamente, em *Jurassic Park*, de Michael Crichton (romance em que o filme se baseia), é Tim – o irmão de Lex – quem consegue, sozinho, colocar os sistemas de segurança *on-line* outra vez. Ele afasta os dinossauros, protegendo Lex quando os adultos ou já estão mortos ou abandonaram as crianças. Numa sacada genial e que agrada o público, no filme de Spielberg, Lex torna-se a *nerd* de computador, que domina a codificação e a linguagem de comando, e é ela quem "salva o dia".[22] De maneira estranha, talvez devido ao seu processo criativo coletivo, com base em uma gama de paletas imaginativas, e sua vontade de ser ao mesmo tempo vanguardista e arrojado apesar dos altos riscos financeiros, Hollywood parece magicamente sintonizada com o que está em voga, antecipando o que está por vir em vez de apenas reciclar o que está no aqui e agora.

Lex e sua facilidade com linguagens não surge do nada. Quando nos voltamos para o repertório de contos de fadas, torna-se claro que *Jurassic Park* é, em certa medida, uma reinvenção de "Hansel e Gretel" (ou "João e Maria"). Vale recordar que os vorazes velociraptores que se voltam contra Lex e Tim são todas fêmeas – este é o Parque dos

---

[22] Laura Briggs e Jodi I. Kelber-Kaye. "'There Is No Unauthorized Breeding in Jurassic Park': Gender and the Use of Genetics". In: *NWSA Journal 12*, nº 3 (2000), pp. 92-113.

Dinossauros e os dinossauros fêmeas descobriram miraculosamente como se reproduzir ("A natureza encontra um caminho"). E os velocirraptores organizam seu ataque aos dois irmãos no espaço da cozinha, evidenciando que estamos assistindo a uma estranha atualização do conto dos Irmãos Grimm, mas no formato de ficção científica. Gretel sentiu seu "momento na história" (foi assim que Anne Sexton o descreveu) e empurrou a bruxa canibal para dentro do forno. Lex faz com que os velociraptores se desviem, enquanto luta, rastejando até um armário, e é então que sua imagem se espelha no que parece ser um forno, levando o velociraptor a bater de cabeça numa superfície dura. Vale ressaltar que Hansel e Gretel são capazes de voltar para casa graças à poesia contida nos feitiços que Gretel entoa. Como o mítico Hermes, as duas crianças são hábeis mentirosas e ladras incríveis e, como todos os *tricksters*, também traficam encantamentos.

A proposta de Spielberg em *Jurassic Park* de trabalhar com inversões de papéis de gênero torna-se evidente através da cuidadosa orquestração do código de cores utilizado no filme. Desde o início, Hammond, um idealista ingênuo, está sempre vestido de branco, enquanto Malcolm, o realista cínico, veste-se de preto. Não parece, portanto, coincidência que o paleontólogo Alan Grant vista uma camisa azul no início do filme, enquanto sua colaboradora, Ellie Sattler, vista uma camisa rosa. No final do filme, sua camisa está manchada com lama e a camisa rosa de Sattler é jogada de lado, expondo uma camiseta azul que ela usava por baixo.[23] Lex pode não se parecer com Lisbeth Salander – ela é menos aventureira, irreverente e destemida do que a garota com a tatuagem de dragão –, entretanto, as duas estão na vanguarda de um movimento que investe as *meninas* (Lisbeth é chamada exatamente assim nos três romances da trilogia de Larsson) de habilidades que tradicionalmente estavam no DNA dos heróis, sejam eles jovens, sejam

---

[23] Paul Bullock. "Jurassic Park: 10 Things You Might Have Missed". *In*: *Den of Geek*, 12 jun. 2019.

velhos. A aposta pode não ser alta para Píppi Meialonga, mas a inteligência, capacidade e o conjunto de habilidades que envolvem o domínio da linguagem (de um tipo ou de outro) tornam-se, para Lisbeth, Lex e Gretel, questões de vida ou morte. Todos os sobreviventes são também cruzados, enlouquecidos pelos perigos do mundo ao seu redor, mas vencedores em sua resposta focada às ameaças dirigidas a eles e àqueles com quem se importam.

Vingadores Artífices

Três Anúncios para um Crime (*Three Billboards outside Ebbing, Missouri*, 2017), dirigido por Martin McDonagh, nos lembra de quão malucas podem ser nossas novas *tricksters*, com a personagem interpretada por Frances McDormand, que se transforma rapidamente de "mamãe doida" para "Charles Bronson".[24] O filme nos dá uma heroína improvável: Mildred Hayes, de cinquenta e poucos anos de idade, desleixada e nervosa, recentemente divorciada, uma mulher que se encontra no limite da lei ao longo do filme e por bons motivos: sua filha foi brutalmente estuprada e assassinada, e ninguém foi preso. Mildred, ela mesma uma sobrevivente do abuso do marido, canaliza sua raiva em busca de justiça. Ela começa a busca para identificar e prender o assassino de sua filha, alugando três *outdoors*. As palavras que aparecem nesses *outdoors* são: "Ainda ninguém foi preso?"; "Como pode, chefe Willoughby?" e "Estuprada enquanto morria". Mildred abraça de várias maneiras uma corajosa rebeldia, a princípio, usando palavras como armas quando ela expõe suas perguntas potentes e declarações de fatos em exibição pública. No entanto, logo ela passa a empregar estratégias mais provocativas, ferindo e infligindo dor no momento em que ela direciona uma broca sobre o dedo polegar do dentista e depois soca o ventre de

---

[24] Wesley Morris. "Does 'Three Billboards' Say Anything about America? Well...". *New York Times*, 18 jan. 2018.

adolescentes de modo que nos fazem pensar se este é, de fato, o rumo que desejamos que nossas novas heroínas culturais tomem. E quando a violência é direcionada ao riso, torna-se ainda mais evidente que a justiça está na sombra da vingança. E esse é o ponto em que podemos perguntar quem está nos bastidores, criando novos *tricksters* femininos que empunham espadas e que desmontam os modelos mais antigos de mulheres que lutam usando as palavras.

"Você é uma mulher durona, e não deixa nada para trás", diz um marido derrotado a sua esposa em *Garota Examplar* (*Gone Girl*, 2012), de Gillian Flynn, um romance *best-seller* multimilionário, que foi transformado em filme dois anos após seu lançamento. Dirigido por David Fincher, o filme desenvolve a ideia da heroína vingadora ao ponto de ser quase uma paródia. Em cenas de violência estilizada, vemos uma mulher se transformar numa agente que empreende uma raiva homicida, a qual é normalmente infligida por homens às mulheres (como apontam os dados de modo convincente). *Garota Exemplar* vira a mesa, criando uma assassina astuta, uma mulher sedutora, inteligente e traiçoeira. A vítima acovardada dá lugar a uma protagonista que sabe exatamente como encontrar sua versão de justiça – ela se torna uma figura imponente de vingança. Será que *Garota Examplar* é, então, um manifesto feminista, com uma mulher se rebelando contra a pressão cultural para se fazer de "garota boazinha" e "Maravilhosa Amy", para depois se vingar de forma fria e arrepiante, ou é um discurso misógino com uma psicopata feminina que finge a própria morte, mente sobre ser estuprada e mata para encobrir seus rastros? Na clássica moda dos *tricksters*, Amy cria suas próprias mentiras, assumindo o papel de uma fora da lei amoral, que lança estereótipos femininos e assume um controle que as mulheres tradicionalmente não têm. Aquilo que parece um golpe de mestre da ironia de uma autora que explorou a ideia de heroínas usando narrativa escrita como forma de autorrealização, Amy mantém um diário, com entradas que serão usadas para incriminar seu marido em seu assassinato encenado. "Ela está contando a melhor história", diz seu marido Nick ao advogado, na versão cinematográfica de *Garota Examplar*. "Ela está contando a história perfeita", responde o advogado.[25] Amy pode ser um monstro, mas ela não está fazendo nada mais do que difamar os estereótipos cinematográficos dos homens psicopatas, sempre disfarçada de mulher vítima de abuso.

Muitas dessas novas meninas duronas não estão nada inclinadas a temperar justiça com misericórdia (basta pensar em *Kill Bill*, de 2003, de Quentin Tarantino), especialmente quando elas estão em missões políticas. *A Hora Mais Escura* (*Zero Dark Thirty*, 2012) conta com a personagem Maya, uma oficial da CIA obcecada em caçar Osama bin Laden, que trabalha dentro de um cenário de combate global que oferece um terreno inteiramente novo para heroínas femininas. Maya pode se encolher enquanto assiste a interrogatórios violentos e torturas, mas sua determinação em encontrar e punir terroristas nunca se abala. Já Carrie Mathison, personagem da série *Homeland*, da mesma época, é mais complicada, mas ela também, obcecada por um terrorista chamado Abu Nazir, mostra uma forma de impiedade implacável que se transforma em patologia. Tanto Maya quanto Carrie continuam a tradição de usar a linguagem como uma arma. Maya transforma uma janela de escritório em uma ardósia para emitir avisos. Carrie cria um mapa visual de seu pensamento maníaco, com provas e pistas que eventualmente a levarão à captura de Abu Nazir.

Muitas das mulheres *tricksters* que surgiram no final do século XX e início do século XXI são meninas, e com frequência são modeladas a partir de personagens dos contos de fadas. No entanto, elas agora complementaram seus arsenais de armas verbais com artilharia pesada. A cultura cinematográfica venera Chapeuzinho Vermelho quase tanto quanto a vovó, criando meninas que se transformam nos monstros que um dia as atacaram. A fantasia de vingança realizada em *Garota Exemplar* torna-se ainda mais sombria nos filmes recentes, com heroínas

---

[25] Gillian Flynn. *Gone Girl*. Nova York: Crown, 2012, p. 393.

usando blusões com capuz ou jaquetas de couro vermelho, segurando uma cesta (cuja probabilidade de conter armas é maior do que a de conter alimentos) enquanto se dirigem à casa da Vovozinha. Nos anos 1990, Chapeuzinho Vermelho se transforma de uma inocente vulnerável em uma "garota *ferozzz*".

Sem Saída (*Freeway*, 1996), de Matthew Bright, nos leva para as perigosas ruas da periferia do sul de Los Angeles, na Califórnia, com uma Chapeuzinho Vermelho urbana chamada Vanessa Lutz (o sobrenome dela remete a "*slut*" – "vagabunda"?). Em seu casaco de couro vermelho – carregando uma arma em sua cesta – ela se dirige para a casa da Vovó. Os tropos de Chapeuzinho Vermelho caem por terra de forma rápida e furiosa, com a personagem tentando escapar de uma série de perseguidores, entre eles um pedófilo e assassino em série, chamado Bob Wolverton. (Sua profissão? O que mais além de psicólogo infantil.) Nesses bosques, não há caçador que possa resgatá-la, como fica claro quando o namorado de Vanessa, Chopper Wood, é morto a tiros por membros de gangues rivais.

No caminho para a casa da Vovó, o carro de Vanessa quebra e Wolverton – cuja fala mansa camufla seus impulsos homicidas, usando o disfarce de uma intervenção terapêutica benevolente – lhe dá uma carona. Vanessa ganha vantagem e, como a mal-humorada Chapeuzinho Vermelho de James Thurber, que tira uma pistola da calcinha quando o lobo a ameaça, ela também apanha seu revólver quando Wolverton revela suas verdadeiras intenções e identidade (a prova de que ele é o assassino do I-5 da Califórnia é que ele corta o rabo de cavalo dela com a lâmina afiada de uma navalha). Wolverton, gravemente ferido e mutilado após ser baleado por Vanessa, consegue chegar ao estacionamento de *trailers* onde está a Vovó e, chegando lá, se esconde usando uma touca de banho e uma camisola bem grande. Vanessa é esperta e luta com o assassino, derrubando-o no chão, e entrega sua última fala: "Você tem um cigarro?" – isso para horror dos policiais, que chegam apenas quando o perigo já acabou. Ela se torna uma cliente legal, mas também casual.

Seria reconfortante imaginar que a garota de vermelho, criada por Matthew Bright, se tornou uma heroína cultural, uma sobrevivente, a qual consegue, contra as probabilidades, virar a mesa sobre os adultos que a vitimaram, alguns dos quais são psicopatas disfarçados de assistentes sociais. Vanessa pode ser vista como uma personagem que aponta o caminho para uma inversão de valores, minando um *status quo* que faz vista grossa aos impulsos sádicos dos guardas prisionais, policiais e assistentes sociais e que não reconhece as injustiças sociais infligidas aos grupos marginalizados.[26] Mas a desbocada, orgulhosamente analfabeta e que pede um cigarro logo depois de matar Wolverton, não é um modelo a ser seguido. Seus movimentos de retaliação são instintivos e a serviço de sua própria sobrevivência pessoal em vez de serem alimentados pela justa indignação com a ordem social. Ela pode corrigir as coisas levando Wolverton à justiça, entretanto, elas permanecerão erradas enquanto o único recurso de uma garota for a tática do assaltante.

Embora David Slade não tenha se proposto a realizar um filme sobre a Chapeuzinho Vermelho, quando observamos o cartaz de divulgação de *Menina Má.Com* (*Hard Candy*, 2005), vemos uma garota vestida com um capuz vermelho, com uma bolsa a tiracolo, pendurada sobre o ombro. Ela está posicionada de costas para nós, com os pés sobre prancha do tamanho de um *skate*, bem no meio de uma armadilha para animais feita de lâminas dentadas. "Absolutamente aterrorizante!" anuncia o *banner* sobre a imagem, o que nos leva a imaginar que este filme também nos submeterá ao horror de ver uma adolescente à mercê de um maníaco homicida, um assassino que permanece ameaçadoramente invisível no cartaz.

---

[26] Ver Catherine Orenstein. *Little Red Riding Hood Uncloaked: Sex, Morality, and the Evolution of a Fairy Tale*. Nova York: Basic Books, 2003, p. 219-33.

Nessa versão atualizada do conto de fadas, a menina e o lobo têm seu primeiro encontro *on-line*. Thonggrrrrrl14 e Lensman319 flertam em uma sala virtual de bate-papo e marcam um encontro. Os nomes e números são reveladores: essa Chapeuzinho Vermelho flerta aos 14 anos (uma menor de idade sedutora) e seu encontro será com um fotógrafo, um homem que vive de um ofício que sugere um investimento no prazer visual. E de fato, Jeff, um homem de 32 anos, não é apenas um fotógrafo de mulheres, mas também um consumidor de pornografia, com um esconderijo repleto de imagens incriminatórias guardadas em um cofre embutido no chão. Os nomes codificados desses dois adversários apontam seus papéis de gênero: Thonggrrrrrl14, o nome de um artigo provocante de vestuário,[27] e Lensman319, indicando o olhar masculino.

Inspirado em um relato de jornal sobre meninas japonesas que atraíam empresários para locais designados e depois os roubavam, *Menina Má.Com* nos leva, inicialmente, pelo caminho tradicional, criando expectativas de que uma jovem inocente perseguida por um predador da internet também se tornará sua vítima. Porém, Hayley Stark, interpretada de forma brilhante por Elliot Page,[28] acaba sendo bem pouco inocente. Com a intenção de vingar o assassinato de uma amiga, ela se propõe a torturar Jeff de formas quase inimagináveis, levando-o a acreditar que, após anestesiar sua virilha, ela realizou uma cirurgia, castrando-o e descartando seus testículos em um saco plástico. Impiedosa, implacável e cruel, Hayley responde friamente aos apelos de Jeff para

---

[27] *Thong*, em inglês, é o nome de um modelo de peça íntima conhecida no Brasil como tanga. Assim, "Thonggrrrrrl14" remete à junção dos termos "thong" e "girl" (menina), seguido do número 14, idade da protagonista. "Lensman", por sua vez, significa "homem da lente", remetendo à profissão de fotógrafo. (N. da T.)

[28] Desde dezembro de 2020, Ellen Page (nome que consta no original da autora) adota o nome Elliot Page, ao identificar-se como transgênero. Fonte: https://f5.folha.uol.com.br/celebridades/2021/05/elliot-page-posa-sem-camisa-pela-primeira-vez-apos-transicao-de-genero.shtml. (N. da T.)

parar de comentar a respeito de sua falta de qualquer tipo de compaixão por suas vítimas. Até o amargo final, ela desempenha o papel de vingadora com a dureza implacável do próprio predador.

A exemplo de David Slade, os escritores da série de televisão *Buffy, a Caça Vampiros* (*Buffy the Vampire Slayer*) decidiram retomar "Chapeuzinho Vermelho", indo muito além da mera adaptação. Na temporada 4, episódio 4, intitulado "Fear, Itself", Buffy se veste, na noite de Halloween, como a menina de vermelho. Ao encontrar seu amigo Xander, a caminho de uma festa, ele pergunta: "Ei, 'Red'. O que você tem na cesta, garotinha?". A resposta de Buffy é reveladora: "Armas... Só por precaução". Quando ela finalmente encontra o monstruoso Gachnar, uma fera em miniatura que não tem o poder de aterrorizar, a câmera vai até a sola do pé dela, no momento em que ela está prestes a esmagar seu antagonista. Em um episódio anterior, Buffy havia cometido o erro de se vestir com uma fantasia de princesa, o que a levou a ser vítima de um feitiço que a transformou no personagem que ela personificava. Buffy aprendeu com a experiência e agora está preparada – como uma menina de vermelho – para enfrentar a fera da floresta.[29]

Joe Wright, diretor da *Hanna* (2011), levou essas garotas assassinas ao extremo ao reinventar Chapeuzinho Vermelho como uma assassina adolescente geneticamente modificada. A primeira visão que temos dela é vestida com peles. Criada por seu pai num lugar ermo, onde ela caça alces e se aproxima de filhotes de lobos, Hanna é treinada por ele para falar várias línguas, ter habilidades de sobrevivência e praticar artes marciais. Porém, ela permanece na completa escuridão, quando o assunto é civilização. Vivendo escondida numa cabana no norte da Finlândia, ela está mais próxima da natureza do que da cultura. "Era

---

[29] Kim Snowden. "Fairy Tale Film in the Classroom: Feminist Cultural Pedagogy, Angela Carter, and Neil Jordan's The Company of Wolves". *In*: *Fairy Tale Films: Visions of Ambiguity*. Pauline Greenhill e Sidney Eve Matrix (orgs.). Logan: Utah State University Press, 2010, pp. 157-77.

uma vez uma garota muito especial que vivia na floresta com seu pai", anuncia o *trailer* do filme. Hanna pode não se vestir de vermelho, mas está imersa em contos de fadas, presa repetidamente pela câmera no ato de ler o volume dos contos de fadas dos Irmãos Grimm, que estava em suas mãos quando sua mãe morreu. E, é claro, a ilustração em uma das páginas que vemos é de "Chapeuzinho Vermelho".

A missão de Hanna é atirar na agente da inteligência da CIA, Marissa Wiegler (interpretada por Cate Blanchett), que assassinou sua mãe e agora tem a intenção de matar Hanna e seu pai. Hanna visita não apenas a casa da avó, mas também um lugar conhecido como a casa de Wilhelm Grimm, em Berlim, onde um lobo vestido de vovó está deitado numa cama.

Durante uma entrevista, Joe Wright explicou a importância do cenário do conto de fadas no bosque e como sua trama se norteia pelos encontros com o mal vividos nesses contos. "Essas histórias eram contadas todos os dias", observou ele. "A Pequena Sereia, Hansel e Gretel (ou João e Maria) e Rapunzel fizeram parte de nossa vida, contudo, são contos violentos e obscuros, que alertam e tentam, de alguma forma, preparar as crianças para os obstáculos que elas podem enfrentar no mundo adulto", acrescentou ele.[30] Wright recorre não só aos contos de fadas, mas também à literatura de fantasia, com Hanna assumindo o papel do duplo sombrio de *Alice no País das Maravilhas*, entrando, pela primeira vez, no mundo real e experimentando, como adolescente, suas maravilhas eletrônicas além de todas as demais. Entretanto, sua heroína guerreira provavelmente tem mais em comum com Jason Bourne, de Robert Ludlum, do que com Chapeuzinho Vermelho.

Hanna é um lembrete de que os contos de fadas tomaram um rumo obscuro, com heroínas que podem fugir, ser mais espertas, mas, acima de tudo, superar seus adversários em segmentos de ação que se movem com a velocidade da luz das sequências de *videogame*. O filme é

---

[30] John Hiscock. "Joe Wright Interview on Hanna". *In*: *Telegraph*, 22 abr. 2011.

emoldurado por duas cenas. Na primeira, Hanna usa arco e flecha para matar um alce e, a seguir, atira no coração para acabar com o sofrimento do animal. O filme termina com Hanna apontando uma arma para Marissa Wiegler, atirando no coração e repetindo as palavras, desta vez sem qualquer piedade, que abriram o filme: "Acabei de perder seu coração". De onde Marissa – que cumpre o papel tanto de bruxa má como de lobo de sangue frio – surgiu para encontrar Hanna? Das mandíbulas de um lobo do parque de diversões, é claro. Essas mulheres correm com os lobos numa produção que imita filmes de ação, o clássico cinema hollywoodiano que traz heróis realizando uma jornada. Será que nossas novas heroínas não seriam nada além de uma cópia do herói de Campbell, que luta batalhas em lugares sombrios, dos quais emergem cobertas de sangue, porém vitoriosas? Será esta uma nova proposta para um novo modelo que imita o antigo em vez de criar

Hanna, 2011. Cortesia de Photofest.

um arquétipo que está em sintonia com os valores que abraçamos hoje: empatia, cuidado e conexão?

Mulheres guerreiras

Os fãs vibraram com o ilusionismo vitorioso de Arya Stark antes de matar o Rei da Noite no Bosque dos Deuses, usando uma adaga de aço valiriano, no final da famosa série *Game of Thrones*, da HBO. Maisie Williams, a atriz que interpretou Arya, estava preocupada que os fãs odiassem o modo como a Batalha de Winterfell foi resolvida e acreditassem que Arya não merecia realmente ser a salvadora dessa série de oito temporadas. Mas a série preparou os espectadores para o final, apresentando Arya primeiro como a "mulher angustiada" do horror clássico, transformando-a depois em uma inteligente mestra das máscaras e, por fim, permitindo que ela se transformasse na sobrevivente vencedora que olha a morte no rosto e encontra forças para matar o monstro. Mesmo quando aterrorizada e torturada, Arya, uma "*Final Girl*" em *Game of Thrones*, se ergue diante dos desafios do Mal que ninguém mais foi capaz de enfrentar.

Os programas de televisão das últimas décadas nos proporcionaram muitas mulheres de fala vigorosa e intensa: Diana Rigg como Emma Peel, em *Os Vingadores* (*The Avengers*); Eartha Kitt como Mulher-Gato em *Batman*; Lynda Carter em *Mulher-Maravilha* (*Wonder Woman*); Lindsay Wagner em *A Mulher Biônica* (*The Bionic Woman*), e Angelina Jolie como Lara Croft, em *Lara Croft: Tomb Raider*. Mas *Game of Thrones* modelou um conjunto inteiramente novo de possibilidades, não apenas com Arya, mas também com Lady Brienne de Tarth, uma estoica e feroz lutadora de espadas que usa armadura. Há Sansa Stark, que evolui de adolescente desagradável para uma competente líder de seu povo, e a Rainha Cersei (um homônimo inteligente de Circe), uma mulher traumatizada, mimada, vingativa e conivente. E como esquecer aquela "bela maligna", conhecida como Daenerys Targaryen, sobrevivente, libertadora e destruidora?

Mais do que qualquer outra empresa dentro da indústria cinematográfica, a Disney Company dominou a delicada arte de captar distúrbios nas ondas culturais e adaptar as histórias contadas para as telas, com ajustes necessários às novas circunstâncias sociais. Era uma vez no mundo da animação Disney, os homens travavam as batalhas e derrotavam os vilões. Eric, o Príncipe Encantado de *A Pequena Sereia* (*The Little Mermaid*, 1989), rema para o mar no final do filme para confrontar a extravagante, sedenta de poder, a atrevida e bruxa-polvo Úrsula, quem usurpou a coroa do Rei Tritão, detendo toda a sua autoridade ("O mar e todos os seus despojos se curvam ao meu poder"). Úrsula, aliás, foi inspirada na aparência e no comportamento da lendária *drag queen* norte-americana conhecida como Divine. "Seu monstro", Ariel grita para ela, e Úrsula, que sabe que Ariel consegue apenas recorrer a alguns insultos, responde chamando-a de pirralhinha. Enquanto a Pequena Sereia fica impotente ao ser apanhada no vórtice de um redemoinho, Eric comanda um navio, ordena que ele avance a toda velocidade, e empala Úrsula em sua proa. Uma carga de raios e relâmpagos atravessa seu corpo com estrondo, enquanto ela esmorece e afunda no mar, abrindo caminho para Ariel e Eric viverem felizes para sempre.

A Bela e a Fera (*Beauty and the Beast*, 1991) nos mostra uma batalha final que coloca o falso Príncipe Encantado – Gaston – contra a Fera, que salta de um parapeito para o outro para conseguir escapar dos tiros e golpes de seu rival. A Fera escapa, derrota Gaston, mas comete um erro quase fatal ao poupar a vida de seu rival. Afinal, a Fera não é uma besta, embora seus instintos e vigor animal lhe deem uma vantagem no impasse que marca o final do filme. Embora a Fera possa derrotar Gaston, a salvação vem de Bela, que restaura seu alento e extingue a maldição lançada sobre a Fera.

Os filmes de animação recentes da Disney contam uma história diferente. Desde que a marca de produtos femininos Always lançou um anúncio em vídeo para a campanha "Always#LikeAGirl",[31] em 2014, as meninas começaram a correr como o vento em nossas produções de mídia. A Always pôs abaixo a expressão "like a girl" ou "como uma garota", revelando que a expressão foi concebida para humilhar ou insultar em vez de mostrar aprovação ou elogiar. Correr "como uma garota" significava que você não estava correndo de verdade, apenas estava fazendo um movimento de avanço, parecendo mais com o estereótipo de uma girafa acelerando do que engajada em ganhar uma corrida. Depois que o vídeo viralizou nas redes, o poder de #LikeAGirl (#ComoUma Garota) tornou-se moda em Hollywood, com Elsa em *Frozen* e *Frozen II*, junto com Moana, no filme de animação *Moana – Um Mar de Aventuras*, de 2016, liderando o pacote.

Frozen e sua sequência, *Frozen II*, marcam a promoção de um novo ajuste das normas da franquia Princesas Disney. Inserem-se aqui filmes que ganham as mais altas notas possíveis no conhecido teste de Bechdel, constituído pela sequência em que duas personagens femininas que têm nomes, conversam entre si e o tema do diálogo é algo que não se refira a homens.[32] Embora Anna e Elsa tenham sangue real (elas também têm as figuras finas das bonecas Barbie junto com os olhos assustadores das bonecas Bratz), cintura muito fina, pele plástica de alabastro e narizes demasiadamente arrebitados, elas são fortes o suficiente para escalar montanhas, correr através de montes de neve, sobreviver a maremotos e, em outro nível, encarar o fato de que seus antepassados se deixaram levar pela ganância.

Em *Frozen II*, a barragem construída pelo avô de Anna e Elsa na terra dos povos indígenas escandinavos acaba fazendo parte de um

---

[31] A Always Brasil lançou a mesma campanha, traduzindo "#LikeAGirl" como "#TipoMenina". (N. da T.)

[32] Criado em 1985 pela cartunista norte-americana Alison Bechdel, o teste se baseia em três perguntas: (1) Há pelo menos duas personagens mulheres no filme e que tenham nomes? (2) Essas mulheres conversam entre si? (3) Essas mulheres falam sobre algo além de homens?

esquema colonial e não de um ato de altruísmo. Nesse admirável mundo novo das heroínas Disney, Anna consegue arquitetar a destruição de uma barragem que teria determinado a ruína da Floresta Encantada, e Elsa faz com que um poder solitário corra em ondas semelhantes a um *tsunami* para domar o rebelde Nokk (um cavalo d'água sobrenatural), o qual a levará até os rios de gelo. "Beijar não vai salvar a floresta", afirma Elsa, deixando para trás os filmes anteriores como *Branca de Neve e os Sete Anões* e *A Bela e a Fera*, lembrando-nos de que os tempos mudaram. "Você pode ver como ela é determinada", exaltou com alegria minha neta de 5 anos de idade, quando estávamos assistindo ao mergulho de Elsa nas ondas gigantescas, quebrando blocos de gelo.

Quem poderia imaginar que a Disney pausaria o rolo compressor de filmes de animação com a temática de contos de fadas para produzir um filme que se voltasse para os mitos de criação da Polinésia como narrativa central? Será que eles ouviram as queixas a respeito dos Salvadores Brancos e a imaginação mítica eurocêntrica? *Moana* (2016) se inicia com uma cena de um conto de um povo indígena: uma avó conta para crianças pequenas a história da transformação de Te Fiti. Uma vez, o deus da criação, Te Fiti, transformou-se em Te Kā, um demônio de destruição, depois que o semideus Maui retirou seu coração com seu anzol mágico. A missão de Moana será devolver o coração de Te Fiti e, assim, salvar sua ilha da devastação ecológica, restaurando sua beleza natural. De repente, as princesas da Disney podem embarcar em missões heroicas e percorrer caminhos diferentes daquele que as leva ao "felizes para sempre", proporcionado pelo casamento.

"Você não é o herói de ninguém", responde Moana – que sempre dá o melhor de si – desafiadoramente a Maui, que tem se gabado de ser "um herói para todos". "Você roubou o coração de Te Fiti" e também "Você amaldiçoou o mundo", grita ela para o musculoso semideus, que faz tatuagens animadas em seu próprio peito. Embora Moana receba eventualmente alguma ajuda de Maui em sua missão de resgate, é ela sozinha quem multiplica seus esforços para derrotar Te

Kā e "salvar o mundo". O empenho da Disney em criar um novo tipo de heroína se deparou tanto com controvérsias quanto com elogios. Como uma corporação ousa reivindicar uma mitologia nativa como sua propriedade e mascarar a monetização das tradições da Polinésia como preservação cultural? A Disney colonizou não apenas a mitologia dos habitantes das ilhas do Pacífico, mas também sua estrutura de base e seus rituais, reduzindo o universo mítico multivocal das ilhas do Pacífico a uma história única, homogeneizada e rotulada como própria. Os dois codiretores do filme incluíram até mesmo a tradição dos panos de tapa – tecidos feitos de casca de árvore – que trazem suas imagens, com o objetivo de inserir e solidificar a propriedade da história com uma assinatura visual e uma marca. Protestos acusando a Disney de apropriação cultural e uso de *"brownface"* em uma coleção de roupas e pijamas foram levados a sério, provocando o *recall* de mercadorias.[33]

A busca de Moana assemelha-se de certa forma às jornadas dos heróis de Campbell, mas com uma diferença crucial. Ao contrário de Maui, que usa um anzol mágico que se dobra como arma e instrumento de transformação (ele também é um *trickster*), Moana está comprometida com assuntos do coração que levam a cura, beleza e equilíbrio ecológico. Impulsionada pela compaixão por seu povo e pelo mundo natural, ela também é impulsionada pela curiosidade natural (não pela ganância e conquista) sobre o mundo que está além de seus arrecifes e suas maravilhas. Talvez, Maui já tenha sido o herói de tudo – afinal, ele é o semideus que teria trazido o fogo aos humanos e fisgado a ilha com seu anzol – contudo, sua vaidade, egoísmo e descaso o transformaram num ser um tanto tolo, que, ainda que exerça certo fascínio, tornou-se um arrogante desagradável. Moana ainda pode ser uma princesa

---

[33] Amber Pualani Hodge. "The Medievalisms of Disney's Moana (2016): Narrative Colonization from Victorian England to Contemporary America". *In*: "Islands and Film," número especial, *Post Script: Essays in Film and the Humanities* 37, n.ᵒˢ 2-3 (2018), pp. 80-95.

Disney: "Se você usa um vestido e tem um animal como amigo para ajudar, você é uma princesa", zomba Maui. Porém, Moana assimilou a trilha das heroínas folclóricas e míticas que vieram antes dela, bem como a dos heróis de tempos passados. Ela assume o poder de nadar como Elsa e aprende a velejar, mas preserva um senso de obrigação para com seu povo e desejo de aventurar-se, escapando das restrições de seu mundo doméstico.

Se as princesas podem estar desaparecendo rapidamente do repertório da Disney, o ressurgimento dos contos de fadas nos filmes direcionados ao público adulto jovem fez surgir um novo tipo de heroína: a mulher guerreira modelada sobre o arquétipo do herói. Foram-se as belas adormecidas, gentis e narcotizadas, esperando passivamente a libertação e a chegada de um príncipe. Em vez disso, temos uma nova heroína arquetípica, que atira, joga bombas e se move em muitas direções ou, como Rey, em *Star Wars: O Despertar da Força* (*The Force Awakens*, 2015), empunhando um sabre de luz. Mas com uma reviravolta. Essas mulheres guerreiras também são atenciosas e compassivas, seja em contato com o mundo natural, seja com aqueles que o habitam.

Em *Branca de Neve e o Caçador* (*Snow White and the Huntsman*, 2012), de Rupert Sanders, a figura do título, interpretada por Kristen Stewart, não é nada parecida com a encantadoramente pateta princesa da *live--action* Encantada (*Enchanted*), da Disney, ou com a galopante, mas vulnerável, Branca de Neve da série *Once upon a Time*, da ABC. Nessa produção de 2012, Branca de Neve torna-se uma princesa guerreira "pura e inocente", uma salvadora angelical, que canaliza Joana D'Arc e Aragorn, de Tolkien, assim como os quatro irmãos Pevensie, de C. S. Lewis, de *As Crônicas de Nárnia* (*The Chronicles of Narnia*), para salvar o reino de seu falecido pai (esfaqueado até a morte pela rainha em sua noite de núpcias). Quando a vemos pela primeira vez, ainda criança, ela resgata um pássaro ferido e planeja ajudá-lo a sarar. Entretanto, quando a vemos pela última vez, ela conquista um enorme monstro com piedade.

Em *Branca de Neve e o Caçador*, todos estão armados: espadas, cimitarras, machados, armadilhas e escudos ganham tanto destaque neste filme quanto na Terra Média de *O Hobbit*. O romance é vencido pela energia das corridas de cavalos, pela velocidade em que se percorrem as paisagens de modo dramático e pelas cenas de combate que são coreografadas com muita perícia. Esta é uma Branca de Neve projetada para agradar aqueles que anseiam por ação em seus momentos de diversão.

Será que podemos arriscar instalar um novo e perturbador arquétipo de heroísmo feminino, que emule a força e a agilidade dos heróis clássicos masculinos? Quando observamos a reconstrução hollywoodiana das heroínas dos contos de fadas em filmes que vão de *João e Maria: Caçadores de Bruxas* (*Hansel e Gretel: Witch Hunters*, 2013) a *Malévola* (*Maleficent*, 2014), a passagem de um extremo a outro torna-se evidente. De repente, a bela em estado de coma se transforma em uma glamorosa amotinada, com um impressionante arsenal de armas à sua disposição.

Branca de Neve e o Caçador nos leva a uma região selvagem, marcada pela depredação ambiental e conflitos dinásticos. Charlize Theron, a rainha malvada de cabelos louros, governa pessoas cujos rostos são demonstram claramente sua desolação, e se situam em paisagens que se assemelham a locais que sofreram com derramamento de óleo tóxico; através da magia de mudança de forma, a rainha se reconstitui como algo semelhante a um bando de corvos presos em uma mancha de óleo. Suas leis criaram, sem dúvida, os horrores obscuros e viscosos, os quais Branca de Neve encontra no bosque devastado para onde foge. A heroína de cabelos negros, em oposição aos da rainha, acalma as feras selvagens com seu rosto compassivo e, logo, o ator Bob Hoskins, transformado digitalmente em um dos sete anões, proclama: "Ela vai curar a terra". Branca de Neve não é uma donzela passiva e sem culpa. Sua extraordinária beleza combinada com sua liderança carismática permitem que ela derrote a rainha do mal, redimindo da desolação e da fraqueza tanto a paisagem, como os seus habitantes.

Salvadoras Experientes: Jogos Vorazes e Bússolas de Ouro

Hollywood requer muito de suas novas heroínas (e das atrizes que as interpretam), exigindo musculação para definir a musculatura, corpos esculturais e uma disposição que revele coragem sem precisar fazer nada. Se alguma heroína dispõe de tudo isso é Katniss Everdeen, na série de filmes de *Jogos Vorazes*, baseados na trilogia de *best-sellers* de Suzanne Collins, que conta a história de um mundo pós-industrial e pós-apocalíptico numa terra devastada, que demanda que seus habitantes retomem as práticas de caçadores-coletores para conseguir sobreviver. Collins, que começou sua carreira escrevendo programas de televisão para crianças, teve coragem suficiente para inventar uma nova heroína, uma que nunca deveria existir. Vivendo num país chamado Panem – apesar de seu nome aludir à palavra latina para "pão", o lugar está longe de sugerir abundância ou algo relativo a alimento –, Katniss é outra *trickster* empobrecida, um pouco mais que "pele e osso".[34] Para sobreviver, ela usa seu arco e flecha, caça para sustentar sua família, sugerindo algum tipo de semelhança com Ártemis, deusa do arco e flecha e da caça.

Katniss não só possui armas de contrabando, mas, como uma *trickster* de verdade, é também uma invasora e caçadora ilegal. Para chegar ao território onde há caça disponível, ela precisa invadir uma região, atravessando uma "cerca de alta-tensão, coberta com arame farpado", que é eletrificada durante boa parte do dia, para dissuadir os caçadores clandestinos. Os chamados Pacificadores (ou forças de segurança) não conseguem enganar Katniss, cuja audição aguçada detecta exatamente quando a eletricidade é desligada, conseguindo então encontrar um trecho solto na cerca, o que lhe permite deslizar furtivamente por baixo dela. Enquanto treina com Peeta – o outro Tributo de

---

[34] Suzanne Collins, *The Hunger Games*. Nova York: Scholastic, 2008. p. 8. Citações adicionais: pp. 29, 30, 35, 43, 127.

Panem escolhido através da loteria para disputar os jogos mortais, do qual resulta apenas um sobrevivente –, Katniss aprende a construir armadilhas, que deixarão os competidores humanos dependurados, e aprende também a se camuflar, usando lama, barro, cipós e folhas. Mestra de truques e estratagemas, ela vence os Jogos Vorazes, superando não apenas seus 22 adversários, mas também o próprio Ministério.

Como Gretel, Píppi Meialonga e Lisbeth Salander antes dela, Katniss se empanturra com alimentos caros, mas sua fome nunca cessa. "Estou faminta", diz ela, logo depois de comer quantidades prodigiosas de "fígado de ganso e pão macio". Em um dos banquetes, ela "devora" o cozido de carneiro e toma grandes goles de suco de laranja. Em outro, ela participa de uma verdadeira orgia alimentar, apenas comparável à festa de Hansel e Gretel, fora e dentro da casa da bruxa. Suas fantasias sobre comida se assemelham aos inventários encontrados tanto nos contos de fadas dos Imãos Grimm quanto na lista de mercearia de Salander: "A galinha com molho de laranja cremoso. Os bolos e o pudim. O pão com manteiga. O macarrão com molho verde. O cordeiro e o guisado de ameixa secas". Katniss admite comer "uma panela cheia" daquele guisado, mesmo que "não pareça", de modo a apontar para os clássicos comportamentos bulímicos. A ênfase na oralidade não é nada incomum, dado o clima sociocultural de Panem, mas é também um lembrete de como o apetite dos *tricksters* masculinos é transformado e refeito em suas contrapartes femininas, transformando-se em desordem alimentar em vez de sinais de vitalidade. Katniss, como Gretel, parte da oralidade primária manifestada em um país onde só há duas opções: enfrentar as condições de fome do distrito em que reside ou vivenciar as festas decadentes da classe dominante, a qual revela hábitos bulímicos, já que é preciso estar constantemente vomitando para voltar ao "cocho" com o apetite renovado.

A presença de "tordos" (*mockingjays*) nos lembra de que a oralidade, às vezes, se rende, mesmo em Panem, à audibilidade (entendida como a audição compartilhada de textos escritos). Aprendemos que os "tordos" (*mockingjays*) são um híbrido de pássaro mimo (*mockingbird*) fêmea e macho *jabberjay*, aves geneticamente modificadas, criadas para memorizar conversas humanas. Produzidos por mero acidente, os "tordos" (*mockingjays*) podem reproduzir tanto vozes humanas, quanto os assobios de outras espécies de pássaros. Eles possuem o dom de imitar o canto dos humanos: "E eles podem recriar canções. Não apenas algumas notas, mas canções inteiras com múltiplos versos". Esses tordos são criaturas mágicas que se tornam um emblema da possibilidade revolucionária e de solidariedade cívica. Além disso, as aves também mantêm viva a poesia em Panem. Suzanne Collins as descreveu como duplos de Katniss, em forma de animais:

> Portanto, temos aqui (Katniss) chegando à arena no primeiro livro, não apenas equipada como alguém que pode se manter viva neste ambiente – e então, uma vez que ela recebe o arco e as flechas, pode se tornar letal –, mas ela também é alguém que pensa fora da caixa e, simplesmente, ninguém tem prestado atenção no Distrito 12. Dessa forma, Katniss é o "tordo". Ela é aquilo que nunca deveria ter sido criado e que o Capitólio nunca teve a intenção de que se concretizasse. Da mesma forma, eles simplesmente deixaram os pássaros *jabberjays* partirem e pensaram: "Não temos de nos preocupar com eles", "Não temos de nos preocupar com o Distrito 12". E esta nova criatura evoluiu, ela é o "tordo" (*mockingjay*), que é Katniss.[35]

Suzanne Collins inventou, portanto, uma heroína que "nunca deveria ter sido criada", de acordo com as autoridades de Panem. Ela é *sui generis* e, embora não tenha surgido do nada, ela evoluiu de maneira

---

[35] Rick Margolis. "The Last Battle: With 'Mockingjay' on Its Way, Suzanne Collins Weighs In on Katniss and the Capitol". *In*: *School Library Journal*, 56 (2010), p. 21-4.

inesperada, emergindo de repente da obscuridade para se tornar uma celebridade, através dos Jogos Vorazes.

Katniss herdou o dom de cantar de seu pai. Em resposta ao pedido de uma companheira de combate que estava morrendo no chão da floresta, Katniss cantou "o ar da montanha" e, "de forma quase sinistra", os "tordos" passaram a entoar a canção. Em um raro momento de plenitude utópica durante os Jogos Vorazes, Katniss canta algumas notas da canção de Rue e escuta quando os tordos repetem a melodia: "Então o mundo inteiro ganha vida com o som". A "adorável e sublime harmonia" gerada pelos pássaros faz com que Katniss, "hipnotizada pela beleza da canção", feche os olhos e apenas ouça. Será sua tarefa não só vencer os Jogos Vorazes, mas também restaurar a beleza e a civilidade numa terra devastada, tanto por desastres naturais, como por falhas humanas, uma terra que criou os Avoxes, pessoas cuja língua foi cortada e que não podem mais emitir sons ou falar. Suzanne Collins, que alude com frequência ao mundo antigo através de nomes (como Sêneca e César) e rituais (jogos de gladiadores e festividades anuais), estava sem dúvida familiarizada com os horrores da punição imposta a Filomela por falar mais do que se esperava dela.

Katniss recebe de Collins uma combinação de habilidades de sobrevivência como as de Lisbeth, com uma missão social apaixonada, entretanto, faltam-lhe a confiança sexual dos *hipsters*[36] e a autoconsciência de sua homóloga sueca mais velha. Como muitos já assinalaram, ela é inspirada em Ártemis, deusa da caça, carregando o mesmo arco e flechas de prata. Como a deusa, ela também é protetora dos jovens, voluntariando-se para tomar o lugar de sua irmã, no momento em que o nome dela é escolhido na "Colheita". Virginal e sem consciência de sua própria atração sexual, ela tem sido descrita como uma "coisa rara" na cultura pop: "uma personagem feminina complexa, com coragem, cérebro e uma busca própria".[36] Os déficits emocionais e o

---

[36] Katha Pollitt. "The Hunger Games' Feral Feminism". *In*: *Nation*, 23 abr. 2012.

excesso de energia sexual de Lisbeth são contrabalanceados pela intensidade compassiva e inocência sexual de Katniss.

Como os exercícios de dissimulação de Gretel, as armadilhas, ardis e estratégias de Katniss levam-na à poesia, mostrando como os consolos melodiosos da imaginação não são consolos imaginários. Ao longo dos jogos, aprendemos sobre o valor da sagacidade – "sagacidade para sobreviver" –, bem como sobre a importância de "ser mais esperto" do que os demais, permanecendo ágil e veloz, a fim de derrotar aqueles com força física superior. Peeta sabe também como "fazer circular as mentiras" e, assim, esses dois aliados juntos usam sua inteligência sabiamente para derrotar os outros 22 Tributos. E o que é mais importante: Katniss não só derrotou os demais Tributos, como também os idealizadores dos jogos e, por fim, o Capitólio. Katniss se tornará não apenas uma sobrevivente, mas, na sequência de *Jogos Vorazes*, um tordo, um símbolo de esperança revolucionária e agente da rebelião e da mudança.

Os autores de livros destinados para o público jovem são incrivelmente criativos quando se trata de construir novas formas de heroísmo feminino. Às vezes, parece que elas parecem estar ingressando num rico veio de coragem e desafio da sua própria disposição, determinando-se a aceitar o rótulo de autoras para "Jovens Adultos",[37] mesmo quando assumem projetos tão ambiciosos, como, por exemplo, reescrever o *Paraíso Perdido* (*Paradise Lost*), de Milton. Esse é o desafio que Philip Pullman tinha em mente quando se propôs a reimaginar o Gênesis e a versão de Milton da Queda, na trilogia *Fronteiras do Universo* (*His Dark Materials*, 1995-2000). A primeira parte foi um livro que Hollywood avidamente pegou e transformou em filme, em 2007, estrelado por Dakota Blue Richards, Daniel Craig e Nicole Kidman. A BBC, por sua vez, fez uma série, menos bem-sucedida, com base nesse material, produzida em 2020.

---

[37] "*Young Adult* (YA) authors", no original. (N. da T.)

"Há alguns temas, alguns assuntos, muito amplos para a ficção adulta; eles só podem ser tratados de modo adequado num livro infantil", observou Pullman em seu discurso de aceitação da Medalha Carnegie.[38] A reescrita do Gênesis pode ser um desses projetos, visto que os leitores infantis, que não estudaram assuntos teológicos, provavelmente serão menos resistentes à ideia de uma nova Eva, uma heroína que conduz a uma forma de redenção, ao substituir as ortodoxias religiosas pelo humanismo secular. Também é menos provável que eles fiquem chocados com uma obra que vê Deus como um tirano a ser morto, a Igreja como um instrumento de perseguição e uma heroína, cuja missão é derrotar a ambos. Curiosidade, conhecimento, gentileza e tolerância suplantam sistemas de crenças ultrapassados, e as crianças, como intuiu corretamente Pullman, estão menos interessadas em "Não deverás", do que em "Era uma vez", preferindo o reboque do contar uma história à autoridade dos mandamentos.

Reescrevendo a Queda como um momento emancipatório na história da raça humana, Pullman oferece uma heroína que é o duplo de Eva em sua curiosidade capacitante e que também está para sempre empurrando e cruzando os limites, desafiando o pensamento rígido dos adultos ao seu redor. Lyra Belacqua, ou Lyra da Língua Mágica (*Lyra Silvertongue*, no original em inglês), tem um nome que a vincula tanto ao engano quanto à arte – ela é uma mentirosa crônica e uma consumada contadora de histórias, considerando que sua arte narrativa produz "uma torrente de prazer, que se exalta em seu peito como as bolhas de champanhe". Mesmo sem dispor da lira como instrumento musical, ela produz poesia tanto como leitora e como exegeta, utilizando em sua busca pela verdade o instrumento chamado aletiômetro, um dispositivo que lhe permite descobrir o caminho para o verdadeiro heroísmo:

---

[38] Maria Tatar. "Philip Pullman's Twice-Told Tales". *In*: *New Yorker*, 21 nov. 2012.

A única coisa que demoveu [Lyra] de seu tédio e irritação foi o aletiômetro. Ela o lia todos os dias, às vezes junto com Farder Coram, às vezes sozinha, e descobriu que podia afundar mais e mais rápido num estado de calma em que os significados do símbolo se clarificavam, e aquelas grandes cadeias de montanhas tocadas pela luz do sol emergiam como uma visão.[39]

Para Pullman, a sabedoria é o *summum bonum*,[40] e ela vem menos das Escrituras do que da leitura de livros comuns de toda espécie. É claro que essa visão faz com que se corra o risco de transformar escritores em deuses, e Pullman reconhece isso quando afirma, em seu *website*, que ele próprio é "um crente fervoroso na tirania, na ditadura e na autoridade absoluta do escritor".[41]

Lyra não participa dos excessos gastronômicos presentes em *Jogos Vorazes* e em *Millennium: Os Homens que Não Amavam as Mulheres*. Ainda assim, ela se molda de maneira audaciosa, experimentando novas identidades para se proteger, mas também pelo puro amor à criação e à experimentação de novas personalidades. Em Bolvangar, ela é Lizzie Brookes e finge ser dócil e estúpida; na Terra dos Mortos, ela se torna filha de um duque e uma duquesa e, a certa altura, ela se alinha com aquele "monstro fabuloso", que Lewis Carroll batizou de "Alice". E o autor que a criou faz dela um duplo de Eva. Juntando-se às fileiras das adolescentes *tricksters* pós-modernas, ela deve lutar para sobreviver em um mundo de pais cruelmente ambiciosos e que não a protegem. Ao mesmo tempo, ela empreende uma jornada épica redentora que a transforma em uma figura salvadora e que lança as bases para nada

---

[39] Philip Pullman. *The Golden Compass*. Nova York: Dell Yearling, 2001, p. 150.
[40] Do Latim, "sumo bem" ou "bem supremo", termo encontrado em Aristóteles, na filosofia medieval e também em Kant. (N. da T.)
[41] "Questions and Answers", por Philip Pullman. Disponível em: http://www.philip-pullman.com/qas?searchtext=&page=6.

menos do que uma nova ordem social e espiritual. Como Pullman ousa propor um rival do cristianismo, com uma salvadora que agora consagra o conhecimento como algo sagrado e permite que ela nos guie, com o livre-arbítrio como cenário padrão? Quem, além de Eva, que instintivamente deu uma dentada na maçã, governa esta nova República do Céu? "A religião começa na narrativa", declarou Pullman certa vez, e esta não é, com certeza, a mesma velha narrativa.

"Eu escrevo quase sempre na terceira pessoa e não acho que o narrador seja homem ou mulher de qualquer forma. Eles são ambos, jovens e velhos, sábios e bobos, céticos e crédulos, inocentes e experientes, todos de uma só vez. Os narradores nem sequer são humanos: eles são duendes."[42] Embora Pullman possa ter exagerado, ele levanta, mais uma vez, uma questão que não pode deixar de assombrar aqueles que observam com atenção o nosso entretenimento – livros e filmes que assimilam a imaginação popular – ao perguntar se os autores e diretores estão captando distúrbios nas ondas do ar ou sintonizam suas próprias fantasias e ansiedades ou, ainda, apreendem alguma estranha mistura de ambos.

Questões de gênero, como não binário e fluido, de acordo com Pullman, tornam-se ainda mais complicadas ao considerarmos como discussões sobre os gêneros passaram a ser correntes de tal modo que nos desafiam a passar dos antiquados modelos binários, como o de Campbell, para novas figuras arquetípicas que são andróginas e *queer*, anuviando fronteiras e confundindo as distinções estabelecidas no passado. Lisbeth Salander, Katniss Everdeen e Lyra Belacqua marcam uma ruptura em nosso entendimento do que significa ser uma heroína, abraçando características tradicionalmente atribuídas ao herói mítico e ao *trickster*. Elas também constituem um repúdio determinado à noção de Campbell de conceber as heroínas como mulheres autocontidas que estão lá para reproduzir e replicar, apresentando-se como uma resposta

---

[42] "Questions and Answers."

à sua pergunta sobre os novos modelos disponíveis num mundo que oferece às mulheres a oportunidade de integrar-se como força de trabalho. Ao contrário de Sherazade e da esposa do Barba-Azul, essas mulheres são especialistas em deixar o lar. A *trickster* se consagrou como uma feminista inteligente e ousada, que se encarrega de enviar novas mensagens por meio da literatura e da mídia audiovisual a respeito da rejeição das mulheres diante da vitimização, da fraqueza física e da labuta doméstica.[43] As *tricksters*, em particular, parecem consistentemente unidas em sua dupla missão de reconstruir o mundo e, ao mesmo tempo, sobreviver à adversidade.[44] A justiça se torna sua paixão consumidora, embora elas conservem muitos dos apetites dos *tricksters* masculinos.

Será que o arco que nos leva de Sherazade a Lisbeth Salander marca o progresso? Muitos no desfile de novas heroínas em nossos populares espetáculos não fazem senão imitar o herói da ação masculina.[45] Lisbeth Salander é representada tanto masculinizada (ou como menino) quanto como musculosa.[46] Suas tatuagens, sua arte de fazer amor (ela dá início e assume o controle), suas habilidades tecnológicas, suas ações decisivas e até mesmo sua maneira de ver as pessoas se desviam nitidamente do modo feminino de autorrepresentação e comportamento. Será que Salander é apenas uma fantasia masculina sobre

---

[43] Tannen. *The Female Trickster*, p. 26.

[44] C. W. Spinks concentrou-se nas qualidades de criação de mundos dos *tricksters*, destacando sua capacidade de fazer e desfazer signos: "Contradição, ironia, decepção, duplicidade, inversão, reversão, oxímoro e paradoxo: essas são as ferramentas de negação, ambivalência e ambiguidade que o *Trickster* usa para fazer e refazer a cultura". Ver: "Trickster and Duality". In: *Trickster and Ambivalence: Dance of Differentiation*. Madison, WI: Atwood, 2001, p. 14.

[45] Anna Westerståhl Stenport e Cecilia Ovesdotter Alm. "Corporations, Crime, and Gender Construction in Stieg Larsson's *The Girl with the Dragon Tattoo*". In: *Scandinavian Studies* 81, nº 2 (jun. 2009), p. 171.

[46] Donald Dewey. "The Man with the Dragon Tattoo". In: *Scandinavian Review* 97 (2010), pp. 78-83.

uma mulher parecida com um silfo que assume o controle?[47] Autocontida e operando confortavelmente como "contratante independente", ela foi condicionada tanto por sua infância traumática, como por sua constituição genética, a agir mais como um homem do que como uma mulher, atuando menos como uma reformadora do que como uma figura que perpetua normas culturais, sociais e políticas. Seria Stieg Larsson incapaz de se divorciar dos discursos que ele pretende criticar? Ironicamente, a natureza andrógina das *tricksters* feministas permite uma identificação masculina cruzada, diluindo assim ainda mais a mensagem feminista aos olhos de alguns críticos.

Se o *trickster* masculino oscila, por vezes, entre o feminino e o masculino, fixando-se eventualmente em seu próprio papel sexual masculino e aprendendo a dimensionar seu ambiente, a *trickster* feminina desenvolveu uma noção mais fluida da identidade de gênero e abraçou a androginia em suas encarnações pós-modernas. Sua natureza de face dupla – o paradoxo de encarnar, explorando contradições e decretando dualidades – permite que ela se sobreponha à linha de gênero e se inspire em sua resiliência na busca de justiça e justiça social.

Ainda assim, o futuro da *trickster* feminina, como previsto por escritores e cineastas que criaram heroínas guerreiras na luta pela justiça social, não é, de modo algum, seguro. E a história mitológica de Pigmaleão, que ficou tão enojado com o comportamento licencioso das mulheres cipriotas, que perdeu o interesse por elas, apaixonando-se por uma estátua de marfim que ele próprio esculpiu: essa narrativa nos lembra de que os impulsos criativos nem sempre são alimentados pela melhor das intenções. Será possível que alguns dos cruzados, vingadores e salvadores presentes nas narrativas de entretenimento contemporâneas possam se voltar, como Frankenstein, contra seus criadores de maneiras inesperadas, não para produzir um final feliz para eles

---

[47] David Geherin. *The Dragon Tattoo and Its Long Tail: The New Wave of European Crime Fiction in America.* Jefferson, NC: McFarland, 2012, p. 22.

mesmos, mas para usar sua inteligência e astúcia a serviço de novas ambições, que se assemelham mais a garras arrogantes de poder do que a ações altruístas?

Recriando Eva

O que há no futuro da *trickster* feminina e como ela evoluirá? Será que ela corre o risco de se tornar uma anti-heroína, uma força fora da lei que se tornará tóxica, usando seu poder cerebral para assumir o comando e operar de forma obscura e desonesta? Agora que as heroínas encontraram seu caminho para novas arenas de ação, será que a vilania também assumirá novos rostos e características? Em *Ex Machina* (2014), de Alex Garland, um robô chamado Ava (acenando de modo fluido em termos de gênero tanto para Adão como para Eva) torna-se uma vitoriosa sobrevivente que escreve um novo roteiro em um mundo pós-humano, onde ela foi construída como a mulher perfeita. O título do filme omite o termo *"deus"* na expressão latina *"deus ex machina"*, lembrando-nos de que o deus que faz sua aparição cênica no último momento das produções teatrais pode estar ausente do "felizes-para--sempre" criado *a posteriori* nessa história em particular.

O título do filme também indica uma nova ordem de seres: ciborgues, autômatos e robôs que podem ser encarnações de homens ou mulheres, mas que, por serem máquinas, também são neutros em termos de gênero, mesmo que tenham órgãos reprodutivos modelados conforme aos dos humanos. O termo "robô" foi cunhado em 1920, por Karel Čapek, em sua peça *RUR* (um acrônimo de Robôs Universais de Rossum). A palavra tcheca *robota* significa "trabalho forçado", e os robôs criados por Čapek são escravos feitos de carne e sangue artificial, que se rebelam contra seus criadores e os destroem. Os autômatos existem há séculos, primeiro como brinquedos divertidos – dançarinas, flautistas de relógio, o Pato de Vaucanson e o Turco Mecânico que jogava xadrez. Essas engenhocas aparentemente frívolas logo se tornaram sinistras, na medida em que se sofisticavam: quanto tempo passaria até que as máquinas replicassem o comportamento humano e tomassem o controle? O cineasta alemão Fritz Lang já havia dramatizado essa ansiedade em seu filme *Metrópolis*, de 1927, no qual uma robô chamada Maria incita os trabalhadores a se rebelarem contra o dono de uma fábrica e a liberar o poder das forças naturais para destruir aqueles que estão explorando o trabalho exercido por eles. Quão perto estamos de uma Singularidade Tecnológica, de uma explosão de inteligência na qual as máquinas constroem versões mais potentes de suas próprias capacidades e escapam de nosso controle?

Ex Machina segue a deixa proporcionada por sedutores autômatos femininos presentes em obras literárias que vão desde o conto "O Homem da Areia" ("Der Sandmann", 1816), de E. T. A. Hoffmann – inspiração para o ensaio de Freud de 1919 sobre o estranho – até a personagem-título do romance de Auguste Villiers de l'Isle-Adam, *A Eva Futura* (*L'Ève future*). No filme de Alex Garland, Caleb é um programador de computadores que vence um concurso promovido pelo chefe da empresa em que trabalha. O fundador dessa empresa, Nathan (um nome que remete a Nathaniel, o protagonista da história de Hoffmann) criou, entre outras coisas, um mecanismo de busca chamado Blue Book (ou Livro Azul, nome que evoca tanto o título atribuído ao livro com as palestras de Ludwig Wittgenstein, proferidas na década de 1930, quanto o conto de fadas *O Barba-Azul*). Caleb segue de helicóptero para residência de Nathan, situada em um lugar remoto, de cenário edênico, onde o fundador da Blue Book está trabalhando em um projeto de inteligência artificial. Caleb é recrutado para testar o êxito da criação de uma robô que deverá passar pelo teste de Turing (desafio projetado pelo pai da ciência da computação para determinar se uma máquina exibe um comportamento inteligente indistinguível do humano). Nathan acabou trazendo Caleb para sua própria versão do desafio: "O verdadeiro teste é mostrar que ela é um robô e, então, verificar se você ainda *sente* que ela tem consciência".

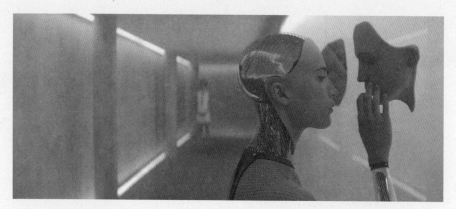

Ex Machina, 2014. Cortesia de Photofest.

Em uma reviravolta irônica, a genialidade de Nathan foi criar uma máquina capaz de superar não apenas Caleb, mas também seu criador, pois Ava tornou-se um ser com "autoconsciência, imaginação, capacidade de manipulação, sexualidade e empatia". O que faz Ava depois de ter matado seu criador, senão colocar uma pele em si mesma e vestir-se, marcando o afloramento de sua consciência, embora sua aparência superficial composta por músculos pneumáticos e polímeros eletroativos esconda circuitos tecnológicos. E onde vemos Ava pela última vez, depois que ela escapou do confinamento e ingressou no mundo humano? Onde mais, senão em uma encruzilhada urbana, como uma mulher profissional vestida impecavelmente e pronta para enfrentar o mundo corporativo. Ela se torna uma encarnação feminina de Hermes, deus dos comerciantes e dos ladrões, senhor das travessias. A inteligência de Ava não é mais artificial, mas sim muito real. A respeito desse ciborgue que também é parte de uma cifra, ainda podemos apostar que essa nova heroína do século XXI dificilmente se preocupará com a sobrevivência de alguém, a não ser a dela mesma. Sua missão social provavelmente se limitará a destruir aqueles que tentarem controlar seus circuitos. Ava é a nova anti-heroína, que está ali para nos lembrar de que a heroína do futuro pode não possuir a resiliência, a compaixão e a desenvoltura que temos visto nas heroínas de tempos passados.[48]

Filmes podem ser nosso novo folclore e, considerando que hoje temos fácil acesso aos programas de *streaming*, eles se sentem às vezes como máquinas de contar histórias que ligamos com apenas um toque num botão. *Ex Machina* assume ansiedades e desejos culturais e nos faz falar de coisas que nos afastam de nossas zonas de conforto. No espaço seguro dado pelo "era uma vez em Hollywood" e dentro do domínio do simbólico, podemos enfrentar os espectros que nos assombram. Metáforas perturbadoras são sempre mais fáceis de processar do que realidades perturbadoras, e elas diminuem nossas inibições, o que nos permite envolver nossa capacidade crítica de modo que, muitas vezes, não acontece quando nos deparamos com traumas na vida real.

"Ele nos deu uma linguagem que não sabíamos que nos fazia falta", afirmou o crítico cultural do jornal *The New York Times*, Wesley Morris, ao se pronunciar em uma entrevista com Jordan Peele, diretor do filme *Corra! (Get Out*, 2017).[49] O filme de Peele parece um sucessor improvável de *Ex Machina*, a história do Barba-Azul repaginada. Aqui, temos a narrativa de Chris, um fotógrafo negro que viaja com sua namorada branca, Rose Armitage, para conhecer os pais dela; de repente, ele descobre um esconderijo de fotografias no armário de um quarto, abrindo uma nova sequência narrativa distante daquela que se poderia esperar. As fotos revelam que Rose teve uma sucessão de relacionamentos com homens negros, guardando suas *selfies* tiradas ao lado deles e que estão guardadas num lugar com uma assustadora semelhança com a câmara proibida do Barba-Azul. Aqueles homens foram

---

[48] Como aponta Tamar Jeffers McDonald, essa "releitura futurista" do conto *O Barba-Azul* revela que nem a heroína e nem o vilão da história estão "inevitavelmente associados a gêneros específicos". Veja seus "Planos de O Barba-Azul". *In*: *Gothic Heroines on Screen: Representation, Interpretation, and Feminist Inquiry*. Tamar Jeffers McDonald e Frances A. Kamm (orgs.). Nova York: Routledge, 2019, p. 51.

[49] Wesley Morris. "Jordan Peele's X-Ray Vision", *New York Times*, 20 dez. 2017.

todos destinados a cirurgias para que seus corpos pudessem ser usados para fornecer aos ganhadores brancos do leilão, todos membros de um culto chamado "A Ordem dos Coagula" ("The Order of the Coagula"), peças sobressalentes para seus próprios corpos deficientes. "Você não vai desaparecer, não completamente", um negociante de arte cego, entoa um homem que anseia pelo poder de visão de Chris. "Uma lasca de vocês ainda estará lá em algum lugar. Consciência limitada. Você será capaz de ver e ouvir, mas o que seu corpo estiver fazendo – sua existência – será como algo passageiro."

Que melhor metáfora do que essa para compreender o conceito de dupla consciência de W. E. B. Du Bois? Funciona tão poderosamente como o "Lugar Afundado", aquele espaço no qual Chris desce quando é hipnotizado pela mãe de Rose e se encontra preso em um local de paralisia física e mental, uma forma de prisão onde é impossível ser visto ou ouvido. Durante todo esse tempo, ele permanece como parte de um roteiro escrito pelos anfitriões brancos. Na casa da família Armitage, ocorre o leilão de um homem negro, num *script* que recria essa cena grotesca do passado, mas também funciona como um alarme que desperta, mostrando que esse tempo do "há muito tempo atrás", ainda se faz presente no "aqui e agora". Subitamente, vemos o impensável em um quadro vívido do que significa ser uma pessoa Negra em uma América que uma vez sentiu orgulho de se tornar "pós-racial".

"Enquanto eu me divertia escrevendo esse malicioso filme de "sessão da tarde", havia pessoas negras reais que estavam sendo sequestradas e colocadas em buracos escuros e o pior de tudo é que não pensamos nelas" – disse Jordan Peele na entrevista a Wesley Morris. Inspirado por uma série de filmes do gênero horror, desde *Horror em Amityville* (*The Amityville Horror*) até *O Bebê de Rosemary* (*Rosemary's Baby*), Peele também se inspirou em uma forte tradição folclórica na qual uma personagem rica e poderosa atrai um parceiro desconhecido para um casamento condenado a acabar mal. Sua reciclagem do conto de fadas *O Barba-Azul* revela que uma volta rápida do caleidoscópio pode reconfigurar os tropos da história e também levar a uma inversão de papéis que move a esposa do Barba-Azul para uma posição privilegiada, enquanto seu marido se torna o alvo dos danos corporais. O filme *Corra!* é um lembrete de como a tradição popular é adaptável e maleável e que ela sempre se apresentou como uma ferramenta poderosa para os marginalizados social e politicamente, para aqueles cujo trabalho físico e cujos corpos têm sido alvo de exploração e abuso. Ao mesmo tempo, o filme revela o que os contos de fadas fazem muito bem, ao encontrar um modo de estabelecer união e solidariedade, descobrindo a dor e o trauma coletivo. A grande surpresa de *Corra!*, de acordo com Wesley Morris, é que Peele produziu "um pesadelo sobre a maldade branca que se desdobra como um conto de fadas sobre a união negra, o amor negro e o resgate negro". Embora os contos de fadas pareçam operar de alguma forma como uma compulsão pela repetição cultural, na verdade, isso é apenas porque ainda precisamos de histórias que exponham o mal, revelem formas de sobrevivência e apontem o caminho para a justiça. Será coincidência que foi preciso um diretor negro para ressuscitar o "Barba-Azul" e virar a mesa na história? A conexão de Peele com a tradição popular, a uma história que Richard Wright descreve de maneira comovente em seu romance intitulado *Black Boy*, revela quão poderosas são tradições orais, seja na forma de fofocas, notícias ou narrativas, as quais continuam a moldar nosso entendimento de como escapar à submissão e encontrar a justiça.

EPÍLOGO

DECOLAGEM

"Tudo o que posso lhes dizer sobre mitologia é o que os homens disseram e experimentaram e agora as mulheres precisam nos relatar, do ponto de vista delas, quais são as possibilidades de futuro feminino. E é um futuro – é como se a decolagem tivesse acontecido, e realmente aconteceu, não há dúvida a respeito."

– Joseph Campbell, *Deusas*[1]

Considere Cassandra. Seu nome tornou-se uma marca de falta de credibilidade, no entanto, ainda assim, ela tinha um histórico correto de previsões precisas. Por que, quando ouvimos hoje o nome Cassandra, ainda pensamos que é uma louca e não uma vidente? Há muitos relatos de como Cassandra adquiriu seus poderes. Ésquilo nos diz que Apolo lhe prometeu o dom de prever o futuro em troca de favores sexuais, porém, depois de receber esse poder, a filha de Príamo

---

[1] *Goddess*, no original. (N. da T.)

e Hécuba voltou atrás em sua palavra. Apolo não pôde retirar seu dom e, cuspiu-lhe na boca, amaldiçoou Cassandra declarando que, doravante, ninguém mais acreditaria em suas profecias. Outras fontes nos dizem que Cassandra nunca quebrou nenhuma promessa. Apolo simplesmente concedeu-lhe poderes especiais para fisgá-la e, depois, em fúria quando ela rejeitou suas investidas, ele transformou seu dom em uma maldição. Aqui está o autor latino Higino (ou Hyginus) em seu *Fabulae*: "Diz-se que Cassandra adormeceu... Quando Apolo desejou abraçá-la, ela não lhe deu a oportunidade de tocar seu corpo. Por causa disso, quando ela profetizou coisas verdadeiras, ninguém acreditava nela".[2] Qual é a história verdadeira?

Bela e verdadeira como Cassandra de fato é ("Ela é a esperança de muitos pretendentes", nos diz Ovídio), ela é universalmente vista como louca, uma mentirosa patológica que não pode impedir-se de espalhar más notícias. Ninguém acredita nela quando ela revela que o sequestro de Helena levará à Guerra de Troia, nem quando ela avisa seus compatriotas sobre os gregos escondidos dentro do Cavalo de Troia ou sobre a queda de Troia. No final da guerra, ela se agarra a uma estátua de Atena por segurança, mas é brutalmente violada por Ajax, "o Menor". Agamenon a leva de volta com ele como concubina a Micenas, onde é atingida por um golpe fatal por Clitemnestra e Egisto. Mas, nesse caso, há a vingança, e ela vem na forma de problemas para os gregos, com tempestades mortais desencadeadas por Poseidon, a mando de Atena, indignada com o estupro cometido por Ajax de uma mulher em busca de sua proteção.

A história de Cassandra pode ser vista como parte do que Rebecca Solnit chama de o padrão de não acreditar no testemunho das mulheres. A partir do momento em que a princesa de Troia se recusa a flertar com Apolo, suas palavras passam a ser desacreditadas. Esse descrédito

---

[2] *Apollodorus'* Library e *Fabulae*, de Hyginus. Trad. R. Scott Smith e Stephen M. Trzaskoma. Indianapolis: Hackett, 2007, p. 128.

Tondo de figura vermelha Kylix,
com Ajax tomando Cassandra, c. 435 a.C.

não se aplica apenas ao que ela possa dizer sobre Apolo. Em vez disso, essa questão invade toda a sua identidade, invalidando tudo o que ela diz. "A ideia de que a perda de credibilidade está ligada à assertividade de direitos sobre seu próprio corpo esteve sempre presente", acrescenta Solnit.[3] A história pregressa de Cassandra chega até nós em cacos e em fragmentos de fontes autorizadas que – para um homem (e todos são homens) – enfatizam apenas sua trágica falta de credibilidade. Contudo, uma vez reunidas as informações tanto sobre a maldição lançada sobre ela, como sobre a violência a que foi submetida, surge uma nova narrativa, contada do ponto de vista de uma mulher. E, enfim, temos

---

[3] Rebecca Solnit. *Men Explain Things to Me*. Chicago: Haymarket Books, 2014, pp. 116-17.

uma decolagem. Cassandra tem um futuro, não como uma lunática delirante, mas como uma mulher que preserva sua dignidade e integridade apesar das agressões ao seu corpo e dos ataques ao seu caráter.

"Quem sente pena de uma criatura que tem cobras no lugar do cabelo e transforma homens inocentes em pedra?", questiona a romancista Natalie Haynes.[4] Medusa não é respeitada, e quem consegue ouvir seu nome sem imaginar aquelas horríveis cobras sibilantes no lugar dos cabelos? E quando nos lembramos de que o pai da psicanálise equiparou o rosto da Medusa com o medo da castração, acrescentando outra camada de repulsa à imagem. O rosto da Medusa exemplifica a magia apotropaica, uma imagem carregada de símbolos (como o mau--olhado), concebida como uma arma para afastar o mal. A Medusa petrifica com seu olhar e, por isso, é difícil imaginar por que Píndaro escreveu sobre uma "Medusa de belas bochechas". Entretanto, ao retomarmos Ovídio, descobrimos que Medusa já foi uma vez uma linda donzela de beleza requintada. Em outras palavras, ela não nasceu assim. A única mortal entre as três Górgonas, ela teria sido seduzida, violentada, arrebatada ou estuprada (dependendo de qual tradução) pelo deus do mar, Poseidon, no templo de Atena. Poseidon foi solto, mas Medusa foi punida por seu terrível encontro com um deus: foi então que Atena a transformou num monstro, transformando seus lindos cachos em um emaranhado de cobras venenosas.

Hoje, o nome Medusa é comumente interpretado como sinônimo de monstro. Porém, Dante, Shakespeare, Shelley e outros escritores invocaram seu nome em poemas que celebram a lógica paradoxal de sua imagem, unindo monstruosidade e beleza, ameaça e defesa, toxina e remédio. As feministas, por sua vez, a recuperaram, reabilitando-a como uma figura que não é toda "fatal", mas também bela. "Ela está

---

[4] Natalie Haynes. *Pandora's Jar: Women in the Greek Myths*. Londres: Picador, 2020, p. 2.

Caravaggio, Medusa, 1595.

rindo", diz Hélène Cixous em um ensaio que exorta as mulheres a afirmarem sua identidade através da escrita.[5]

Perseu, o mortal que decapita Medusa, torna-se um herói iluminado. Ele é quase sempre retratado – como na estátua feita por Benvenuto Cellini, em 1554 – como uma figura modesta, invencível e digna de exaltação. É ele quem transforma em arma a cabeça de Medusa com suas terríveis serpentes, usando-a para vencer seus inimigos e, num golpe final de ironia, oferecendo-a de presente a Atena, a deusa que amaldiçoou Medusa, para que ela possa usá-la para afastar seus

---

[5] Hélène Cixous. "The Laugh of the Medusa", *Signs 1* (1976), pp. 875-93.

inimigos. De forma irreversível, Medusa é transformada de uma bela mulher desejada por um deus, em uma imagem de medo, que pode matar num simples olhar.

Se o olhar pode matar, ele provoca dano não apenas para o observador, mas também para a própria face da beleza. Quem pode deixar de pensar nesse contexto do "rosto que lançou mil navios"? "Cresça para ser uma verdadeira assassina de homens": é assim que Stephen Fry descreve Helena de Troia, em seu reconto dos heróis dos mitos gregos. Um olhar mais atento sobre a história de vida da mulher mais bela do mundo revela uma narrativa mais complexa. Helena, como filha de Zeus e Leda, é o produto do que poderia ser descrito com mais precisão como um estupro. Quando menina (aos 7 anos, em um relato, e aos 10, em outro), ela é sequestrada por Teseu e seu irmão Pirítoo, que pretendem manter sua prisioneira até que ela tenha idade suficiente para se casar. Resgatada pelos Dióscuros[66] (Castor e Pólux), ela é então cortejada por muitos pretendentes, com Menelau, que sai vitorioso. Seus pretendentes são obrigados a prometer apoio militar a Menelau, caso Helena venha a ser sequestrada. Depois vêm a sedução, a fuga ou o sequestro (dependendo da fonte lida) de Helena por Páris, após o concurso de beleza encenado com Hera, Afrodite e Atena, no qual Afrodite promete dar a Páris a mulher mais bela do mundo. Helena é uma das poucas a sobreviver à Guerra de Troia, e retorna para casa com Menelau, que planeja, a princípio, punir sua esposa "infiel" por seu sequestro, mas depois, olhando para ela, cai de novo sob seu feitiço. Será que Helena enfeitiçou Menelau, ao ser resgatada por ele ou será que ela sempre foi leal aos gregos? As fontes antigas nos dão relatos contraditórios e, em seu poema dramático, *Fausto*, Goethe nos diz que Helena é, ao mesmo tempo, "muito admirada e muito injuriada".[7]

---

[6] Dióscuros: do grego, "filhos de Zeus". (N. da T.)

[7] Dois estudos recentes sobre Helena refletem em seus subtítulos as complexidades em nossa nova compreensão de Helena e seu papel na Guerra de Troia.

Francesco Primaticcio, *O Rapto de Helena*, c. 1535.

A beleza – o único atributo que nos tempos passados poderia garantir o "feliz para sempre" às mulheres – foi paradoxalmente também o que as transformou em um alvo tanto para deuses quanto para deusas, sem mencionar os homens mortais. Psiquê, amada por sua beleza e bondade, não se sai bem nas mãos de Vênus, que se enfurece com relatos de que a menina poderia ser sua filha e que ela é sua rival em beleza. A radiante Andrômeda está acorrentada a uma pedra para desviar um monstro marinho enviado por Poseidon, tudo porque Cassiopeia se gabou da beleza de sua filha. Recordem a ira de Atena diante da beleza encantadora das pulseiras da Medusa. E depois temos

---

Ver: Ruby Blondell, *Helen of Troy: Beauty, Myth, Devastation* (Oxford: Oxford University Press, 2013) e Bettany Hughes, *Helen of Troy: Goddess, Princess, Whore* (Nova York: Knopf, 2005).

Europa, Io, Leda, Calisto, Perséfone, Filomela e assim por diante, mulheres glamorosas e todas seduzidas, raptadas e estupradas, novamente dependendo de quem conta o relato. Há muitas versões de cada uma dessas histórias, desde aquelas encontradas em fontes gregas antigas até compêndios de mitologia clássica, elaborados por Edward Bulwer-Lytton, Robert Graves, Edith Hamilton ou Ingri e Edgar d'Aulaire.

Em uma palestra do TED, de 2009, Chimamanda Ngozi Adichie falou sobre o perigo do pensamento reducionista e dos perigos de contar uma "única história".[8] Quando era criança, alguém lhe disse que uma família era "pobre", e Adichie imaginou uma luta diária sem alegria, desolada, cheia de tristeza e sem nenhum momento redentor. Um dia, uma linda cesta tecida por um membro daquela família "pobre" destruiu a noção preconcebida que tinha de sua vida. A pobreza, percebeu ela, não impediu a criatividade, a beleza, o prazer e a dignidade. "Quando rejeitamos a única história", prosseguiu a escritora nigeriana, "recuperamos uma espécie de paraíso". As histórias isoladas, acrescentou ela, criam estereótipos "e o problema dos estereótipos não é que sejam falsos, mas que sejam incompletos". Ao ouvir Adichie falar, recordei de como o herói de mil faces foi tragicamente reduzido a um estereótipo, um estereótipo que não é apenas incompleto, mas, de certa forma, também falso, pois muitas vezes conta apenas uma pequena parte de uma história, somente metade da história, e às vezes até menos do que isso.

As heroínas de 1.001 faces revelam, neste volume, novos lados para as histórias antigas. Os rostos dessas mulheres são maleáveis e mutáveis, resistindo a todos os esforços para congelar suas características e capturar uma expressão representativa. Nenhuma heroína domina ou

---

[8] Chimamanda Ngozi Adichie,"The Danger of a Single Story", apresentada em julho de 2009, no TED Global 2009. Disponível em: https://www.ted.com/talks/chimamanda_ngozi_adichie_the_danger_of_a_single_story/transcript?language=en.

resiste. Em vez disso, as heroínas continuam evoluindo, desafiando a autoridade e a legitimidade, revoltando-se, resistindo e exigindo remodelações. As hierarquias tradicionais de heroísmo estão sempre sendo revistas e reordenadas de acordo com as mudanças dos valores culturais, sendo então reequilibradas. Isso vale tanto para os heróis quanto para as heroínas. Eles se reinventam *ad infinitum*, como sugere o número arábico 1.001.

Uma vez que começamos a olhar para as histórias clássicas contadas e recontadas em nossa cultura e as analisamos da perspectiva de personagens que estão à margem – escravos, concubinas, cordeiros para sacrifício, desajustados, todos aqueles que estão do lado perdedor da história –, somos subitamente libertados da obrigação de admirar, adorar e venerar. Em vez disso, tornamo-nos radicalmente criativos, vendo as coisas de maneira diferente e encontrando novas maneiras de ler as histórias ficcionais e reais em que elas aparecem.

Dizem-nos que a Guerra de Troia começou com um concurso de beleza e a subsequente sedução/abdução de uma mulher saudada como sendo a mais bela de todas e, portanto, atribui-se a ela a culpa pelos danos devastadores e a perda de vidas no conflito entre os gregos e os troianos. Quando entendemos que pode haver outro lado nessa narrativa, percebendo que há um relato não canônico da Guerra de Troia, em que Helena foi drogada, enquanto outra versão conta seu exílio no Egito, mantendo-se fiel a Menelau, e que ela nunca teria tomado parte do "concurso de beleza" ou do sequestro: dessa forma, nossa disposição em assumi-la como responsável pelas hostilidades diminui e, de repente, podemos observá-la como mais uma vítima da guerra. Não importa que os ambiciosos gregos, com suas aspirações de construir um império, saquearam Troia, enquanto alegavam que iam à guerra para salvar sua honra. Em uma linha semelhante, recordemos como Charles Dickens encontrou na agressão sexual de uma mulher (irmã da Madame de Farge, violada por um aristocrata) a causa secreta da Revolução Francesa. De alguma forma perversa, os efeitos da guerra (violência sexual) tornaram-se o *casus belli*.[9]

Quero concluir este volume com uma reflexão sobre heroínas não cantadas, não só as mulheres vilipendiadas e marginalizadas em relatos de guerra, mas as mulheres da vida real, que encontraram maneiras de cuidar das feridas da guerra, misturando paixão e compaixão, mesmo quando cientes de que seu trabalho dificilmente alcançaria a glória e a imortalidade conquistada pelos heróis militares. Meu objetivo não é perpetuar os lugares-comuns que emolduram o cuidado e o conforto como ações naturais para as mulheres e que veem a agressão e a raiva como características permanentes da psique masculina. Em vez disso, quero citar alguns exemplos de como as mulheres encontraram maneiras de lidar com tempos de crise, conseguindo oferecer, em alguma medida, resistência à brutalidade descontrolada da guerra, embora, muitas vezes, seja possível sentir certa desesperança em seus empreendimentos.

Gostaria de voltar à Guerra de Troia. Leitores e leitoras deste volume terão rapidamente percebido que essa Guerra esteve presente em minha mente enquanto escrevia este livro, pois o comportamento dos deuses e dos homens na Antiguidade clássica foi exatamente o que me levou a pensar sobre seu "heroísmo". Como começa a Guerra de Troia? Antes da partida dos gregos, eles são obrigados a apaziguar Ártemis oferecendo-lhe um sacrifício, e quem mais senão uma virgem para aplacar a deusa? O sacrifício de Ifigênia empreendido por Agamenon gera uma lista de assassinatos em série, desde o assassinato do próprio Agamenon por Clitemnestra (sua esposa) até o massacre de Cassandra. Como termina a guerra? O que mais seria, a não ser com outro sacrifício virginal. Dessa vez Polixena, filha de Hécuba e Príamo, é a vítima designada, e ela se declara disposta a morrer em vez de continuar vivendo como escrava. Astíanax, filho de Heitor, é lançado para

---

[9] Ver Teresa Mangum, "Dickens and the Female Terrorist: The Long Shadow of Madame Defarge". *In*: *Nineteenth-Century Contexts 31* (2009), pp. 143-60.

fora das muralhas de Troia, evitando o receio de que a criança cresça, vingue seu pai e reconstrua Troia. A contagem de corpos vai subindo e, de repente, a vitória grega torna-se vazia, e seus heróis são tudo, menos heroicos.

Quem ganha uma guerra? O lado capaz de infligir o maior número de ferimentos – ferimentos que transformam corpos em vítimas de guerra – emerge como o vitorioso. Há sempre os guerreiros, contudo, em meio a combates e conflitos, há também aqueles que cuidam dos feridos. Seria de se esperar encontrar mulheres entre eles na Guerra de Troia, mas os casos de cura, na *Ilíada*, se limitam em grande parte aos homens que tendem a ferir em combate. Descobrimos que Aquiles aprendeu a arte da medicina com o Quíron, o melhor dos centauros. Observamos Pátroclo tratar de Eurípilo que, por sua vez, vai em auxílio de Ajax, o Grande, quando ele é ferido em combate. Aprendemos sobre Machaon, filho de Asclépio, que cura Menelau, atingido por uma flecha. Porém, também observamos que Aquiles, apesar de seus conhecimentos médicos, "não tem cuidado, não tem piedade de nossos Aqueus".

Quando procurei mulheres curiosas e atenciosas na *Ilíada*, não consegui encontrá-las. Entretanto, percebi logo que a ausência de provas não é necessariamente a comprovação de ausência. "Eu gostava de Machaon", conta Briseida em *O Silêncio das Mulheres*, de Pat Barker. E por que ela considera atraente o curandeiro grego que luta na Guerra de Troia? Porque ela aprende com ele como tratar aos feridos. Ela recorda dos dias passados em tendas para tratar os feridos como sendo uma estranha "hora feliz". "Mas o fato é que eu adorei o trabalho. Adorei tudo nele... Perdi-me naquele trabalho – mas também me encontrei. Eu estava aprendendo tanto com Ritsa, mas também com Machaon que [...] foi generoso com seu tempo. Eu realmente comecei a pensar: *eu consigo fazer isso.*" Barker pode ter inventado isso e também pode estar assimilando o mito ao qual Diane Purkiss se referiu como fantasia feminista das mulheres dissidentes como curandeiras, mas seu relato está quase exatamente de acordo com os sentimentos expressos pelas enfermeiras de guerra que cuidaram dos feridos nos últimos séculos.[10]

"Essa narrativa". Esse é o refrão do reconto de "Cinderela", de Anne Sexton, presente no livro *Transformations*, volume de poesia no qual reescreveu os contos dos Irmãos Grimm. Assim como Sexton, artistas e escritores se aproximam do passado, revisando e reencontrando-o, mas, às vezes, também criando em vez de recriar. Nos últimos anos, aprendemos que alguns dos primeiros criadores de arte foram mulheres.

Não sabemos exatamente quem pintou os auroques, cavalos, veados e mamutes lanosos nas paredes das cavernas na França, Argentina, África e Bornéu, mas um novo estudo sugere que quase três quartos dos famosos estênceis manuais e impressões à mão foram feitos por mulheres. Trabalhando em uma variedade de suportes, usando imagens quando não havia palavras, com pontos quando não havia canetas, com tapeçarias quando não havia pergaminho, as mulheres contavam histórias, mesmo quando a fala representava um alto risco. Suas vozes são as que tentei captar neste livro e elas continuam a falar conosco hoje, lembrando-nos de que o silêncio raramente vale ouro, que a curiosidade manteve o gato vivo e que a coragem advém do ato de cuidar.

Ao começar a explorar a vida dos autores discutidos nos capítulos anteriores ("Adicione mais contexto!", insistiu meu editor), percebi que viver uma guerra não era nada incomum, e que essa servia mais como regra do que como exceção. Escrever durante uma pandemia me levou a prestar mais atenção às cartas e aos registros diários redigidos durante tempos de crise muito mais sombrios do que os vividos em 2020. Lembro-me, em particular, de ler uma biografia de Astrid Lindgren e de como ela inventou Píppi Meialonga em 1941, dois anos após o início da Segunda Guerra Mundial. Lindgren manteve um diário e escreveu, em 1º de setembro de 1939, sobre a invasão alemã na Polônia. Naquele momento, ela estava se esforçando muito para refrear o instinto

---

[10] Diane Purkiss. *The Witch in History.* Nova York: Routledge, 1996, p. 48.

de acumular coisas, limitando-se apenas a alguns itens, incluindo cacau, chá e sabão. "Uma depressão terrível caiu sobre tudo e todos", escreveu ela. "Muitas pessoas foram convocadas. Eles proibiram a circulação de carros particulares nas estradas. Deus ajude nosso pobre e louco planeta!"[11]

Naqueles tempos sombrios, Astrid Lindgren inventou Píppi Meialonga para entreter sua filha, que estava doente e confinada à cama. Influenciada não apenas por E. T. A. Hoffmann e Lewis Carroll, Lindgren também encontrou inspiração em uma figura que circulou na Suécia, no início dos anos 1940: o Homem de Aço conhecido como Super-Homem. "Sim, ela era um pequeno Super-Homem, da forma como a palavra expressava, "forte, rico e independente", declarou Lindgren, numa entrevista de 1967. Lindgren sentiu uma onda de otimismo quando imaginou uma geração de crianças que poderiam ser "alegres, leves e seguras como nenhuma outra geração anterior havia sido". Afinal, qual é a "causa de todo o mal", a não ser "os pessimistas mal-humorados, teimosos, os privilegiados e os egoístas", pois suas almas subdesenvolvidas não têm capacidade de ter "generosidade ou compaixão humana". Em meio a uma "terrível depressão", Lindgren encontrou na generosidade, na compaixão e nos espíritos leves da próxima geração um antídoto contra a maldade.

As mulheres não vivem apenas de guerras.[12] Elas estavam na linha de frente ou próximas a ela como soldados, espiões, combatentes da resistência e médicos. Muitas se aventuraram no campo de batalha disfarçadas de homens jovens. Estimativas conservadoras sugerem que, entre 400 e 750 mulheres, em algum campo, lutaram na Guerra Civil dos Estados Unidos. Uniformes pesados conseguiram ocultar a forma

---

[11] Jens Andersen e Astrid Lindgren: *The Woman behind Pippi Longstocking*. (Trad. Caroline Waight). New Haven, CT: Yale University Press, 2018, p. 129.

[12] Ver especialmente Kathryn J. Atwood. *Women Heroes of World War I: 16 Remarkable Resisters, Soldiers, Spies, and Medics*. Chicago: Chicago Review Press, 2016.

do corpo, como no caso de Mary Galloway, de 16 anos, apenas para citar um exemplo famoso, permitindo assim que ela pudesse esconder seu gênero. Somente quando foi atingida na Batalha de Antietam, com um ferimento no peito, e foi tratada por Clara Barton, é que sua identidade real veio à tona.

Trabalhando como enfermeiras, as mulheres salvaram incontáveis vidas enquanto cuidavam de soldados feridos. Comprometidas a arriscar a própria vida para curar e preservar a vida, muitas vezes elas encontraram uma resistência feroz quando saíam da arena doméstica para ajudar nos esforços de guerra. Se a batalha promoveu o desejo de vencer inimigos, produziu também um impulso igualmente poderoso de cuidar das baixas da guerra, mesmo quando as feridas eram tão horríveis quanto aquelas produzidas pela artilharia pesada, pelo gás venenoso e outras máquinas militares da Primeira Guerra Mundial. "Tiros de baioneta. Carne dilacerada por estilhaços. Faces parcialmente destroçadas por tiros. Olhos queimados por gás; aqui está um soldado sem olhos", escreveu a jovem enfermeira da Cruz Vermelha Americana, Shirley Millard, sobre os homens feridos que estavam aos seus cuidados.[13] Enfermeiras lutaram para levar comida e suprimentos médicos aos soldados, esfregaram o chão para melhorar as condições de higiene, monitoraram febres e ofereceram conforto de muitas maneiras, em ações grandes e pequenas.

Sozinhas, as histórias da vida real vividas pelas enfermeiras poderiam preencher as páginas de um livro diferente. O número exato de enfermeiras que serviram na Guerra Civil dos EUA não é conhecido, porém, é mais do que provável que 5 a 10 mil mulheres, como Louisa May Alcott, tenham oferecido seus serviços como enfermeiras profissionais treinadas ou como assistentes, que auxiliam o corpo médico e oferecem conforto aos feridos. Foi necessária a Guerra da Crimeia (1854) com toda sua energia destrutiva – um historiador a descreveu

---

[13] Atwood. *Women Heroes of World War I*, p. 121.

como um "notoriamente incompetente açougue internacional" – e a chegada milagrosa de Florence Nightingale a um hospital militar britânico em Scutari (hoje Üsküdar, em Istambul) para lançar as bases para a moderna profissão de enfermeira.[14] Quando o Nightingale chegou com uma equipe de 38 mulheres voluntárias e 15 freiras, ela ficou chocada com a indiferença oficial diante das terríveis condições do quartel. Soldados feridos jaziam nas camas, usando ainda seus uniformes ensanguentados. O chão estava coberto de ataduras sujas e fluidos corporais já endurecidos. Os remédios eram escassos e não havia equipamentos para preparar alimentos para os pacientes. Implementando a lavagem das mãos e fazendo outras melhorias nas condições de higiene e sanitárias, Nightingale, com a ajuda de sua equipe e o apoio da Comissão Sanitária Britânica, que ela convocou para Scutari, a taxa de mortalidade entre os combatentes (em grande parte por tifo, cólera e disenteria) reduziu-se de 42% para 2%.

Quando Virginia Woolf leu o ensaio de Florence Nightingale, intitulado "Cassandra", ela descreveu sua autora como alguém que estava "gritando em voz alta em sua agonia". Isso aconteceu antes de seu trabalho como enfermeira. E por que Nightingale estava sofrendo tanto e amaldiçoando, como Cassandra, já que ela nascera e crescera em circunstâncias familiares confortáveis? Não era devido a profecias inúteis, mas, sim, pelo "acúmulo de energia nervosa, ao longo do dia". Nightingale era atormentada pelo pensamento de que a incapacidade de exercer "paixão, intelecto e atividade moral" condenaria as mulheres britânicas abastadas à loucura.[15] Para Nightingale, a enfermeira que lutava para curar o corpo e a alma dos soldados passou a ser o

---

[14] Alexis S. Troubetzkoy. *A Brief History of the Crimean War.* Londres: Robinson, 2006, p. 208.

[15] *Cassandra: Florence Nightingale's Angry Outcry against the Forced Idleness of Women.* Myra Stark (org.). Nova York: Feminist Press, 1979, p. 29.

equivalente do soldado no campo de batalha e, com muito tato, ela evitou afirmar a superioridade óbvia da primeira luta sobre a segunda.

O trabalho de Nightingale foi uma inspiração para muitas enfermeiras da Guerra Civil. Clara Barton, nascida Clarissa Harlowe Barton, no dia de Natal em 1821 e batizada com o nome da heroína sofredora do romance *Clarissa*, de Samuel Richardson, foi a mais destacada entre elas. Na série da DC Comics, chamada *Wonder Women of History*, produzida entre 1942 e 1954, e substituída por reportagens com dicas de beleza e estratégias para conseguir se casar, Clara Barton foi o tema do segundo volume de um total de 71 exemplares. "Ministrando ajuda misericordiosa em campos de batalha sangrentos, sem medo de enchentes, fome e guerra, essa Mulher-Maravilha viveu apenas para ajudar os outros [...]; sim [...], no brilhante firmamento da feminilidade estado-unidense, há uma estrela que brilhará sempre mais que todas. Ela CLARA BARTON, o 'Anjo dos Campos de Batalha'."[16]

Para superar sua timidez, Barton trabalhou como professora antes de se transferir para o Escritório de Patentes dos Estados Unidos, em Washington, DC. Após o motim de Baltimore, em 1861, um conflito que resultou nas primeiras baixas da Guerra Civil, Barton conheceu alguns membros de um regimento de Massachusetts na estação ferroviária de Washington, DC, e cuidou de trinta homens que lá chegaram sem nada, além das roupas nas costas. Ela coletou suprimentos e usou sua própria casa como centro de distribuição. Em 1862, Barton recebeu permissão para trabalhar nas linhas de frente da guerra, servindo as tropas nas batalhas de Harpers Ferry, Antietam e Fredericksburg, entre outras, tornando-se conhecida como a "Florence Nightingale da América". Depois da guerra, ela dirigiu o Departamento dos Soldados Desaparecidos (*Office of Missing Soldiers*), uma organização que ajudou a localizar e identificar soldados mortos ou desaparecidos em combate.

---

[16] Alice Marble. "Clara Barton", *Wonder Women of History*, DC Comics, 1942.

Do outro lado do Atlântico, estava a enfermeira britânica Edith Cavell, executada por traição por um pelotão de fuzilamento alemão, por ter ajudado cerca de duzentos soldados aliados a escapar da Bélgica ocupada através da Alemanha, durante a Primeira Guerra Mundial. "Não posso parar enquanto houver vidas a serem salvas", foram, segundo se diz, suas palavras.[17] Cavell tornou-se a vítima de maior destaque da Grã-Bretanha durante a Primeira Grande Guerra. Recrutada como mártir na propaganda de guerra, ela foi retratada como "uma garota inocente, altruísta, devota e bonita". Porém, o então primeiro-ministro britânico, Herbert Henry Asquith, considerou-a uma figura que vai muito além disso – ela constitui uma lição plenamente realizada de valor patriótico – ao afirmar que ela havia "ensinado ao homem mais corajoso entre nós uma suprema lição de coragem".[18] Nos últimos anos, o heroísmo de Cavell vem sendo festajado, principalmente em narrativas mais curtas destinadas a jovens leitores ou ao lado de turistas que visitam pontos geográficos chave em sua vida.

Florence Nightingale, Clara Barton e Edith Cavel: foram essas as heroínas celebradas na época em que eu cresci. É lamentável constatar que elas estejam ausentes dos panteões contemporâneos de mulheres heroicas e isso pode se justificar pelo fato de que a enfermagem continua a ser vista como uma profissão auxiliar, associada a tarefas domésticas. As enfermeiras ainda são vistas como subservientes ao que antes era constituído predominantemente por autoridades masculinas no campo da assistência à saúde. O filme *Entrando numa Fria* (*Meet the Parents*, 2000) levou essa discussão para casa, quando Gaylord "Greg" Focker, interpretado por Ben Stiller, é ridicularizado por seu futuro sogro por ter escolhido trabalhar como enfermeiro. As enfermeiras são associadas ao cuidado e seu trabalho é enquadrado como serviço doméstico e

---

[17] H. Judson. *Edith Cavell*. Nova York: Macmillan, 1941, p. 236.
[18] *The New York Times Current History: The European War, 1917*. Nova York: Kessinger, 2010, p. 454.

trabalho emocional, o que contrasta fortemente com a habilidade científica e o conhecimento especializado exigidos dos médicos e cientistas. Como o British Royal College of Nursing concluiu, em um estudo sobre a profissão, em 2020, o setor de enfermagem, em grande parte composto por mulheres, continua a ser subvalorizado e mal remunerado.

A história da enfermagem demonstra que as mulheres, em vez de serem celebradas por seu heroísmo, têm sido repetidamente penalizadas e punidas pelo extraordinário e árduo trabalho emocional que realizam em nosso mundo social. Em nenhum lugar isso é mais evidente do que no destino de muitas parteiras, mulheres sábias e com conhecimentos de cura que, em tempos passados, eram denunciadas como bruxas. Essas mulheres – leigas, cujas capacidades curativas vieram da sabedoria coletiva transmitida de uma geração para outra (basta lembrar dos contos da carochinha) e da experiência de primeira mão – foram repudiadas com facilidade, como se estivessem executando o trabalho do diabo. Era do interesse das instituições, tanto seculares quanto religiosas, desacreditar a concorrência proveniente daquelas que promoviam milagres de cura através de práticas ligadas à feitiçaria. "A Inquisição", como sustenta o historiador cultural Thomas Szasz, "constitui, entre outras coisas, um exemplo inicial do 'profissional' repudiando as habilidades e interferindo no direito de 'não profissionais' de servir aos pobres". O próprio estatuto médico – que se dedicava a práticas como fazer sangrias, aplicar sanguessugas e prescrever ópio e calomel (um laxante que contém mercúrio) – comprometeu-se a excluir as mulheres curandeiras do acesso à formação. Eles protestaram contra as "mulheres inúteis e presunçosas que usurpavam a profissão".[19] No final do século XIX, médicos formalmente treinados, homens educados em universidades (em programas que, às vezes, duravam apenas alguns meses), tinham vencido curandeiras, parteiras

---

[19] Thomas Szasz. *The Manufacture of Madness*. Nova York: Harper & Row, 1970, pp. 55, 91.

e outros "charlatões", resultando, assim, no fato de que as mulheres ficaram restritas a um papel de subserviência como enfermeiras.

Durante os dias da pandemia de 2020, numa época em que nos lembrávamos diariamente da coragem dos profissionais de saúde, eu lia sobre heroínas durante o dia e assistia a filmes tarde da noite. Havia duas séries de *streaming* que foram uma fonte da esperança ao meu coração. Primeiro, *Madam Secretary*, que, por todo seu foco em intrigas políticas e caos doméstico, também está repleta de alusões à mitologia e ao trabalho de Joseph Campbell e Tomás de Aquino. Sim, a série era desesperadamente otimista no quesito de atravessar crises políticas e traumas sociais gravíssimos, mas sua fé na família (no sentido mais amplo do termo), seu investimento em compaixão e responsabilidade social, bem como seu compromisso em construir relações de cuidado mesmo entre aqueles que não fazem parte do círculo dos aliados tradicionais, firmou minha determinação de continuar lendo e escrevendo, menos como um ato de estudo do que como um esforço para reconhecer, creditar e memorializar as mulheres, reais e imaginadas, de tempos passados. Depois veio *O Gambito da Rainha* (*The Queen's Gambit*), uma série que começa, como muitos dos clássicos da literatura infantil, em um orfanato, com uma menina que serendipistamente encontra seu chamado e se torna uma "mestra" através de sua própria genialidade e, no final, também através do apoio e amizade de bons homens e mulheres, que se tornam uma família para ela. Segundo a série, às vezes podemos encontrar conforto no sentimental, mas vale reconhecer também que ninguém faz tudo sozinho, e é preciso memorializar aqueles que ajudam ao longo do caminho.

É aqui que quero reconhecer os modelos e mentores que tornaram este livro possível, cada um em uma década diferente: Theodore Ziolkowski, Dorrit Cohn, Jeremy Knowles e Paul Turner. Bob Weil, da Liveright, trabalhou sua magia editorial sobre este volume de maneiras impossíveis de reconhecer plenamente. Os muitos autores que já trabalharam com Bob compreenderão toda a profundidade da minha gratidão a ele. Amy Medeiros, Lauren Abbate e Haley Bracken cuidaram para que o processo de produção funcionasse de forma suave e eficiente. E Doris Sperber, como sempre, garantiu que o trabalho de processamento de texto feito pelos gremlins fosse desfeito em cada capítulo.

A conhecida declaração de Audre Lorde, à qual me referi anteriormente, de que "as ferramentas do mestre nunca desmontarão a casa do mestre" foi o espírito norteador do famoso apelo de Hélène Cixous às mulheres, incitando-as a mudar o mundo através da *escrita*: "Falarei sobre a escrita das mulheres", declarou ela, "sobre *o que ela fará*". Durante anos, Cixous não abriu a boca e não falou, por medo de ser vista como um monstro. "Quem, ao sentir um desejo divertido se agitando dentro dela (de cantar, de escrever, de ousar falar, enfim, de trazer à tona algo novo), não pensou se ela estaria doente?" A pena era reservada apenas para os "grandes homens". O manifesto de Cixous ecoa as palavras de Adrienne Rich sobre as mulheres silenciadas do passado e a declaração de Ursula Le Guin sobre estar farta do silêncio das mulheres. "Nós somos vulcões!" – Le Guin declarou, e quando as mulheres começam a falar, surgem "novas montanhas". Em alguns casos, tem faltado às mulheres a linguagem para falar de injustiças e males sociais, mas as heroínas presentes neste volume criaram uma gramática e uma sintaxe poderosa para indiciar aqueles que prejudicam, ferem e fazem mal.

"O que as mulheres querem?" Essa foi a pergunta que Freud fez e, no mesmo fôlego, declarou-se incapaz de responder, apesar dos trinta anos de pesquisa sobre a "alma feminina". Muitas foram as respostas a essa pergunta. Em 1962, Helen Gurley Brown nos disse que tinha tudo o que queria, com seu casamento com um produtor de cinema, dois carros Mercedes, além de "uma casa mediterrânea com vista para o Pacífico, uma empregada em tempo integral e uma boa vida". Tentei mostrar que, quando olhamos para as mulheres em nossa cultura literária e cinematográfica atual, há uma resposta muito diferente. As heroínas estão numa busca, e os objetivos que elas estabelecem incluem conhecimento, justiça e conexão social. O que as impulsiona? Nada mais do que o mesmo espírito de investigação e cuidado que levou Eva a dar uma mordida na maçã, Pandora a abrir o jarro e a esposa do Barba-Azul a abrir a porta para a câmara proibida. Eles estão em minha mente desde que peguei minha caneta e comecei a tomar notas para este volume.

Em 5 de agosto de 2012, o rover da Nasa aterrissou em Marte. Seu nome? *Curiosity* (Curiosidade). A esse "pequeno veículo" se juntou agora um segundo rover, o *Perseverance (Perseverança)*. Quais serão os novos nomes que serão incorporados nesses roveres, viajantes nômades do espaço que sinalizam aos possíveis seres extraterrestres o que significa ser humano? Em pequena escala, o nome dos roveres nos lembra do peso simbólico da linguagem e como ela pode se tornar o espaço tanto dos gestos de autocongratulação quanto do pensamento subversivo. As palavras nos modificam. A escrita nos transforma. Agora imagine um rover chamado *Compassion* (*Compaixão*) e um segundo chamado *Care* (*Cuidado*), um terceiro brasonado com a palavra *Justice* (*Justiça*). Será que esses nomes criariam um alvoroço? As escritoras que ousaram falar e moldar novas formas de pensar sobre nosso mundo também criaram novas ferramentas, destinadas menos a desmantelar o que temos e mais para construir novas e ricas alternativas. Elas também demonstraram uma solidariedade compartilhada em sua paixão por definir nossas aspirações, oferecendo 1.001 maneiras possíveis de ser uma heroína. Elas tornaram possível reimaginar o futuro, e nos ajudam a entender como o cuidado, a empatia, a compaixão e novas formas de justiça, impulsionados por esforços comunitários e populares, em vez de forças institucionalizadas de cima para baixo, estão nos levando a dar as costas aos antigos ideais heroicos que um dia abraçamos.

CRÉDITO DAS ILUSTRAÇÕES

PÁGINA	
2	vp3-2880593 – Artepics/agefotostock/AGB Photo Library
42	74260 – Fine Art Images/AGB Photo Library
53	74261 – Fine Art Images/AGB Photo Library
79	12947957 – © The Pictures Now Image Collection/Mary Evans Picture Library
83	vp3-3634615 – Artepics/agefotostock/AGB Photo Library
92	74262 – Fine Art Images/AGB Photo Library
98	mdo-68511 – Sergio Anelli/Mondadori Portfolio/agefotostock/AGB Photo Library
111	HIP2596053 – Heritage-Images/TopFoto/AGB Photo Library
117	HIP2678708 – Heritage-Images/TopFoto/AGB Photo Library
126	hip2614311 – Heritage-Images/TopFoto/AGB Photo Library

PÁGINA

156	inh-00591333 – Interfoto Scans/agefotostock/AGB Photo Library
177	74263 – Fine Art Images/AGB Photo Library
197	0882170 – Fortean/TopFoto/AGB Photo Library
214	xy2-1704061 – Classic Vision/agefotostock/AGB Photo Library
249	12929042 – © The Pictures Now Image Collection/Mary Evans Picture Library
252	xy2-3744268 – Classic Vision/agefotostock/AGB Photo Library
253 (foto 1)	0903854 – Fortean/TopFoto/AGB Photo Library
253 (foto 2)	0859063 – Charles Walker/TopFoto/AGB Photo Library
255	HIP2670563 – Heritage-Images/TopFoto/AGB Photo Library
258	xy2-1454456 – Classic Vision/agefotostock/AGB Photo Library
330	xy2-2087504 – Classic Vision/agefotostock/AGB Photo Library
338	hip2763377 – Heritage-Images/TopFoto/AGB Photo Library
411	HIP2594381 – Heritage-Images/TopFoto/AGB Photo Library
413	cpa0010635 – Pictures From History/AGB Photo Library